本书得到中国青年政治学院出版基金资助

中/青/文/库

中国战略性新兴产业融资机制研究

胡吉亚◎著

中国社会科学出版社

图书在版编目(CIP)数据

中国战略性新兴产业融资机制研究／胡吉亚著．—北京：中国社会科学出版社，2016.2

ISBN 978 - 7 - 5161 - 7556 - 9

Ⅰ.①中… Ⅱ.①胡… Ⅲ.①新兴产业—融资机制—研究—中国 Ⅳ.①F279.244.4

中国版本图书馆 CIP 数据核字(2016)第 022545 号

出 版 人　赵剑英
责任编辑　李炳青
责任校对　周　昊
责任印制　李寡寡

出　　版　中国社会科学出版社
社　　址　北京鼓楼西大街甲 158 号
邮　　编　100720
网　　址　http://www.csspw.cn
发 行 部　010 - 84083685
门 市 部　010 - 84029450
经　　销　新华书店及其他书店

印　　刷　北京君升印刷有限公司
装　　订　廊坊市广阳区广增装订厂
版　　次　2016 年 2 月第 1 版
印　　次　2016 年 2 月第 1 次印刷

开　　本　710×1000　1/16
印　　张　25
插　　页　2
字　　数　435 千字
定　　价　89.00 元

凡购买中国社会科学出版社图书，如有质量问题请与本社营销中心联系调换
电话：010 - 84083683

《中青文库》编辑说明

　　《中青文库》，是由中国青年政治学院着力打造的学术著作出版品牌。

　　中国青年政治学院的前身是 1948 年 9 月成立的中国共产主义青年团中央团校（简称中央团校）。为加速团干部队伍革命化、年轻化、知识化、专业化建设，提高青少年工作水平，为党培养更多的后备干部和思想政治工作专门人才，在党中央的关怀和支持下，1985 年 9 月，国家批准成立中国青年政治学院，同时继续保留中央团校的校名，承担普通高等教育与共青团干部教育培训的双重职能。学校自成立以来，坚持"实事求是，朝气蓬勃"的优良传统和作风，秉持"质量立校、特色兴校"的办学理念，不断开拓创新，教育质量和办学水平不断提高，为国家经济、社会发展和共青团事业培养了大批高素质人才。目前，学校是由教育部和共青团中央共建的高等学校，也是共青团中央直属的唯一一所普通高等学校。学校还是教育部批准的国家大学生文化素质教育基地、全国高校创业教育实践基地，是中华全国青年联合会和国际劳工组织命名的大学生 KAB 创业教育基地，是民政部批准的首批社会工作人才培训基地。学校与中央编译局共建青年政治人才培养研究基地，与国家图书馆共建国家图书馆团中央分馆，与北京市共建社会工作人才发展研究院和青少年生命教育基地。2006 年接受教育部本科教学工作水平评估，评估结论为"优秀"。2012 年获批为首批卓越法律人才教育培养基地。学校已建立起包括本科教育、研究生教育、留学生教育、继续教育和团干部培训在内的多形式、多层次的教育格局。设有中国马克思主义学院、青少年工作系、社会工作学院、法学院、经济管理学院、新闻传播学院、公共管理系、中国语言文学系、外国语言文学系9个教学院系，文化基础部、外语教学研究中心、计算机教学与应用中心、体育教学中心4个教学中心（部），中央团校教育培训学院、继续教育学院、国际教育交流学院等3个教育培训机构。

学校现有专业以人文社会科学为主，涵盖哲学、经济学、法学、文学、管理学、教育学6个学科门类，拥有哲学、马克思主义理论、法学、社会学、新闻传播学和应用经济学6个一级学科硕士授权点、1个二级学科授权点和3个类别的专业型硕士授权点。设有马克思主义哲学、马克思主义基本原理、外国哲学、思想政治教育、青年与国际政治、少年儿童与思想意识教育、刑法学、经济法学、诉讼法学、民商法学、国际法学、社会学、世界经济、金融学、数量经济学、新闻学、传播学、文化哲学、社会管理19个学术型硕士学位专业，法律（法学）、法律（非法学）、教育管理、学科教学（思政）、社会工作5个专业型硕士学位专业。设有思想政治教育、法学、社会工作、劳动与社会保障、社会学、经济学、财务管理、国际经济与贸易、新闻学、广播电视学、政治学与行政学、汉语言文学和英语13个学士学位专业，同时设有中国马克思主义研究中心、青少年研究院、共青团工作理论研究院、新农村发展研究院、中国志愿服务信息资料研究中心、青少年研究信息资料中心等科研机构。

在学校的跨越式发展中，科研工作一直作为体现学校质量和特色的重要内容而被予以高度重视。2002年，学校制定了教师学术著作出版基金资助条例，旨在鼓励教师的个性化研究与著述，更期之以兼具人文精神与思想智慧的精品的涌现。出版基金创设之初，有学术丛书和学术译丛两个系列，意在开掘本校资源与迻译域外精华。随着年轻教师的增加和学校科研支持力度的加大，2007年又增设了博士论文文库系列，用以鼓励新人，成就学术。三个系列共同构成了对教师学术研究成果的多层次支持体系。

十几年来，学校共资助教师出版学术著作百余部，内容涉及哲学、政治学、法学、社会学、经济学、文学艺术、历史学、管理学、新闻与传播等学科。学校资助出版的初具规模，激励了教师的科研热情，活跃了校内的学术气氛，也获得了很好的社会影响。在特色化办学愈益成为当下各高校发展之路的共识中，2010年，校学术委员会将遴选出的一批学术著作，辑为《中青文库》，予以资助出版。《中青文库》第一批（15本）、第二批（6本）、第三批（6本）、第四批（10本）陆续出版后，有效展示了学校的科研水平和实力，在学术界和社会上产生了很好的反响。本辑作为第五批共推出13本著作，并希冀通过这项工作的陆续展开而更加突出学校特色，形成自身的学术风格与学术品牌。

在《中青文库》的编辑、审校过程中，中国社会科学出版社的编辑人员认真负责，用力颇勤，在此一并予以感谢！

目　　录

第五篇　我国战略性新兴产业融资机制实证研究

第六篇　国外战略性新兴产业融资机制比较分析及启示

第七篇　构建我国战略性新兴产业融资机制的政策建议

第八篇　研究结论和政策建议

图目录

表目录

第一篇

导　言

第一章　选题背景

高科技的快速发展与技术创新的商品化、产业化推动着世界经济的快速发展，并在很大程度上深刻地改变了全球产业格局。自21世纪以来，技术创新的频率有了飞速的发展，持续的高新技术变革和产业核心竞争力的变化给现代产业体系的形成和演变带来了巨大的冲击和影响。近年来，在绿色环保、新能源、信息技术、新医药、新材料和高端装备制造等领域出现了密集的研究开发和规模生产的产业变革，这些新兴的技术和市场宽度的扩大正在催生新兴的产业部门。在不久的将来，全球将形成一个以绿色环保、新能源、信息技术、新医药、新材料和高端装备制造等相关高新技术产业为经济发展引擎的产业发展新格局。

新兴产业往往是建立在产业领域核心技术发生重大突破的基础之上，会导致传统产业的变革、重构和整合，甚至使某些产业出现颠覆性的改变。但是，也正是这些高新技术加快了知识和技术的扩散速度和广度，推动着世界经济的向前发展，创造出更多的国民财富，提高了人们的物质和精神享受水平。特别是节能环保、新能源和新材料产业的发展，这些产业中的核心技术将不断地向其他产业扩散，影响着社会的发展方向和人们的生活方式，为构造和谐社会注入了新的能量。此外，如果传统产业广泛地采用了高新技术，将会对工作流程的改造和组织结构的创新起到推动作用，还将会对节约成本、绿化环境和优化资源配置起到至关重要的作用，实现经济的可持续增长。

2008年国际金融危机使全球经济陷入低迷，各国经济都面临着严峻的考验。在改变传统的经济发展模式，寻求新的经济增长动力的过程中，战略性新兴产业的发展成为各国一致关注的焦点。世界各国尤其是发达国家纷纷把发展资本密集型、科技含量高、耗能少的绿色环保、新能源、信息技术、新医药、新材料等产业作为带动新一轮经济增长的突破点。

发达国家充分利用了经济全球一体化的不断加深和高新技术创新发展的历史发展机遇，加快了以跨国公司为载体的国际化发展进程，促进了资金资本、人力资本、核心技术、原材料等生产要素的国际流动和优化配置，在全球范围内进行有效的区位规划，将非核心的、低附加值的生产活动分包给发展中国家的企业去完成，而核心技术和关键生产流程则由母国完成，使位于不同区位的各国共同参与商品的制造和销售，形成国际分工协作网络。在全球产业链和价值链逐步形成并稳定发展的过程中，发达国家的经济实力和产业竞争力并没有被削弱，相反有了进一步的巩固和提高，他们在研发、资本运作、生产流程优化以及市场营销等价值链的高端领域不断巩固和加强自身的能力。目前，发达经济体的主要优势所在仍是对于高新技术和产业核心技术的掌控。

在全球经济科技竞争不断加剧的环境下，各发达经济体皆充分分析了本国的经济状况和科技发展潜力，分别在高新技术领域大力发展，重点突破。

在美国，奥巴马政府将开发绿色能源作为拉动新一轮经济发展的驱动力，强调生物工程、航天航空、信息技术开发等产业的发展；英国同样重视新能源的开发与应用在经济复苏中的作用，启动了"绿色振兴计划"，大力开发生产电动车、混合燃料车，以"低碳经济模式"作为发展经济的战略性目标；德国政府批准了总额为 5 亿欧元的电动汽车研发计划预算；日本把重点放在商业航天市场、信息技术应用、新型汽车、低碳产业、医疗与护理、新能源（太阳能）等新兴行业，并制订了"技术创新 25"计划作为其长期发展战略指南；韩国制定《新增长动力规划及发展战略》，将绿色技术、尖端产业融合、高附加值服务三大领域共 17 项新兴产业确定为新增长动力。一直以来处于技术前沿的发达国家有条件优先充分利用高新核心技术、高端人力资本和先进的管理制度，在国际经济科技竞争中保持优势地位，不断进行产业结构升级和重新整合，并带动其他产业的协同发展，使得新兴产业的市场不断扩容，成为带动未来经济发展的重要引擎。随着高新技术的不断创新发展及其对其他产业领域的持续影响渗透，第一、二、三产业之间的界限更加模糊，产业之间的融合也将进一步加深，从而推动发达国家的产业链发展向高附加值、高科技含量和资本密集型方向发展，牢牢掌控国际产业竞争的制高点。

近年来，以金砖国家的迅速崛起为代表，巴西、俄罗斯、印度、南非等发展中国家充分抓住了全球经济一体化的机遇，积极利用本国的生产要素禀赋在国际生产分工中占有一席之地，促进了国民经济的快速发展，提高了在国际竞争中的话语权，并成为国际经济危机中带动全球经济复苏的重要力量。

目前，这些新兴经济体总体上来看仍处于全球产业链的低端，在实体经济领域的主要竞争力主要表现在外包加工和附加值低的商品制造方面，优势所在主要来源于生产资料的低成本和人力资本的低工资，因此，新兴经济体未来的经济增长和国际竞争力的提高取决于对核心技术的研发和掌控，只有大力发展战略性高新技术产业，掌握核心技术，拥有尖端设备才能拉动其经济的持续发展，提升它们在国际产业分工中的地位。经过多年的不断发展，新兴发展中国家的研发能力和产业结构升级都有了长足的发展，在一些技术领域甚至已经站在了世界领先水平的高度，这使得它们具备了培育和发展战略性新兴产业的先决条件。目前，主要的新兴经济体国家都立足于本国现实国情，放眼全球区位，加快在高新技术研发和战略性新兴产业发展中的布局。俄罗斯主要在空间技术和纳米技术领域加强发展，印度专注于生物医药和信息技术等高科技领域，巴西选择了航空技术、海洋工程等领域作为战略性发展领域……可以预见，随着新兴经济体国家的不断向前发展，其产业结构的不断调整和升级会直接影响国际分工格局和全球经济发展的状况。

表1—1　　2009—2011年全球主要国家的研发投入规模及增长率

类别	国家	2011年研发投入全球排名	2009年		2010年		2011年	
			研发费用总额（10亿美元）	研发费用占GDP比重（%）	研发费用总额（10亿美元）	研发费用占GDP比重（%）	研发费用总额（10亿美元）	研发费用占GDP比重（%）
发达经济体	美国	1	383.6	2.7	395.8	2.8	405.3	2.7
	日本	3	139.6	3.4	142.0	3.3	144.1	3.3
	德国	4	68.0	2.4	68.2	2.4	69.5	2.3
	韩国	5	41.4	3.0	42.9	3.0	44.8	3.0
	法国	6	41.1	2.0	41.5	1.9	42.2	1.9
	英国	7	37.2	1.7	37.6	1.7	38.4	1.7
	加拿大	9	23.2	1.8	23.7	1.8	24.3	1.8

续表

类别	国家	2011 年研发投入全球排名	2009 年		2010 年		2011 年	
			研发费用总额（10亿美元）	研发费用占 GDP 比重（%）	研发费用总额（10亿美元）	研发费用占 GDP 比重（%）	研发费用总额（10亿美元）	研发费用占 GDP 比重（%）
新兴经济体	中国	2	123.7	1.4	141.4	1.4	153.7	1.4
	印度	8	28.1	0.8	33.3	0.9	36.1	0.9
	俄罗斯	10	21.8	1.0	22.1	1.0	23.1	1.0
	巴西	11	18	0.9	18.6	0.9	19.4	0.9
	南非	30	3.6	0.7	3.6	0.7	3.7	0.7

资料来源：万军、冯晓琦：《全球视野下的中国战略性新兴产业发展模式》，《江西社会科学》2012 年第 5 期。

对于我国而言，培育和发展战略性新兴产业同样至关重要。虽然目前我国的经济总量已经超过 4 万亿美元，居世界第二，但是我国的经济发展中仍然存在着许多问题，例如，产业结构不合理、粗放式经济增长方式仍未彻底改变、重要产业核心技术的自主化程度仍然不高等。我们知道，战略性新兴产业的发展是以科技创新为先导，以集约型发展为模式，以综合效益的提升为目标的产业发展方式，因此，大力发展战略性新兴产业是我国未来经济发展的必然选择，加快培育和发展战略性新兴产业不仅能够有助于我国转变传统的经济发展方式，增强自主创新能力和科学技术在经济发展中的含量，缩小我国和发达国家的差距，实现可持续发展的目标，而且能够拉动经济稳步发展，扩大就业，优化产业结构，改变我国在国际分工中的不利地位，从根本上提升我国的国际竞争力。2010 年 10 月 18 日，国务院发布了《关于加快培育和发展战略性新兴产业的决定》，从我国国情和科技、产业基础出发，确定现阶段选择节能环保、新一代信息技术、生物、高端装备制造、新能源、新材料和新能源汽车七大产业作为战略性新兴产业，在重点领域集中力量，加快推进。为助力我国战略性新兴产业的发展，近年来我国从国家层面主导设立了一系列新兴产业创业投资基金。据统计，截至 2011 年底，全国共有 24 个省市设立了战略性新兴产业专项资金，新批复了 41 支创业投资基金的设立方案，吸引社会资本 70 多亿元。

发展战略性新兴产业是我国未来经济发展的战略选择，是培育新的经济增长点、抢占国际经济科技制高点的重要途径，是构建国际经济新秩序、拓展更大的国际发展空间的迫切需要。然而，发展战略性新兴产业不仅需要新兴科技和新兴产业的深度结合，更需要实体经济和资本市场的紧密结合。目前我国的战略性新兴产业尚处于产业发展初期，在这个浩大的工程中，如何拓宽战略性新兴产业的融资渠道？如何建立完善的融资机制以促进战略性新兴产业的发展？这些问题将成为我国建立健全战略性新兴产业融资机制的关键所在。

第二章　研究目的及意义

我国战略性新兴产业的战略性和新兴性的特点，决定了战略性新兴产业的发展与传统产业有着不同的融资需求。具体来说，目前我国绝大多数的战略性新兴产业仍处于产业发展的初期阶段，资金需求量大，而且能够提供的抵押、质押品较少，并缺乏长期的信用记录历史数据，这些都使得其融资需求得不到完全的满足，资金缺口较大，而且融资机制的弊端也较多，主要体现在：融资渠道传统而单一；融资规模与产业发展阶段不匹配；融资环境有待改善；风险投资和民间资本的利用率较低。

事实证明，我国现有的融资体系已经无法很好地满足战略性新兴产业发展的融资需求，我国战略性新兴产业的融资瓶颈问题很大程度上是由于现有的融资机制中融资供给主体较为单一，融资平台不够广阔，融资机制尚不完善。因此，解决我国战略性新兴产业的融资问题，关键在于建立健全促进战略性新兴产业发展的有效的融资机制。

基于以上分析，本书以"我国战略性新兴产业融资机制研究"为题，研究我国战略性新兴产业的融资现状，并借鉴发达国家的经验，探讨我国战略性新兴产业融资机制的完善与创新。综合运用西方经济学、产业经济学、信息经济学中关于融资的理论，采用多种分析方法，尝试建立完善的融资机制，为我国战略性新兴产业的发展提供融资方面的参考。

本书期望实现以下目标：

（1）比较分析发达国家在战略性新兴产业融资方面的经验，为我国战略性新兴产业的融资提供借鉴。

（2）分析我国战略性新兴产业发展特点和融资现状，为我国战略性新兴产业未来的融资策略的制定提供依据。

（3）在分析我国战略性新兴产业发展特点和融资现状以及发达国家在战略性新兴产业融资方面经验的基础上，提出构建促进我国战略性新兴产业发展的融资机制建议，为我国构建完善的战略性新兴产业的融资机制提供参考。

理论意义：目前我国国内对于促进产业发展的融资机制的研究显得相对不足，特别是对于我国战略性新兴产业的融资机制的研究尤显不足，用经济学的理论对战略性新兴产业的融资进行指导的理论研究几乎是一个空白。因此，本书拟在此方面做出一些努力和探索，对我国战略性新兴产业的融资机制进行研究，这不仅能够为我国战略性新兴产业的发展提供融资参考，也在一定程度上有助于促进我国经济新一轮的增长和经济发展方式的成功转型，在一定程度上验证了经济增长理论的部分内容。同时，战略性新兴产业融资机制的完善需要结合产业发展阶段的特点，有针对性地进行，这也符合产业经济学中的产业生命周期理论和规模经济理论。综上所述，通过对我国战略性新兴产业融资机制的研究，能够在一定程度上丰富或者验证宏观经济学、产业经济学等学科的理论，还将在利用融资理论对其他具体行业的融资行为进行探讨和指导方面，起到抛砖引玉的作用。

现实意义：我国战略性新兴产业的发展，需要大量资金的持续支持，而对于目前资金十分短缺的中国来说，这就要求加强对战略性新兴产业融资机制的研究探讨，以探求出符合中国国情的战略性新兴产业融资战略、方式、措施，构建出科学合理的融资结构、融资平台，这对于解决我国战略性新兴产业发展的资金瓶颈问题具有重要的指导意义，在一定程度上也有助于我国的产业升级和经济发展方式的成功转型。

第三章　国内外研究现状

国际金融危机掀起科技革命和产业革命的浪潮，世界各国纷纷把发展战略性新兴产业作为带动新一轮经济增长的突破口。优化产业结构，抢占经济科技制高点关乎国计民生，国内外学者对此进行了大量研究，包括战略性产业的组织结构、竞争机制、发展演变，等等，但是专门针对战略性新兴产业融资机制分析的文献并不多见。根据本书的主题，文献综述将从战略性新兴产业的内涵、战略性新兴产业融资需求、战略性新兴产业融资主体和战略性新兴产业融资机制四个方面展开。

第一节　战略性新兴产业的内涵

对于战略性新兴产业内涵的探讨，国内外学者的研究主要集中于四个方面：战略性新兴产业的定义、发展战略性新兴产业的必要性、战略性新兴产业的特点以及战略性新兴产业的选择。

首先，关于战略性新兴产业的定义。迈克尔·波特（1980）早在《竞争战略》一书中就已经详细地阐述了战略性新兴产业的定义，他在书中指出战略性新兴产业是指"通过一些因素产生的那些新形成的或重新形成的产业，这类因素包括技术创新、相对成本关系的变动、新的消费需求的出现，或其他经济及社会方面的变化致使某种新产品或某项新服务得以市场化"[1]。近年来，国内学者也根据自己对战略性新兴产业的理解对其进行了定义，陈刚（2004）将战略性新兴产业定义为："能够代表新的科技创新水平，促进产业升级和社会生产分工转换的，具有

---

[1]　迈克尔·波特：《竞争战略》，华夏出版社2005年版。

相当规模和影响力的新兴产业。"① 刘小雪（2005）则认为波特对于战略性新兴产业的定义有一定的局限性，她指出，战略性新兴产业的"新"不仅指的是时间上的新，还应当包括世界范围的技术创新和高新产业的含义，并且这些产业必须是国家的主导型产业。王勇（2010）则认为，所谓战略性新兴产业，是指关系到国民经济社会发展和产业结构优化升级，具有全局性、长远性、导向性和动态性特征的新兴产业，这些产业需要遵循六大准则：国家意志准则、市场需求准则、技术自主准则、产业关联准则、就业带动准则和资源环境准则。2010 年《国务院关于加快培育和发展战略性新兴产业的决定》中把战略性新兴产业定义为：以重大技术突破和重大发展需求为基础，对经济社会全局和长远发展具有重大引领带动作用，知识技术密集、物质资源消耗少、成长潜力大、综合效益好的产业。

战略性新兴产业市场空间巨大，是拉动中国经济增长、扩大就业的重要引擎，是增强自主创新能力、抢占科技制高点的重要契机，是转变经济发展方式、实现内生增长的重要途径，是改善人民生活水平、提高生产力的重要选择（王忠宏，2010）。同样，王海霞（2010）也认为，面对日益严峻的能源和环境约束，围绕低能耗、低排放、低污染来发展低碳经济，将成为一个不可逆转的潮流。

战略性新兴产业具有广阔的市场前景和资源消耗低、带动系数大、就业机会多、综合效益好的产业特征。在战略性新兴产业起步阶段，需要正视技术风险、体制、组织方式、产业化应用和管理创新等风险和问题（李晓华，2010；冯赫，2010；刘志阳、程海狮，2010）。侯云先、王锡岩（2004）提出战略性新兴产业应该具备四种基本的功能：综合发展环境、综合创新能力、综合管理水平和国民综合素质。张胜荣、金高峰（2008）则认为战略性新兴产业应当具有战略不确定、成本需求为倒 U 形、技术创新、政府扶持等特点。顾强（2010）把战略性新兴产业的特征总结为四点：先导性，新兴技术的先导；倍增性，产业成熟期会产生规模效益；辐射性，能够带动相关产业的发展；可持续性，促进生产方式由粗放型向集约型转变。

目前，世界主要发达国家均认识到发展战略性产业的重要性和迫切

---

① 陈刚：《新兴产业形成与发展的机理探析》，《理论导刊》2004 年第 2 期。

性，为实现跨越式发展，抢占经济科技制高点，各国纷纷找准了发展的重点，选择了不同的战略性新兴产业作为突破口（详见表1—2）。

表1—2　　世界主要发达国家选择新兴产业的侧重点及相关规划

国家	侧重领域	相关规划
美国	新能源、干细胞、航天航空、太空探险、宽带网络、医疗保健和环境保护	新能源法案、解禁干细胞研究、奥巴马承诺经济刺激资金将会投入到宽带网络等新兴技术中去
日本	商业航天市场、信息技术应用、新型汽车、低碳产业、医疗与护理、新能源	长期的战略方针"技术创新25"
英国	电动汽车、混合燃料车、低碳经济	"绿色振兴计划"
德国	电动汽车、新能源	批准了总额为5亿欧元的电动汽车研发计划预算、计划在2011年实现锂电池的产业化生产
韩国	绿色技术、尖端产业融合、高附加值服务	制定《新增长动力规划及发展战略》
法国	能源、汽车、航空和防务	将建立200亿欧元的"战略投资基金"

资料来源：王勇：《战略性新兴产业简述》，世界图书出版公司2010年版。

对于我国来说，发展战略性新兴产业是加快经济发展方式转变、推动新一轮经济增长的重要途径。2010年10月18日，我国国务院发布《关于加快培育和发展战略性新兴产业的决定》，明确地将节能环保、新一代信息技术、生物、高端装备制造、新能源、新材料和新能源汽车七大产业列为具有战略性意义的新兴产业，并准备出台一系列的金融、财政政策支持战略性新兴产业的发展。其中，节能环保、新一代信息技术、生物、高端装备制造产业将成为我国国民经济的支柱产业，而新能源、新材料、新能源汽车产业将成为我国国民经济的先导产业。

第二节　战略性新兴产业融资需求

战略性新兴产业的培育和发展是一个包括金融支持、资源支持、技术支持和管理支持等多方面支持因素的综合性系统工程，其中，金融作为现代经济发展的核心，在战略性新兴产业的发展过程中起着基础性的核心作用。

新兴产业的风险大、产业链不健全和产品需求不足等特点导致这些

第三章 国内外研究现状

产业的融资需求不能完全被满足，融资需求的缺口较大，投资者和企业管理者之间的分离更是加剧了融资的困难（Jensen and Meckling, 1976）。在股票市场，当融资机会较多时，企业管理者往往会选择发行新股，但是这会导致股价下降，造成"柠檬"问题（Myers and Majluf, 1984 和 Greenwald et al. ，1984），而在债券市场，银行在面临众多资金需求者时，会以提高利率的方法减少甄别这些公司的优劣（Stiglitz and Weiss, 1981）。Hubbard（1998）通过经验分析指出，许多新兴企业，特别是高新技术企业常常缺乏足够的资本，外部融资的限制严重阻碍了他们的发展。

国内对于战略性新兴产业融资需求的研究主要是从产业发展的不同阶段着手的。一般而言，战略性新兴产业的发展周期可以细分为六个阶段，即研发期、种子期、导入期、成长期、扩张期和成熟期，不同的发展阶段对应不同的资本需求（见表1—3），总体来说，随着产业的发展，资金的需求呈增长趋势（谢崇远，2000）。张亮（2009）认为，资金短缺是制约节能与新能源行业发展的最根本因素，提出应放宽对民间资本投资的限制，深化金融体制改革，为该行业融资奠定良好基础。郑婧渊（2009）分析了金融对高科技产业的作用及其重要地位，说明了金融支持手段的运用是高科技产业发展的基本条件。顾海峰（2010）通过对产业结构调整与升级的过程进行划分，来揭示金融支持产业结构调整与升级的内在机制。战略性新兴产业发展的前期环节（如基础和应用研究、技术开发等）具有明显的外部性，公共产品性质比较强，需要政府等非商业性的投资，而后期环节（如产品的生产和销售以及市场开拓等）私人产品性质比较强，适合通过市场化、专业化的金融体系来投资（宋立，2005）。具体来说，企业在种子期或者说在研发阶段的中后期，外部资金来源主要依靠天使投资或者通过融资性租赁厂房、设备、实验仪器等获取间接融资资金；而进入初创期以后，企业应该开始吸引商业运作的专业管理的风险投资基金的资金；成长期的企业技术风险下降，市场风险增加，此时企业的资金需求量仍在持续增加，内部融资、天使投资、政府援助和银行商业贷款已经远远不能适应企业的发展，外部股权性融资将成为该阶段的主要资金来源；当企业进入扩张期和成熟期，业绩相对稳定，融资的来源也更加多元化，创业投资家、投资银行都是其筹集资金的来源，企业还可以使用衔接融资，例如可赎回优先股

13

等方式，并可以争取在场外市场或创业板股票市场等资本市场上市获得扩张资金（徐晨，2005）。

表1—3　　　　　　　企业在不同发展阶段的资金需求

发展阶段	研发期	种子期	成长期	扩张期	成熟期
资金需求	较少	持续增加	大量增加	大量资金	大量资金
资金来源	自有资金、天使投资、间接融资资金	政府援助、风险投资基金	银行商业贷款、外部股权性融资	创业投资基金、资本市场	投资银行、资本市场

资料来源：作者整理所得。

相比较发达国家而言，我国的投融资阶段性比例失调。如果把战略性新兴产业的生命周期粗略地分为三个阶段：研发期、成长期、成熟期，那么这三个阶段的投融资比例一般应为1:10:100，而我国这一比例却是1:0.5:100（谢崇远，2000）。

第三节　政府在发展战略性新兴产业中的定位

发展战略性新兴产业属于国家战略规划中的重要组成部分，各国政府都积极采取各种措施推进战略性新兴产业的发展。由于科学研究与技术开发具有外溢效应，政府就必须在考虑社会效益的基础上对科学研究与技术开发活动的收益外溢性提供财税优惠、金融支持等方面的政策刺激来降低科学研究与技术开发成本，以便提高战略性新兴产业的经济绩效。政府介入战略性新兴产业的另一个重要原因是由于这些产业存在很强的渗透性、关联性，需要政府出面对战略性新兴产业的上下游产业进行协调才能够帮助战略性新兴产业获得可持续发展的能力，政府对于战略性新兴产业的资金支持主要体现在三个方面：通过引入外商直接投资引导战略性新兴产业的发展；不断完善与战略性新兴产业相关联的财税政策，体现鼓励发展的意向；进一步加大战略性新兴产业的金融支持力度，推动直接融资、积极利用创新融资方式（汤鹏主，2012）。朱迎春（2011）认可了战略性新兴产业准公共性和外部性的特点，认为政府在改善"市场失灵"问题方面应当有所作为，特别是针对战略性新兴产业的发展中出现的问题进行规范和制约。政府支持发展战略性新兴产业的过程中应当着重于引导和激励等方面，其中专项计划和经费支持（包括直接注入资金、专项贷款和政策性金融）能够很好地起到引导的作用，而财税优惠政策能够鼓励战略性新兴产业的研发和消费，政府采购政策可以拉动国内市场对新兴产业产品的需求。

战略性新兴产业的发展源于重大技术创新，并且以基础性研究取得重大突破作为发展动力之一（李晓华、吕铁，2010）。对于战略性新兴产业来说，由于其特征中的"新兴性"决定了这些产业的生产价值链中研发部分占据了相当大的比重，风险性和外部性较高，但是如果没有充足的资金支持，在大部分的情况下，企业研发创新所带来的收益要远远小于其研发投入的成本，这会直接导致企业的研发受阻或是不能够达到最优水平（Hall，2002；Lerner，1999），此时政府的补贴会对其研发创新带来重要的影响，一方面可以直接弥补企业研发创新活动的资金缺口，拓展研发广度和深度，体现政府支持战略性新兴产业创新发展的政策意图；另一方面政府补贴具有额外行为（Buisseret et al.，1995），对企业研发创新具有激励作用。虽然根据经济学的相关理论，政府补贴与企业内部研发投入之间可能存在互补或是替代关系，产生"挤出效应"。但是后期学者的理论与实证研究否认了关于政府补贴与企业内部研发投入之间可能存在互补或是替代关系的假设（Aerts and Schmidt，2008；González and Pazó，2008）。我国学者（郭晓丹、何文韬、肖兴志，2011）认为，政府补贴是引致企业内部研发投入变动的重要原因之一，从理论上讲，两者存在着前后相继的因果变动关系，而互补或替代的概念较为静态且没有方向性，这两个概念不足以反映出政府补贴和企业研发支出之间的因果变动关系。

战略性新兴产业具有创新性的特点，从区域创新的角度来看，地方政府属于区域创新体系的重要主体之一。Wiig、Wood（1995）认为，区域创新体系包括多个创新主体，其中研发机构和地方政府机构是主要成员之一。Tödtling、Kaufmann（2002）调查了奥地利的240家中小企业，实证结果显示，受到地方政府支持的中小型企业比未受到地方政府支持的中小型企业更为成功。结合中国的实际情况，吴金希、李宪振（2012）指出地方政府支持战略性新兴产业发展的作用应当体现在争取中央政府支持、扶植区域内大企业、帮助建立产业生态体系、推动建立非营利性中试产业实验室、领先消费等方面，以推动战略性新兴产业更快、更好地发展。

第四节　战略性新兴产业融资主体

融资主体包括供给主体和需求主体。需要指出的是，由于战略性新兴产业融资主体中的需求主体即指的是战略性新兴产业，所以，这里的文献综述中提到的融资主体主要指的是资金的供给主体。发达国家的战略性新兴产业的融资主体众多，融资结构分布合理，支持有力。

芬兰主要通过建立一系列的研发基金支持战略性新兴产业的发展，例如20世纪70年代成立的"国家研究与发展基金"和"芬兰独立庆典基金"，在战略性新兴产业的融资方面政府扶植的色彩比较重（周菲、王宁，2010）。

以证券市场为主的融资模式是美国和英国战略性新兴产业融资的典型特点。其中，风险投资机制是两国战略性新兴产业最主要的融资方式。美国战略性新兴产业的融资主体主要包括：私人投资者、家族基金、小企业投资公司、风险投资公司（基金）、非金融性企业、退休基金、保险基金、银行等金融机构（谢崇远，2000）。风险投资（Venture Capital）简称VC，是一种专门针对高科技创新企业和高风险初创期企业进行初期资金投资的资本。根据美国全美风险投资协会的定义，风险投资是由职业金融家投入到新兴的、迅速发展的、具有巨大竞争潜力的企业中的一种权益资本。风险资本主要是以追逐高风险带来的高收益为目的，但是风险投资家的存在在一定程度上促成了高科技创新企业的前期研发，以及高新技术向产品化、产业化的转化，将投资者、创业者和技术专家联系在一起，协调社会多方面的资源，共同促进国家实体经济的发展和科技的进步。目前，美国有4200多家风险投资公司为102家战略性新兴企业提供风险资本，资金总量高达1000多亿美元，这些资金支持了大约每年1万项以上高新技术成果转化项目。风险投资减少了资金所有者和需求者之间的信息空隙和资本约束，由于高科技企业往往是由技术专家建立并控股的，而技术人员对于经营管理和资金的运作常常并不熟悉，不能很好地将公司通过经济运营的方式做强做大，基于此，在现实的操作中，风险投资家们不仅向具有发展潜力又资金紧缺的企业提供前期资本，而且还对其生产运营状况进行必要的指导和监管，将先进的管理理念和娴熟的资金运作技巧带入公司的日常运用之中，帮助高新技术企业尽快成长，最终上市，这样风险投资家们就能够尽早地退出投资获得风险投资的高收益（Lerner，1995 和 Sahlman，1990）。就目前而言，风险投资的迅速发展使得战略性新兴产业的融资问题得以缓解，特别是对于战略性新兴产业中的中小型企业的融资状况的改善起到了至关重要的推动作用（Hall，1992 和 Hao and Jaffe，1993）。但是，发展风险投资市场不能盲目，美国学者 A. 萨克森尼安（2000）比较了美国两个知识高密集地区发展风险投资市场的过程与结果，阐明了这样一个道理：不是任何地区都适宜风险资本与新兴产业成长的，不同的市场条件、制度环境、社会文化传统所形成的地区优势对风险资本与新兴产业发展有着不可忽视的影响。

日本战略性新兴产业的融资主体较为单一，银行贷款一直占战略性新兴产业外部融资的 40% 上下，为政府主导型融资，并且日本官方还设立了"中小企业信用担保公库"和"研究开发型企业培植中心"为战略性新兴企业提供信贷担保，方便其融资。值得指出的是，日本战略性新兴产业融资主体具有独特的"双重融资结构"，大银行和大的信托公司承担向大型战略性新兴企业提供融资服务的责任，而由政府支持建立的中小金融机构主要为战略性新兴中小企业提供资金（綦鲁明、张亮，2009）。

此外，各国政府还相继制订了一系列高新技术产业援助计划，例如，美国政府提出的"星球大战计划""信息高速公路计划"；欧盟提出的"尤里卡计划""科技发展和研究框架计划"和"欧洲科技合作计划"；加拿大政府实行的"企业发展计划""技术公司贷款计划"和"工业研究援助计划"；德国通过的"信息技术 5 年振兴计划"，这些共同形成了战略性新兴产业融资的方向和载体（赵玉林、李晓霞，2000）。

我国战略性新兴产业融资供给主体比较单一，到目前为止，除了内源融资之外，我国战略性新兴产业的资金来源仍以商业银行的间接融资为主（谢崇远，2000）。虽然战略性新兴产业中的一些大企业融资高达数十亿元，但是战略性新兴企业的融资所受的预算约束正逐步加强；商业银行中的存款数量巨大，但是它们很少被用于战略性新兴产业的融资，保险、养老金等各种基金也尚未开展风险投资业务（王莉，2003）。

第五节　战略性新兴产业融资机制

国内外学者对于战略性新兴产业融资方面的研究并不多，特别是国外关于战略性新兴产业融资机制方面的文献尤其很少，究其原因，发达国家的战略性新兴产业起步较早，而且发达国家的金融市场制度已经比较健全，金融产品较为丰富，能够提供给战略性新兴产业的融资渠道也相对较多。国外对于金融发展支持产业发展理论的研究较早，国外学者 Greenwood（1990）、King（1993）、P. Arestis（1997）、Beck（2000）等在金融发展支持产业发展的实证研究方面，证明了金融发展对产业发展存在较为显著的支持作用。发达国家战略性新兴产业的发展得益于完善的融资机制，例如，美国的新兴产业不但可以得到银行的低息贷款，而且还能够获得风险投资、纳斯达克市场等资金的支持，无论企业处于何种规模、何种发展阶段都能够较为便捷地获得所需资金。Freear 和 Wetzel（1990）的调查显示美国的风险资本占新兴产业外部股权融资的近 2/3。1996 年，美国 82% 的风险资金投向了战略性新兴产业（主要投向了信息技术产业和生命科学产业）（VentureOne, 1997）。

目前，我国战略性新兴产业的融资方式主要为企业内源融资、银行间接融资和资本市场直接融资。此外，政府的财政支持也是我国战略性新兴产业主要的资金来源之一，王宏和骆旭华（2010）研究指出，在美国战略性新兴产业的发展过程中，政府采购政策起到了十分重要的推动作用，并对美国政府在 20 世纪 50 年代采取的政府技术采购政策予以了梳理。赵刚（2010）对美国新兴产业进行研究，指出推动战略性新兴产业的发展不仅要注重发展战略、发展方向的选择，而且要采取合适的方式促进其发展，例如，采取税收优惠方式促进新兴产业的发展。众所周知，新兴产业的发展应当主要依靠市场化的力量，政府支持应当只用于补充市场失效的方面，所以，要建立健全我国战略性新兴产业的融资机制，必须要准确定位政府的角色，以市场竞争为主导，政府的财政支持只向真正需要政府支持的重点产业倾斜，着重培育企业自身的竞争力（邱全宁，1995）。王莉（2007）认为在融资模式的选择上，市场主导型的模式更能够促进科技含量高的战略性新兴产业的发展，因此在推动新兴产业的升级和技术—经济范式转型方面效率更高。战略性新兴产业关系到国民经济的可持续发展，在产业的发展和升级的过程中，政府的推动作用至关重要，许多学者就政府在战略性新兴产业发展中的作用予以论证，陈洪涛、施放等（2008）全面分析了发展新兴产业中政府作用的必要性、原则、方式和机制。李晓华、吕铁（2010）认为我国战略性新兴产业的发展需要政府的财政支持，在技术创新方面、市场转化方面和产业升级方面都需要政府的大力支持。

银行间接融资一直是各国战略性新兴产业的主要融资方式之一。早在1912年，Schumpeter在其著作《经济发展理论》中就强调了银行对产业创新的重要性。他认为，功能齐全的银行通过识别和支持那些能够成功开发并商品化、产业化创新产品的企业家来促进产业创新。但是，由于战略性新兴产业自身的特征和银企之间信息不对称等原因，战略性新兴产业获得银行贷款比较困难。Hellwig（1991）和Rajan（1992）指出，由于银行具有获取信息方面的优势，并且具有谨慎性经营原则，因此，银行主导型的金融结构不利于战略性新兴产业的成长和发展，阻碍了技术创新。Weinstein和Yafeh（1995）、Morck和Nakamura（1999）则认为，由于银行遵循稳健经营原则，银行的风险回避的本性将导致许多高风险的技术创新项目难以获得银行信贷的支持，或者得不到持续的资金支持，所以，银行主导型的金融体系不利于推动战略性新兴产业的技术创新和产业升级。

由于我国的战略性新兴产业仍处于产业发展的初期阶段，资本金不足，缺少抵押、质押品，许多企业尚不能达到银行贷款抵押和上市融资的要求，通过资本市场获得的融资比重小、数量少，难以获得银行贷款，并且风险投资基金规模小、投入少，投资风险无法社会化（葛崎中，2001）。因此，现阶段我国战略性新兴产业融资机制建设的主要任务是建立适合战略性新兴产业发展需要的融资平台，深化银行体制改革，发展多层次资本市场，并构建促进中小企业发展的资本市场体系，最终形成政府为引导、以多层次资本市场体系为主体、银行贷款和债券发行等债务融资为补充的完善的战略性新兴产业融资机制（宋立，2005）。陈开全、兰飞燕（1999）研究了在战略性新兴产业的融资方面资本市场的作用，从理论和实际两个层面出发，分析了发达国家战略性新兴产业与资本市场结合的模式和经验。罗美娟（2001）则着重研究了证券市场与战略性新兴产业发展的关系，并着重分析了证券市场推动产业发展的方式。她指出，证券市场主要通过重点推动战略性新兴产业中的龙头企业发展，从而带动整个产业发展。袁天昂（2010）认为资本市场在战略性新兴产业融资过程中起到了非常重要的作用，应结合我国资本市场和产业发展的具体情况完善资本市场直接融资体系，更好地支持我国战略性新兴产业的健康、可持续发展。

此外，战略性新兴产业融资机制的构建还应该注重融资环境的建设和融资方式的创新，相对于"传统产业"而言，"战略性新兴产业"融资热点多、风险大、成长快，适合中小型金融、非金融机构和私人的投资操作，所以，还应当注重风险投资、私募股权、民间资本借贷方式在我国战略性新兴产业融资体系中的作用，引导国内外包括风险投资基金和私募基金等在内的各种社会力量进入战略性新兴产业，使其形成强大的合力（黄幸婷、杨煜，2010；姜大鹏、顾新，2010；姜江，2010）。赵玉林、石璋铭、汪芳（2013）通过对我国战略性新兴产业的实证研究得出结论，我国的风险资本与战略性新兴产业之间存在长期均衡发展关系，但是从短期来看，风险资本的短期剧烈波动会严重影响战略性新兴产业的平稳发展，但是这种影响会随着时间的推移而消失。此外，风险资本对战略性新兴产业的发展有积极的作用，但是，战略性新兴产业并没有给风险资本的发展带来反馈。格兰杰因果检验显示，战略性新兴产业发展不是风险投资发展的格兰杰原因。

袁中华、刘小差（2010）认为，战略性新兴产业的发展离不开金融体系的支持，应结合我国金融发展现状分别从风险投资、创新商业银行支持、私募股权基金、建立多层次资本市场四个方面为新兴产业的发展提供金融支持。范小雷（2007）运用比较研究的方法通过研究发达国家战略产业的金融支持路径，对我国发展战略产业提供了经验借鉴。段一群等（2009）通过构建反映国内金融体系与装备产业增长率之间关系的模型，分析了间接融资和直接融资对该行业增长的影响。袁天昂（2010）研究提出完善资本市场、商业银行适度介入、成立投资银行、拓展私募股权基金、建立共同基金、发展风险投资、产业投资基金、金融控股公司等十大战略措施，支持战略性新兴产业的发展。

第四章 研究方法及创新点

第一节 研究方法

规范分析方法。规范分析涉及已有的事物现象，对事物运行状态做出是非曲直的主观价值判断，力求回答"事物的本质应该是什么"。本书研究的战略性新兴产业对于任何一个国家来说，都是新兴事物，如何定义战略性新兴产业，如何正确判断本国的现实国情以及预测全球经济的发展趋势以选择正确的产业纳入战略性新兴产业，如何划分战略性新兴产业的子产业，如何规划战略性新兴产业发展的蓝图，如何构建健全的融资机制以支持战略性新兴产业的发展……这些问题都有待于研究和解答。规范分析方法主要就是解答与战略性新兴产业融资机制的构建相关的问题。

在对战略性新兴产业融资机制的研究过程中，本书首先对战略性新兴产业的范畴进行界定，战略性新兴产业是指以科技创新和核心科技自主化为理念，具有广阔的市场前景和发展空间，并且具有资源能耗低，规模效应大，国际竞争力强，影响力大的新兴产业。根据我国国务院发布的《关于加快培育和发展战略性新兴产业的决定》（以下简称《决定》），本书将引用《决定》中的定义，将节能环保、新一代信息技术、生物、高端装备制造、新能源、新材料和新能源汽车七大产业确定为我国战略性新兴产业。其次，理论联系实际，从经济学理论的高度对我国战略性新兴产业融资机制的分析予以理论支持。融资机制的意义就在于疏通储蓄向投资转化的通道，更好地利用融资工具动员储蓄并将之转移到投资领域。其中，融资环境、融资主体、融资方式和融资平台是整个融资过程中的主要构成要素。由此可见，融资机制的内涵很丰富，而本书所研究的我国战略性新兴产业的融资机制主要指的是以满足我国战略性新兴产业的融资需求为目的，通过对融资环境的改善、融资方式的拓展和融资平台的搭建，实现资金有效利用、资本良性循环的运行机制。基于此种界定，本书的研究将围绕融资环境的改善、融资方式的拓展和融资平台的搭建等方面展开。而后，对发达国家战略性新兴产业融资模式的成功经验进行比较研究，本书拟就美、日、德三国的战略性新兴产业的融资经验做全面的梳理，找出发达国家在构建战略性新兴产业融资机制方面的先进经验，主要对美、日、德三国的融资环境、融资制度和主要的融资模式进行分析，并对比我国的现实国情与美、日、德三国的相近与相异之处，有针对性和选择性地借鉴发达国家战略性新兴产业发展过程中的有益经验。此外，从融资环境、融资总体态势和具体各产业的融资现状三个方面深入分析我国战略性新兴产业融资现状，探析目前我国战略性新兴产业资金需求的缺口，预测未来我国战略性新兴产业发展所需资金的数量，分析目前我国战略性新兴产业的融资结构、融资平台以及融资环境，找出七大战略性新兴产业中发展不均衡的原因所在，为提出科学合理的政策意见打下坚实的基础。

实证分析方法。实证分析的基本原则是遵循研究结论的真实性和一般性，强调用数据和计量的方式来探究一般结论，并且要求这一结论在相同的假设条件下具有同质性。实证分析研究大体可以分为两种类型：狭义的实证研究方法和广义的实证研究方法。所谓狭义的实证研究方法是指利用数量分析技术，对于狭义的实证研究方法而言，实证分析研究方法在具体操作过程中主要包括对研究对象的观测、调查，收集相关数据和第一手资料，设定假设条件，通过经济计量模型，从特殊到一般，归纳出经济发展的一般规律，探究事物发展的本质属性，最后，对于得出的结论进行检验。广义的实证分析方法是指所有经验型研究方法，包括数量分析方法、统计分析方法、调查研究方法和案例实证研究，等等。广义的实证分析方法重视研究中的第一手资料，着重于研究的科学性和客观性，并不追寻得出一般性的结论，只是对事物本身进行分析研究，得出经验性的结论。

在对于我国战略性新兴产业的实证研究方面，主要采用的是实证分析方法中的数量实证研究和案例实证研究方法。建立健全我国战略性新兴产业融资机制的核心任务之一即是探究我国战略性新兴产业的各种融资模式与产业发展之间的联动关系，本书对我国战略性新兴产业主要融资方式与产业发展状况关系的研究采用的是实证分析方法。首先，对我国战略性新兴产业主要的五种融资方式进行分析，目前，我国战略性新兴产业采取的融资方式主要有资本市场直接融资、银行间接融资、内源融资和财政融资四种，考虑到商业信用发展的速度较快，本书把商业信用融资也作为解释变量之一加入实证研究之中。其次，对于若干种选择样本的方案进行筛选评比，在样本母体中抽选合适的样本集群作为研究对象，选取适当的指标作为解释变量和被解释变量，然后再将我国战略性新兴产业融资的各项相关数据带入评价体系，得出修正结果，以一个综合、直观的数字反映融资方式的有效性和我国战略性新兴产业融资机制的效应，量化研究结论，进而为完善我国战略性新兴产业的融资机制提供实证支持。本书对于各产业的融资现状的分析采用的是案例实证研究的方法，从各产业中相关企业的若干年份的年报和财务报表中获取实际的第一手数据，分析各战略性新兴产业的融资结构和融资模式现状，找出我国战略性新兴产业在融资过程中的不足之处，为后续的研究打下基础。

第二节　创新点

本书的预期创新点：

其一，由于战略性新兴产业是一个比较新的概念，所以，国内外学者对于战略性新兴产业的研究都不多，特别是对于我国的战略性新兴产业的研究更是近期才开始，据所能查到的文献资料显示，目前我国国内对战略性新兴产业的研究大都是从定性的角度展开的，主要研究我国战略性新兴产业的发展现状、政策取向、发展演进以及发展模式等，极少从定量方面进行分析。本书通过对战略性新兴产业主要融资方式和产业经营绩效关系的考察，进行多元线性回归和稳定性检验，对我国战略性新兴产业的融资问题进行定量分析，得出结论：目前我国战略性新兴产业仍主要依赖于内源融资，而对于银行间接融资和资本市场直接融资两种融资方式还需要进一步的加强和完善，而目前财政支持和商业信用融资方式与我国战略性新兴产业的经营绩效没有呈现出显著的关系。

其二，目前对我国战略性新兴产业的研究仅仅限于本国现状层面的分析，很少有对于国外发达国家战略性新兴产业融资机制的比较分析，本书拟分析比较当前主要发达国家在战略性新兴产业融资方面的经验，完整充分地梳理国外战略性新兴产业发展过程中的融资机制的建立和完善方式，探寻国外战略性新兴产业金融支持体系构建过程中的先进经验，总结国外战略性新兴产业金融支持体系构建过程中的失败教训，提炼出适合我国战略性新兴产业融资机制构建过程中借鉴的精华部分，填补国内学者对于发达国家战略性新兴产业融资机制研究方面的不足，推动战略性新兴产业更好地发展。

其三，在融资方式中，银行间接融资和资本市场直接融资对于我国战略性新兴产业的支持还存在许多的不足之处，并且在制度安排和措施等方面针对性不强，影响银行间接融资的因素有很多，其中最重要的包括企业自身的内部因素和外部因素两方面。企业的内部因素主要指的是战略性新兴企业自身固有的一些局限，如财务管理制度不健全，在对样本企业的搜寻过程中，可以发现有部分企业的财务报表并不规范，而且有些企业只在上市开始的两三年提供完整的年度报表，而后的年份里根本就忽略了财务报表的整理与公开，除此之外，还有一些企业的财务报表的公开不具有连续性和及时性，这些都表明了一个现实情况：目前我国战略性新兴企业中有相当一部分企业并没有完善的财务管理制度。这也就意味着这些企业缺乏严密的资金使用计划，在债务管理方面缺乏必要的内部控制，重视利润而忽视现金流量的管理，企业财务信息管理的不健全直接导致财务信息的不透明，增加了银行对战略性新兴企业财务数据的审查难度，导致银行贷款的减少。并且，企业资金运作的规范程度也会影响银行与企业之间的信用关系，进而影响间接融资的规模。在影响银行间接融资的外部因素中，最主要的有两项，一是信贷市场的信息不对称问题，二是抵押担保问题。信息不对称的问题由来已久，在战略性新兴企业的融资中也存在银行和战略性新兴企业之间的信息不对称问题。具体来说，信息不对称问题又可视为银行与战略性新兴企业之间的博弈问题，银行就是否发放贷款与战略性新兴企业就是否归还贷款进行博弈。在拥有完善的资本市场运作机制的发达国家，证券市场的层次清晰，结构合理，能够从不同的层面上满足各类企业的融资需求，例如美国的资本市场，除了纽约证券交易所和美国证券交易所这样的大型证交所之外，还有许多区域性的证券交易所（如芝加哥股票交易所等），此外，地方性柜台交易、第三市场、第四市场、纳斯达克市场等市场的交易机制和运作体系都非常完备，能够支持高科技创新企业和中小企业的健康发展，而相比较而言，我国的创业板标准有待进一步完善化和弹性化。本书对这两种融资方式进行了重点研究，借以作为完善我国战略性新兴产业融资机制的参考。

第二篇

战略性新兴产业融资理论

第一章 相关概念和基本范畴的界定

第一节 战略性新兴产业概念及相关范畴的界定

关于战略性新兴产业的定义,迈克尔·波特(1980)早在《竞争战略》一书中就已经详细地进行了阐述,他指出战略性新兴产业是"指通过一些因素产生的那些新形成的或重新形成的产业,这类因素包括技术创新、相对成本关系的变动、新的消费需求的出现,或其他经济及社会方面的变化致使某种新产品或某项新服务得以市场化"。我国学者沈华嵩(1991)对于战略性新兴产业的定义为:关系到国民经济社会发展和产业结构优化升级,具有全局性、长远性、导向性和动态性特征的新兴产业。① 总而言之,战略性新兴产业是指以科技创新和核心科技自主化为理念,具有广阔的市场前景和发展空间,并且具有资源能耗低、规模效应大、国际竞争力强、影响力大的新兴产业。目前,世界各国都把发展战略性新兴产业作为国家发展战略之一,重点培育和发展。

表 2—1　　　　　　　　部分国家重点扶持的新兴产业

产业＼国家	美国	英国	德国	日本	韩国	俄罗斯	中国
新能源	√	√	√	√	√	√	√
低碳环保	√	√	√	√	√	√	√
生命科学与健康护理	√	√	√	√		√	√
信息与通信	*	√	√	*	√	√	√
纳米技术与新材料	√	*	*	*	*	√	√

① 沈华嵩:《经济系统的自组织理论》,中国社会科学出版社1991年版。

续表

产业＼国家	美国	英国	德国	日本	韩国	俄罗斯	中国
高端制造业	√	√		√			√
新能源汽车	*	*	√	*	√		√
空间技术	√	*		*		√	*
文化产业				√			
其他产业	√		√	√	√	√	

资料来源：万军、冯晓琦：《全球视野下的中国战略性新兴产业发展模式》，《江西社会科学》2012 年第 5 期。

注："√"为近年来有关国家在政府发布的推动创新和发展新兴产业的纲领性文件中提出的优先发展的重点技术和新兴产业领域，"＊"为这些文件中虽然提及，但没有单独作为大类列出，而是包含在前述重点领域之中的技术和产业领域。

对于我国战略性新兴产业相关范畴的界定，2010 年 10 月 18 日，中国国务院发布了《关于加快培育和发展战略性新兴产业的决定》，将节能环保、新一代信息技术、生物、高端装备制造、新能源、新材料和新能源汽车七大产业确定为我国战略性新兴产业。节能环保、新一代信息技术、生物、高端装备制造产业成为国民经济的支柱产业，新能源、新材料、新能源汽车产业成为国民经济的先导产业。需要指出的是，这七大战略性新兴产业虽然同属于我国未来重点发展的产业，但是对于不同的产业而言，其属性和范畴各不相同，包含的细分产业也不一样，为了更好地发展战略性新兴产业，国家对于这七类战略性新兴产业分别进行了界定和发展规划：

节能环保产业是指以保护自然环境、维护生态平衡为中心，以优化资源配置为途径，为节约能源资源、促进经济可持续增长、保护环境提供技术基础和装备保障的产业，包括科学研究、产品开发、资源配置、信息沟通、产品流通等产业环节的总称。节能环保产业在国际上通常有两种界定方式：一种是狭义的理解，即偏重于产业的环保方面，认为节能环保产业就是致力于控制环境污染、污染整治和废物循环利用等的产业；另一种是广义的理解，即把节能环保产业看作是一个综合性的产业，关注节能环保技术、产品的再利用性和产品的可销毁性。具体来说，节能环保产业包括节能技术和装备、高效节能产品、节能服务产业、先进环保技术和装备、环保产品与环保服务六大领域。2013 年，李克强曾表示绿水青山贫穷落后不行，殷实富裕环境恶化也不行。2013 年 8 月，中国国务院办公厅发布《国务院关于加快发展节能环保产业的意见》（国发［2013］30 号），对于发展节能环保产业提出了总体要求：牢固树立生态文明理念，立足当前、着眼长远，围绕提高产业技术水平和竞争力，以企业为主体、以市场为导向、以工程为依托，强化政府引导，完善政策机制，培育规范市场，着力加强技术创新，大力提高技术装备、产品、服务水平，促进节能环保产业快速发展，释放市场潜在需求，形成新的增长点，为扩内需、稳增长、调结构，增强创新能力，改善环境质量，保障改善民生和加快生态文明建设作出贡献。在科技高速发展的今天，节能环保产业已经渗入了多种产业体系和领域，不仅仅是代表一种产业类型，更是代表了一种文化价值取向，一种社会发展形态的转变。在中国称为"节能环保产业"或"绿色产业"，在美国称为"环境产业"，在日本称为"生态产业"或"生态商务"。有专家曾经提出将节能环保产业列于"知识产业"之后，发展成为"第五产业"。

　　新一代信息技术产业是指主要致力于新一代通信网络、物联网、三网融合新型平板显示、高性能集成电路和高端软件等方面的研发和生产的产业。其中，以物联网的发展为核心。新一代信息技术产业所涵盖的范畴较广，既包括电话通信、网络宽带的建设、智能终端的研发、云计算等高端软件的开发，还包含集成电路的发展、数字虚拟技术的开发、三网融合、云计算的研发等内容。进入 21 世纪，社会信息化的程度日益加深，信息资源日益成为重要的生产要素，决定着企业的成败，代表着社会财富。特别是互联网的发展，加速了知识和信息的扩散速度，成为创新研发的新手段、信息传播的新媒体、知识扩散的新渠道。全球信息化正在引发当今世界的深刻变革，重塑世界政治、经济、社会、文化和军事发展的新格局。加快信息化发展，已经成为世界各国的共同选择。2006 年中华人民共和国工业和信息化部发布《2006—2020 年国家信息化发展战略》（中发［2006］11 号）明确指出："到 2020 年，我国信息化发展的战略目标是：综合信息基础设施基本普及，信息技术自主创新能力显著增强，信息产业结构全面优化，国家信息安全保障水平大幅提高，国民经济和社会信息化取得明显成效，新型工业化发展模式初步确立，国家信息化发展的制度环境和政策体系基本完善，国民信息技术应用能力显著提高，为迈向信息社会奠定坚实基础。"而我国信息化发展的战略重点主要包括：推进国民经济信息化；推行电子政务；建设先进网络文化；推进社会信息化；完善综合信息基础设施；加强信息资源的开发利用；提高信息产业竞争力；建设国家信息安全保障体系；提高国民信息技术应用能力，造就信息化人才队伍。

　　生物产业是以培育和发展生物医药和生物育种为核心的产业。其中，生物医药融合了生物技术、基因技术、医药研制等多学科的知识，以生命科学推动医药业的发展，生物医药致力于研制重大疾病防治的生物技术药物、新型疫苗和诊断试剂、化学药物、现代中药等创新药物大品种，提升生物医药产业水平；加快先进医疗设备、医用材料等生物医学工程产品的研发和产业化，促进规模化发展。生物育种是指利用生物细胞组织培养、DNA 重组和转基因等技术改善生物生长特点，培育优良的生物品种。生物产业是近年来最具影响力的产业之一，近 10 年来，*Science* 评选的年度 10 项科技进展中，生命科学和生物技术领域占 50% 以上；对于生物技术和生命科学的研究已经成为科学研究的主要组成部分。美国、英国、日本、韩国等国都纷纷发布对于发展生物产业的计划，生物产业也被我国列入战略性新兴产业之中，成为我国先导性、支柱型产业。在我国《"十二五"生物技术发展规划》中明确指出，"十二五"期间，我国生物技术发展的目标是："生物技术自主创新能力显著提升，生物技术整体水平进入世界先进行列，部分领域达到世界领先水平。生物医药、生物农业、生物制造、生物能源、生物环保等产业快速崛起，生物产业整体布局基本形成，推动生物产业成为国民经济支柱产业之一，使我国成为生物技术强国和生物产业大国。其中，发表 SCI 论文总数达到世界前三位；申请和授权发明专利数总数进入世界前三位；生物技术研发人员达到 30 万人以上，生物技术人力资源总量位居世界第一；生物产业年均增长率保持在 15% 以上。"

　　高端装备制造产业是指制造业的高端领域产业。这里的"高端"不仅是指这些产业在装备制造的技术层面上处于高端层次，而且还意味着这些产业处于产业链的高层，掌握核心技术，具备高层次的发展潜力，能够带动整个装备制造业竞争力大幅度提升。国务院办公厅发布的《2009—2011 年装备制造业调整和振兴规划》中指出高端装备制造产业的重点发展领域涵盖如下：高效清洁发电、特高压输变电、煤矿与金属矿采掘、天然气管道输送和液化储运、高速公路、城市轨道交通、农业和农村基础设施、生态环境和民生、科技重大专项。此外，还需抓住钢铁产业、汽车产业、石化产业、船舶工业、轻工业、纺织工业、有色金属产业、电子信息产业和国防军工九大产业重点项目，实施装备自主化。大力培育和发展高端装备制造产业，是提升我国实体经济竞争力的重要途径，对加快我国产业结构转型及产业升级，促进国民经济发展具有重要的战略意义。国民经济的发展和社会文化的提升对装备制造业绿色化、智能化、服务化提出了新的更高的要求，并提供了巨大的市场需求空间。基于此，我国工业和信息化部印发了《高端装备制造业"十二五"发展规划》，对于2015年我国高端装备制造业的发展指明了方向，到2015年，我国高端装备制造业发展的主要目标是："产业规模跃上新台阶，高端装备制造业销售收入超过6万亿元；创新能力大幅度提升，初步形成产学研用相结合的高端装备技术创新体系，骨干企业研发经费投入占销售收入比例超过5%；高端装备所需的关键配套系统与设备、关键零部件与基础件制造能力显著提高，其性能和质量达到国际先进水平，高端装备重点产业智能化率超过30%；产业组织结构进一步优化。到2020年，高端装备制造产业销售收入在装备制造业中的占比提高到25%，工业增加值率较'十二五'末提高2个百分点，将高端装备制造业培育成为国民经济的支柱产业。"

新能源又称非常规能源，是指除了煤炭、石油等常规能源以外的新兴的能源，包括太阳能、风能、生物质能、核能、潮汐能、地热能，等等。联合国开发计划署（UNDP）把新能源分为以下三大类：大中型水电；可再生能源，包括小水电、太阳能、风能、现代生物质能、地热能、海洋能；穿透生物质能。① 新能源产业就是研发、推广、利用这些新能源的产业。为了解决能源危机和日益恶化的气候问题与环境问题，新能源产业在近些年一直广受世界各国的关注和推崇，是全球经济发展最快的领域之一。2013年1月1日，中国国家能源局发布《国务院关于印发能源发展"十二五"规划的通知》（国发

---

① 王勇：《战略性新兴产业简述》，世界图书出版社2010年版。

［2013］2号），分析指出目前我国能源发展呈现出的新的特征主要为能源资源竞争日趋激烈、能源供应格局深刻调整、全球能源市场波动风险加剧、围绕气候变化的博弈错综复杂以及能源科技创新和结构调整步伐加快，并提出我国 2015 年能源发展的主要目标是：实施能源消费强度和消费总量双控制；着眼于提高安全保障水平、增强应急调节能力，适度超前部署能源生产与供应能力建设；能源结构优化，非化石能源消费比重提高到 11.4%，非化石能源发电装机比重达到30%；天然气占一次能源消费比重提高到 7.5%，煤炭消费比重降低到 65% 左右；能源体制机制改革。

新材料产业是指研发和生产新型的、优越于传统材料的或者具有特殊功能的材料的产业，一般采用新的工艺、新的设计、新的理念使材料的功能更加完备和可靠。根据所处领域划分，新材料产业的范畴大致涵盖以下领域：电子信息材料，包括微电子材料、光电子材料、集成电路及半导体材料、新型电子元器件材料；新能源材料，包括高能储氢材料、先进光电材料、聚合物电池材料等；生物材料，包括金属和合金、陶瓷、高分子材料、复合材料和生物质材料等；汽车材料；纳米材料；超导材料；稀土材料，包括稀土永磁材料、稀土发光材料、稀土催化材料等；新型有色金属合金材料；新型建筑材料；新型化工材料；新军工材料。[①] 2012 年 1 月，我国工信部在《新材料产业"十二五"发展规划》中明确了新材料产业的发展目标："到 2015 年，建立起具备一定自主创新能力、规模较大、产业配套齐全的新材料产业体系，突破一批国家建设急需、引领未来发展的关键材料和技术，培育一批创新能力强、具有核心竞争力的骨干企业，形成一批布局合理、特色鲜明、产业集聚的新材料产业基地，新材料对材料工业结构调整和升级换代的带动作用进一步增强。到 2020 年，建立起具备较强自主创新能力和可持续发展能力、产学研用紧密结合的新材料产业体系，新材料产业成为国民经济的先导产业，主要品种能够满足国民经济和国防建设的需要，部分新材料达到世界领先水平，材料工业升级换代取得显著成效，初步实现材料大国向材料强国的战略转变。"

---

① 百度百科：《新材料产业》（http：//baike. baidu. com/view/2287235. htm）。

表2—2 **战略性新兴产业对部分新材料的需求预测**

新能源	"十二五"期间，我国风电新增装机6000万千瓦以上，建成太阳能电站1000万千瓦以上，核电运行装机达到4000万千瓦，预计共需要稀土永磁材料4万吨、高性能玻璃纤维50万吨、高性能树脂材料90万吨、多晶硅8万吨、低铁绒面压延玻璃6000万平方米，需要核电用钢7万吨/年，核级锆材1200吨/年、锆及锆合金铸锭2000吨/年
节能和新能源汽车	2015年，新能源汽车累计产销量将超过50万辆，需要能量型动力电池模块150亿瓦时/年、功率型30亿瓦时/年、电池隔膜1亿平方米/年、六氟磷酸锂电解质盐1000吨/年、正极材料1万吨/年、碳基负极材料4000吨/年；乘用车需求超过1200万辆，需要铝合金板材约17万吨/年、镁合金10万吨/年
高端装备制造	"十二五"期间，航空航天、轨道交通、海洋工程等高端装备制造业，预计需要各类轴承钢180万吨/年、油船耐腐蚀合金钢100万吨/年、轨道交通大规格铝合金型材4万吨/年、高精度可转位硬质合金切削工具材料5000吨。到2020年，大型客机等航空航天产业发展需要高性能铝材10万吨/年，碳纤维及其复合材料应用比重将大幅度增加
新一代信息技术	预计到2015年，需要8英寸硅单晶抛光片约800万片/年、12英寸硅单晶抛光片480万片/年、平板显示玻璃基板约1亿平方米/年、TFT混合液晶材料400吨/年
节能环保	"十二五"期间，稀土三基色荧光灯年产量将超过30亿只，需要稀土荧光粉约1万吨/年；新型墙体材料需求将超过230亿平方米/年，保温材料产值将达1200亿元/年；火电烟气脱硝催化剂及载体需求将达到40亿元/年，耐高温、耐腐蚀袋式除尘滤材和水处理膜材料等市场需求将大幅度增长
生物产业	2015年，预计需要人工关节50万套/年、血管支架120万个/年、眼内人工晶体100万个/年，医用高分子材料、生物陶瓷、医用金属等材料需求将大幅度增加。可降解塑料需要聚乳酸（PLA）等5万吨/年、淀粉塑料10万吨/年

资料来源：中华人民共和国工业和信息化部官网（http://www.miit.gov.cn/n11293472/n11293832/n11293907/n11368223/14470388.html）。

　　新能源汽车是指采用非常规的车用燃料作为动力来源或者采用更有效的能源利用装置的新型汽车，在车身整合、动力控制和驱动等方面综合采用了多种新材料和新技术。目前，就新能源汽车产业的范畴来说，主要包括太阳能汽车、电动汽车、氢发动机汽车、混合动力汽车和其他新能源汽车的生产与销售企业。由于石油危机的加剧和大气环境问题的日益突出，世界各国对于节能环保和开发新能源汽车都更加关注，培育开发和推广新能源汽车已经成为各国汽车产业的发展战略目标，未来的全球汽车产业将迎来产业转型的重要机遇期。在中国国务院2012年6月发布的《节能与新能源汽车产业发展规划（2012—2020年）》（国发〔2012〕22号）中首次明确提出了新能源汽车产业的主要发展目标："其一，产业化取得重大进展。到2015年，纯电动汽车和插电式混合动力汽车累计产销量力争达到50万辆；到2020年，纯电动汽车和插电式混合动力汽车生产能力达 200 万辆、累计产销量超过 500 万辆，燃料电池汽车、车用氢能源产业与国际同步发展。其二，燃料经济性显著改善。到 2015 年，当年生产的乘用车平均燃料消耗量降至 6.9 升/百公里，节能型乘用车燃料消耗量降至 5.9 升/百公里以下。到 2020 年，当年生产的乘用车平均燃料消耗量降至 5.0 升/百公里，节能型乘用车燃料消耗量降至 4.5 升/百公里以下；商用车新车燃料消耗量接近国际先进水平。其三，技术水平大幅提高。新能源汽车、动力电池及关键零部件技术整体上达到国际先进水平，掌握混合动力、先进内燃机、高效变速器、汽车电子和轻量化材料等汽车节能关键核心技术，形成一批具有较强竞争力的节能与新能源汽车企业。"

具体的战略性新兴产业的细分类型见表 2—3：

表 2—3　　　　　　　　　　**战略性新兴产业分类**

产业名称	大类	中类	小类（对应的行业代码）
节能环保产业	高效节能	高效节能通用设备制造	3411、3441、3442、3444、3461、3462、3464
		高效节能专用设备制造	3511、3515、3516、3521、3546、3531、3532、3533、3572
		高效节能电气机械器材制造	3811、3812、3839、3871
		高效节能工业控制装置制造	4014、4012、4019
		新型建筑节能材料制造	3021、3024、3031、3035、3062
	先进环保	环境资源专业设备制造	3591、3597
		环境保护检测仪器制造	4021
		环境污染处理药剂制造	2665
	资源循环利用	矿产资源综合利用	0610、0620、0690、0710、0720、0810、0820、0890、0911、0912、0913、0914、0915、0916、0917、0919、0921、0922、0929、0931、0932、0939、1013、1019、1020、1011
		工业气体液体循环综合利用	2511、3360、3463
		工业设备用品回收及再利用	2914、3735、4210、4220
		水资源循环利用与节水	4610、4620、4690

续表

产业名称	大类	中类	小类（对应的行业代码）
新一代信息技术产业	通信传输及高端计算机设备制造	通信传输基础设备制造	3921、3922
		高端计算机及网络设备制造	3911、3912、3913
	广播电视设备及数字视听产品制造	广播电视设备制造	3931、3932
		数字视听产品制造	3951、3952、3953
	电子元器件器材及仪器制造	电子元器件及器材制造	3832、3962、3963、3969、3971
		电子仪器制造	4028
生物产业	生物制品制造	生物药品制造	2710、2720、2730、2740、2750、2760、2770
		生物食品制造	1461、1462、1469、1491、1492
		生物燃料制造	2512
		生物农业用品制造	1320、1363、2625、2632
		生物化工制品制造	2614、2661、2662、2684
	生物工程设备制造	生物医疗设备制造	3581、3582、3583、3584、3585、3586、3589
		生物其他相关设备仪器制造	3551、4041、4024
高端装备制造产业	航空航天装备	航空、航天器及设备制造	3740
	轨道交通装备	轨道交通装备	3720
		铁路高端装备制造	3711、3714
		城市轨道装备制造	3720
	智能制造装备	轨道交通其他装备制造	3412、3899
		智能测控装备制造	3421、3422、3425、3429、4011
		重大成套设备制造	3490、3512、3542、3562、3599
		智能关键基础零部件制造	3489
新能源	水力发电	水力发电	4412
	核力发电	核力发电	4413
	其他能源发电	其他能源发电	4414、4415、4419
	智能电网	智能电网	3812、3823、3824

续表

产业名称	大类	中类	小类（对应的行业代码）
新材料产业	新型功能材料	新型功能涂层材料制造	2641、2642、2643、2644
		新型膜材料制造	2921、2924
		特种玻璃制造	3049、3051
		功能陶瓷制造	3072
		其他新型功能材料制造	2612、2613、2619、2631、2645、3091、3841、3842、3849
	先进结构材料	高纯金属材料制造	3110、3120、3211、3212、3213、3214、3215、3216、3217、3219、3221、3222、3229、3231、3232、3239
		高品质金属材料制造	3130、3140、3250、3261、3262、3263、3264、3269
		新型合金材料制造	3150、3240、3311、3321、3340、3389、3391
		工程塑料材料制造	2653、2927、2929
	高性能复合材料	高性能纤维复合材料制造	2659、2821、2822、2823、2824、2825、2826、2829
		其他高性能复合材料制造	2651、2652、3339
新能源汽车产业	新能源汽车整车制造	新能源汽车整车制造	3610、3640
	新能源汽车零部件配件制造	新能源汽车零部件配件制造	3660

资料来源：吕岩威、孙慧：《中国战略性新兴产业统计分类与发展绩效跟踪》，《开发研究》2013 年第 2 期。

第二节　融资和融资机制的含义及相关范畴的界定

融资是指为支付超过现金的购货款而采取的货币交易手段，或为取得资产而集资所采取的货币手段。[①] 从广义上讲，融资即资金融通，是资金从资金充裕者向资金紧缺者流动的过程，包括资金的融出和融入两

---

① 伊特韦尔：《新帕尔格雷夫经济学大辞典》，麦克米伦出版公司 1987 年版。

个方面。从狭义上讲，主要是指资金的融入，企业根据自身的现状和对未来发展的规划，通过科学的测算和一定的方式，利用内部积累和外源的资金供给筹集资金，保证企业日常生产和持续发展需要的理财行为。

战略性新兴产业的融资问题具体来看就是战略性新兴产业中的各个企业的融资问题，企业融资有多种方式，主要分为内源融资方式和外源融资方式。

内源融资（internal financing）是指企业将自己的经营所得中的储蓄部分，主要包括留存收益、折旧等，直接转化为投资资本的方式。在内源融资中，资金的需求和供给方属于同一主体，资金的筹集具有自发性和自主性的特点，此外，内源融资不需要定期的利息或者股息支出，不会占用企业日常经营所需的现金流量，不产生融资费用，无须考虑利率、汇率风险，因此，内源融资还具有低成本和无风险的特点。在发达国家，内源融资一般是企业的首选融资方式，只有在内源融集的资金不能满足企业的经营发展需要时，才会转向外源融资。内源融资理论是从MM理论发展而来。"MM理论"是由构建该模型的经济学家Modigliani和Miller的姓名的首字母命名的公司资本结构理论，来自于两位经济学家的著作《资本成本、公司财务和投资管理》一书，其核心思想是认为在没有税收、不考虑交易成本以及个人和企业贷款利率相同的条件下，企业的总价值与其资本结构无关。虽然该模型的成立需要非常不符合实际的假设前提，但是它首次对于企业资本结构进行模型化研究，标志着现代资本结构理论的开端。之后，包括Modigliani和Miller两位经济学家在内的许多学者分别对其进行了修正和补充。其中，Donaldson（1961）研究发现，企业在筹集发展所需资本之时，对于融资渠道的选择倾向于一种排序：首先是内源融资，其次是银行借贷，最后才是在资本市场直接融资。

外源融资（external financing）是指企业通过一定的方式向企业之外的其他经济主体筹集资金。外源融资的方式有许多种，包括股权融资、债券融资、银行贷款等，此外，上下游企业之间的商业信用、融资租赁等在某种程度上也属于外源融资的范畴。一般来说，可以分为直接融资和间接融资两种方式（见图2—1）。近年来，随着我国资本市场的逐步完善健全和居民投资意识的增强，直接融资方式也逐步被许多企业所采用和推广，成为主要的融资渠道之一，从总体上来说，股权融资方式的优点主要包括：无须还本付息，避免为企业带来较大的财务风险；股权激励机制会使得企业更具凝聚力和创新精神；上市企业能够在更加广泛的区域筹集资金，一方面获得了发展所需的大量资金，另一方面也提升了企业知名度，督促企业更好地发展。而间接融资方式的最突出的优点就是不用分散股权，从而使得公司的经营管理权受到波及。在间接融资中近些年新兴起了一种杠杆收购融资方式。杠杆收购融资方式具体是指收购企业在并购目标企业时，以目标企业的企业资产和将来的收益能力做抵押，从银行借贷资本用于收购目标企业的融资方式。

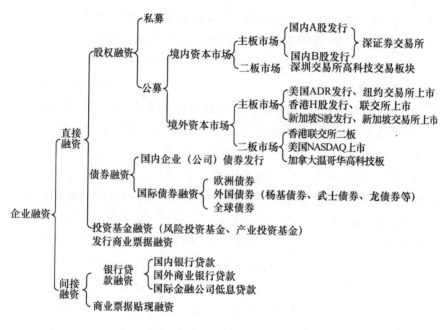

图2—1 企业融资方式结构图

资料来源：戴淑庚：《高科技产业融资理论、模式、创新》，中国发展出版社 2005 年版。

除了融资方式之外，在我国战略性新兴产业融资过程中还涉及其他的一些要素，包括融资环境、融资平台、融资主体等，在资金融通过程中，这些构成要素之间的作用关系及其调控方式就是融资机制。而融资机制发挥作用就是通过参与融资活动的融资主体（即资金供求方），利用各种金融工具，采用一定的方式，通过金融市场或各种机构，操作融资客体（资金）双向流动并使其增值的过程，包括融资环境的营造、融资平台的搭建、融资方式的拓展以及确保促进资本形成良性循环的金融手段等诸多方面。

融资环境（financing environment）是指影响企业筹集资金的各种因素的集合，主要包括政治制度环境、宏观经济环境、金融市场环境、法律环境、征信制度环境以及企业的内部治理状况等。具体来说，主要分为企业内部的微观环境和企业外部的宏观环境两个部分。

其中，企业内部的微观环境中影响企业筹资效率的主要因素有四个方面：其一，企业的经营风险。企业的经营风险是影响企业筹资效率和筹资成本的最关键的因素之一，从资金的需求方来说，高风险运营的企业一般而言需要的资金数量更多，而且对于未来资金流入的数量和周转周期并没有十足的把握，甚至对于企业能否顺利经营，是否会破产都不确定，在这种情况下，企业亟须大量资金进行研发和拓展市场，使得企业能够尽快走上正轨，但是，正是由于企业经营的风险性的特征导致企业融资面临非常大的困难。从资金供给者的角度来看，高风险对应着高收益，但是从风险偏好的角度来看，绝大部分的资金盈余者都属于风险规避的类型，它们更偏好的是在风险较低的情况下获得尽可能好的收益，特别是对于银行系统来说更是如此，只有在保证银行系统稳健经营的条件下，才被允许去追逐更高的利润，从这种意义上讲，高风险的企业很难获得它们经营所需要的资金，从而导致高风险企业面临不可解的资金匮乏难题，最终使得大批高风险企业只能走向破产的命运。而对于战略性新兴产业而言，大多数的战略性新兴产业中的企业都属于高风险企业，这种高运营风险将会是阻碍它们获得外源资金的主要屏障。其二，自有资金。自有资金是企业运营的基础，同样也是企业获得外源资本的基础。无论是选择从银行体系融得资金，还是从资本市场上以发行股份的方式进行直接融资，都需要企业自身具有一定的规模，并且有稳定的现金流的入账，特别是选择债权债务融资方式之时，债权人往往会要求一定数量的担保品或者要求查看企业的连续数年的财务报表，以保证未来有稳定的现金流入账以支付债务的利息和本金，这样一来，企业的自我积累和自有资金便成为了企业能够获得外源资金的基础和前提条件，因此，对于前期已经有充足的自有资金的企业来说，获得外源资金的概率和数量将会比发展初期就只能依靠外源资本生存的企业要大得多，而且，前期已经有充足的自有资金的企业更容易生存下去。其三，信息的透明度。这里主要指的是企业经营状况的公开性以及企业财务状况的透明程度。对于资本市场而言，越成熟规范的资本市场，各种信息的透明程度就会越高。对于企业而言亦是如此。资金盈余者希望自己的资金能够获取更多的收益，而不是因为选错了投资对象而血本无归，因此，所有理性的投资者都会在做出投资决策之前，详细地调查研究所要投资的目标企业，以做出科学的判断，最大限度地规避风险，此时，企业运作的透明度会直接影响投资者的判断。一般而言，规模较大的企业更容易建立规范的财务制度，也就更容易获得投资者的青睐。其四，信用记录。信用记录是企业在长期的资金借贷关系中累积的关于自身诚信程度的记录，资信程度不高是银行惜贷的重要原因。由于成立的时间较短或者是其他一些客观原因，许多企业，特别是中小企业并没有建立与银行的长期合作关系，银行方面的信用记录缺乏，另外，我国的全国性的征信系统尚未建立，许多实体经济发展方面的信息并没有实现全国联网和共享，企业的信用级别还不能够准确地评定，加之一些中小企业信用观念淡薄，实践中经常拖欠银行贷款甚至违约，造成银行体系对于中小企业的道德风险讳莫如深，发往中小企业的贷款数量少之又少。据统计，在工商银行评定信用的 35 万户中小企业中，等级在 A 级以上的只有 5.7 万户，而 83.69% 的企业在 BBB 级以下。[①]

　　企业外部的宏观环境涵盖的范围更加的广泛，主要包括政治制度环境、宏观经济环境、金融市场环境、法律环境、征信制度环境。政治制度环境首先是指国家政治制度的稳定，这是国民经济稳健发展的基础，也是企业能够顺利融资的政治保证，其次是与资金流动相关的制度、规范、法律方面的建立健全，包括会计、审计、统计、财政、税收以及担保等制度的健全，保证资金的流动有法可依，有迹可循，保障投资者的利益，鼓励社会资金更加有效地利用。宏观经济环境是指国家经济发展的阶段和水平、经济体系、贸易与国际收支等状况。对于我国而言，近些年来，国家经济运行一直保持着平稳向前的态势，国民经济稳中有升，贸易顺差、国际收支基本平衡，这对于战略性新兴产业的融资来说是利好的一面，能够活跃资本市场，鼓励投资者进行投资。金融市场环境的发展与稳定直接关系到企业的融资行为。发达的金融市场具备完善

---

① 蒲林霞、朱波强：《中小企业融资环境分析》，《生产力研究》2011 年第 4 期。

的金融制度、多层次的资本市场融资体系以及各种类型的金融工具，这些对于满足各类企业的融资需求有着重要的意义，对于我国而言，金融制度体系和多层次资本市场框架已经初步搭建完毕，但是仍需要进一步的健全和完善，金融工具的种类在近些年大幅度丰富，但是较之发达国家仍有差距，这些对于我国战略性新兴产业的融资都有影响，促进我国战略性新兴产业的发展的重要措施之一就是大力发展我国的金融市场，特别是资本市场。明晰资本市场层次，丰富金融工具的种类和涵盖的范围是健全多层次资本市场的主要任务。征信制度系统是维护金融安全的一道重要的屏障，企业信用征信系统的建立，可以动态界定企业的信用等级，一方面，可以使得资金供给方，包括商业银行能够更加快捷、高效地获取企业的权威、真实、全面的信息，快速准确地评析投资风险，从而降低信息搜寻成本和投融资成本；另一方面，由于诚信企业能够以更低的成本获得资金，这样一来，企业有动力按时按质地偿还债务，积累自身的良好信用，也有利于社会良好的信用文化的形成。

所谓融资方式，即企业的融资渠道。企业的融资方式主要分为两类：债务性融资和权益性融资。债务性融资主要指的是向银行或者金融机构借款，而权益性融资主要指的是发行股票融资。相比较而言，债务性融资较为简单，没有复杂的申报手续、审批流程和股票发行的一系列事务要做，相对于债权人来说，债务性融资可以定期还本付息，在剩余财产分配权方面债权人位列股东之前，安全性比较高；相对于债务人来说，债务性融资不会分散股权，有利于企业控制权掌控在管理层的手中。但是，股权融资也有其特有的优点，例如，相对于投资者（股东）而言，不仅能够获得股息和红利，还能够享受企业成长带来的利润，对于普通股股东而言，还有一定的公司经营参与权，而对于筹资方（企业）而言，发行股票获得的资金属于永久性资金，不用担心还本付息的问题，也不会因为一定时期的经营不善而使企业陷入财务困境。因此，在选择以何种方式融资的时候，企业要根据自身的情况统筹考虑诸多因素，做出最有利于企业发展的融资决定。除了债务性融资和股权融资之外，还有一些融资方式常常为企业所用，包括民间借贷、金融租赁、杠杆收购、引进风险投资、商业信用融资、留存盈余、项目融资、资产典当，等等。不同性质的企业、处于不同发展阶段的企业可以采用不同的融资方式筹集资本，金融市场越发达，企业能够使用的融资方式越广泛。

　　融资机制是利用各种金融工具，将资金的盈余方与需求方联系起来，实现资金优化配置的各种制度、规范、措施的总和。融资机制的意义就在于疏通储蓄向投资转化的通道，更好地利用融资工具动员储蓄并将之转移到投资领域，提高资金的使用效率。因此，可以看出，融资环境、融资主体、融资方式和融资平台是整个融资过程中的主要构成要素，这些要素相互联系、相互作用构成了完整的融资机制。健全完善的融资机制对于投融资双方都有着重大的意义，投资方可以通过融资机制合理分散投资风险，实现资金增值的目的，而筹资方可以利用完善的融资机制获得所需资金，以较低的成本实现企业价值的最大化。完善的融资机制对于我国战略性新兴产业而言尤为重要，能够使得众多的中小型战略性新兴企业在发展初期获得充足的资本，度过危险期，健康平稳地发展，有利于推进我国实体经济的发展和科技创新的进步。

　　由此可见，融资机制的内涵很丰富，而本书所研究的我国战略性新兴产业的融资机制主要指的是以满足我国战略性新兴产业的融资需求为目的，通过对融资环境的改善、融资方式的拓展和融资平台的搭建，实现资金有效利用、资本良性循环的运行机制。基于此种界定，本书的研究将围绕融资环境的改善、融资方式的拓展和融资平台的搭建等方面展开。

第二章　产业经济学理论

　　产业经济学是现代西方经济学中分析现实经济问题的新兴应用经济理论体系，主要探讨在以工业化为中心的经济发展中产业间的关系结构、产业内企业组织结构变化、发展状况变化的规律以及研究这些规律的方法。产业经济学主要包括产业组织理论、产业结构理论、产业关联理论、产业布局理论、产业发展理论和产业政策研究等内容。在这些理论中，能够为本书的研究提供理论支持的是产业发展理论的相关内容，即产业生命周期理论和规模经济理论。产业生命周期理论把产业的发展分为幼稚阶段、成长阶段、成熟阶段和衰退阶段四个阶段，并指出了每个阶段的发展特点，根据每个发展阶段的特点可以对产业的融资需求做出初步的判断；规模经济理论则阐述了产业发展规模和平均成本之间的关系，并指出了产业的最佳规模产量点，对研究我国战略性新兴产业融资问题有一定的理论指导意义。

第一节　产业生命周期理论

　　与传统产业一样，战略性新兴产业的发展也遵循产业生命周期理论的规律，处于不同的产业生命周期发展阶段的战略性新兴产业对于资金的需求也大相径庭，因此，考察不同的战略性新兴产业的细分产业所处的产业生命周期阶段对于研究战略性新兴产业的融资问题至关重要。

　　产业生命周期理论是 1982 年 Gort 和 Klepper 在产品生命周期理论（Vernon，1966）的基础上建立的，主要观点是每个产业都会经历由产生到衰退的生命历程，产业生命周期理论忽略了微观的具体产品的差异性，从中观层面对于整个产业的发展脉络进行梳理和总结。一般来说，产业的生命周期可以分为幼稚阶段、成长阶段、成熟阶段和衰退阶段四个阶段，每个阶段都有不同的特点。区分产业所处阶段的指标主要包括：产业的市场认知度、产业需求增长速度、产业竞争度、产业技术创新程度和技术扩散程度、用户购买行为等。

产业刚刚产生的最初时期称为幼稚阶段。其特点表现为：新产业诞生不久，只有为数不多的几家厂商投资于该产业，产业的知名度低，市场上很少有用户了解产业的具体情况，产业的产品研发处于起步阶段，只有单一产品或者产品尚处于研发状态，并未规模化生产，产品技术含量较低，且造价高、收益少、产量小、产品推广难度较高，市场前景难以预料，此时，厂商的盈利甚微，由于前期研发费用高昂，而产品销路不畅，厂商大多处于亏损状态，有较大的破产风险。产业中的各经营主体主要致力于开辟新用户和开发更为成熟的商品，以尽快占领市场形成初期的垄断优势。但是，由于此时研发技术上的不确定性和厂商的规模较小等特点，行业进入壁垒较低，市场几乎处于完全竞争的状态。在产业发展的初期阶段，企业融资非常困难，由于起步阶段花费的成本较多，内源融资方式并不能完全支撑整个企业的运作流程，亟须外源资金的注入，而又由于企业的新兴性，银行对于此类型企业的贷款慎之又慎，企业几乎不能从商业银行体系获得资金。直接融资的资本市场门槛较高，投资者对于新兴产业的认知度不高导致直接融资的效率较低，因此，在产业发展的初期阶段，企业大多依赖国家的政策支持和风险资本与私募股权资本的青睐得以生存和发展。在初创阶段的后期，随着产业研发技术的稳定、生产成本的降低和市场认知度的提高，新兴产业逐步由高风险低收益的阶段步入高风险高收益的阶段。

经过厂家技术和管理方法的完善，新产业逐步走向成熟，进入产业的成长阶段，也称扩张阶段。在这一时期，产业在整个市场中逐步被消费者所认可，企业逐步拥有一定的市场营销能力和融资能力，开始有营业收入，并开始有内源融资积累和财务数据的累计，资本结构趋于稳定，由于在市场上的认可度的提高使得企业在供给方面开始逐步调整和升级，研发方向从研发新产品向增加产品附加值转化，产品也由单一性、低质高价向多元化、优质廉价方向发展。由于知识技术的扩散效应，后进入的厂商能够低成本复制先前厂商的研发成果，从而获得低成本高收益的利润，因此，在这一阶段有许多厂商陆续进入该产业领域，产业规模迅速扩大，市场的供给方和需求方的数量都显著上升，大批企业加入该产业，相互协作、相互补充、配套生产的厂家群体出现。虽然这一阶段企业的盈利能力有所提高，收益也大幅度增加，但是由于大量企业的进入，使得产业内竞争相当激烈，优胜劣汰在这一阶段尤为明显。生产厂商不能仅仅依靠最初的技术规模化生产以获取市场份额，而必须依靠追加生产，提高生产技术和管理能力，降低成本，以及开发异质性产品来获得竞争优势。在激烈的竞争中，一部分资本和技术力量雄厚，经营管理效率较高的企业逐步站稳脚跟，获得较大的市场份额，而大多数企业由于种种原因被淘汰而退出产业领域，在该阶段的中后期，整个产业逐步进入稳定期。在产业成长阶段，企业内部资金较为稳定，企业成长前景趋于明朗，企业在融资方面遇到的困境逐步减少，除了内源融资之外，部分企业开始可以获得银行的部分贷款，以及在创业板上市融资。

随着产业扩张的规模逐步稳定，厂家数量基本固定，产业进入成熟阶段。成熟阶段是一个相对时间较长的时期。成熟阶段的产业有如下特征：产业的主要产品被消费者认可，市场需求量达到最大，在竞争中生存下来的厂商逐步垄断了整个行业的市场，每个厂商占有一定比例的市场份额。厂商之间的竞争逐渐从价格竞争转向各种非价格手段竞争，单个企业的生产已开始从外延的再生产转向内涵的再生产，企业之间主要在产品品种、质量、性能和价格等方面展开竞争。产业利润由于垄断的形成达到很高的水平，市场风险因为垄断的存在而减少，市场进入门槛很高，新企业很难进入。在成熟阶段，产业的发展较为缓慢，市场增长空间不大，销售扩张困难，买方市场形成并稳定，产业盈利能力趋于减退。成熟期的产业中有相当一部分企业已经在资本市场上市融资，对于间接融资也较为容易实现。

自产品的发明国从国外进口该产品开始，产业进入衰退阶段。这一阶段的特点是产品过时，供过于求，主要产品开始减产，生产能力大量闲置，新产品出现或者大量替代品出现，原产业的市场需求开始逐渐减少，正常利润不能维持，大批厂家退出这一领域转向其他产业，至此，该产业生命周期结束。

需要说明的是，与其他有生命的生物相比，产业生命周期又有自己独有的特点。第一，不是所有的产业都必然经历这四个阶段；第二，产业的生命周期有缩短的趋势；第三，许多产业可能"衰而不亡"；第四，衰退产业可能"起死回生"。

第二节　规模经济理论

除了与产业的生命周期相关联之外，战略性新兴产业的融资还与其生产成本的高低直接相关，在产业发展的最初阶段，研发成本和生产成本一般会比较高，而到了成熟阶段，产业形成规模化生产，成本趋于下降，融资的需求也会随之减少。规模化的生产会产生规模经济（economies of scale），具体是指伴随着生产经营规模的扩大而出现的单位产品成本下降，收益上升的现象。

规模经济理论最初起源于美国，由经济学家阿尔弗雷德·马歇尔在其《经济学原理》一书中提出。马歇尔把规模经济分为两类：一类是内部规模经济，主要是由于企业提高资源利用率、管理能力和经营效率而带来的单位产品成本下降，收益上升的现象；另一类是外部规模经济，主要是由于企业与企业之间的分工合作、科学规划、协同发展带来的整体经济效益的提高。美国学者科斯认为，在市场化程度较高的经济领域，交易成本包含众多方面，如果将交易统筹安排，会大量减少交易成本。在企业的发展过程中，规模经济并非一成不变，随着生产规模的不断扩大，规模报酬会依次呈现出规模报酬递增、规模报酬不变和规模报酬递减三种情况。美国经济学家保罗·A. 萨缪尔森（PaulASamuelson）也对于这三种情况进行了研究，并指出了产生这三种情况的原因：从传统成本理论观点看，随着企业规模的扩大，在大规模经济规律的作用下，企业生产成本将不断降低，直到实现适度生产规模，如再继续扩大规模，则会因管理上的不经济而导致成本增加。此外，规模经济也会带来负面效应，著名的"马歇尔冲突"即揭示了这样一种情况：当规模经济带来垄断的时候，会对市场的自由化运作造成冲击，破坏其市场定价机制。

规模经济现象表现在图中（如图2—2所示），生产规模的扩大导致生产成本的下降，长期平均成本曲线 LAC 向右下方倾斜，从左边包络无数的短期平均成本曲线 SAC，在 LAC 和 SAC 的最低点 Q 达到最优规模。

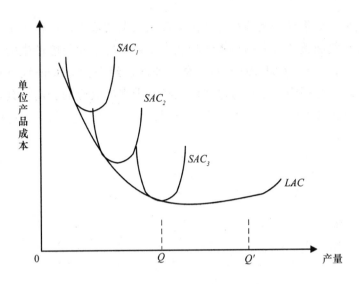

图2—2 长期平均成本曲线示意图

在图 2—2 中，点 Q 是产业的最小最佳规模产量点（Minimized Economic Scale，简称 MES），在 Q 点之前，产业可以通过扩大生产经营规模来降低成本，随着产量向 Q 点的逼近，以扩大生产来降低成本的方式变得越来越困难，单位成本的降低主要依靠资本的投入来支持。尽管如此，长期平均成本的下降也不会一直持续，在产量达到 Q 以后，长期平均成本进入一个相对稳定的阶段，在相当一段时期内保持平稳的状态，即图 2—2 中的 QQ' 区间。由于市场反应状况渐冷、产业本身技术创新速度趋缓、管理层面的问题等因素的制约，单位成本将出现缓慢的上升，规模经济效应至此结束。当然，由于不同产业的发展状况不同，主要产品的技术特征不同，不同产业的长期平均成本曲线的具体形状和最优规模也会出现一些差别，但是总体长期平均成本曲线的走势和最佳规模选取的原理都是相同的。

值得指出的是，产业的规模经济效应不仅仅指的是生产规模的扩大带来的成本下降，还包括经营规模的扩张。其中，生产规模的扩大主要考察的是产业综合生产能力和竞争力的大小，一般由产品的年产量和年销售总额来表现；而经营规模的衡量取决于资本、劳动力等生产要素和产品产量的集中程度。

经济学理论界认为规模经济至少还包括另外两个层次：聚集经济和

范围经济。聚集经济指的是经济活动在空间上的聚集，产生了由于各种
要素的聚集和整合带来的整体性功能大于各单独企业所能产生的功能之
和的效应，表现为 *LAC* 曲线的平移，外部性经济使 *LAC* 曲线下移，节
约成本。而范围经济是指通过多样化经营带来的效应的提高，具体是指
企业通过拓展经营范围，丰富产品类别，生产多样化产品而引起的单位
成本的降低。

第三章　融资理论

　　战略性新兴产业融资问题的实质是战略性新兴产业中企业的融资问题。在研究企业融资的理论中最具实际指导意义的是资本结构理论。资本结构理论的核心内容是由于各种融资方式的资金成本、净收益、税收以及债权人对企业所有权的认可程度等存在差异，在给定投资机会时，企业就需要根据自己的目标函数和收益成本约束来选择相应的融资方式，以实现最佳的融资结构，进而使企业的市场价值最大化。融资结构不仅决定着企业的市场价值，同时对企业的融资成本、产权分配、治理结构以及通过资本市场对经济增长等方面都有一定的影响。资本结构理论主要是围绕如何形成最佳的资本结构而展开的，其发展先后经历了三个发展阶段，即早期资本结构理论、现代资本结构理论和新资本结构理论。

　　新资本结构理论起源于 MM 定理和权衡理论，其中 MM 定理认为在完善的资本市场中，企业的融资结构选择与企业的市场价值无关。这一结论引起了理论界的普遍质疑，而后，新资本结构理论者在此基础上引入了信息不对称理论、博弈论、信号理论等，并深入到企业内部和制度方面对企业的资本结构展开了研究。从理论上来说，新资本结构理论中 Myers 的新优序融资理论的分析框架比较适合用来对新兴企业融资问题进行分析，新优序融资理论认为由于信息的不对称，企业的股票融资前景欠佳，所以，企业的筹资偏好应该是从内部融资到负债融资，最后才是股票筹资。此外，代理成本理论从代理成本的角度研究企业的融资决策对企业市场价值的影响，对于企业融资也具有一定的指导意义。

第一节　权衡理论

早期的权衡理论由斯科特（James Scott）和迈尔斯（Stewart Myers）

提出，其主要观点可简要表述为：杠杆公司市场价值等于权益公司市场价值加税蔽效应的现值，再减去破产成本现值。公式形式为：

$$V_L = V_U + PVTS - PVFD \qquad\qquad 式（2—1）$$

其中，PVTS 表示税蔽效应现值，PVFD 表示破产成本现值。财务杠杆与企业价值的关系如图 2—3 所示。

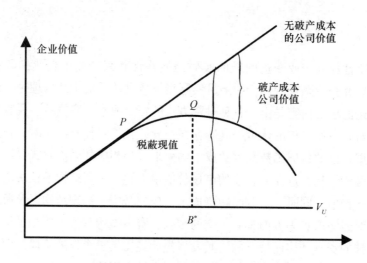

图2—3　公司价值与财务杠杆的关系

由图 2—3 可以看出，如果公司的资本没有债务，资本获得全部来自股票市场，则公司的市场价值为 V_U。如果公司采取债务融资方式，则债务融资的税蔽效应会提升公司的价值。当公司财务杠杆低于 B^* 时，公司负债的税蔽效应对公司价值的正面影响高于破产成本的负面影响，公司的价值将随财务杠杆提高而持续上升。反之，财务杠杆的负面影响开始起主导作用。当公司财务杠杆处于 B^* 点时，边际税收利益与边际破产成本相等，公司价值达到最大化。因此，B^* 是公司的最优杠杆比率。

早期的权衡理论受到一些经济学家的推敲和质疑，其主要的讨论领域集中在三个方面：第一，关于盈利能力与融资方式选择的问题。按照早期权衡理论的观点，盈利能力越强的企业现金流的输入也就越多，充沛的资金和高流动性大大提高了企业生产运营的安全性，因此，这类企业应当更偏向于债务融资，因为债务融资对于筹资企业的一大吸引力即是利息税前抵扣，也即具有税盾效应，选择债务融资方式进行筹资能够降低企业的成本。可以看出，在早期的权衡理论的思想中，认为企业的盈利能力与债务融资比率应当是正相关的关系。然而，在经济学者的众多实证检验中却得出了截然相反的结论，几乎所有的实证研究都表明了一个事实，企业的盈利能力与债务融资比率负相关。第二，企业自身的融资选择倾向性问题。早期的权衡理论关注的是债务融资的税盾效应与预期破产成本之间的权衡。一般而言，具有高税负负担的企业都具有高成长性和很好的盈利能力，根据早期的权衡理论的观点，这类企业应当更多地借债筹资，以降低税基，节约成本，但是，Bren–nan & Schwartz（1984）和 Graham（2000）等学者的研究表明高税负负担、高成长性且资金充足的企业往往具有较低的负债比率，可以看出，盈利能力较好的企业在选择融资方式时存在一定的偏向性，并不偏好于债务融资。第三，新理论的挑战。Baker & Wurgler（2002）对企业的权益融资进行了实证研究分析，基于企业市场价值和账面价值的分析提出市场时机理论。该理论的核心思想是：左右企业选择何种融资方式的是市场的时机，随着市场时机的变化，对于企业来说最优的选择也在发生变化，因此，企业的融资结构是自我选择的结果，具有随机性的特征，并不完全遵循早期的权衡理论的结论。

后期权衡理论以迪安吉罗和马苏利斯为代表。他们扩展了原有理论的假设条件，加入了非负债税收利益损失、代理成本、财务困境成本等新的概念。

非负债指的是诸如折旧等能够节税的项目，也即非负债税收利益，过多的债务资本产生的税蔽效应抬高公司的价值，同时使得非负债税收利益减少，造成非负债税收利益损失；代理成本指的是公司所有者和管理者之间由于委托代理的内在利益争夺而造成的损失，通常包括权益资本代理成本和债务资本代理成本；财务困境成本对公司价值的效果与破产成本几乎相同，边际财务困境成本与财务杠杆成正比。

后期权衡理论的主要观点是，债务资本的增加会使公司的财务困境成本提高，再加上债务资本代理成本的存在，共同抑制了公司进行债务融资的动力，使得公司的市场价值下降，公司为追求税蔽效应而调高财务杠杆的欲望降低。因此，后期权衡理论将式（2—1）修正为：

$$V_L = V_U + PVTS - PVFD - PVDC \qquad \text{式（2—2）}$$

其中，PVTS 为税蔽效应现值，PVFD 为财务困境成本现值，PVDC 为代理成本现值。

权衡理论一直是理论界解释资本结构最优化的权威，但是，该理论的出发视角仅从税蔽效应和财务困境成本两个维度出发，忽视了公司的内部因素。20 世纪 80 年代以后，西方国家税收制度进行了重大的改革，MM 理论所描述的税蔽效应相应受到重创，权衡理论的主流地位也受到了很大的波及。

在最新的对于权衡理论的研究中，Strebulaev（2007）的研究成果最为引人关注。Strebulaev（2007）构建了一个动态资本结构调整的模型。该模型相较于最初的权衡理论更加契合企业的实际情况。模型指出，企业会对其融资结构进行调整以达到最优的状态，但是由于调整成本的存在，这种调整只会选择在必要时才会进行，盈利能力强的企业在业绩好的时候会选择借债融资的方式获得避税效应，降低融资成本，而面临财务危机的企业会采取一些措施渡过难关，例如变卖资产。总而言之，企业对于自身资本结构的调整会不自觉地遵循最优资本结构的路径。

此外，Strebulaev 的研究还佐证了之前学者对于早期权衡理论的质疑，在 Strebulaev 的实证研究中首先对于盈利能力与债务融资之间的关系进行了进一步的验证，结果表明，在资本结构调整的起点时，盈利能力与债务融资之间的关系为正相关，而在动态横截面实证检验时结果为负相关，这与之前一些学者的研究有相似之处，但是 Strebulaev 指出了在不同的情况下会出现不同的结论，这一论断更加贴合实际。其次，Strebulaev 通过实证研究证明，从长期来看，企业的债务融资水平高于短期的债务融资水平，这也在一定程度上解释了现实中企业的融资方式选择偏好的问题。

第二节　新资本结构理论

20 世纪 80 年代，由于西方国家的税制改革和信息不对称等新理论的出现，资本结构理论开始加入公司内部因素等新的要素，形成了现代资本结构理论。现代资本结构理论的流派颇多，具有代表性的有代理成本、新优序融资理论等。

一　代理成本理论

1976 年，詹森（Michael Jenson）和麦克林（William Meckling）提出代理成本理论，认为由于公司的运作需要团队的支持，作为公司的所有者并不可能承担所有的事务，于是就必然要聘用经理人、管理者等工作人员，这样，公司内部就出现了不同的利益群体，公司内部不同利益主体之间存在严重的冲突。当公司的管理者部分拥有公司股权的情况时：在管理者全力工作时，他可能承担全部的风险，但是只能获得与他股份数额相对应比例的收益，而当他消费额外收益时，他能够获得全部的好处而只承担一部分成本，由此产生的公司的所有者与管理者之间的博弈成本成为代理成本。让管理者成为完全的剩余权益拥有者可以消除代理成本，但这会受到管理者自身财富大小的约束。举债筹资可以帮助管理者突破这一限制，然而，举债投资可能导致另外一种代理成本。在举债投资下，管理者作为剩余权益获得者，他有更大的积极性去从事有较大风险的项目，因为他能够获得成功后的利润，并借助有限责任制度，把失败导致的损失留给债权人去承担，因为债权人也有理性预期。因此，均衡的企业所有权结构是由股权代理成本和债权代理成本之间的平衡关系来决定的。[①] 债务融资和股权融资都存在代理成本，代理成本之和决定公司的资本结构。

詹森和麦克林将公司资本划分成三类：由公司管理层持有的内部股权、由公司外部股东持有的外部股权、公司债务。由此产生两类代理成本：与外部股权资本相关的代理成本（A_s）和与债务融资相关的代理成本（A_b）。

詹森和麦克林认为，如果公司将其股票总量的 α% 出售给外部投资者，那么外部股东就将替公司承担其行为的 α% 的成本，公司仅仅承担 $(1-\alpha)$% 的成本，但是投资者并不希望这样，所以，如果企业家发行股票之后，还要索要他所期望的那部分额外收益，则股价将下降，他就需要为其行为承担全部成本。这就是与外部股权资本相关的代理成本（A_s）。同样，债权人为防止公司股东和经理人用债权人的资产为自己谋利，会在合同中添加约束条款，造成大量的磋商成本和执行成本，在

---

① 徐文苓、杨洁：《代理理论的综述》，《现代经济信息》2010 年第 8 期。

一定程度上也阻碍了经理人进行有利于公司盈利的决策。

　　该模型预示着最初无负债的公司为减少股权代理成本，将进行债务融资，随着债务融资代理成本的增加，公司开始权衡资本结构中股票和债务的比例关系，最佳比例将出现在一个点上，在该点，每增加 1 元的负债所增加的债权代理成本正好等于所减少的相同金额的股权代理成本。资本结构与代理成本的关系为，财务杠杆与外部股权资本的代理成本（A_s）成反比，而与债务资本的代理成本（A_b）成正比。总代理成本 $A_t = A_b + A_s$。资本结构与代理成本之间的关系如图 2—4 所示。

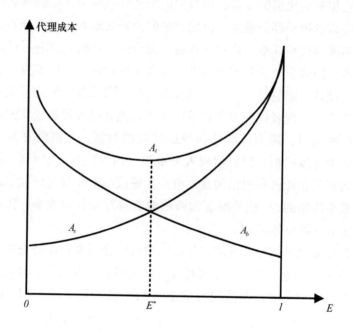

图2—4　资本结构与代理成本之间的关系

资料来源：朱叶：《公司金融》，北京大学出版社 2009 年版。

　　在图 2—4 中，横坐标 E 表示外部股权资本与债务资本之比，E 越大，企业财务杠杆越小，反之，则越大。当 E 为 0 时，公司外部资本全部为债务融资，股权资本的代理成本（A_s）最小，债务资本的代理成本（A_b）达到最高。随着 E 值的增加，管理者可以从债权人手中转移的财富减少，A_b 随之减少，A_s 随之增加。因此，A_s 与 E 成正比，A_b 与 E 成反比。公司资本结构的均衡点为总代理成本最小时所对应的 E^*，该均衡点可以通过"存货模型"算出。然而，在现实经济活动中，由于资本结构受到许多因素的共同影响，一般不存在该均衡点。

根据代理成本理论的分析，企业最大化的合理融资结构应该位于股权融资的代理成本和债权融资的代理成本的最小化，即两种融资方式的边际代理成本相等。代理成本理论获得了广泛的肯定和重视，它从一个侧面证实了完全股权或完全债权融资的无效性，阐明了合理的融资结构应是部分股权和部分债权的合理搭配。

二　新优序融资理论

新优序融资理论（peaking order）由迈尔斯（Steward Myers）和马吉夫（Nicholas Majluf）根据信息不对称理论共同创建。

假设条件为：（1）公司管理者代表现有股东的利益，股利政策是黏性的，经理人会极力维持稳定的股利支付。（2）公司倾向于内源融资，如果必须进行外部融资，公司会以安全为标准对证券进行融资排序，首先考虑最安全的债券。（3）信息不对称，公司经理人要比外部投资者更了解公司的盈利以及投资情况。

基本观点如下：第一，公司力求避免进行发行股票等高风险证券融资；第二，为使内源融资能达到正常权益收益率（ROE）的投资需要，公司需要订立一个目标股利发放率；第三，公司通过向外融资解决资金不足时，将按风险等级由低到高的顺序发行。

新优序融资理论是最早将信息不对称概念引入融资结构研究的理论。由于信息不对称现象的存在，股权融资方式并不是最佳的融资方式，企业的筹资偏好顺序应该是从内源融资到债权融资，最后才是股权筹资。这个理论在当时遭到了普遍的质疑，但是据对 1965—1982 年美国企业融资结构的调查，发现美国企业内部资金占总资本的 61%，债务融资占 23%，而股权融资占 2.7%，从而此理论的结果得到了实践的证实。另外，新优序融资理论将信息传递和资本市场动向直接联系，突破了理论界必须通过资本资产定价模型才能将两者间接联系的局面，为后来的实证研究提供了方便。

优序融资理论和权衡理论一脉相承，具有许多相似之处，首先两者都是以 MM 理论作为基础，是 MM 理论的拓展和补充。两者都是从企业融资的成本收益出发，考察如何使得企业在融资中达到最优化的结构。

在若干种主要的融资方式中，优序融资理论和权衡理论都较为推崇债务融资的方式，在权衡理论中，首先考虑的是债务融资的优点，然后才考虑股权融资的方式，而在优序融资理论中明确指出公司倾向于内源融资，如果必须进行外部融资，公司会以安全为标准对证券进行融资排序，首先考虑最安全的债券，认为债务融资无论是从安全性方面考虑，还是从成本方面考虑都要优于权益融资方式。优序融资理论和权衡理论虽然都曾经遭到学者们的质疑和修正，但是他们对于金融学领域的贡献不可忽视，而且在很大程度上解释了一些经济现象产生的原因。例如，20世纪50年代以来，西方发达国家企业对于融资方式的选择上都比较倾向于内源融资，注重自身财富的积累和资金的优化配置，外源融资的比例有所下降，而在外源融资的各种方式中，债务融资的比重有所上升，而以往所推崇的上市融资的方式渐落下风，比重下降，这些都成为优序融资理论和权衡理论的现实支持基础。

第四章　信息不对称理论

　　信息不对称理论主要指的是在市场经济活动中，由于交易双方对于信息的掌握是不同的，信息掌握得较为充分的一方往往会更具竞争优势。

　　对于信息不对称理论研究中，最著名的有三位经济学家：阿克尔洛夫、斯宾塞和斯蒂格利茨。他们分别从商品交易、劳动力市场和金融市场三个不同的领域对信息不对称理论进行研究。其中，斯蒂格利茨将阿克尔洛夫提出的"信息市场"概念引入金融市场，并且在对于保险市场的研究中，斯蒂格利茨分析研究了"逆向选择"的现象。

　　最早研究信息不对称问题的是经济学家阿克尔洛夫，1970年，他在哈佛大学经济学期刊上发表了著名的《次品问题》一文，首次提出了"信息市场"概念。阿克尔洛夫利用二手车市场为例，研究在二手车市场中由于买方和卖方信息不对称而产生的问题。阿克尔洛夫将所有的二手车大体分为"好车"和"垃圾车"两类。再假设买主愿意购买好车的出价是2万美元，差车的出价是1万美元，而实际上卖主的收购价却可能分别只有17000美元和8000美元，从而产生了较大的信息差价（2000—3000美元）。基于以上分析可知，如果二手车的买主绕过二手车市场，而与车主直接进行交易将会更加公平透明，这将同时有利于车主和二手车的买主。然而，现实中也会出现另一种情况，买主在不断的交易中发现由于信息的不对称，自己总是处于劣势，因此，在交易中，买主可能会压价，甚至出价低于二手车卖主的收购价，这便使得交易陷入僵局，为了使得交易顺利进行，二手车卖主的最优选择是以次充好，从而扰乱了二手车市场，使得二手车的质量越来越差。这种现象最终会损害买卖双方的利益，为了解决这个难题，斯宾塞和斯蒂格利茨提出一个方案，即让二手车卖主坚持只卖好车，从而建立信誉，或者是二手车买主采取一些措施识别"垃圾车"，从而降低信息不对称带来的交易成本的增加。

斯宾塞主要研究劳动力市场的信息不对称情况，通过其长期收集的数据和资料分析显示，求职者为了找到一个好的工作，可能会在前期做很多的工作，包括获得一个好的文凭、准备面试问题、考取一些资格证书、穿着整齐合体，等等，这就增加了招聘单位的筛选难度，可能导致大量真正的人才找不到发挥才能的岗位，而用人单位也会常常选错了人。因此，一般而言，用人单位筛选的方法应当基于"获得成本"的理念去考虑，越难获得的学历就越具价值，越能够证明求职者的真实能力。斯宾塞曾在其博士论文中对于"信号法"给予了充分的说明，当表达主体，无论是个人、法人还是政府部门，不能充分详尽地自我表达时，用"信号法"的方式可以很好地对外传递信息。例如，品牌效应给消费者传递的信息就是产品中包含大量的高科技附加值和长期以来厂商累积的信誉和安全度；负债经营告诉投资者公司运作稳健，具有稳定的现金流收入，足以还本付息。同样的，在外源融资经营中，企业一般偏向于向员工和股东分红派息，而不是直接给现金，就是为了传达公司运作良好的信息。

斯蒂格利茨将信息不对称这一理论应用到保险市场，为什么65岁以上的人几乎难以以任何价格买到医疗保险？老年人患重大疾病的概率确实要高很多，但是为什么保险的价格不上升以反映这一较高的风险呢？原因就是信息不对称。即使保险公司要求做全面的体检，但购买保险的人对自身健康状况也要比保险公司清楚得多，结果就像二手车市场一样，出现了逆向选择问题。由于不健康的人对于保险的需求更大，因此不健康的人在保险人数总数中的比例提高了。这迫使保险的价格上升，从而使那些较健康的人由于知道自己的低风险，做出不投保的决定。这进一步提高了不健康人的比例。所以这又迫使保险的价格上升。这一过程将一直持续下去，直到几乎所有想买保险的人都是不健康的人。在这一点上，保险公司几乎无利可图。[①]

被保险人与保险公司的信息不对称导致保险公司处于劣势，保险人

---

① 罗伯特·S. 平狄克：《微观经济学（第六版）》，中国人民大学出版社2007年版，第608页。

往往出于有保险公司理赔的思想更加从事高危险的行为，导致保险公司理赔的数额连年增长。解决这个问题的关键在于在自赔率和保险费之间做权衡，如果保险人选择高自赔率，那么就只需要支付低保险费，反之亦然。

这个保险市场的例子还可以推广到金融市场的其他领域，特别是银行体系的借贷问题，持续高企的呆账坏账其实也是贷款者与借款人之间的博弈，企业骗贷、出口骗退等问题的解决最终还要回归到"逆向选择"问题的解决上。

由此可以看出，信息不对称问题所对应的信息经济学实质上是基于对现实状况进行实证分析从而得出结论并分析解决方案的学科，对于实际问题的解答还处于尝试性的研究之中。交易双方中总是信息占优的一方能够获得商品价值以外的报酬，这实质上是获得了"信息租金"，弥补的是生产者产生的信息投入成本，但是，信息成本无法度量和考核，人们对于无形资产的认识尚未清晰。由此，交易双方的博弈从无休止。信息经济学的价值所在是源于其揭示了信息与其他生产要素一样，决定产品的最终价格。在市场经济中，信息的价值主要由价格来体现，价格信息是信息经济的核心，其他的信息都是为价格信息服务的。市场经济的本质是用价格信号对社会资源进行优化配置，社会资源的分配和再分配过程实际上是人们围绕价格进行资源博弈的过程，对任何一种资源的优先占有都可以在博弈中获得相关的利益，信息也是这样。

由信息不对称导致的各种风险和问题，在新兴经济体市场中愈加突出和严重，从某种程度上说，实际上是经济市场化发展的速度与素质化教育的程度并不匹配，在市场化主导的经济运行中充斥了诸多"道德风险"隐患。目前，在高科技与市场经济并驾齐驱的时代，我们已经进入了一个以信息技术推动发展的经济增长方式，以新能源、新能源汽车、高端装备制造、新材料、新一代信息技术、生物医药和节能环保等产业为主导的战略性新兴产业的发展过程中，充满了不确定性和信息不对称现象，可以预见，在新常态经济体制下，只有持续地及时掌握充分的信息，才能一直立于不败之地。

在战略性新兴产业的融资过程中，也存在信息不对称的现象，包括投资者与企业之间的信息不对称、银行与企业之间的信息不对称、企业与企业之间的信息不对称，这些信息不对称情况的存在使得我国战略性新兴产业的融资充斥着诸多的道德风险和逆向选择问题，导致了稀缺的资金资源的非优化配置。

从本质上讲，信息经济学是非对称信息博弈论在经济学上的应用，研究的是非对称信息情况下的最优契约，故又称契约理论。信息不对称理论的核心思想可以概括为两点：其一，市场相关信息在交易双方之间的分布是不均衡的，即其中一方占有相对较多的信息，而这种优势可以为信息充沛的一方带来直接的经济利益；其二，交易双方对于各自信息掌握的状况都十分的了解，但是，对于对手方的信息却十分的闭塞，并没有做到信息透明化，这会直接影响交易的公平性。

信息不对称现象的产生有多层的原因，包括市场主体获取信息的渠道与能力的差异、社会分工的发展和专业化程度的提高使得市场主体之间对信息掌握的差别越来越大，信息不对称不仅会给交易主体带来风险和损失，也会导致资源的非优化配置，具体来说，信息不对称会导致：搜寻成本的增加；决策风险的增加；逆向选择；道德风险；市场萎缩。

一般而言，信息的不对称性可以从两个角度进行研究：一是不对称信息发生的时间，二是不对称信息的内容。从时间上来看，以市场主体的签约时间为界，签约之前的信息不对称叫作事前不对称，反之，称为事后不对称。研究事前不对称的信息对策模型称为逆向选择模型，研究事后不对称的信息对策模型称为道德风险模型。从内容方面来看，不对称的信息可能是指市场主体的行动，也可能特指市场主体的知识技能。研究不可观测的行动的模型称为隐藏行动模型，研究不可观测知识的模型称为隐藏知识模型或隐藏信息模型。

小　结

　　本篇首先对战略性新兴产业的概念、范畴进行界定，战略性新兴产业是指以科技创新和核心科技自主化为理念，具有广阔的市场前景和发展空间，并且具有资源能耗低、规模效应大、国际竞争力强、影响力大的新兴产业。节能环保、新一代信息技术、生物、高端装备制造、新能源、新材料和新能源汽车七大产业被确定为我国七大战略性新兴产业。而后，对融资、融资机制的内涵进行了界定，融资是指为支付超过现金的购货款而采取的货币交易手段，或为取得资产而集资所采取的货币手段。资金融通过程中各个构成要素之间的作用关系及其调控方式就是融资机制，而本书所研究的我国战略性新兴产业的融资机制主要指的是以满足我国战略性新兴产业的融资需求为目的，通过对融资环境的改善、融资方式的拓展、融资工具的创新和融资平台的搭建，实现资金有效利用、资本良性循环的运行机制。

　　最后，分别对与我国战略性新兴产业融资相关的产业经济学理论和融资理论进行了梳理。其中，产业经济学中的产业生命周期理论指出每个产业都会经历幼稚阶段、成长阶段、成熟阶段和衰退阶段四个阶段，战略性新兴产业也是一样，处于不同阶段的产业对于融资的需求也不相同，考察不同的战略性新兴产业的细分产业所处的产业生命周期阶段，对于研究战略性新兴产业的融资问题至关重要。规模经济理论具体是指伴随着生产经营规模的扩大而出现的单位产品成本下降，收益上升的现象。在产业发展的最初阶段，研发成本和生产成本一般会比较高，而到了成熟阶段，产业形成规模化生产，成本趋于下降，融资的需求也会随之减少。

　　融资理论能够为战略性新兴产业融资机制的完善提供一定的理论参考。其中权衡理论认为杠杆公司市场价值等于全权益公司市场价值加税蔽效应的现值，再减去破产成本现值。从理论上来说，新资本结构理论中 Myers 的新优序融资理论的分析框架比较适合用来对新兴企业融资问题进行分析，新优序融资理论认为由于信息的不对称，股权融资并不是企业的最佳选择，所以，企业的筹资偏好顺序应该是从内源融资到负债融资，最后才是股权融资。此外，代理成本理论研究了企业融资决策的代理成本问题，对于企业的融资也具有一定的指导意义。而信息不对称理论主要指的是在战略性新兴产业的融资过程中存在的融资信息不对称的现象，包括投资者与企业之间的信息不对称、银行与企业之间的信息不对称、企业与企业之间的信息不对称，这些信息不对称情况的存在给我国战略性新兴产业的融资带来了种种不便。

第三篇

我国战略性新兴产业发展
轨迹与资金需求分析

第一章 我国战略性新兴产业发展轨迹

2010 年 9 月 8 日国务院审议并原则通过《国务院关于加快培育和发展战略性新兴产业的决定》，拉开了我国战略性新兴产业快速发展的帷幕，虽然这项决定出台于 2010 年，但是我国战略性新兴产业的发展却早于此前。本章就我国战略性新兴产业的起源、现状和发展趋势作简要总结。

第一节 我国战略性新兴产业的形成动因

一 宏观经济因素

2008 年国际金融危机的爆发，对世界经济体系造成了严重的冲击，世界经济格局进一步分化，世界经济增长方式进入深度调整时期。虚拟经济泡沫破裂，严重的产业空心化带来的经济损失，使得世界经济的发展重新回归实体经济，然而在金融危机中，各国经济都遭受了不同程度的破坏，包括实体经济。世界需求萎缩会导致产业规模缩小，以汽车产业为例，2009 年全球汽车总产量下跌 12.5%，其中北美地区汽车产量萎缩 32.3%，日本萎缩 31.5%，欧洲萎缩 21.5%。① 如何重振实体经济以支持本国国民经济持续稳健的发展，各国政府在新的竞争格局中竞相寻找新的突破口，努力寻求新的高新技术创新战略支撑国家整体经济的发展。美国于 2009 年提出了再工业化的经济复苏战略，将新能源、节能环保和生物医药等产业定义为战略性新兴产业，大力推进，以带动国民经济的发展。欧盟鼓励推广清洁能源产业，包括风能、太阳能和生

---

① 中国科技发展战略研究小组：《中国科技发展研究报告 2010——战略性新兴产业研究》，科学出版社 2011 年版，第 7 页。

物能源等"低碳能源"产业得到了大力支持。日本提出"新增长战略"，拟在节能环保和新能源领域投资 50 万亿日元，创造 140 万个就业岗位。

就我国国内经济而言，改革开放以来，我国凭借着自然资源丰富、人力成本低廉和土地资源广阔等优势在国际制造业中占据了一席之地，并促进了经济的较快增长。但是，在我国稳居制造业大国宝座的背后隐藏着许多隐患，其中最主要的两点是：一是我国的大部分制造业仍处于产业链的低端，有的只是成本优势，缺乏核心竞争力和创新能力；二是第三次工业革命对于"中国式"制造业发展产生巨大的冲击，传统的发展模式面临严重的挑战和淘汰的结局，此外，高污染高耗能问题日趋严重，例如 2006 年，中国钢材消耗量占全球消耗量的 30%，铁矿石消耗占全球消耗量的 30%，铜消耗量占全球消耗量的 20%，能源消耗量占全球消耗量的 15%，煤炭消耗量占全球消耗量的 31%，而 GDP 只占全球的 5.5%。[①] 高污染高耗能带来的环境问题和劳动力成本上升带来的价格优势的减退都迫切要求我国尽快转变经济增长方式，立足于高端制造业发展，积极鼓励科学技术创新，提高资源利用效率，大力发展战略性新兴产业，向集约型经济方式发展。

二　产业发展条件

战略性新兴产业的培育和发展需要一系列的条件和支持，从我国的经济发展现状和各项经济、科技指标来看，我国发展战略性新兴产业的条件已经成熟。以下从国内生产总值、国家政策扶持和科技创新发展三个维度来分析我国战略性新兴产业的发展条件。

国内生产总值是衡量一国经济发展状况的重要指标之一，体现一国经济发展的速度和规模。近十年来，我国国民经济一直平稳增长，从国家统计局的官方数据上来看，自 2004 年至 2013 年，我国国内生产总值一直快速平稳增长，2004 年我国的国内生产总值约为 16 万亿元，而后逐步增长为 18 万亿元、22 万亿元、26 万亿元、31 万亿元、34 万亿元，2011 年开始突破 40 万亿元，2012—2013 年则分别约为 52 万亿元和 57

---

① 陈爱雪：《我国战略性新兴产业发展研究》，博士学位论文，吉林大学，2013 年，第 79 页。

万亿元。

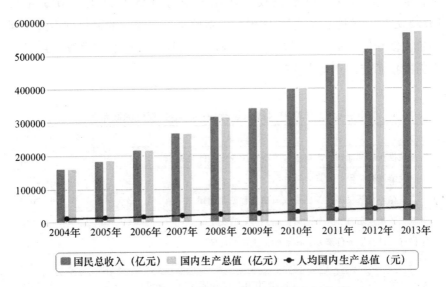

图3—1　2004—2013年我国宏观经济发展状况

资料来源：国家统计局官网（http：//data. stats. gov. cn/workspace/index？ m = hgnd）。

人均国内生产总值也从2004年的1.23万元增长到2010年的3万元，到2013年增长至4.19万元，[①]十年来增长幅度高达240%。从总体上看，我国经济增长势头强劲，即便是在金融危机发生的2008—2009年，我国国内生产总值和人均国内生产总值也未呈现下降趋势。这种平稳增长的经济环境为战略性新兴产业的发展提供了良好的经济基础和社会基础。

自2010年国务院审议并原则通过《国务院关于加快培育和发展战略性新兴产业的决定》以来，国家在政策方面出台了一系列政策法规，为战略性新兴产业的发展提供了政策法规方面的规范和支持。

科技进步和自主创新能力的提高是战略性新兴产业得以立足和发展的基础。随着国民经济的发展，我国研发投入总量和专利申请授权数显著增加，2008年我国研究与试验发展经费支出为4616亿元，以后每年稳步增长，2009—2013年这个数字分别为5802亿元、7062亿元、8687

———————————

① 国家统计局官网（http：//data. stats. gov. cn/workspace/index？ m = hgnd）。

亿元、10298 亿元和 11846 亿元。2008 年我国专利申请授权数为 41 万项，到 2012 年专利申请授权数就增长到了 125.5 万项，2013 年为 131.3 万项，净增长率高达 220%。① 由此可见，我国的科技进步的速度和自主创新能力都在稳步提升，为我国战略性新兴产业的发展提供了强有力的技术支持和智力支持。

表 3—1　2010—2015 年政府对战略性新兴产业相关领域的政策规划

政策法规	年份
关于加快推行合同能源管理促进节能服务产业发展的意见	2010
中央企业节能减排监督管理暂行办法	2010
关于支持循环经济发展的投融资政策措施意见的通知	2010
国务院关于加快培育和发展战略性新兴产业的决定	2010
关于做好云计算服务创新发展试点示范工作的通知	2010
物联网发展专项资金管理暂行办法	2010
信息产业科技发展"十一五"计划和 2020 年中长期规划（纲要）	2010
关于加快电子商务发展的若干意见	2010
电子商务发展"十一五"规划	2010
国务院关于印发推进三网融合总体方案的通知	2010
"十二五"墙体材料革新指导意见	2011
国务院关于印发进一步鼓励软件产业和集成电路产业发展若干政策的通知	2011
节能环保产业发展规划	2012
2012 年国家先进污染防治示范技术名录	2012
2012 年国家鼓励发展的环境保护技术名录	2012
新材料产业"十二五"发展规划	2012
半导体科技发展"十二五"专项规划	2012
半导体照明材料科技发展"十二五"专项规划	2012
国务院关于印发"十二五"国家自主创新能力建设规划的通知	2013
国务院关于修改《计算机软件保护条例》的决定	2013
国务院办公厅关于印发能源发展"十二五"规划的通知	2013
国务院关于加快发展节能环保产业的意见	2013
国务院办公厅关于印发 2014—2015 年节能减排低碳发展行动方案的通知	2014

---

① 国家统计局官网（http：//data. stats. gov. cn/workspace/index？ m = hgnd）。

续表

政策法规	年份
国务院办公厅关于印发能源发展战略行动计划（2014—2020）的通知	2014
国务院办公厅关于加快新能源汽车推广应用的指导意见	2014
国务院关于2014年度国家科学技术奖励的决定	2015

资料来源：陈爱雪：《我国战略性新兴产业发展研究》，博士学位论文，吉林大学，2013年，第94页。

中华人民共和国中央人民政府官网（http：//www. gov. cn/zhengce/）。

此外，国家为推进战略性新兴产业的发展还搭建了一系列科技创新平台，详见表3—2。战略性新兴产业具有创新要素密集、国际竞争激烈和强烈依赖知识产权等特征，通过开展国家科技创新平台建设能够加快产业链和创新链的有效整合，激发创新活力，提高战略性新兴产业的创新能力和核心竞争力。[1]

表3—2　　　　　　　　　国家科技创新平台名录

名称	所属部门
国家重点实验室	科技部
省部共建国家重点实验室培育基地	科技部
国家工程技术研究中心	科技部
国家工程实验室	发改委
国家工程研究中心	发改委
国家地方联合工程研究中心/工程实验室	发改委
企业技术中心	发改委
国家国际科技合作基地	科技部
互联网创新平台联盟	教育部

资料来源：中国电子信息产业发展研究院：《2013—2014年中国战略性新兴产业发展蓝皮书》，人民出版社2014年版，第51页。

---

[1]　中国电子信息产业发展研究院：《2013—2014年中国战略性新兴产业发展蓝皮书》，人民出版社2014年版，第50页。

第二节　我国战略性新兴产业的发展现状

自我国七大战略性新兴产业被确立以来，我国战略性新兴产业保持了较快的发展速度，成为拉动我国经济增长的重要引擎。特别是 2012 年以来，在国内外经济环境诸多不定因素的情况下，仍然保持了总体发展良好的态势，为我国经济的稳定发展提供了重要的支撑。

一　产业规模

我国战略性新兴产业自《"十二五"国家战略性新兴产业发展规划》发布以来发展迅速，战略性新兴产业的规模不断扩大，一直保持在稳中有升的态势。2013 年上半年新一代信息技术产业信息消费规模达1.38 万亿元，智能手机、智能电视销量增幅均超过 25%，我国已经成为全球最大的信息消费市场。2014 年 1—11 月，我国电子信息产业稳步增长，在各工业行业中保持了较高的景气程度。2014 年 1—10 月，全行业实现利润 3399 亿元，同比增长 26.2%。实现利润率 4.1%，与1—9 月持平，高于去年同期 0.5 个百分点。其中，通信系统设备、电力电子元器件和集成电路行业实现利润率 8.1%、5.9% 和 5.5%，分别高出行业平均水平 4、1.8 和 1.4 个百分点。[①] 节能环保产业发展迅速，2012 年节能服务业实现产值 1653 亿元，同比增长 32.2%。2012 年生物产业也有所发展，总体产值规模估计达到 2.4 亿元。[②] 受一系列利好政策因素影响，我国可再生能源产业继续保持快速增长势头，截至2014 年 9 月底，全国可再生能源发电累计装机容量突破 4 亿千瓦，达4.0437 亿千瓦，占全部电力装机容量比例超过 30%，继续保持全球可再生能源利用规模第一大国地位。其中，水电规模以上新增装机容量1565 万千瓦，提前一年完成"十二五"规划目标；风电新增装机容量858 万千瓦，累计装机容量达到 8497 万千瓦；光伏发电新增装机容量

---

① 中国电子信息产业发展研究院：《2014 年 1—11 月电子信息制造业运行情况》，2014年 12 月，中国电子信息产业发展研究院官网（http://www.miit.gov.cn/n11293472/n1129383 2/n11294132/n12858462/16326650.html）。

② 中国电子信息产业发展研究院：《2013—2014 年中国战略性新兴产业发展蓝皮书》，人民出版社 2014 年版，第 23 页。

400万千瓦，累计装机容量超过2000万千瓦；生物质发电新增装机容量达90万千瓦，累计装机容量超过940万千瓦。① 新能源汽车产业的发展也较为迅速，2013年上半年，我国共生产新能源汽车5885辆，同比增长56.3%，销售新能源汽车5889辆，同比增长42.7%。2014年新能源汽车累计生产8.39万辆，同比增长近4倍。其中，纯电动乘用车生产3.78万辆，同比增长3倍，插电式混合动力乘用车生产1.67万辆，同比增长近22倍；纯电动商用车生产1.57万辆，同比增长近4倍，插电式混合动力商用车生产1.38万辆，同比增长2倍。② 相比较而言，高端装备产业发展步伐较为平稳，并未出现较快增长。2014年10月，我国汽车产销双双超过190万辆，月度产销基本保持较快增长。2014年1—10月，我国汽车产销超过1800万辆，同比分别增长7.9%和6.6%。2014年1—9月，全国造船完工量2606万载重吨，同比下降14.9%，其中海船为947万修正总吨；新承接船舶订单量5249万载重吨，同比增长37.9%，其中海船为1656万修正总吨。截至2014年9月底，手持船舶订单量15471万载重吨，同比增加35.7%，比2013年底手持订单增加18.1%，其中海船为4854万修正总吨，出口船舶占总量的95.2%。今年前三季度，中国造船完工量、新接订单量、手持订单量以载重吨计分别占世界市场份额的38.3%、53.2%和47.6%。③

二　技术创新

技术创新是战略性新兴产业拥有核心竞争力的保证。近年来，我国战略性新兴产业技术创新成果不断涌现，极大地推进了我国战略性新兴产业的快速发展。在节能环保领域，大型城市污水处理、垃圾焚烧发电、除尘脱硫方面已经具备自行设计、制造关键设备的能力，烟气净化

---

① 国家能源局：《我国可再生能源发电装机容量突破4亿千瓦》，2014年10月，国家能源局官网（http://www.nea.gov.cn/2014—10/30/c_133754434.htm）。

② 中华人民共和国工业和信息化部：《12月新能源汽车产量突破2.7万辆》，2015年1月，中国工信部官网（http://www.miit.gov.cn/n11293472/n11293832/n11294132/n12858417/n12858612/16398094.html）。

③ 中华人民共和国工业和信息化部：《2014年前三季度全国造船完工量降幅收窄，新接订单量增幅回调》，2014年10月，中国工信部官网（http://www.miit.gov.cn/n11293472/n11293832/n11294132/n12858417/n12858628/16163720.html）。

等已达到国际领先水平。生物产业领域，人用甲型 H1N1 流感疫苗和抗肿瘤新药取得突破，干细胞部分科研成果已达到世界领先水平。高端装备制造业领域，载人航天、载人深潜、北斗卫星导航等实现重大突破。新能源产业领域，光伏电池制造达到世界先进水平，核二级泵全部完成样机研制，蒸发器等第三代核电关键部件国产化取得重大突破。[①] 在新一代信息技术领域，2013 年 5 月，我国研制成功世界上首台 5 亿亿次超级计算机——"天河二号"，成为全球最快超级计算机。新材料领域，2013 年 2 月，我国科学家研制出"世界上最轻材料——全碳气凝胶"，6 月，中国科大实现世界最高分辨率单分子拉曼成像。新能源汽车产业，2013 年 3 月，复旦大学研发出新型锂电池，成本降低一半；7 月，磷酸铁锂动力电池在续航能力方面获重大突破。[②]

表 3—3　　　　　　　七大战略性新兴产业技术创新的主要类型

创新类型	主要方式	节能环保产业	新一代信息技术产业	生物产业	高端装备制造业	新材料产业	新能源产业	新能源汽车产业
突破创新	发明专利	39.1	42.3	70.5	37.3	69.3	30.8	21.1
增量创新	实用新型	55.0	31.7	13.6	57.9	27.6	64.7	48.9
	外观设计	5.9	26.0	15.8	4.8	3.1	4.5	30.0

资料来源：肖兴志：《中国战略性新兴产业发展报告 2013—2014》，人民出版社 2014 年版，第 77 页。

三　战略布局

目前，我国战略性新兴产业在全国各省市的分布相对集中，大型城市和经济发展较好的省份战略性新兴产业基地数量相对较多，并且产业的趋同化现象十分严重，各类战略性新兴产业基地的形成在一定程度上推进了我国战略性新兴产业和高新技术产业的发展。

---

① 中国电子信息产业发展研究院：《2013—2014 年中国战略性新兴产业发展蓝皮书》，人民出版社 2014 年版，第 24 页。

② 肖兴志：《中国战略性新兴产业发展报告 2013—2014》，人民出版社 2014 年版，第 64—75 页。

表 3—4　　　　　　　　　我国战略性新兴产业布局

产业	省市	大基地	龙头企业
节能环保	北京、上海、辽宁、山东、湖北	中国节能环保集团华中区域总部（武汉）；北京京西节能环保产业示范基地；上海国际节能环保园（宝山）；沈阳国家节能环保产业示范基地；潍坊市国家节能环保产业示范基地；山东省烟台节能环保产业基地	中国节能环保集团：龙净环保、合加资源、蓝星清洗、海陆重工、华光股份、创业环保、菲达环保、中原环保、东湖高新、浙江阳光、佛山照明、创元科技；西门子、美国哈希公司、KSB 公司、丹麦 HV 公司、瑞典 ABS 公司；智能电网：国家电网公司，上海电气
新一代信息技术	北京、上海、重庆、湖北、江苏、浙江、福建、辽宁、四川、广东、山东、山西	中关村国家现代服务业产业化基地；国家集成电路设计上海产业化基地；信息产业国家高技术产业基地（重庆、武汉、苏州、杭州、福州、大连、成都、东莞）；青岛国家数字化家电高新技术产业化基地；无锡市微电子产业国家高技术产业基地；石家庄国家动漫产业发展基地物联网；江苏省新型感知器件产业技术创新战略联盟昆山传感器产业基地；无锡物联网产业创新集群；中关村建设中国物联网产业中心	传感器设计和制造：美新半导体、中国电子科技集团、无锡纳微电子公司、西安中星测控公司、苏州敏芯微电子技术公司 网络架构：中科院上海微系统与信息技术研究所、无锡高新微纳传感网工程技术研发中心 软件信息处理系统配套：IBM、微软中国研发中心、海辉、大展 物联网：远望谷、新大陆、厦门信达、东信和平、大唐电信、上海贝岭集成电路：长电科技（江苏）、华天科技、通富微电、士兰微、上海贝岭
生物	山西、吉林、广东、北京、上海、湖南、湖北、重庆、四川、山东、江苏、河南、黑龙江、浙江	生物产业国家高技术产业基地（石家庄、长春、深圳、北京、上海、广州、长沙、武汉、重庆、成都、昆明、青岛、江苏、吉林、山东德州、河南郑州、黑龙江哈尔滨、浙江杭州、广西南宁、江西南昌）；达安基因医疗设备生产基地（佛山）；苏州高新区生物医学工程产业园	天坛生物、华兰生物、海王生物、莱茵生化、钱江生化、丰原生化、达安基因、长春高新、华北制药、鲁抗医药、广济医药、复兴药业 医疗装备：东大阿尔派、北京万东、深圳安科、汕头超生、GE 航卫（北京）、沈阳东软医疗、上海西门子医疗
高端装备制造	上海、陕西、甘肃、辽宁、四川、黑龙江、江苏、广州、天津	国家级航空产业基地：西安阎良、上海、天津、沈阳、成都、哈尔滨、安顺；中通通用珠海海洋工程装备制造基地：江苏南通、广东珠海、辽宁盘锦、江苏镇江、上海、大连、辽宁营口等 数控机床：北京中高档数控机床生产基地、沈阳高档数控机床生产基地、银川中高档数控机床生产基地 其他：上海电气临港重型装备制造基地；甘肃天水市国家先进制造业基地；唐山国家高速动车组高新技术产业化基地；阜新国家液压装备高新技术产业化基地	航空航天：中航工业及其下属中航科工、洪都航空、哈飞股份、西飞国际、中航重机、中航飞机公司、沈飞集团、中国商飞、成飞集团、空客公司、波音公司、通用电气公司等 数控机床：北京数控、南京数控、沈阳机床、昆明机床、秦川发展、华东数控等，国外有德国西门子、日本三菱 海洋工程装备：中国船舶、中国重工、中信重工、巨力索具、中海油服、上海外高桥造船公司、上海振华重工、大连船舶重工、广船国际 其他：中国重工、三一重工、徐工机械、中国北车、中国南车

续表

产业	省市	大基地	龙头企业
新能源	四川、甘肃、大连、江苏、上海、浙江、辽宁	河北邢台国家光伏产业化基地；江西新余国家硅料及光伏产业化基地；乌鲁木齐国家光伏产业化基地；河北保定、河南南阳、四川德阳、成都、甘肃河西、中国一重大连、辽宁北港、长春等国家级新能源装备制造基地；秦山、岭澳、田湾、大亚湾核电生产基地（已投产）；阳江、昌江、台山、三门、海阳、石岛湾核电生产基地（在建）；甘肃、内蒙古、河北、吉林、新疆、江苏沿海千万千瓦级分店基地	风电：华锐风电、金风科技、东方电气、明阳、联合动力、运达、上海电气 核电：上海电气、东方电气、哈电集团，以及中国一重、二重 太阳能：新光硅业、南玻集团、江苏阳光、横店东磁、天安光电、精功科技、力诺太阳、凯迪电力
新材料	全国各省市	国家新材料成果转化及产业化基地（北京永丰、山东淄博、宁波、长沙、陕西、鄂尔多斯、马鞍山、攀枝花、兰州有色金属、包头稀土）；吉林国家碳纤维高新技术产业化基地；石嘴山国家稀有金属材料高新技术产业化基地；重庆国家纳米技术产业化基地；武汉国家光电子产业化基地；西安国家光电子产业化基地；长春国家光电子产业化基地	包钢稀土、北新建材、华工科技、中材科技、鑫科材料、时代新材、东方钽业、有研硅股、贵研铂业、北矿磁材、太原钢玉、铜峰电子、皖维高新、方大炭素凯乐科技、沃尔核材
新能源汽车	北京、上海、重庆、吉林、济南	北京鑫能源汽车产业基地；广州新能源汽车研发和制造基地	整车：上汽集团、一汽集团、东风集团、长安集团、北汽集团、中通客车、安凯客车、福田汽车 电池配件：万向钱潮、曙光股份、赛德电池、亿纬锂能、风帆股份

资料来源：董树功：《战略性新兴产业的形成与培育研究》，博士学位论文，南开大学，2012年，第114—115页。

由表3—4可以看出，我国战略性新兴产业的战略布局大致呈现出以下特点：新一代信息技术产业、节能环保产业和新材料产业在全国范围内分布较为广泛，但是还是能够看出向经济发达省份和大城市集中的特点，这主要是因为这些产业的细分产业较多，并且涉及生产生活的方方面面，因此辐射面较广，产业和企业的分布也较为均匀，特别是新材料产业分布在全国各省市。新能源汽车产业分布相对较为集中，主要在北京、上海、重庆、吉林和济南，主要因为我国大型的汽车生产厂商主要集中在这些省市，因此，新能源汽车的开发也由这些厂商承担和经营。高端装备制造和新能源产业主要集中于上海、陕西、甘肃、辽宁、四川、黑龙江、江苏这些省份，这主要是考虑原有的工业基地的利用和原材料、人力资本的优化配置等因素，减少运输成本，避免重复建设和资源浪费。

但是，也有研究表明我国战略性新兴产业的分布存在诸多问题，其中，最主要的问题即为产业趋同化问题。中国电子信息产业发展研究院出版的《2013—2014年中国战略性新兴产业发展蓝皮书》研究指出，在节能环保、新一代信息技术、生物、高端装备、新能源、新材料、新能源汽车等七大领域中，只有新能源产业显示出显著的空间相关性，其余六大战略性新兴产业均不显著，呈现出随机分布特征，表明我国战略性新兴产业空间布局存在趋同化风险。

第三节　我国战略性新兴产业的发展趋势及发展目标

自我国战略性新兴产业发展战略确立以来，由于国家政策的倾斜和部分产业自身雄厚的原始积累，我国战略性新兴产业的发展一直呈现良好的发展态势。立足于当前我国战略性新兴产业发展的现状，展望未来，随着世界经济开始逐步复苏和我国经济进入产业升级和结构调整的关键时期，战略性新兴产业的发展将迎来新的机遇和挑战，战略性新兴产业有望在新的经济增长浪潮中攫取经济发展制高点，成为引领我国经济快速增长的重要引擎。

我国战略性新兴产业发展趋势整体向好，得益于诸多利好环境和条件。国家产业规划的不断出台为战略性新兴产业的发展奠定了良好的宏观政策环境，世界高新技术的飞速发展和创新浪潮迭起为战略性新兴产业发展提供了技术和智力支持，经济一体化的发展为战略性新兴产业打开了广阔的市场空间，高新技术园区的建设与积聚为战略性新兴产业的发展提供了强有力的支持平台。

节能环保产业在我国一直呈快速发展态势，由于我国经济逐渐由"粗放式"向"集约型"转变，人们对于环境的关注度也愈发提高，节能环保产业逐渐渗透到建筑业、新材料产业、能源行业等各个领域，与多种专业多个部门相交叉，发展前景十分广阔。根据国务院2012年6

月发布的《"十二五"节能环保产业发展规划》所设定的总体目标，可以大致把握未来我国节能环保产业的总体发展前景。节能环保产业产值年均增长15%以上，到2015年，节能环保产业总产值达到4.5万亿元，增加值占国内生产总值的比重为2%左右，培育一批具有国际竞争力的节能环保大型企业集团，吸纳就业能力显著增强。形成一批拥有自主知识产权和国际品牌，具有核心竞争力的节能环保装备和产品，部分关键共性技术达到国际先进水平。到2015年，高效节能产品市场占有率由目前的10%左右提高到30%以上，资源循环利用产品和环保产品市场占有率大幅度提高。分别形成20个和50个左右年产值在10亿元以上的专业化合同能源管理公司和环保服务公司。城镇污水、垃圾和脱硫、脱硝处理设施运营基本实现专业化、市场化。① 2014年5月，国务院办公厅又发布了《2014—2015年节能减排低碳发展行动方案》明确要求工作目标：2014—2015年，单位GDP能耗、化学需氧量、二氧化硫、氨氮、氮氧化物排放量分别逐年下降3.9%、2%、2%、2%、5%以上，单位GDP二氧化碳排放量两年分别下降4%、3.5%以上。加大淘汰落后产能力度，加强对服务业和战略性新兴产业相关政策措施落实情况的督促检查，力争到2015年服务业和战略性新兴产业增加值占GDP的比重分别达到47%和8%左右。加快落实《国务院关于加快发展节能环保产业的意见》（国发［2013］30号），组织实施一批节能环保和资源循环利用重大技术装备产业化工程，完善节能服务公司扶持政策准入条件，到2015年，节能环保产业总产值达到4.5万亿元。②

　　新一代信息技术产业也是我国近年来发展较快的产业之一，云计算、物联网、智能电器等领域已经实现较快增长，信息安全行业、大数据业务、移动互联等领域也将迎来新的发展机遇。《"宽带中国"战略及实施方案》为我国信息化发展指出了一些明确的发展目标：到2015年，初步建成适应经济社会发展需要的下一代国家信息基础设施。基本实现城市光纤到楼入户、农村宽带进乡入村，固定宽带家庭普及率达到50%，第三代移动通信及其长期演进技术（3G/LTE）用户普及率达到

---

① 中华人民共和国中央人民政府：《"十二五"节能环保产业发展规划》，2012年6月，政府官网（www.gov.cn）。

② 中华人民共和国中央人民政府：《2014—2015年节能减排低碳发展行动方案》，2014年5月，政府官网（http：//www.gov.cn/zhengce/content/2014—05/26/content_8824.htm）。

32.5%，网络与信息安全保障能力明显增强。到 2020 年，宽带网络全面覆盖城乡，固定宽带家庭普及率达到 70%，3G/LTE 用户普及率达到 85%，行政村通宽带比例超过 98%。城市和农村家庭宽带接入能力分别达到 50Mbps 和 12Mbps，发达城市部分家庭用户可达 1 吉比特每秒（Gbps），形成较为健全的网络与信息安全保障体系。①

2014—2020 年是能源发展转型的重要战略机遇期，也是我国新能源产业发展的黄金时期。《能源发展战略行动计划（2014—2020）》中详细地规划了新能源产业未来 15 年的发展目标。到 2020 年，我国的煤炭消费总量将大幅度减少，比重降至 62% 以内，新型能源比重将大幅度提高，天然气在一次能源消费中的比重提高到 10% 以上，天然气主干管道里程达到 12 万公里以上，核电装机容量达到 5800 万千瓦，在建容量达到 3000 万千瓦以上。加快发展可再生能源，到 2020 年，非化石能源占一次能源消费比重达到 15%，常规水电装机达到 3.5 亿千瓦左右，风电装机达到 2 亿千瓦，风电与煤电上网电价相当。光伏装机达到 1 亿千瓦左右，光伏发电与电网销售电价相当。地热能利用规模将达到 5000 万吨标准煤。②

新能源汽车是我国七大战略性新兴产业中发展较为缓慢的产业，主要原因是新能源汽车整车和部分零部件核心技术尚未突破和配套设施不健全，为加快推进新能源汽车产业的发展，缓解环境压力，国务院分别发布了《节能与新能源汽车产业发展规划（2012—2020 年）》（国办发〔2012〕22 号）和《国务院办公厅关于加快新能源汽车推广应用的指导意见》（国办发〔2014〕35 号），指出要大力发展新能源汽车，到 2020 年，纯电动汽车和插电式混合动力汽车生产能力达 200 万辆、累计产销量超过 500 万辆，燃料电池汽车、车用氢能源产业与国际同步发展。③ 此外，还要加强改善燃料的经济性和新能源汽车运行的配套设施。

随着生命科学和生物医药技术的不断突破，生物医药产业日趋成

---

① 中华人民共和国中央人民政府：《"宽带中国"战略及实施方案》，2013 年 8 月，政府官网（http://www.gov.cn/zhengce/content/2013—08/16/content_5060.htm）。

② 中华人民共和国中央人民政府：《能源发展战略行动计划（2014—2020）》，2012 年 6 月，政府官网（http://www.gov.cn/zhengce/content/2014—11/19/content_9222.htm）。

③ 中华人民共和国中央人民政府：《节能与新能源汽车产业发展规划（2012—2020 年）》，2012 年 6 月，政府官网（http://www.gov.cn/zwgk/2012—07/09/content_2179032.htm）。

熟。2013 年 1 月 6 日发布的《生物产业发展规划》指明了未来 15 年我
国生物医药产业的发展方向和明确目标。到 2020 年，生物产业发展成
为国民经济的支柱产业。具体目标包括：结构布局更加合理；创新能力
明显增强；到 2015 年，生物产业增加值占国内生产总值的比重比 2010
年翻一番，工业增加值显著提升；社会效益加快显现。[①] 当前新材料产
业的飞速发展已经成为既定现实，与节能环保产业相似，新材料产业与
许多其他产业有交叉渗透的相关关系，并且新材料产业在国际上的竞争
更为激烈，新材料被研发出来之后，如何广泛推广运用，如何被国内外
市场所接受是新材料产业发展的关键，因此，在新材料领域，如何解决
部分领域的过度发展、集中度过高的问题以及如何拓展市场需求已经成
为新材料产业应当主攻的方向。这两个关键问题的妥善解决与否将决定
新材料产业的发展前景如何。

高端装备制造业的发展趋势主要是向制造业智能化、精密化和绿色
化发展。其中，航空装备产业、卫星及应用产业、轨道交通装备产业和
海洋工程装备产业是高端装备制造业发展的关键领域。《"十二五"国
家战略性新兴产业发展规划》对这四个领域的发展做出了详尽的规划
（见表 3—5）。

表 3—5　　　　　　高端装备制造产业核心领域发展目标

核心领域	2015 年	2020 年
航空装备产业	大型客机实现首飞；ARJ21 支线飞机批量生产和交付；新型通用飞机、民用直升机发展和应用实现全面突破。初步形成具有国际水平的航空研发和生产体系，形成国产飞机整机集成和关键部件研制生产能力，航空产业融入世界航空产业链	大型客机研制成功并批量进入市场；新型支线飞机完成研制，支线飞机实现系列化发展，通用航空实现产业化发展。完成大型商用航空发动机研制。航空产品、航空服务形成竞争优势，航空产业国际化发展水平显著提高
卫星及应用产业	初步建成对地观测、通信广播、导航定位等卫星系统和地面系统构成的空间基础设施，建立健全应用服务体系，形成卫星制造、发射服务、地面设备制造及卫星运营服务的完整产业链。促进民用航天全面实现向业务化的转变	建成由全天时全天候全球对地观测、全球导航定位、多频段通信广播等卫星系统构成的国家空间基础设施，建成完善的空间信息服务平台以及应用服务网络，航天产业发展水平处于国际先进行列

① 中华人民共和国中央人民政府：《生物产业发展规划》，2013 年 1 月，政府官网（ht-
tp：//www.gov.cn/zhengce/content/2013—01/06/content_ 2754.htm）。

续表

核心领域	2015 年	2020 年
轨道交通装备产业	掌握先进轨道交通核心技术，全面实现轨道交通装备产品自主设计制造，建成产品全寿命周期服务体系，满足我国轨道交通发展需要；主要产品具有国际竞争力	标准体系及认证体系实现国际化，轨道交通装备技术水平国际领先，形成国际化发展的综合能力，打造拥有总承包商资质、具有全球配置资源能力的大型企业
海洋工程装备产业	初步实现深水海洋工程装备的自主设计建造和关键设备配套能力，基本形成自主的深水资源开发装备体系，提高国内市场占有率，产品具有国际竞争力	全面具备深水海洋工程装备的自主设计建造和关键设备配套能力，形成海洋工程装备产业完整的科研开发、总装制造、设备供应、技术服务产业体系，进一步提高国内市场占有率，提高产品国际竞争力

资料来源：工信部：《"十二五"国家战略性新兴产业发展规划》，2012 年 7 月，工信部官网（http：//www.miit.gov.cn/n11293472/n11293832/n11294042/n11302345/14772680.html）。

第二章　基于产业生命周期理论的战略性新兴产业资金需求分析

产业生命周期理论是 1982 年 Gort 和 Klepper 在产品生命周期理论（Vernon，1966）的基础上建立的理论，主要观点是每个产业都会经历由产生到衰退的生命历程，一般来说，产业的生命周期可以分为幼稚阶段、成长阶段、成熟阶段和衰退阶段四个阶段，每个阶段都有不同的特点。区分产业所处阶段的指标主要包括：产业的市场认知度、产业需求增长速度、产业竞争度、产业技术创新程度和技术扩散程度、用户购买行为等。

第一节　战略性新兴产业生命周期各阶段相对应的资金需求

在产业生命周期的四个阶段中，每个阶段都有不同的特点，相对应这些特点，每个产业在不同的阶段都会有不同的融资需求。战略性新兴产业虽然在发展策略和经济地位上与其他产业有所不同，但是战略性新兴产业的发展也遵循产业生命周期理论，经历从产生期（幼稚期、初创期）到衰退期的完整生命过程。

一　初创阶段

战略性新兴产业刚刚产生的最初时期称为幼稚阶段。其特点表现为：新产业处于萌芽阶段，只有为数不多的几家厂商投资于该产业，产业的市场认知度低，产业中的厂商数量较少，甚至只有一两家厂商在技术攻关。产业的产品研发处于起步阶段，产品种类单一数量较少，且造价高，收益少，或者产品尚处于研发状态，并未规模化生产，产品推广难度较高，产业需求增长速度极慢，技术研发风险和市场风险都较高，此时，厂商的盈利甚微，由于前期研发费用高昂，而产品销路不畅，厂商大多处于微利甚至入不敷出状态，创业失败风险非常高。由于此时研发技术上的不确定性和厂商的规模较小等特点，行业进入壁垒较低，市场几乎处于完全竞争的状态，但是，各企业严格保护技术机密，处于技术高壁垒期。

在战略性新兴产业的初创阶段，研发产生的费用相当高昂，而产品未能市场化造成的收益甚微使得初创期企业资金缺口巨大，内源融资已经不能很好地支持产业的发展，此阶段的产业亟须外源资金的注入。在我国，银行体系对于小微企业和高新技术产业的支持尚未成熟，创业板的门槛一直未降低，因此，战略性新兴产业在发展初期很难从传统渠道获得资金，许多企业正是由于资金的匮乏而纷纷倒闭。

在我国，战略性新兴产业中的企业大多数依赖国家的政策支持和风险资本与私募股权资本的青睐得以生存和发展。但是，我国的风险资本发展得非常缓慢，在一定程度上尚未起到支持高新技术企业发展的作用。在初创阶段的后期，随着产业研发技术的稳定、生产成本的降低和市场认知度的提高，新兴产业逐步由高风险低收益的阶段步入高风险高收益的阶段。

二　成长阶段

顺利度过艰难的研发和产品推广阶段，新兴产业逐步成长，进入成长阶段，也称扩张阶段。在这一阶段，产业的市场认知度逐渐提高，拥有一定的客户群，开始有正的营业收入，并开始有盈余资金的积累和财务数据的累计，产业发展趋于稳定，产业需求增长速度显著提升，产品的研发方向从研发新产品向增加产品附加值转化，产品也由单一性、低质高价向多元化、物美价廉的方向发展。由于知识技术的扩散效应，在这一阶段有许多厂商陆续进入该产业领域，产业规模迅速扩大，产业竞争度逐步提高，并且在多领域展开市场争夺。虽然这一阶段企业的盈利能力有所提高，收益也大幅度增加，但是由于大量企业的进入，使得产业内竞争相当激烈，并不能形成垄断利润，优胜劣汰在这一阶段尤为明显。一部分资本和技术力量雄厚，经营管理效率较高的企业逐步站稳脚跟，获得较大的市场份额，而大多数企业由于种种原因被淘汰出局，在该阶段的中后期，整个产业逐步进入稳定期。

在产业成长阶段，企业内部资金较为稳定，成长前景趋于明朗，企业在融资方面遇到的困境逐步减少，由于自有资金数量的增加、逐步具备抵押担保等条件以及上下游产业链的初步形成，除了内源融资之外，部分企业开始可以获得上下游企业的诸如提前支付货款或者递延费用等的商业信用，银行体系也可以根据担保情况和企业的经营数据提供部分贷款，甚至发展较好的企业也可以选择在创业板上市进行直接融资。由于企业已经经过了最危险的初创期，此时，风险投资也将会大量涌入，成为成长期企业的重要融资渠道之一。因此，在成长期，战略性新兴产业的资金缺口依然很大，但是资金供给相对充裕。

三　成熟阶段

随着战略性新兴产业的逐步成长，企业数目基本稳定，形成若干家大型龙头企业，产业进入成熟阶段。成熟阶段是一个相对时间较长的时期。产业的主要产品的市场认可度很高，甚至达到市场主导水平，市场需求量达到最大，在竞争中生存下来的企业成为龙头企业，生产规模和市场占有率程度都非常高，并逐步垄断了整个行业的市场，企业具有一定的定价能力，能够享有垄断利润。企业之间的竞争逐渐从价格竞争转向各种非价格手段竞争，单个企业的生产已开始从外延的再生产转向内涵的再生产，企业之间主要在产品品种、质量、性能和价格等方面展开竞争。产业利润由于垄断的形成达到很高的水平，市场风险因为垄断的存在而较少，市场进入门槛很高，新企业很难进入。

在战略性新兴产业的成熟阶段，产业已经成长为国民经济的支柱型产业，产业规模和产品数量已具规模，规模化的生产经营能够节约成本，市场认可度的提高使得企业有大量现金流流入，企业的资金积累已经非常雄厚，即使不依赖外源融资也可以独立运作。此时，企业的知名度、规模和核心竞争力都达到了较高的层次，多数成熟期的企业已经具备在资本市场融资的能力，银行借贷也变得相对容易，此时，风险资本纷纷撤出并获得丰厚的回报，社会其他资金对于成熟期企业也更加青睐，因此，成熟期的产业一般不会面临较大的财务困境。

四　衰退阶段

由于技术的更新和竞争者的不断涌入，在战略性新兴产业发展到成熟期末期之时就会变得艰难，自产品的发明国从国外进口该产品开始，产业进入衰退阶段。由于生产线的老化和技术的进步，产品逐步过时，市场需求大幅度减少，供过于求，主要产品类别开始减产，生产能力大量闲置，新产品出现或者大量替代品出现，大多数企业的正常利润大幅度下降，甚至不能维持，大批企业退出这一领域转向其他产业，产业走向没落，最终，产业生命周期结束。市场上开始出现新的产业。

在产业的衰退期，再次陷入资金匮乏的境地，衰退期企业的股票也将会沦为垃圾股，此时，银行不再青睐此类产业，社会资本也将纷纷撤资，企业的自有资金变得匮乏，企业获得资金的希望往往会寄托在风险偏好者的身上。偏向于投资垃圾股的投机者和追逐高收益的风险投资者是衰退期企业的主要融资渠道，然而，只有少数衰退期企业可以获得所需资金，大多数企业最终将会倒闭。

需要说明的是，与其他有生命的生物相比，产业生命周期又有自己独有的特点。第一，不是所有的产业都必然经历这四个阶段；第二，产业的生命周期有缩短的趋势；第三，许多产业可能"衰而不亡"；第四，衰退产业可能"起死回生"。

第二节　我国七大战略性新兴产业的
生命周期阶段及资金需求

由于我国七大战略性新兴产业所处的产业发展阶段不同，各产业自身也具有不同的特点，所以，各产业的融资需求也各不相同。

新能源产业具有初始投资高、项目投资周期长、预期收益难以预计等特点。目前，新能源产业除了水电技术趋于先进和成熟之外，其他可再生能源发电尚处于初创期，对于资金的需求量较大，需要政府作为先导主体带动多渠道资金的投入。新能源产业和节能环保产业在发展理念上有较多的交叉，节能环保产业代表着一种新的增长路径和发展模式，该产业技术含量高、资源消耗低、综合效益好，且具备很强的外部性，所以，也需要政府给予大力扶持。就整个产业来说，根据美国能源基金会与我国国家发展改革委员会的联合预测，2005—2020 年，中国能源产业的发展需要融资 18 万亿元，其中节能、新能源和环保产业共占总需求的40%，约 7 万亿元。[①] 按照目前新能源产业的发展速度来计算，每年的资金缺口大约在 2000 亿元。有研究表明，至 2020 年，我国新能源产业的资金缺口将达 20100 亿元（见表 3—6）。

表 3—6　　　　　　　　**我国新能源 2006—2020 年融资需求量**

新能源类别	新增装机容量及用量	按平均每 kw×元计算	需要总投资
水电发电	1.9 亿 kw	按平均每 kw 7000 元测算	约 1.3 万亿元
生物质发电	2800 万 kw	按平均每 kw 7000 元测算	约 2000 亿元
风电发电	约 2900 万 kw	按平均每 kw 6500 元测算	约 1900 亿元
农村户用沼气	6200 万户	按户均投资 3000 元测算	约 1900 亿元
太阳能发电	约 173 万 kw	按每 kw 7000 元测算	约 1300 亿元
合计	—	—	约 20100 亿元

　　资料来源：赵欣、夏洪胜：《我国新能源产业发展的困境及对策分析》，《未来与发展》2010 年第 8 期。

　　高端装备制造业和生物产业所处的产业发展阶段相似，都是处于产业发展的成长期，并且都属于成长期中的初期阶段。但是，由于各大产业中二级行业类别较多，产业内部细分领域的发展也参差不齐（见表3—7）。由于我国的装备制造业已经发展成熟，国内技术和基础设施等条件都已经具备，所以高端装备制造业发展迅速，成长潜力很大。但是，由于我国传统装备制造产业仍然存在大而不强、自主创新能力薄弱、基础制造水平落后等诸多问题，因此，在支付改革成本、用资金回购金融资产管理公司股份、技术改造、引进和消化技术和支付兼并重组成本等方面仍需要大量资金的支持。目前，在我国高端装备制造产业中，除了少数企业能获得政府的项目资金支持或特别拨款之外，很多企业只能通过银行贷款来解决资金瓶颈问题。但是，由于很多装备制造企业是老国企，在银行已经有大量不良贷款存在，所以，很难继续从银行

---

　　① 万诗英：《节能产业融资问题研究》，《企业研究》2011 年第 2 期。

获得贷款，而政策性金融的扶持虽然能解燃眉之急，但并不能从长远解决装备制造业发展资金的问题。所以，我国高端装备制造产业的资金紧缺问题依然非常严重。

表3—7　　　　　　　　　　　**我国部分战略性新兴产业发展阶段**

一级行业	二级行业	国内与国际技术对比	年均增长率	技术生命周期
高端装备制造产业	高铁	在国际上具备领先优势，建立了具有完全自主知识产权的高速铁路技术体系并经过实际运营的检验，在无砟轨道、无缝钢轨、铁路数字移动通信系统、SCADA 远程监控及高速动车组整机集成等领域占据了领先水平	到 2020 年，全国铁路营业里程达到 12 万公里以上，同时复线率和电气化率分别达到 50% 和 60% 以上	增长繁荣期
	城市轨道交通	我国城市轨道交通建设相对滞后，轨道交通运营总长度、密度及负担客运比例均远低于发达平均水平	2009—2020 年，城市轨道交通新增营业里程将达到 6560 公里，以每公里 5 亿元造价计算，2009—2020 年将投入 3.3 万亿元，年均达 2700 亿元	创新期
	海洋工程	我国海洋工程装备业发展整体处于设计和总包两头在外格局，自主设计能力不足	较低	创新期
	大飞机	目前只有美国、欧盟和俄罗斯全面掌握了大型飞机研制技术，它们都将其列为战略上优先支持发展的领域。核心技术始终严格被封锁	较低	创新期
	卫星产业	我国掌握了一系列卫星关键技术	2020 年我国卫星导航产业年产值将达 4000 亿元	增长繁荣期
生物产业	生物制药	由于科研力量薄弱，国内的第一代生物技术公司主要是仿制国外已上市及正在进行临床研究的品种，几乎没有自主知识产权	1999—2009 年十年间，规模以上生物制药公司实现收入年复合增长率高达 26.12%，高出整个医药行业 6.48% 和 5.31%	创新期
	医用设备材料	目前国内医用设备材料企业无法在高端产品方面与外资企业抗衡	发展较缓慢	创新期
	生物育种	这几年的差距在逐渐拉大，主要原因在于我国对生物育种的投入跟国外相比还远远不够	发展较缓慢	创新期

续表

一级行业	二级行业	国内与国际技术对比	年均增长率	技术生命周期
新材料产业	化工新材料	美、欧、日等少数发达国家仍然是世界化工材料的主要产销国，并垄断了先进的技术，我国正迎头赶上，发展迅速	"十二五"期间，我国化工新材料产业的产值将达到3500亿元，年均增长率为16%	增长繁荣期
	电子信息材料	LED、新型平板显示材料技术领先	我国已经成为中小尺寸硅单晶最大的生产国，印刷电路板、覆铜板、磁性材料、有机薄膜等材料的产量连续三年位居世界第一	增长繁荣期
	新能源材料	燃料电池，锂电池正极材料技术国内外差异不大，均有待突破，多晶硅提纯技术依赖日本和德国	增速加快	锂电池处于增长繁荣期
	纳米	当前世界范围内纳米材料与科技的研究开发大部分处于基础研究阶段，还未形成规模	目前A股上市公司还没有在这一领域有竞争优势的公司	创新期
	超导材料	低温超导材料已经达到使用水平，高温超导材料产业化技术也取得重大突破，高温超导带材和移动通信用高温超导滤波子系统将很快进入商业化阶段	目前A股上市公司还没有在这一领域有竞争优势的公司	创新期

　　资料来源：牛立超：《战略性新兴产业发展与演进研究》，博士学位论文，首都经济贸易大学，2011年，第81—82页。

　　生物产业正处于大规模产业化的初始阶段，近年来，我国生物产业一直保持着高速的增长态势，产业集聚发展态势进一步显现。2008年，我国生物产业总规模达到1.1万亿元，其中，生物医药实现产值8666亿元，同比增长25.23%，高于全国高技术产业同期增速11.42个百分点，大大高于全国工业增长速度。然而，由于生物的生命特征，其技术研发周期更长、科技含量更高并具有可持续性，因此，生物产业的发展自始至终都需要大量资金的支持。目前，生物医药产业的资金来源仍以企业内源融资和政府资金支持为主，融资渠道的缺乏严重制约了该产业的健康发展。政府对于生物产业的支持包括国家自然基金、国家攻关计划、"863"计划、火炬计划以及各省市级的新药创新基金等。此外，国家还组织实施了生物产业化专项研究，国家安排资金近20亿元，吸引社会投资 140 亿元，支持了 140 多项生物与新医药领域的产业化项目。但是，生物产业发展所需的资金量较大，仅仅靠这些资金支持远不能满足生物产业的融资需求。如 "863" 计划中用于生物制药方面的资金只有 3 亿多元，不到美国的 1%，国家自然基金在生命科学领域每年的投资额不到 1 亿元，造成很多科研项目无法实现产业化。[1] 目前，资金短缺已经成为制约生物产业发展的瓶颈。

我国新材料产业发展强劲，已经初步形成了完整的新材料工业体系。2012 年，我国新材料产业的市场规模超过万亿元，年均增长率为 26%。2012 年 12 月，中国资本市场上新材料产业领域约有 159 家上市公司，A 股市值共计 8009.2 亿元，实现营业收入 4121.6 亿元，利润总额 485.3 亿元。[2] 目前，我国已经设立了 7 家新材料产业国家高新技术产业基地和 70 余家新材料和相关特色产业基地。根据产业生命周期理论，增长率在 8%—30% 范围内的产业属于成长期产业，可见，新材料产业正处于产业的成长期，并有向成熟期过渡的特征。2013 年 7 月，我国工信部发布的《新材料产业标准化工作三年行动计划》指出，到 2015 年，完成 200 项重点标准制修订工作，立项并启动 300 项新材料标准研制，开展 50 项重点标准预研究，争取覆盖 "十二五" 规划提出的 400 个重点新材料产品，基本形成重点领域发展急需的、具有创新成果和国际水平的重要技术标准体系；新材料国际标准化工作取得实质性进展，提出 20 项新材料国际标准提案，推进若干国际标准的立项和制定，在稀土新材料、稀贵金属材料等领域实现重大突破。[3]

实现诸多目标需要大量的资金支持。新材料产业具有技术含量高、产业周期短、高技术壁垒等特点，所需要的研发资金非常高且融资风险较大。因此，风险投资和私募股权基金将是新材料企业最佳的融资渠道。目前，在新材料产业领域，风险投资的数量和金额均较少，不能满足产业的融资需求，从 VC/PE 投资机构行业投资分布情况来看，信息产业、新能源、医药、环保等产业倍受投资者青睐，而新材料产业相对

---

① 李志军：《生物产业融资状况、问题及有关建议》，《中国生物工程》2004 年第 8 期。

② 肖兴志：《中国战略性新兴产业发展报告 2013—2014》，人民出版社 2014 年版，第 367—368 页。

③ 工信部：《新材料产业标准化工作三年行动计划》，2013 年 7 月，工信部官网（http://www.miit.gov.cn/n11293472/n11293832/n12843926/n13917027/15484072.html）。

较少受到关注。2009 年，信息产业获得风险投资的总额为 88927 万美元，案例数为 188 项；新能源产业获得风险投资的总额为 44841 万美元，案例数为 28 项；而新材料产业获得风险投资的总额仅为 3019 万美元，案例数为 11 项。由此可知，我国新材料产业的融资缺口也非常大。

节能环保产业发展得一直较快，但是产业所需资金的缺口并不大，甚至出现了产能过剩，投资集中的特点，这些主要得益于政府的大力支持。2008—2012 年，全国财政节能环保支出累计达 1.14 万亿元，年均增长 24.1%。2013 年上半年，全国水利、环境和公共设施管理业累计投资为 14882.42 亿元，比 2012 年同期增长 31.3%；生态保护和环境治理产业累计投资 583.03 亿元，比 2012 年同期增长 31.8%；废弃资源综合利用业累计投资 447.43 亿元，比 2012 年同期增长 54.5%。由此可见，2013 年以来，对于节能环保产业的资金投入迅猛增长，远远大于对于其他战略性新兴产业的投资力度，这一方面大大推进了我国节能环保产业的快速向前发展，另一方面也造成了节能环保产业的投资过热、产能过剩现象频发。例如，节能环保产业中的重要组成部分 LED 产业，由于国家政策对于战略性新兴产业的倾斜以及新型城镇化的不断向前推进，节能减排成为伴随我国城镇化的主要部分，LED 产业在节能减排的浪潮下蓬勃发展，同时大量资金涌入 LED 产业，产业积聚初步形成并快速发展。自 2009 年以来，LED 产业吸纳的境外投资总额超过 800 亿元，2012 年中国 LED 产业规模达 2059 亿元，增长速度达 34%。[①] 产能过剩导致产业发展受阻，市场价格战、重复建设、资源浪费等现象频发，造成产业整体利润下滑。因此，对于节能环保产业而言，并不需要大量的资金注入，而是要更加关注资源的优化配置和提高资源的利用效率。

新一代信息技术产业发展相对平稳，2015 年 1 月 12 日，工业和信息化部中国电子信息产业发展研究院和中国信息化周报联合举办"2015 年中国信息化发展十大趋势"发布会。会上发布了 2014 年中国信息化发展水平评估报告。报告显示，2014 年全国信息化发展指数为 66.56，比 2013 年增长 5.86。其中，网络就绪度指数为 60.94，增长了 10.05；

---

① 肖兴志：《中国战略性新兴产业发展报告 2013—2014》，人民出版社 2014 年版，第 188—220 页。

信息通信技术应用指数为 69.38，增长了 3.05；应用效益指数为 72.19，增长了 3.11。2015 年信息技术创新应用快速深化，信息化加速向互联网化、移动化、智慧化方向演进，以信息经济、智能工业、网络社会、在线政府、数字生活为主要特征的高度信息化社会将引领我国迈入转型发展新时代。[①] 2014 年 1—11 月，我国规模以上电子信息制造业增加值增长 12.0%，增速同比提高 0.8 个百分点，领先于同期工业平均水平 3.7 个百分点，行业实现销售产值 84746 亿元，同比增长 10.1%。从新一代信息技术产业发展现状来看，产业已经度过初创期，进入成长期的平稳发展阶段，但是产业内部二级行业的情况却稍有不同，云计算、物联网等行业发展较为迅速，而集成电路、新型显示等领域受国内外各种因素的影响较大，发展较为缓慢。新一代信息技术的发展为该产业带来了诸多机遇，与此相伴的是各种渠道资金的不断注入，2014 年 1—11 月，电子信息行业 500 万元以上项目完成固定资产投资额 10904 亿元，同比增长 10.8%，[②] 创新技术与金融资本相互支持，相互推进，可以预测新一代信息技术产业的未来定会发展得较为快速。有社会各方面的资金支持，目前，新一代信息技术产业的资金缺口同样不是很大。

新能源汽车产业的发展可以说在七大战略性新兴产业中相对最为缓慢。虽然 2013 年上半年，新能源汽车总产量达到 1.63 万辆，但是无论从产品总量上来看还是从结构上来看，新能源汽车产业发展得都不是那么令人满意。2013 年上半年油电混合动力客车和气电混合动力客车的产量增长率分别达到 213.67% 和 1388.89%，呈现爆发式增长，但是纯电动乘用车和混合动力乘用车的增长均未超过 50%。此外，2013 年 6 月，国内节能与新能源汽车各车型产量全面下跌，较上月下降五成多，仅生产 7 辆。由此可见，新能源汽车产业的发展尚处于初创阶段，并且，产业的发展多依赖于政府的政策倾斜和财政补贴。目前，新能源汽车发展的资金缺口仍然较大。

综上所述，我国战略性新兴产业普遍面临着资金短缺的情况，融资

---

①　工信部：《赛迪预测 2015 年中国信息化十大趋势》，2015 年 1 月，工信部官网（http：//www.ccidgroup.com/gzdt/6212.htm）。

②　工信部：《2014 年 1—11 月电子信息行业运行情况》，2015 年 1 月，工信部官网（http：//cys.miit.gov.cn/n11293472/n11295023/n11297698/16412795.html）。

缺口较大，究其原因，主要是由于战略性新兴产业发展过程中的不确定因素较多，风险性较强。

战略性新兴产业的特点之一就是初始研发期的资金需求量大且收益回报率低，在此期间，企业盈利能力和偿债能力都处于不确定状态，鉴于投资风险与时间的正向变动关系，企业很难获得金融机构的贷款，同时，限于证券市场对于公司连续盈利三年才可上市的规则，大部分战略性新兴企业在初创期是无法进行股票融资的。加之研发阶段战略性新兴企业的资金需求压力，使得企业在初创期及成长期时的融资风险急剧上升，融资能力严重受限。

战略性新兴产业所运用的技术往往具有前瞻性和复杂性，但是，技术的运用具有时效性，技术的发展和需求具有极大的变动性和不确定性，这些不确定因素使得战略性新兴产业的产品即使在研发成功后，也可能面临没有市场的危险。这些都使得资本供给方无法准确地衡量风险和收益的大小，最终减低了资本供给方的投资或借款意愿，增大了战略性新兴产业的融资阻碍。此外，企业的核心竞争力直接决定了企业的市场占有能力、盈利能力和发展态势，核心竞争力的关键决定因素在于核心技术的掌握，目前我国战略性新兴产业对核心技术的研发能力较之于发达国家还存在着较大的差距，很多产品的核心技术还掌握在他人手中，核心技术受制于人的产业会因依赖性而丧失独立经营决策的能力，产生更大的不确定性，这也会降低资金供给方的投资意愿，增加融资难度。

第三章　我国战略性新兴产业
发展与金融资源错配

　　由以上的分析可以看出，我国战略性新兴产业多处于产业生命周期的初级阶段，产业发展的资金缺口仍然很大，一方面，是由于战略性新兴产业发展初期所需要的资金量较为庞大；另一方面，也是因为我国战略性新兴产业的发展与金融资源之间存在错配的问题，导致有限的金融资源未得到充分有效的利用。总体来说，我国战略性新兴产业发展与金融资源的错配主要体现在三个方面：银行体系和资本市场由于体制原因导致的融资体制错配；目前资金主要投向产业发展成熟阶段而导致初创期产业遭遇"资金瓶颈"的融资阶段错配；由于产业间发展不平衡而导致资金主要集中于少数产业的融资产业错配。

第一节　融资体制错配

　　由于内部资金的匮乏，战略性新兴产业的发展主要依靠外源融资，一般来说，融资主要分为直接融资和间接融资，在当前我国的金融领域中，直接融资主要对应的是企业在资本市场上的债权融资和股权融资，而间接融资主要是指资金需求方向银行体系借款，由于体制尚不健全，我国战略性新兴产业无论在直接融资领域，还是在间接融资方面都不能获得充足的资金以支持产业的发展。

　　银行体系是我国金融体系中的重要的组成部分，由于我国资本市场发育尚不健全，银行体系成为我国融资体系中贷方的主力军。而我国的传统产业，包括制造业、采矿业、交通运输、仓储和邮政业、房地产业、公共设施管理业等产业，几乎垄断了银行体系的资金，成为银行信贷的主要借方（见表3—8）。而战略性新兴产业，特别是新兴产业中的小微企业则往往很难从银行体系获得资金支持，近年来，国家政策更多地向小微企业倾斜，以扶持实体经济的发展，小微企业的银行贷款在整个贷款总额中的比重才逐渐有所上升。2014 年末，主要金融机构及小型农村金融机构、外资银行人民币小微企业贷款余额 15.46 万亿元，同比增长 15.5%，小微企业贷款余额占企业贷款余额的 30.4%，占比比2013 年年末高 1 个百分点。①

表3—8　　2014 年 6 月 30 日我国四大商业银行贷款按行业分布情况

（单位：亿元,%）

借款产业	中国建设银行		中国工商银行		中国银行		中国农业银行	
	贷款金额	占总额百分比	贷款金额	占总额百分比	贷款金额	占总额百分比	贷款金额	占总额百分比
制造业	13613	14.81	15718	23.30	17492	20.76	14392	28.60
交通运输、仓储和邮政业	10054	10.94	12828	19.00	7896	9.37	6740	13.40
电力、热力、燃气及水的生产和供应业	5878	6.40	6706	10.00	4138	4.91	5065	10.10
房地产业	5216	5.68	4571	6.80	7002	8.31	5896	11.70
水利、环境和公共设施管理业	2949	3.21	4709	7.00	1885	2.24	2019	4.00
建筑业	2747	2.99	2048	3.00	1684	2.00	2189	4.30
采矿业	2292	2.49	2458	3.70	3478	4.13	2287	4.50
商业及服务业	4739	5.52	5282	7.80	13095	15.55	3516	7.00

资料来源：根据四大商业银行 2014 年中期报告数据整理。

由表 3—8 可以看出，我国四大商业银行截至目前还是偏向于将款项贷放给传统的成熟产业，制造业所获得的贷款无论是从金额上还是从占总额百分比上来看都居首位，其次便是交通运输、仓储和邮政业，电力、热力、燃气及水的生产和供应业以及房地产业同样也占据了较大的

---

① 中国人民银行官网：《2014 年金融机构贷款投向统计报告》（http://www.pbc.gov.cn/publish/diaochatongjisi/）。

比重，从表中可以看出，表中的八大类产业所获得的贷款数额分别占四大商业银行贷款总额的 52.4%、80.6%、67.27% 和 83.6%，拥有占据银行体系资金的绝对优势。

分析中国建设银行、中国工商银行、中国银行和中国农业银行的年报和中期报告，可以看出，四大商业银行目前还未将战略性新兴产业纳入大力资金扶持的范围。根据四大商业银行的中期报告，至 2014 年 6 月 30 日止，中国建设银行贷款集中度显示，中国建设银行的前十大单一贷款主要是投向于交通运输、仓储和邮政业、制造业、金融业、水利、环境和公共设施管理业，只涉及战略性新兴产业中的一个子行业——环境产业；中国农业银行的前十大单一贷款主要是投向于交通运输、仓储和邮政业、房地产业、电力、热力、燃气及水生产和供应业、建筑业、租赁和商务服务业、制造业，未涉及战略性新兴产业；中国银行的前十大单一贷款主要是投向于交通运输、仓储和邮政业、制造业、商业及服务业、采矿业、电力、热力、燃气及水生产和供应业，未涉及战略性新兴产业；中国工商银行的前十大单一贷款主要是投向于交通运输、仓储和邮政业、信息传输、软件和信息技术服务业，只涉及了七大战略性新兴产业之一的新一代信息技术产业。银行体系的资金对战略性新兴产业发展支持较少，究其原因，主要是由于银行体系在整个金融领域中的地位非常重要，而银行业又以"安全性"为第一遵守原则，居于"营利性"之前，战略性新兴产业因其"战略性"和"新兴性"，对于资金的需求量巨大却又难以提供银行贷款所需的担保物品和连续盈利的财务报告，因此，银行体系对于战略性新兴产业的支持一直未有显著的提高。

但是，近年来，随着我国战略性新兴产业的发展，不少产业已经初具规模，在一定程度上达到了银行体系的要求，加之政府产业政策的倾斜与引导，银行体系对于战略性新兴产业的支持也有了较大的改善。从我国四大商业银行近期发布的数据来看，截至 2013 年 9 月末，中国建设银行战略性新兴产业贷款余额达到 2702 亿元。对不符合国家各类环境保护政策、污染排放不达标、环保未获有关部门批准的项目，实行一票否决。① 除面向"三农"外，中国农业银行高度关注实体经济发展中

---

① 中国建设银行：《服务实体重任在肩》，2014 年 3 月，建行官网（http://sg.ccb.com/cn/ccbtoday/media/20140310_ 1394440377.html）。

的重点领域和薄弱环节，最大限度地支持经济转型升级和可持续发展。截至 2013 年底，战略性新兴产业贷款余额达到 1401.43 亿元。中西部地区贷款较上年新长 2912.39 亿元，较上年增长 13.32%。小微企业贷款余额达到 8133.01 亿元，增幅 23.94%，高于全行各项贷款增速 11.6 个百分点，贷款增速与增量均居大型商业银行之首。[①] 中国银行 2014 年上半年针对境内小微企业的"中银信贷工厂"贷款 3507 亿元，比上年末增长 12.60%；中型企业贷款 10093 亿元，比上年末增长 8.08%，均高于境内公司贷款平均增速。此外，针对节能环保、新一代信息技术、生物、高端装备制造、新能源、新材料等战略性新兴产业，中行投放贷款 3772 亿元，与 2013 年年末比较，增幅达到 21.8%，成为贷款增长最快的领域。[②] 近年来，中国工商银行也加大了对战略性新兴产业信贷投放的力度，通过完善信贷政策和产品体系，积极支持战略性新兴产业发展，助推经济结构转型升级。统计显示，截至 2013 年末，工行在战略性新兴产业领域的贷款余额已达约 2600 亿元，当年新增 449 亿元，增幅 21%，是信贷增长最快的领域之一。[③]

　　在经济发达国家和地区，健全完善的多层次资本市场体系往往能够为经济的发展提供充分的资金支持。以美国为例，美国的资本市场结构合理、层次清晰、分工明确，能够覆盖大中小型企业的多样化融资需求，此外，美国资本市场的进入标准层次化较为清晰，且灵活多变，致力于服务其本国经济，成为美国战略性新兴产业融资的最佳平台。在美国的证券市场中，NYX 市场是为可再生能源企业融资的主力军，97% 的具备上市资格的新能源企业选择了在 NYX 市场上市融资，总市值超过 3.1 万亿美元。上市的企业不仅仅包括风力企业，如 EDF Energies Nouvelles（EEN）和 Theolia（TEO），还包括太阳能设备制造企业，如 Kyocera（KYO）、LDK Solar Co.，Ltd.（LDK）、MEMC electronic（WFR）和 Suntech Power Holdings Co.（STP）以及清洁技术公司如 Yingli Green

---

　　① 凤凰网：《中国农业银行 2013 年社会责任报告（摘要）》，2014 年 4 月（http：//finance. ifeng. com/a/20140409/12077271_ 0. shtml）。

　　② 中国银行 2014 年中期报告（http：//www. bankofchina. com/investor/ir3/201408/t20140819_ 3772951. html）。

　　③ 中国经济网：《工行 2600 亿贷款力挺战略性新兴产业》，2014 年 3 月（http：//finance. ce. cn/rolling/201403/06/t20140306_ 2431112. shtml）。

Energy Holding Company Limited（YGE），并且很多中国的新能源企业也选择在纽约证交所上市融资。

目前，我国的资本市场虽然发展步伐稳健，但是在支持我国战略性新兴产业发展领域并不那么尽如人意。究其原因，主要是因为我国多层次资本市场的框架已经搭建初具规模，然而，各层次间的界限并不清晰，使得许多新兴企业和中小型企业只能望而生叹。

目前我国的主板市场主要是沪深证券交易所，为资本市场中的最高层次，主板主要服务于大型成熟期企业，截至2015年1月28日，在上海证券交易所总市值25.46万亿元，上市的股票数量为1048只，发行量最多的三类行业分别为制造业（559只）、批发和零售业（93只）和房地产业（76只）。在主板上市的主要财务方面的条件为最近三个会计年度净利润均为正数且累计超过人民币3000万元，净利润以扣除非经常性损益前后较低者为计算依据；最近三个会计年度经营活动产生的现金流量净额累计超过人民币5000万元；或者最近三个会计年度营业收入累计超过人民币3亿元；发行前股本总额不少于人民币3000万元；最近一期末无形资产（扣除土地使用权、水面养殖权和采矿权等后）占净资产的比例不高于20%。[①]

为解决高技术新兴企业的融资问题，2009年10月设立创业板市场，截至2014年12月31日，有406家企业在创业板上市，2014年深圳证券交易所发布《深圳证券交易所创业板股票上市规则》（深证[2014] 378号），规定创业板上市公司须具备的主要财务条件为：公司股本总额不少于3000万元；公开发行的股份达到公司股份总数的25%以上；公司股本总额超过4亿元，公开发行股份的比例为10%以上；公司股东人数不少于200人；公司最近三年无重大违法行为，财务会计报告无虚假记载。[②] 由此可以看出，创业板的上市条件并未比主板的上市条件低多少，如果不能获得在主板上市的机会，那么，在创业板上市的希望也不会很大，近年来，许多高新技术企业选择转战H股市场和美股市场上市也同样是这个原因。

---

① 中国证监会：《首次公开发行股票并上市管理办法》，2006年5月（http：//www. csrc. gov. cn/pub/newsite/flb/flfg/bmgz/fxl/201012/t20101231_189708. html）。

② 深圳证券交易所：《深圳证券交易所创业板股票上市规则》，2014（http：//www. szse. cn/）。

表3—9   2014 年 12 月 31 日深交所上市公司数据统计

	主板	中小企业板	创业板
上市公司数	1618	732	406
总股本（亿股）	9709.93	3470.59	1077.26
流通股本（亿股）	7374.66	2552.05	687.69
总市值（亿元）	128572.94	51058.2	21850.95
流通市值（亿元）	95128.44	36017.99	13072.9
本年累计成交金额（亿元）	366750.87	152166.56	78041.35
本年累计股票筹资额（亿元）	4229.65	1699.32	500.08
IPO 公司数（家）	82	31	51
IPO 筹资额（亿元）	357.12	197.66	159.46

资料来源：深圳证券交易所官网（http://www.szse.cn/）。

由表3—9可以看出，2014 年末，深圳证券交易所主板市场上市公司数为 1618 家，中小企业板市场上市公司数为 732 家，而创业板市场的上市公司数仅为 406 家，虽然与 2013 年的 355 家相比增长了 14.37%，但是这个数额与主板和中小企业板相比差距还是很大，分别为主板上市公司数额的 25%，中小企业板的 55%。从总股本和总市值这两个指标来看，主板市场的总股本为 9709.93 亿股，总市值为 128572.94 亿元，而创业板市场的这两个数据则分别为 1077.26 亿股和 21850.95 亿元，分别约为主板市场的 11% 和 17%。从这些数据上来看，在我国创业板市场上融资的企业数量有限，融资金额较之主板和中小企业板也相对较少，加之创业板"三高"现象严重，弊端重重，使得我国战略性新兴产业在资本市场很难获得上市融资的机会和充足的资金。我国创业板市场仍有待于进一步的发展。

第二节 融资产业错配

需要指出的是，目前我国战略性新兴产业的融资资金分布不均问题已经显现。从总体上看，资金的投向多集中于新能源产业、节能环保产业和信息产业，而生物医药产业、新能源汽车产业和高端装备制造产业相对而言所获得的融资资金较少。

英国石油公司编纂的 2014 年《BP 能源统计年鉴》认为，2013 年，中国依然是世界上最大的能源消费国，但是，随着中国经济和能源结构的转型，煤炭在能源结构中的主导地位下降，占比为 67.5%，创历史新低。[①] 这就意味着新能源产业在我国的未来很长一段时期将面临着巨大的发展机遇。根据美国能源基金会和国家发改委联合预测，2005—2020 年，我国需要能源投资 18 万亿元，其中新能源、节能、环保约需 7 万亿元。[②] 新的发展机遇和国内外宏观政策的推动，大量资金涌向新能源产业，推动着新能源产业的蓬勃发展，也造成了新能源产业中一些领域的重复建设和产能过剩现象频发。

2010 年，我国的风机产能已经出现过剩的情况，除了金风、华锐、东汽、运达等已经实现批量化生产的企业，处于第二梯队的上气、保定惠德、海装、南通锴炼等一批企业也已经或于近期形成兆瓦级风电机组批量生产能力。仅内资整机制造商 2010 年的规划年产能就已经超过 1200 万千瓦，加上合资和外资企业，2010 年的总年产能将超达 1400 万千瓦。2014 年前三季度，全国新增光伏发电并网容量 379 万千瓦，全国光伏发电量约 180 亿千瓦时，相当于 2013 年全年发电量的 200%。国家电网公司经营范围内新增光伏发电装机 320 万千瓦，南方电网公司经营范围内新增光伏发电装机 28 万千瓦。甘肃、青海和新疆累计光伏电站并网容量最多，分别达到 466 万千瓦、365 万千瓦和 313 万千瓦。江苏、浙江和广东累计分布式并网容量最多，分别达到 70 万千瓦、46 万千瓦和 44 万千瓦。2014 年 1—9 月，全国风电新增并网容量 858 万千瓦，到 9 月底，全国累计并网容量 8497 万千瓦，同比增长 22%；2014 年 1—9 月，全国风电上网电量 1060 亿千瓦时，同比增长 7.6%。[③] 然而，对于新能源产业的投资仍在增加，统计显示，2009 年新能源产业共获得创投及私募股权投资机构投资 4.48 亿美元，投资案例 28 个，其中，太阳能领域的投资活动最为活跃，投资案例 13 个，投资额 2.38 亿美元；风能领域投资案例 9 个，投资额 1.76 亿美元，仅次于太阳能产

---

① 《经济日报》：《BP 能源统计年鉴发布》，2014 年 7 月。
② 史丹、夏晓华：《新能源产业融资问题研究》，《经济研究参考》2013 年第 7 期。
③ 国家能源局官网（http：//www.nea.gov.cn/2014—10/30/c_ 133754367.htm）。

业。而在新材料产业、高端装备制造产业和生物医药产业领域极少获得
风险投资和私募股权投资的青睐（见表3—10）。

表3—10　　　　　　2007 年以来生物医药产业风险投资情况

企业名称	投资机构	金额	时间
奇力制药	九鼎投资	3400 万元	2010/3/31
傲锐东源	IDG 资本、华汇通投资、清科创投	1600 万美元	2010/3/30
时代天使	沃脉德资本	660 万美元	2010/3/17
博腾精细化工	重庆德同基金	1000 万美元	2010/3/3
Sinocom Pharmaceutical	四维安宏	700 万美元	2009/12/11
健鼎生物	鼎桥创投	2000 万美元	2009/8/10
华大基因	松禾资本	1000 万美元	2009/6/18
杭州中正	天堂硅谷、张江创投	2210 万元	2008/6/27
东胜创新	兰馨亚洲	1000 万美元	2007/12/4
中美奥达	橡子园、甘泉生命、Pacific Rim	300 万美元	2007/10/22
北京科美	美国中经合、西门子风险投资基金、软银中国	500 万美元	2007/6/5
伽玛星	启明创投	500 万美元	2007/3/12

资料来源：赛迪顾问：《战略性新兴产业融资渠道与选择策略》，2010 年第 6 期。

银行体系对于新能源产业的贷款也较多，以国家开发银行为例，
2013 年，国家开发银行大力支持传统燃煤电厂综合升级改造和核电、
水电、风电等新能源与可再生能源项目建设，重点推进江苏田湾核电二
期、澜沧江上游苗尾水电站、哈密烟墩第四风电场 200MW 风电、宁波
北仑生活垃圾焚烧发电等项目，支持并网光伏电站建设。截至 2013 年
末，国家开发银行新增电力行业贷款人民币 290 亿元，贷款余额人民币
7505 亿元。[①] 2013 年，中国建设银行向可再生能源及清洁能源产业发
放贷款共计 1577.85 亿元。[②] 在资本市场上，我国目前有约 60 家新能源
上市企业，其中 31 家在海外市场上市，14 家在深沪市场 IPO 上市，另

---

　① 国家开发银行：《2013 年年报》，2014 年，第 38 页。
　② 中国建设银行：《2013 年社会责任报告》，2014 年，第 35 页。

外 14 家通过重组方式借壳上市。全球上市的新能源企业 170 多家，其中中国企业将近 60 家，占比超过 30%。① 由此可见，资本市场对于新能源产业的发展也颇为支持和认可。

　　节能环保产业也是我国发展较快的新兴产业之一，由于国际国内对可持续发展的关注和呼吁，我国对于节能环保产业的投入一直有增无减。2013 年，国家开发银行继续积极开展绿色信贷，加大对大气污染、循环经济、流域治理、污水处理、生态环境保护、工业节能技改、清洁及可再生能源利用等重点领域建设，推动低碳城市建设，融资支持长春水务等污水处理，克拉玛依石化园工业气体岛、新疆天业电石尾气综合利用等循环经济项目。截至 2013 年末，环保及节能减排贷款余额人民币 8945 亿元，同比增长 5.8%，节约标准煤 6500 万吨，减排二氧化碳 1.7 亿吨、二氧化硫 300 万吨，节水 1.7 亿吨。除此之外，国家开发银行对于一些地方性项目也给予了大力支持。华新绿源是目前北京市唯一指定废旧家电处理企业，该项目总投资人民币 8759.08 万元，国开行提供贷款人民币 2600 万元，截至 2013 年末，已发放贷款人民币 900 万元。在环巢湖地区生态保护修复项目中，国开行提供贷款人民币 202 亿元支持该项目河道综合治理、污染源治理等工程建设，推动了环巢湖地区生态发展和环境改善。② 中国建设银行对节能环保产业也给予了大力支持，对于工业节能节水环保项目、资源循环利用项目、垃圾处理及污染防治项目、农村及城市水项目及节能环保服务等项目共计发放贷款约 4883.9 亿元（见表 3—11）。

表 3—11　　　　　　　中国建设银行绿色信贷项目统计表

项目	贷款余额（万元）
1. 绿色农业开发项目	497808
2. 绿色林业开发项目	151772
3. 工业节能节水环保项目	3854494
4. 自然保护、生态修护及灾害防控项目	390405
5. 资源循环利用项目	726624

---

① 史丹、夏晓华：《新能源产业融资问题研究》，《经济研究参考》2013 年第 7 期。
② 国家开发银行：《2013 年年报》，2014 年，第 38—48 页。

续表

项目	贷款余额（万元）
6. 垃圾处理及污染防治项目	1310316
7. 可再生能源及清洁能源项目	15778537
8. 农村及城市水项目	751195
9. 建筑节能及绿色建筑	270166
10. 绿色交通运输项目	24590086
11. 节能环保服务	517587
合计	48838995

资料来源：中国建设银行 2013 年社会责任报告。

　　目前，我国节能环保产业在资本市场融资的案例较少，截至 2015 年 1 月 29 日，只有四家企业在我国创业板进行融资，分别是北京碧水源科技股份有限公司、南京中电环保股份有限公司、永清环保股份有限公司和江苏维尔利环保科技股份有限公司。

　　社会经济的发展以及网络化信息化的到来推动了新一代信息技术产业的发展，该产业中的物联网、互联网、平板显示等二级行业得到了飞跃性的发展。截至 2013 年末，国家开发银行邮电通讯行业贷款余额人民币 899 亿元。在对于京东方合肥第 8.5 代薄膜晶体管液晶显示器件项目的支持上，国开行承诺贷款 18.5 亿美元支持该项目建设，推动京东方成为全球平板显示领域的领先者。2013 年京东方出货量全球占比 8%，排名世界第 5。截至 2013 年末，已发放贷款 10.9 亿美元。① 2014 年 1—12 月，电子信息产业 500 万元以上项目完成固定资产投资额 12065 亿元，同比增长 11.4%。新增固定资产 8012 亿元，同比增长 18.7%，增速比去年同期回升 17.4 个百分点。② 此外，在资本市场上融资的信息技术企业也较多，从 2009 年 10 月 30 日到 2015 年 1 月 22 日，共有 72 家信息技术企业在我国创业板上市融资（见表 3—12）。

---

　　① 工信部：《2014 年 1—12 月电子信息产业固定资产投资情况》，2015 年 1 月，工信部官网（http://www.miit.gov.cn/n11293472/n11293832/n11294132/n12858462/16421548.html）。

　　② 同上。

表3—12　　　2015年1月创业板A股新一代信息技术产业上市公司情况

（单位：万股）

公司全称	总股本	流通股本	公司全称	总股本	流通股本
北京神州泰岳软件股份有限公司	132766	74782	新开普电子股份有限公司	14272	8553
北京立思辰科技股份有限公司	29392	18377	上海金仕达卫宁软件股份有限公司	21854	15200
网宿科技股份有限公司	31742	22499	深圳市佳创视讯技术股份有限公司	22950	17066
银江股份有限公司	27724	24288	北京华宇软件股份有限公司	15000	11069
杭州华星创业通信技术股份有限公司	21427	13827	重庆梅安森科技股份有限公司	16873	10905
浙江核新同花顺网络信息股份有限公司	26880	13100	北京飞利信科技股份有限公司	27441	11629
北京超图软件股份有限公司	12243	9476	贵阳朗玛信息技术股份有限公司	11265	2680
深圳市赛为智能股份有限公司	22366	14714	荣科科技股份有限公司	13600	5701
深圳天源迪科信息技术股份有限公司	31923	23694	江苏三六五网络股份有限公司	8003	3783
珠海世纪鼎利通信科技股份有限公司	24946	13388	蓝盾信息安全技术股份有限公司	19600	11305
厦门三五互联科技股份有限公司	32100	20407	富春通信股份有限公司	18090	7358
深圳中青宝互动网络股份有限公司	26000	26000	汉鼎信息科技股份有限公司	19140	8605
东方财富信息股份有限公司	120960	91875	北京同有飞骥科技股份有限公司	10800	4113
华平信息技术股份有限公司	33000	21880	广东宜通世纪科技股份有限公司	22880	5720
北京数字政通科技股份有限公司	19015	12511	任子行网络技术股份有限公司	11641	3792

续表

公司全称	总股本	流通股本	公司全称	总股本	流通股本
深圳市银之杰科技股份有限公司	26272	12467	邦讯技术股份有限公司	16002	6411
易联众信息技术股份有限公司	43000	30253	北京掌趣科技股份有限公司	129761	54506
高新兴科技集团股份有限公司	18349	12164	北京旋极信息技术股份有限公司	23622	6561
乐视网信息技术（北京）股份有限公司	84119	47670	上海华虹计通智能系统股份有限公司	17007	11245
杭州顺网科技股份有限公司	29040	17713	深圳兆日科技股份有限公司	11200	8111
北京世纪瑞尔技术股份有限公司	27000	17886	江苏润和软件股份有限公司	28462	13001
北京东方国信科技股份有限公司	27905	16240	深圳市长亮科技股份有限公司	5631	1300
深圳市迪威视讯股份有限公司	30024	14524	北京北信源软件股份有限公司	26680	12574
万达信息股份有限公司	49282	48783	广东全通教育股份有限公司	9720	2445
上海汉得信息技术股份有限公司	54907	39903	北京恒华伟业科技股份有限公司	8698	2878
北京捷成世纪科技股份有限公司	47108	23061	四川创意信息技术股份有限公司	5715	1749
青岛东软载波科技股份有限公司	22272	12696	北京神州绿盟信息安全科技股份有限公司	13536	3384
厦门市美亚柏科信息股份有限公司	22158	12415	深圳市赢时胜信息技术股份有限公司	11070	3308
天泽信息产业股份有限公司	16000	10103	鼎捷软件股份有限公司	15442	3900
北京易华录信息技术股份有限公司	32160	29550	北京东方通科技股份有限公司	5761	1456

续表

公司全称	总股本	流通股本	公司全称	总股本	流通股本
上海钢联电子商务股份有限公司	15600	13886	上海安硕信息技术股份有限公司	6872	2416
北京拓尔思信息技术股份有限公司	23294	20490	北京光环新网科技股份有限公司	10916	4699
北京银信长远科技股份有限公司	22344	17070	飞天诚信科技股份有限公司	9501	2001
深圳市方直科技股份有限公司	15840	9148	北京腾信创新网络营销技术股份有限公司	6400	1600
上海天玑科技股份有限公司	18197	11396	北京无线天利移动信息技术股份有限公司	8000	2000
北京浩丰创源科技股份有限公司	4110	1030	北京昆仑万维科技股份有限公司	28000	7000

资料来源：深圳证券交易所创业板（http：//www.szse.cn/main/chinext/ssgs/ssgslb/）。

在七大战略性新兴产业中，生物医药产业所获得的资金量相对较少。就银行体系来看，2013 年，国家开发银行对生物医药产业承诺贷款人民币 9 亿元，相较于对新能源产业的贷款额 7505 亿元、对节能环保产业的贷款额 8945 亿元和对新一代信息技术产业的贷款额 899 亿元来说，显得有些微不足道。[①] 其他商业银行对于生物医药产业的贷款也相对较少。从创业板的数据来看，自 2009 年 10 月至 2015 年 1 月，有超过 30 家生物医药领域的企业在创业板上市融资，上市公司的数量较之往年有较大幅度的提高。但是，相较于其他战略性新兴产业，生物医药产业所获得的资金较少，资金缺口仍然非常巨大。

此外，高端装备制造产业和新材料产业所获得的资金也相对较少，但是，高端装备制造产业一般依附于老工业基地生产，有雄厚的资产基础和技术支撑，前期建设和技术开发所需资金不像生物医药产业一样庞大，因此，资金并不是特别匮乏。新材料产业在近年来一直受到广泛关注，社会资金和资本市场资金也逐渐向新材料产业投入。

---

① 国家开发银行：《2013 年年报》，2014 年，第 38—48 页。

小　　结

自我国战略性新兴产业发展战略确立以来，由于国家政策的倾斜和部分产业自身雄厚的原始积累，我国战略性新兴产业的发展一直呈现良好的发展态势。但是，战略性新兴产业的发展仍然面临着严重的资金匮乏的状况，并且由于七大战略性新兴产业所处的生命周期阶段不同，各战略性新兴产业对于资金的需求呈现出不同的特点。但是，总体而言，我国战略性新兴产业普遍面临着资金短缺的情况，融资缺口较大，究其原因，主要是由于战略性新兴产业发展过程中的不确定因素较多，风险性较强。

战略性新兴产业发展所需资金缺口很大，一方面，是由于战略性新兴产业发展初期研发和开拓市场所需要的资金量较为庞大；另一方面，也是因为我国战略性新兴产业的发展与金融资源之间存在错配的问题，导致有限的金融资源未得到充分有效的利用。总体来说，我国战略性新兴产业发展与金融资源的错配主要体现在三个方面：银行体系和资本市场由于体制原因导致的融资体制错配；目前资金主要投向产业发展成熟阶段而导致初创期产业遭遇"资金瓶颈"的融资阶段错配；由于产业间发展不平衡而导致资金主要集中于少数产业的融资产业错配。

第四篇

我国战略性新兴产业融资机制现状分析

健全完善的融资机制对于投融资双方都有着重大的意义，投资方可以通过融资机制合理分散投资风险，实现资金增值的目的，而筹资方可以利用完善的融资机制获得所需资金，以较低的成本实现企业价值的最大化。完善的融资机制对于我国战略性新兴产业而言尤为重要，能够使得众多的中小型战略性新兴企业在发展初期获得充足的资本，度过危险期，健康平稳地发展，有利于推进我国实体经济的发展和科技创新的进步。

　　融资机制的内涵很丰富，目前学术界尚未对融资机制有权威的定义，本书所研究的我国战略性新兴产业的融资机制主要指的是以满足我国战略性新兴产业的融资需求为目的，通过对融资环境的改善、融资方式的拓展和融资平台的搭建，实现资金有效利用、资本良性循环的运行机制。基于此种界定，本书的研究将主要围绕融资环境的改善、融资方式的拓展和融资平台的搭建三个方面展开。

第一章　我国战略性新兴产业
融资环境分析

　　融资环境（financing environment）是指影响企业筹集资金的各种因素的集合，主要包括政治制度环境、宏观经济环境、金融市场环境、法律环境、征信制度环境以及企业的内部治理状况等。具体来说，主要分为企业内部的微观环境和企业外部的宏观环境两个部分。我国一直以来政局稳定，国家运行健康平稳，为经济的发展奠定了良好的政治基础，因此，本书在我国战略性新兴产业融资环境分析中着重分析经济、金融、法制等环境。

第一节　我国战略性新兴产业融资的宏观经济环境

　　战略性新兴产业融资的宏观经济环境主要包括经济增长、市场起伏和物价变动等因素。在宏观经济学中，基本的国民收入核算恒等式为：$Y \equiv C + I + G + NX$，即国内产出总需求由消费、投资、政府支出和国外需求四部分组成，由于社会总需求恒等于社会总供给，因此，有：$C + I + G + NX \equiv Y \equiv C + S + T + NE$，假定在封闭状态下，恒等式可以简化为：$C + I + G \equiv Y \equiv C + S + T$，由此可以看出，国民经济、消费、投融资、储蓄和政府政策相互联系，相互影响。

　　经济的发展趋势存在周期性，在经济繁荣阶段，生产消费等经济行为活跃，融资主体增加，融资渠道延展，融资成本较低，反之亦然。回顾近五个五年计划，总体来说，整个国民经济的发展轨迹较为平稳。

　　一般而言，判断宏观经济形势的指标主要包括国民生产总值、通货膨胀、投资指标、消费指标和财政指标等。

自 20 世纪 80 年代以来，我国国民经济发展一直保持强劲势头。2010 年我国国民生产总值达 403260 亿元，比 1978 年的 3645.2 亿元增加了近 110 倍，尽管 30 年来，我国人口增加了 1.37 倍，但人均国内生产总值仍保持了较快的增长，到 2010 年，达 29992 元，比 1978 年增加了近 79 倍。[①] 回顾近五个五年计划，可以看出，我国近 25 年来年均经济增长速度均超过了预期目标（见表 4—1），尤其是在"八五"期间，年均经济增长速度实际值达到 12.3%，高出预期目标 4.3 个百分点。2013—2014 年，我国国民生产总值的增长率一直保持在 7.4% 以上，较之前几年的增长率来说，有所回落，但是仍实现了经济的平稳增长目标，2013 年全年国民生产总值为 568845 亿元，季度累计同比增长 7.7%，2014 年全年国民生产总值为 636463 亿元，季度累计同比增长 7.4%。[②]

表 4—1　　　　　各五年计划中经济增长速度的预期目标和实际值

	起止年份	年均经济增长速度预期目标（%）	年均经济增长速度实际值（%）	实际值高于预期目标（百分点）
"七五"计划	1986—1990	7.5	7.9	0.4
"八五"计划	1991—1995	8—9（6）	12.3	4.3—3.3
"九五"计划	1996—2000	8	8.6	0.6
"十五"计划	2001—2005	7	9.8	2.8
"十一五"计划	2006—2010	7.5	11	3.5

注："年均经济增长速度预期目标"中，"七五"计划、"八五"计划和"九五"计划为 GNP 增速预期目标；"十五"计划和"十一五"计划为 GDP 增速预期目标。"年均经济增长速度实际值"，均为 GDP 增速。

资料来源：陈佳贵：《2011 年中国经济形势分析与预测》，社会科学文献出版社 2010 年版。

---

① 中国统计局：《中国统计年鉴 2011》（http：//www. stats. gov. cn/tjsj/ndsj/2011/index-ch. htm）。

② 国家统计局官网（http：//data. stats. gov. cn/workspace/index？m = hgnd）。

表4—1中我国经济发展的状况可以在下图4—1中更加直观地表现出来：可以看出我国经济已经经历了三轮经济周期，并处于第四轮经济周期的伊始阶段。

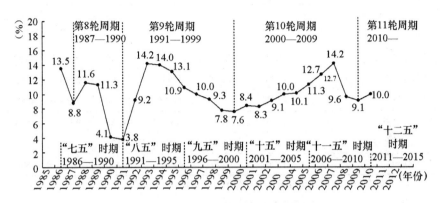

图4—1 中国GDP增长率的波动曲线

资料来源：陈佳贵：《2011年中国经济形势分析与预测》，社会科学文献出版社2011年版。

由图4—1可以看出，进入"十二五"阶段，经济又将处于新一轮的上升阶段，为战略性新兴产业的发展提供了良好的融资环境，一方面，政府财政收入充足，2014年1—12月累计，全国一般公共财政收入140350亿元，比上年增加11140亿元，增长8.6%。其中，中央一般公共财政收入64490亿元，比上年增加4292亿元，增长7.1%；地方一般公共财政收入（本级）75860亿元，比上年增加6849亿元，增长9.9%。[①] 财政充足能够为我国战略性新兴产业的发展提供大量的资金支持，例如，2010年，江苏中天科技股份有限公司获得与收益相关的政府补助1970万元，与资产相关的政府补助368万元；沈阳新松机器人自动化股份有限公司获得与收益相关的政府补助8540万元；另一方面，银行的流动性增强，在间接融资方面给予战略性新兴产业有力的支持（详见表4—2）。

---

① 中华人民共和国财政部：《2014年财政收支情况》（http://gks.mof.gov.cn/zhengfux-inxi/tongjishuju/201501/t20150130_1186487.html）。

表4—2　　　　战略性新兴企业融资状况——以新材料产业为例　　（单位：万元）

股份有限公司	短期借款		长期借款		股本	
	2010 年	2009 年	2010 年	2009 年	2010 年	2009 年
广东风华高新科技	11404	15958	—	4150	67097	67097
山东威高集团医用高分子制品	2641	3741	8830	11380	21525	10762
烟台万华聚氨酯	227657	212684	202294	62066	166333	166333
安泰科技	21200	1200	38945	21300	85487	44126
宁波韵升	23458	—	11376	10000	39577	39577
广东生益科技	70231	79867	24037	41932	95702	95702
微创医疗科学	5000	—	367	413	11	9
新疆众和	19000	9500	41900	24200	35206	35206

注：新疆众和公司的 2010 年数据为该年上半年的数值。

数据来源：各公司的官方网站 2010 年年报。

　　物价与企业融资息息相关，恶性的通胀会使货币贬值，资金短缺，进而利率提高，企业融资困难。近 30 年来，我国物价水平出现过五次间断性的波动，但是总体上基本保持稳定。自 2009 年以来，我国的物价指数又一次攀高，2010 年 10 月，蔬菜鲜果的价格与上年同月相比分别增长 31% 和 17.7%，远远超过同期 CPI 的涨幅。但是，此轮物价上涨只是食品类商品价格上涨带动 CPI 上涨，非食品类商品的价格一直趋于稳定，所以并不会导致恶性通货膨胀，也不会给经济和产业融资带来太大的影响。国家统计局公布的数据显示，2010 年居民消费价格指数为 103.3，2011 年居民消费价格指数为 105.4，2012—2013 年这个指标的数值都为 102.6。可以看出，居民消费价格指数一直较为平稳。就工业生产者出厂价格指数来看，2010 年工业生产者出厂价格指数为 105.5，比 2009 年的 94.6 高出近 11 个百分点，而 2011 年的工业生产者出厂价格指数仍在升高，为 106.0，但是 2012—2013 年工业生产者出厂价格指数开始大幅度回落，分别为 98.2 和 98.0。因此，可以看出，无论是 CPI 还是 PPI 指数都显示我国并未发生影响经济发展的通货膨胀。而与此同时，我国城乡居民的储蓄存款在稳步攀升，2010 年，我国城乡居民人民币储蓄存款年底余额为303302.49亿元，2011年，我国城乡居民人民币储蓄存款年底余额为343635.89亿元，2012—2013年，这个指标的数值分别增长为399551.00亿元和447601.57亿元。①

投资是拉动经济增长的三辆马车之一，近年来，我国投融资状况发生了较大改观。国家统计局的统计口径自2011年起，除房地产投资、农村个人投资外，固定资产投资的统计起点由50万元提高至500万元，由此可以看出我国投资领域已经有了飞速的发展，从具体数据来看，2010年，全社会固定资产投资约为25万亿元，而2011年开始，全社会固定资产投资额突破30万亿元人民币，到2013年，全社会固定资产投资额达到446294亿元，2014年12月，固定资产投资完成额累计为502004亿元，投资数额在短短三年时间连上了三个台阶。从各行业各自的全社会固定资产投资统计数据上来看，资金主要集中在水利、环境和公共设施管理业、房地产业和制造业，从这些数据中可以推测，在七大战略性新兴产业中，节能环保产业和高端装备制造产业所获得的投资资金在所有战略性新兴产业中应当数额最多，而从第三章的分析中也可以得出同样的结论。投资主体一般包括自筹、国家拨付、国内贷款、外资等，虽然我国一直在引进外资，但是从数据上看，自筹资金仍占据了绝对多数的份额。例如，2013年，全社会固定资产本年资金来源小计为491612亿元，其中全社会固定资产投资中自筹资金就达到了334280亿元，占比近68%，可见我国经济的发展对于外资的利用还有可以提升的空间。

此外，我国道路交通和信息技术发展迅速。目前，我国铁路营运里程达到8.55万公里，公路里程达386万公里，民用航空已开通1532条国际国内航线，并形成了"四纵两横"的提速网络；2009年，我国移动电话交换机容量达144084.7万户，拥有长途光缆线路长度831011公里，互联网宽带接入端口13835.7万个。2014年11月，全国邮电业务总量累计达到19745亿元，累计增长18.5%。② 这些都为战略性新兴产业的融资提供了极大的便利。

① 国家统计局官网（http：//data. stats. gov. cn/workspace/index？ m = hgnd）。
② 同上。

从以上分析可以看出，我国宏观经济运行稳中有进，各项指标都显示了我国宏观经济基本面的良好态势，这些都为推动战略性新兴产业的快速发展打下了坚实的经济基础。

第二节 我国战略性新兴产业融资的金融市场环境

在市场经济条件下，战略性新兴产业的融资活动必须借助于金融体系。一国金融机构的种类和数量，金融服务的范围和质量，金融市场的发展程度，有价证券的种类等构成的金融体系会对战略性新兴产业的资金流动产生重要影响。

近年来，我国金融市场的规模逐步扩大，无论直接融资还是间接融资的数额和范围都有所拓展，特别是对战略性新兴产业的融资方面有了较大的发展。发行方面，2010 年 1—11 月，境内企业 IPO 融资量较 2009 年全年的 1433.2 亿元大幅度增长了 2.15 倍。股票市场 IPO 方面，中小板融资和创业板融资的比例大幅度上升，2010 年 1—11 月中小板融资额为 1876.76 亿元，占比为 41.64%，高于 2009 年全年的 22.59%；截至 2015 年 2 月 5 日，中小板融资额增长至 58154.44 亿元。2010 年 1—11 月创业板融资额为 843.07 亿元，占比为 18.71%，高于 2009 年全年的 12.22%，交易方面，2010 年 1—11 月，金融市场累计成交 496.45 万亿元，较 2009 年增长了 53.40%，在股票市场成交金额中，以新兴产业类为主导的深市成交额占比为 46.49%，较 2009 年同期的 35.93% 高 10.76 个百分点，[①] 明显地体现出金融市场对于战略性新兴产业的热情与关注，金融市场对于战略性新兴产业的积极预期将大大推动代表战略性新兴产业的中小板和创业板市场的发展，同时促进我国金融市场的结构优化。截至 2015 年 2 月 5 日，深交所创业板已有 413 家公司共计融资 26321 亿元，较之 2010 年 1—11 月的数据净增长率为 300%。[②] 由此可见，无论是中小板还是创业板在支持战略性新兴产业发展方面都有了质的飞跃。

---

① 周荣芳：《我国金融市场回顾和展望》，《中国金融》2011 年第 1 期。
② 深圳证券交易所官网（http：//www.szse.cn/main/chinext/scsj/jbzb/）。

随着金融市场规模的扩大，市场主体的队伍也在不断壮大，为战略性新兴产业的融资提供了更多的渠道和机会。截至2008年末，银行间债券市场成员数由1997年的61家增至8299家；期货市场拥有会员626家。[①] 截至2009年末，股市中境内上市公司数（A、B股）共有1718家，境内上市外资股公司数（B股）108家，投资者开户数达17150万户；企业债券发行额为15864亿元，比上一年增加88%；证券投资基金成交金额为10250亿元，比上一年增加75%；期货总成交额达1305143亿元，比上一年增加81%；股票市价总值达243939亿元，比上一年增加一倍多。2010年以来，我国金融市场在波动中成长，截至2015年2月5日，深圳主板市场上市公司480家，共融资57455.63亿元，流通市值46064.77亿元，平均市盈率25.8；中小板上市公司735家，总发行股本3484.9亿股，平均市盈率46.26；创业板上市公司共计413家，总发行股本1091.63亿股，平均市盈率75.11，[②] 在上市企业中更多企业属于战略性新兴产业范畴（见表4—3）。在创业板上市的413家公司中，除了制造业占据绝对数量的291家之外，信息技术产业、科研服务和公共环保行业这些战略性新兴产业相关的公司一共有85家成功在创业板上市融资，特别是信息技术产业，无论是在上市公司数量上，还是在融资金额方面都仅次于制造业，总市值高达7145亿元。此外，从中小板和创业板的上市公司行业结构来看，科研服务也逐渐备受关注，2015年2月5日的数据显示，中小板有5家公司隶属于科研服务，共计融资254.73亿元，创业板上市公司中有7家属于科研服务，共计融资336.73亿元。可见随着创业板上市制度的完善以及上市融资门槛的不断调整降低，我国创业板正朝着包容化、完善化、规范化的方向发展，对于拟上市公司的考量不仅局限于以往的公司规模等指标，而更关注产业和企业的成长性、创新能力和核心竞争力，这也意味着我国的多层次资本市场正在逐步完善，能够为战略性新兴产业的发展提供更多的金融支持。

---

① 郑长德、杨胜利：《中国金融市场概论》，中国经济出版社2010年版。

② 深圳证券交易所官网（http://www.szse.cn/main/chinext/scsj/jbzb/）。

表4—3　　　　　　　　　2015年2月5日创业板概况

行业名称	股票数（只）	成交金额（万元）	总股本（万股）	总市值（万元）	流通市值（万元）
农林牧渔	6	34039	132361	1419407	1169558
采矿业	4	60371	144548	2139814	1463392
制造业	291	3004335	7270635	151225724	93079004
水电煤气	1	4315	31627	401037	206569
建筑业	5	50986	178334	3410407	2155742
批发零售	4	2273	107205	2443786	964510
运输仓储	3	29515	42914	757988	517895
信息技术	73	2763174	1886508	71450456	40124881
商务服务	3	170583	155783	3945909	2621156
科研服务	7	43177	235646	3367292	2124632
公共环保	5	63707	170899	5484722	3605317
卫生	3	73870	107534	4164547	2968072
文化传播	8	330893	452267	13001385	9135886
总计	413	6631239	10916262	263212474	160136615

资料来源：深圳证券交易所官网（http://www.szse.cn/main/chinext/scsj/jyjg/）。

同时，我国的社会融资规模也在逐年增长。2011年上半年社会融资规模为7.76万亿元，各项贷款数额普遍增长，其中，人民币贷款增加4.17万亿元，同比减少4497亿元；外币贷款折合人民币增加3361亿元，同比多增1179亿元；委托贷款增加7028亿元，同比多增3829亿元；信托贷款增加913亿元，同比少增5102亿元；银行承兑汇票增加1.33万亿元，同比少增441亿元；企业债券净融资6588亿元，同比增加90亿元；非金融企业境内股票融资2677亿元，同比增加274亿元。从结构上看，社会融资仍以人民币贷款为主导，2011年上半年人民币贷款占社会融资规模的53.7%，外币贷款占比仅为4.3%，在其他几种融资方式中，又以银行承兑汇票居多，占比17.1%，企业债券占比8.5%，非金融企业境内股票融资占比3.4%，信托贷款仅占比1.2%。[①] 2013年全年社会融资规模为17.29万亿元。2014年社会融资规模为16.46万亿元，其中，人民币贷款增加9.78万亿元，同比多增

---

①　中国人民银行：《2011年上半年社会融资规模统计数据报告》，2011年7月，央行官网（http://www.pbc.gov.cn/publish/diaochatongjisi/3172/2011/20110715151013827814054/20110715151013827814054_.html）。

8900亿元；外币贷款折合人民币增加3554亿元，同比少增2294亿元；委托贷款增加2.51万亿元，同比少增396亿元；信托贷款增加5174亿元，同比少增1.32万亿元；未贴现的银行承兑汇票减少1285亿元，同比少增9041亿元；企业债券净融资2.43万亿元，同比增加6142亿元；非金融企业境内股票融资4350亿元，同比增加2131亿元。[①]

目前，《中国人民银行法》《证券法》《公司法》《保险法》等法律框架已构建完备，为规范金融市场行为，维护金融市场秩序奠定了基础。中国人民银行、证监会、保监会等市场监管部门各司其职，明确分工，形成了较为完整的金融市场监管框架。

然而，由于我国金融市场起步较晚，在一些方面仍不能充分满足战略性新兴产业的融资需要。首先，我国金融市场体系仍然不够完善，战略性新兴产业所能利用的融资渠道较少。融资效率低、成本高、直接融资困难等问题制约了我国战略性新兴产业的发展。其次，在我国的金融机构中，银行和非银行金融机构是市场上最主要的资金供应者，几乎居于垄断地位，但目前的银行体系很不成熟，仍存在许多问题，例如，银行的不良贷款问题、信贷审批制度问题、银行监管问题等都有待于进一步完善，这些问题严重影响了金融运行的效率。此外，股份制商业银行起步晚、规模普遍较小，缺少直接针对战略性新兴产业提供金融服务的机构。最后，当前我国金融市场中，金融中介体系的专业化程度和服务范围都有待于进一步拓展，投资顾问、投资担保等服务功能不强，信息平台尚未建立。不仅阻碍了战略性新兴企业开拓融资渠道，也影响了社会资金选择好的投资项目，增大了融资主体的风险和成本。

第三节　我国战略性新兴产业融资的政策法规环境

2010年10月10日，国务院出台文件《国务院关于加快培育和发展战略性新兴产业的决定》（国发［2010］32号），确定节能环保产业、新一代信息技术产业、生物产业、高端装备制造产业、新能源产

---

① 中国人民银行官网：《2014年社会融资规模统计数据报告》（http://www.pbc.gov.cn/publish/diaochatongjisi/3172/2015/20150115091508168618293/20150115091508168618293_.html）。

业、新材料产业、新能源汽车产业七大产业为我国战略性新兴产业，并强调要坚持创新发展，将战略性新兴产业加快培育成为先导产业和支柱产业。围绕战略性新兴产业的发展，国家政府先后出台了多项政策措施（见表4—4），形成了一个基本的扶持指导战略性新兴产业发展的政策体系。总的来说，主要包括规划战略性新兴产业发展的政策体系、财税政策体系、金融政策体系和创新政策体系。

2012年6月29日，国务院印发《"十二五"节能环保产业发展规划》指出，虽然我国的节能环保产业在近年来发展较快，但是仍有创新能力不强、结构不合理、市场不规范、政策机制不完善、服务体系不健全等许多方面的不足，而目前在国际国内大力推进绿色发展的大环境下，节能环保产业应当抓住有利的机会，顺应世界经济发展和产业转型升级的大趋势，加快速度向前推进。在《"十二五"节能环保产业发展规划》中详细制定了节能环保产业发展的量化目标，其中包括节能环保产业产值年均增长15%以上，到2015年，节能环保产业总产值达到4.5万亿元，增加值占国内生产总值的比重为2%左右，培育一批具有国际竞争力的节能环保大型企业集团；到2015年，高效节能产品市场占有率由目前的10%左右提高到30%以上；到2015年，分别形成20个和50个左右年产值在10亿元以上的专业化合同能源管理公司和环保服务公司。城镇污水、垃圾和脱硫、脱硝处理设施运营基本实现专业化、市场化。① 这些发展指标既量化了节能环保产业的发展目标，又为节能环保产业的发展指明了方向。2013年8月12日，国务院发布《国务院关于加快发展节能环保产业的意见》（国发〔2013〕30号），强调围绕重点领域，促进节能环保产业发展水平全面提升，并指出由政府引导社会资金投入节能环保产业的工程建设。

新能源汽车主要指的是采用新能源作为驱动的汽车，我国的新能源汽车主要包括纯电动汽车、插电式混合动力汽车及燃料电池汽车三大类。目前我国新能源汽车产业发展得较为缓慢，主要原因是核心技术尚未突破，生产成本较高。为尽快解决燃油问题和环境污染问题，推进我

---

① 国务院：《国务院关于印发"十二五"节能环保产业发展规划的通知》（国发〔2012〕19号），2012年6月，国务院网站（http://www.gov.cn/zhengce/content/2012—06/29/content _ 1564. htm）。

国新能源汽车的发展，2012 年 7 月 9 日，国务院发布《节能与新能源汽车产业发展规划（2012—2020 年）》，阐明当前我国新能源汽车产业面临的问题和困境，并指明了发展的主要目标：实现产业化生产，到 2020 年，纯电动汽车和插电式混合动力汽车生产能力达 200 万辆、累计产销量超过 500 万辆；燃料效率提高，到 2020 年，当年生产的乘用车平均燃料消耗量降至 5.0 升/百公里，节能型乘用车燃料消耗量降至 4.5 升/百公里以下；商用车新车燃料消耗量接近国际先进水平；技术创新有所突破，新能源汽车、动力电池及关键零部件技术整体上达到国际先进水平，掌握混合动力、先进内燃机、高效变速器、汽车电子和轻量化材料等汽车节能关键核心技术，形成一批具有较强竞争力的节能与新能源汽车企业。① 除此之外，对于新能源汽车生产和销售相关的充电设施的建设、电池的回收利用等都做了详细的规划安排。2014 年国务院办公厅又发布了《国务院办公厅关于加快新能源汽车推广应用的指导意见》（国办发〔2014〕35 号），加快推进新能源汽车的应用，分别从加快充电设施建设、创新商业模式、推动公共领域率先应用、加强技术创新和完善政策体系等方面做出进一步的部署和指导。

关于高端装备制造产业的政策主要有 2012 年 7 月发布的《国务院关于促进民航业发展的若干意见》（国发〔2012〕24 号）、2013 年 8 月发布的《国务院关于印发船舶工业加快结构调整促进转型升级实施方案（2013—2015 年）的通知》（国发〔2013〕29 号）以及 2013 年 10 月发布的《国务院办公厅关于印发国家卫星导航产业中长期发展规划的通知》（国办发〔2013〕97 号），这三份政策文件分别对我国的民航产业、船舶产业和卫星产业的未来发展做出了初步的规划。其中，在对卫星产业的规划中提到具体发展目标为到 2020 年，我国卫星导航产业创新发展格局基本形成，产业应用规模和国际化水平大幅度提升，产业规模超过 4000 亿元，北斗卫星导航系统及其兼容产品在国民经济重要行业和关键领域得到广泛应用，在大众消费市场逐步推广普及，对国内卫星导航应用市场的贡献率达到 60%，重要应用领域达到 80% 以上，产业体系优化升级，创新

---

① 国务院：《国务院关于印发节能与新能源汽车产业发展规划（2012－2020 年）的通知》（国发〔2012〕22 号），2012 年 7 月，国务院网站（http：//www.gov.cn/zhengce/content/2012—07/09/content_3635.htm）。

能力明显增强，基本具备开放兼容的全球服务能力。①

新一代信息技术产业是目前七大战略性新兴产业中发展相对较好的产业，产业规模迅速扩大，产值也增长较快，2013 年 8 月，国务院公开发布《"宽带中国"战略及实施方案》，为我国宽带技术产业的发展规划了详尽的蓝图，到 2020 年，宽带网络全面覆盖城乡，固定宽带家庭普及率达到 70%，3G/LTE 用户普及率达到 85%，行政村通宽带比例超过 98%。城市和农村家庭宽带接入能力分别达到 50Mbps 和 12Mbps，发达城市部分家庭用户可达 1 吉比特每秒（Gbps）。宽带应用深度融入生产生活，移动互联网全面普及。② 此外，"宽带中国" 还以 2013 年、2015 年和 2020 年三年为节点，制定了详细量化的 "宽带中国" 发展目标与发展时间表。2015 年 1 月，国务院发布《国务院关于促进云计算创新发展培育信息产业新业态的意见》（国发〔2015〕5 号），指出要加快发展云计算产业，到 2020 年，云计算应用基本普及，云计算服务能力达到国际先进水平。

除此之外，对于其他战略性新兴产业也有相应的政策不断出台，包括《国务院关于印发能源发展 "十二五" 规划的通知》（国发〔2013〕2 号）、《国务院办公厅转发发展改革委关于建立保障天然气稳定供应长效机制若干意见的通知》（国办发〔2014〕16 号）、《国务院办公厅关于印发能源发展战略行动计划（2014—2020 年）的通知》（国办发〔2014〕31 号）等（见表 4—4）。

战略性新兴产业发展过程中，"资金瓶颈" 一直是最大的难题，也是最核心的节点。为突破融资困境，国家各部委近年来相继出台了一系列的投融资政策。2009 年 10 月，国家发展改革委和财政部联合下发了《关于实施新兴产业创投计划、开展产业技术研究与开发资金参股设立创业投资基金试点工作的通知》（发改高技〔2009〕2743 号）；同年 12 月，中国人民银行、银监会、证监会、保监会联合发布了《关于进一步做好金融服务支持重点产业调整振兴和抑制部分行业产能过剩的指导意见》（银发

---

① 国务院：《国务院办公厅关于印发国家卫星导航产业中长期发展规划的通知》，2013 年 10 月，国务院网站（http：//www. gov. cn/）。

② 国务院：《国务院关于印发 "宽带中国" 战略及实施方案的通知》（国发〔2013〕31 号），2013 年 8 月，国务院网站（http：//www. gov. cn/zhengce/content/2013—08/16/content_5060. htm）。

[2009] 386 号），加大对于战略性新兴产业的金融支持力度，创新战略性新兴产业的融资模式，完善融资机制。2009—2010 年，中国证监会先后发布了《首次公开发行股票并在创业板上市管理暂行办法》（中国证券监督管理委员会令 [2009] 61 号）和《关于进一步做好创业板推荐工作的指引》（证监会公告 [2010] 8 号），为战略性新兴产业的直接融资开辟了绿色通道。2011 年 1 月 24 日，国家发展改革委战略性新兴产业发展思路研究部际协调小组召开第四次会议，审议并原则通过了《战略性新兴产业发展"十二五"规划（框架）》和《国务院办公厅关于加快培育和发展战略性新兴产业重点工作分工方案（代拟稿）》，其中对于战略性新兴产业的融资问题做了进一步的部署和规划。

表4—4　　　　2012—2015 年战略性新兴产业发展政策一览表

年份	标题	发文字号
2012	国务院关于印发"十二五"节能环保产业发展规划的通知	国发 [2012] 19 号
	国务院关于大力推进信息化发展和切实保障信息安全的若干意见	国发 [2012] 23 号
	国务院关于印发节能与新能源汽车产业发展规划（2012 — 2020 年）的通知	国发 [2012] 22 号
	国务院关于促进民航业发展的若干意见	国发 [2012] 24 号
	国务院关于印发"十二五"国家战略性新兴产业发展规划的通知	国发 [2012] 28 号
	国务院关于无锡国家传感网创新示范区发展规划纲要（2012—2020 年）的批复	国函 [2012] 96 号
	国务院关于印发节能减排"十二五"规划的通知	国发 [2012] 40 号
	国务院办公厅关于印发国家环境保护"十二五"规划重点工作部门分工方案的通知	国办函 [2012] 147 号
	国务院关于印发生物产业发展规划的通知	国发 [2012] 65 号
2013	国务院关于印发能源发展"十二五"规划的通知	国发 [2013] 2 号
	国务院关于促进光伏产业健康发展的若干意见	国发 [2013] 24 号
	国务院关于印发船舶工业加快结构调整促进转型升级实施方案（2013—2015 年）的通知	国发 [2013] 29 号
	国务院关于印发"宽带中国"战略及实施方案的通知	国发 [2013] 31 号
	国务院关于加快发展节能环保产业的意见	国发 [2013] 30 号
	国务院办公厅关于印发国家卫星导航产业中长期发展规划的通知	国办发 [2013] 97 号

续表

年份	标题	发文字号
2014	国务院办公厅转发发展改革委关于建立保障天然气稳定供应长效机制若干意见的通知	国办发〔2014〕16号
	国务院办公厅关于印发大气污染防治行动计划实施情况考核办法（试行）的通知	国办发〔2014〕21号
	国务院办公厅关于印发2014—2015年节能减排低碳发展行动方案的通知	国办发〔2014〕23号
	国务院办公厅关于印发能源发展战略行动计划（2014—2020年）的通知	国办发〔2014〕31号
	国务院办公厅关于加快新能源汽车推广应用的指导意见	国办发〔2014〕35号
2015	国务院关于促进云计算创新发展培育信息产业新业态的意见	国发〔2015〕5号

资料来源：中华人民共和国中央人民政府官网（http://www.gov.cn/）。

2013年7月，国务院发布《国务院办公厅关于金融支持经济结构调整和转型升级的指导意见》（国办发〔2013〕67号），指出要逐步推进信贷资产证券化常规化发展，盘活资金支持小微企业发展和经济结构调整。适度放开小额外保内贷业务，扩大小微企业境内融资来源。适当提高对小微企业贷款的不良贷款容忍度。加强对科技型、创新型、创业型小微企业的金融支持力度。[①] 2014年11月，国务院发布《国务院关于创新重点领域投融资机制鼓励社会投资的指导意见》（国发〔2014〕60号），鼓励社会资金投向创新重点领域，支持高新技术产业发展。2015年1月，《国务院印发关于深化中央财政科技计划（专项、基金等）管理改革方案的通知》（国发〔2014〕64号）出台，指出要建立公开统一的国家科技管理平台，优化科技计划（专项、基金等）布局，针对关乎国计民生的关键产业和领域提供持续性的支撑和引领。

---

① 国务院：《国务院办公厅关于金融支持经济结构调整和转型升级的指导意见》，2013年7月，国务院网站（http://www.gov.cn/zhengce/content/2013—07/05/content_1929.htm）。

表4—5　　　　　　　　　　　**战略性新兴产业发展政策**

节能环保	《国务院关于加强节能工作的决定》（国发［2006］28 号）
	《国务院关于进一步加强节油节电工作的通知》（国发［2008］23 号）
	《关于印发半导体照明节能产业发展意见的通知》（发改环资［2009］2441 号）
	《节能与新能源汽车示范推广财政补助资金管理暂行办法》（财建［2009］6 号）
	《关于开展"节能产品惠民工程"的通知》（财建［2009］213 号）
新一代信息技术	《第一批国家鼓励的集成电路企业名单》（发改高技［2007］1879 号）
	《软件产品管理办法》（工业和信息化部令 2009 年第 9 号）
生物	《促进生物产业加快发展若干政策的通知》（国办发［2009］45 号）
	《中医药创新发展规划纲要（2006—2020 年）》
高端装备制造	《关于促进卫星应用产业发展的若干意见》（发改高技［2007］3057 号）
	《"十一五"重大技术装备研制和重大产业技术开发专项规划》（发改高技［2008］162 号）
	《航天发展"十一五"规划》
新能源	《国防科技工业风力发电装备产业发展指南》
	《关于加快推进太阳能光电建筑应用的实施意见》（财建［2009］128 号）
	《关于完善风力发电上网电价政策的通知》（发改价格［2009］1906 号）

资料来源：张嵋喆、史建生：《培育战略性新兴产业的政策评述》，《经济研究参考》2010 年第 52 期。

第二章 我国战略性新兴产业融资方式分析

在七大战略性新兴产业中，由于新能源汽车产业刚刚起步，所属企业往往把新能源汽车作为生产经营的一个分支，而不是独立的法人个体，因此，财务数据往往也没有另为核算；其他战略性新兴产业发展得相对较为快速，从创业板的数据来看，新一代信息技术产业、节能环保产业、新能源产业、生物医药产业和高端装备制造产业都分别有若干企业在创业板上市融资，数据具有可得性。基于数据可得性和连续性原则，本章将选取创业板2015年2月7日上市公司的数据作为样本数据，分产业探析我国战略性新兴产业的融资方式。

2015年2月7日，深交所创业板共有上市公司413家，除去农林牧渔产业6家、采矿业4家、建筑业5家、批发零售4家、运输仓储3家、商务服务3家和文化传播8家之外，在余下的380家公司中随机抽取与战略性新兴产业相关的100家公司作为本章研究的样本公司，其中包括高端装备制造产业20家公司、新材料产业20家公司、新一代信息技术产业20家公司、生物医药产业20家公司、新能源产业20家公司。

表4—6　　　　　　　　　　样本企业一览

企业名称	企业名称	企业名称	企业名称	企业名称
超图软件	奥克股份	东方日升	宝德自动化	乐普医疗
东方财富	当升科技	光韵达	达刚路机	莱美药业
高新兴	德威新材	鸿利光电	海伦哲	安科生物
海兰信	高盟新材	珈伟光伏	华伍	爱尔眼科
华平股份	红宇新材	金利华电	华中数控	北陆药业
华星创业	华峰超纤	九洲电气	机器人	红日药业

续表

企业名称	企业名称	企业名称	企业名称	企业名称
乐视网	回天新材	聚飞光电	金龙机电	阳普医疗
立思辰	开尔新材	雷曼光电	金通灵	上海凯宝
梅泰诺	纳川股份	联建光电	劲胜精密	福瑞股份
赛为智能	南大光电	南都电源	科新机电	康芝药业
三五互联	瑞丰高材	南方风机	启源装备	华仁药业
神州泰岳	三聚环保	乾照光电	上海佳豪	瑞普生物
世纪鼎利	上海新阳	瑞丰光电	双林	智飞生物
数字政通	四方达	泰胜风能	松德	晨光生物
同花顺	先锋新材	天龙光电	台基	沃森生物
网宿科技	新大新材	向日葵	太阳鸟	量子高科
易联众	新莱应材	阳光电源	新天科技	振东制药
银江股份	长海股份	易世达	新研	佐力药业
银之杰	正海磁材	远方光电	长盈精密	福安药业
中青宝	银邦股份	中科电气	大连智云	翰宇药业

资料来源：作者根据创业板资料自行整理。

第一节　高端装备制造产业

高端装备制造产业是国民经济和国防建设的支柱产业，主要包括航空装备、卫星产业发展、轨道交通、海洋工程装备和智能制造装备等方面的发展。由于高端装备制造业涉及的都是"高、精、尖"领域，其产品也是大型的机械类产品，因此，高端装备制造业中的企业几乎都是大型企业，分析这些企业的财务报表可以发现，目前，我国高端装备制造产业的融资来源主要有：内源融资、间接融资、直接融资、政府拨款和商业信用融资。

一　内源融资

内源融资（internal financing）是指企业将自己经营所得中的储蓄部分，主要包括留存收益、折旧等，直接转化为投资资本的方式。内源融资具有自发性、自主性、低成本和无风险的特点。因此，在发达国家，内源融资一般是企业的首选融资方式，只有在内源融资的资金不能满足企业的经营发展需要时，才会转向外源融资。我国的高端装备制造产业中的企业也是如此。

对于处于创业初期的大部分企业来说，内源融资是其必要的融资来源，内源融资来源于自有资金，无论在筹集方面还是在使用方面都不受外界的干扰，自主性比较强，而且对于股东也有一定的激励作用；内源融资包括留存收益、折旧、定额负债等，在本书的研究中，基于数据的可得性，把资产负债表中的盈余公积和未分配利润视为企业的内源融资。

分析我国高端装备制造公司的财务报表可以发现，几乎所有的高端装备制造企业都将内源融资作为融资方式的首要选择，在我国高端装备制造企业的资产负债表中，作为内源融资主要内容的留存收益一直处于较高的数额。

表4—7　　　　　2013 年高端装备制造样本公司内源融资情况　　　（单位：元）

公司名称	盈余公积	未分配利润	公司名称	盈余公积	未分配利润
宝德自动化	4557233	6626481	启源装备	33028045	138755710
达刚路机	32467328	220033250	上海佳豪	31308630	132725909
海伦哲	11427271	99589844	双林	51585486	360632201
华伍	20704250	168575450	松德	17373121	89548893
华中数控	30446622	172295938	台基	34394220	90113977
机器人	97700286	730109004	太阳鸟	7813069	184090540
金龙机电	31164434	38451098	新天科技	29425934	215916038
金通灵	20378957	126982742	新研	30426272	242716371
劲胜精密	55335462	316954406	长盈精密	72616691	581072226
科新机电	12113037	54610395	大连智云	10830358	96991332

资料来源：根据各公司 2013 年年报整理所得。

可以看出，本书在高端装备制造产业中选取的这 20 家样本公司无一例外地留存了大量的盈余公积和未分配利润。其中，盈余公积和未分配利润数额最大的三家分别为沈阳新松机器人自动化股份有限公司、深圳市长盈精密技术股份有限公司和宁波双林汽车部件股份有限公司，这三家公司2013 年留存收益总额分别约为 82781 万元、65369 万元和 41222 万元。并且，在 2012 年度，这些公司也留存了大量资金作为内源资金。例如，沈阳新松机器人自动化股份有限公司 2012 年盈余公积金额约为 7518 万元，未分配利润金额约为 53254 万元；深圳市长盈精密技术股份有限公司 2012 年盈余公积金额约为 5368 万元，未分配利润金额约为 40414 万元；宁波双林汽车部件股份有限公司 2012 年盈余公积金额约为 4289 万元，未分配利润金额约为 33692 万元。而在这 20 家公司中留存收益最少的一家公司西安宝德自动化股份有限公司 2013 年留存收益的总额也达到了 1118 万元，其在 2012 年的盈余公积和未分配利润的金额分别约为 456 万元和 1768 万元。由此可见，在我国高端装备制造产业发展过程中，内源融资已经成为各公司重要的资金来源之一，这也显示出我国高端装备制造产业已经发展得相对较好，可以有大量的自有资金以作弥补亏损和发展资金所用。

二 银行间接融资

分析高端装备制造产业的资产负债表，不难发现借款是这些公司的重要融资手段之一，一般而言，间接融资（包括短期借款和长期借款）的数额都会超过直接融资的数额，或者与之相当（见表 4—9）。高端制造企业的借款主要为向银行借款和向关联企业借款，例如，西安宝德自动化股份有限公司 2013 年短期借款总额为 2300 万元，全部为质押借款，为其办理保理业务的为昆仑银行；徐州海伦哲专用车辆股份有限公司 2013 年 15500 万元短期借款中 5000 万元为保证借款，10500 万元为借用借款；武汉华中数控股份有限公司 2013 年短期借款为 11700 万元，全部为信用借款，长期借款为 90.9 万元，全部为保证借款，贷款单位为湖北省财政厅；沈阳新松机器人自动化股份有限公司 2013 年度长期借款额为 8000 万元，全部为抵押贷款，贷款单位是浦发银行沈阳分行（5000 万元）和中国进出口银行浙江省分行（3000 万元）；金龙机电股份有限公司 2013 年度长期借款额为 8250 万元，资金全部来自于中国公司银行天津佟楼支行；江苏金通灵流体机械科技股份有限公司 2013 年短期借款额为 35500 万元，其中，银团授信协议项下贷款期末余额为 18000 万元，金额前五名的长期借款也全部来自于银行体系（见表 4—8）。同样，东莞劲胜精密组建股份有限公司的借款也全部来自银行体系，在其 2013 年年报中指出，2013 年 2 月 28 日公司之子公司东莞华清光学科技有限公司与兴业银行东莞长安支行签订了编号为 2013013107 的短期借款合同，借款金额 1000 万元整，借款期限为 2013 年 2 月 28 日至 2014 年 2 月 28 日，借款利率为 6%。

2013 年 7 月 12 日公司之子公司东莞华清光学科技有限公司与兴业银行东莞长安支行签订了编号为 201307110218 的短期借款合同，借款金额 1000 万元整，借款期限为 2013 年 7 月 12 日至 2014 年 7 月 11 日，借款利率为 6%。

表 4—8　　　　江苏金通灵公司 2013 年长期借款主要来源　　　（单位：万元）

贷款单位	借款起始日	借款终止日	本币金额
银团授信协议项下贷款	2013 年 2 月 6 日	2016 年 11 月 30 日	620
银团授信协议项下贷款	2013 年 2 月 6 日	2017 年 5 月 31 日	2080
银团授信协议项下贷款	2013 年 5 月 14 日	2016 年 11 月 30 日	942
银团授信协议项下贷款	2013 年 5 月 14 日	2017 年 5 月 31 日	1628
银团授信协议项下贷款	2013 年 8 月 15 日	2017 年 5 月 31 日	3440
银团授信协议项下贷款	2013 年 9 月 17 日	2017 年 5 月 31 日	2490
南通农村商业银行钟秀支行	2013 年 8 月 28 日	2015 年 6 月 20 日	500
南通农村商业银行钟秀支行	2013 年 8 月 28 日	2015 年 12 月 20 日	750
南通农村商业银行钟秀支行	2013 年 8 月 28 日	2016 年 7 月 28 日	750

资料来源：根据江苏金通灵流体机械科技股份有限公司 2013 年年报整理所得。

三　资本市场直接融资

高端装备制造产业目前正处于产业成长期，仅仅依靠政府财政支持、银行借款和内部融资已经不能满足产业发展的要求，因此，所有 20 家高端装备制造产业的样本公司都采取了直接融资的方式筹资，并且对直接融资的依赖也越来越强（见表 4—9）。

表 4—9　　　　　　部分高端制造企业融资状况　　　　　（单位：万元）

公司名称	短期借款	长期借款	股本	公司名称	短期借款	长期借款	股本
宝德自动化	2300	0	9000	启源装备	3350	0	12200
达刚路机	0	0	21173	上海佳豪	5967	0	21848
海伦哲	15500	0	35200	双林	33280	0	28050
华伍	16890	0	10229	松德	13400	0	11323
华中数控	11700	91	10783	台基	0	0	14208

续表

公司名称	短期借款	长期借款	股本	公司名称	短期借款	长期借款	股本
机器人	15590	8000	29766	太阳鸟	15400	0	14093
金龙机电	13991	8250	28540	新天科技	0	0	18163
金通灵	35500	13200	20900	新研	0	0	18040
劲胜精密	2000	6000	20000	长盈精密	20322	200	25800
科新机电	600	5000	9100	大连智云	0	0	12000

资料来源：根据各公司 2013 年年报整理所得。

由表 4—9 可以看出，20 家高端装备制造公司都采用资本市场上市融资方式获得发展所需资金，而且从数值上来看，股权融资的资金数额与间接融资的金额大体相当，甚至有 5 家公司仅仅依靠资本市场融资，而并没有任何的短期借款和长期借款，可见，在我国高端装备制造产业的发展过程中，资本市场的金融支持作用正在日益加强。我国高端装备制造产业的融资方式也逐渐向发达国家融资模式靠拢。

除了股权融资之外，债权融资也是在资本市场融资的主要方式之一，但是，就本书选取的这 20 家高端装备制造公司而言，没有一家公司采用发行债券的方式进行融资，究其原因有多个方面，一方面，是由于我国债券市场的发展尚不健全，因此许多新兴企业并不能达到在债券市场融资的标准；另一方面，债权融资具有较大的财务风险，对于处在发展初期的新兴企业来说，财务状况尚不稳定，采取债权融资方式并不是融资的最佳选择。虽然本书的样本企业中没有一家采取债权融资方式获得资金，但是这并不意味着我国高端装备制造产业中并没有企业采取这种方式融资，2010年，中国南车用债权融资的方式获得资金 40 亿元，中国北车则获得资金34 亿元，上海振华重工集团则采用债权融资的方式获得资金 21.7 亿元，此外，深圳宝德科技集团、江苏中天科技股份有限公司等多家公司在2009—2010 年间都采用债权融资的方式获得过大量所需资金。

四　政府财政支持

我国政府对于高端装备制造产业的财政支持涉及面很广，包括科研拨款、项目拨款、土地配套设施费返还、契税返还，等等。本书随机抽取的20 家高端装备制造企业，全部都获得了政府的财政支持。

　　西安宝德自动化股份有限公司的现金流量表数据显示该公司 2013 年获得政府补助 42.39 万元，在资产负债表中则显示递延收益中有 1160 万属于政府项目支持资金，其中西安市财政局下拨专项资金 200 万元，用于专项支持西安宝德自动化股份有限公司高效节能石油钻术一体化电控设备产业化建设项目，先期拨付 80% 共计 160 万元，待项目验收后，再拨付剩余 20% 的资金。公司于 2013 年 7 月 31 日收到 160 万元。陕西省财政厅下拨专项资金 1000 万元，专项用于公司新建高效节能石油钻术一体化电控设备产业化项目，本期全部收到，全部记入递延收益科目。达刚路机股份有限公司 2013 年获得政府补助 109.77 万元。徐州海伦哲专用车辆股份有限公司 2009 年和 2010 年分别收到江苏省科学技术厅、江苏省财政厅拨付的科技成果转化资金 550 万元和 250 万元，共计 800 万元，属于用于补偿企业以后期间的相关费用或损失的，确认为递延收益。华伍股份有限公司 2013 年获得政府补助 115.4 万元。武汉华中数控股份有限公司 2013 年年报的现金流量表附注中显示该公司 2013 年收到政府补助款项高达 11911 万元，沈阳新松机器人自动化股份有限公司 2013 年也收到较高的政府补助款项，高达 5275.19 万元。可见，政府对于高端装备制造业的扶持力度很大。

　　除此之外，税收优惠也是国家给予高端装备制造产业支持的一种方式。2012 年 9 月 12 日，东莞劲胜精密组建股份有限公司取得广东省科技厅、广东省财政厅、广东省国家税务局、广东省地方税务局联合颁发的高新技术企业证书，证书号 GF201244000390，有效期三年，享受高新技术企业所得税优惠政策期限为 2012 年 1 月 1 日至 2014 年12 月 31 日，2013 年按 15% 缴纳企业所得税。江苏金通灵流体机械科技股份有限公司 2012 年 8 月 6 日取得高新技术企业证书（证书编号：GF201232000571），根据《高新技术企业认定管理办法》、《中华人民共和国企业所得税法》及《中华人民共和国企业所得税法实施条例》等有关规定，本公司企业所得税税率自 2012 年起三年内享受减免 10% 优惠，即按 15% 的企业所得税税率征收。而沈阳新松机器人自动化股份有限公司除了获得企业所得税的优惠之外，还获得了增值税的税收优惠，根据财税 [2011] 100 号文《关于软件产品增值税政策的通知》的规定，自 2011 年 1 月 1 日起，增值税一般纳税人销售其自行开发生产的软件产品，按 17% 税率征收增值税后，对其增值实际税负超过 3% 的部分实行即征即退政策。武汉华中数控股份有限公司的各子公司也都相继获得了企业所得税的减免优惠。

五　商业信用融资

随着高端装备制造业的逐步发展，产业集群效应开始显现，产业链更加完善，商业信用这种融资方式也开始日益增加。从 20 家样本公司的数据来看，几乎所有的公司都开始大量使用商业信用这种融资方式，与上下游企业之间的产业链更加紧密。具体而言，商业信用主要包括应收票据、应收账款、应付账款、应付票据、预收账款和长期应收款等。

2013 年，西安宝德自动化股份有限公司资产负债表中数据显示应收票据期末余额约 594 万元，应收账款 4467 万元，预付款项 1515 万元，应付票据 947 万元，应付账款期末余额 1508 万元，预收款项 26 万元。徐州海伦哲专用车辆股份有限公司 2013 年应收票据期末余额约 621 万元，应收账款 22641 万元，预付款项 3391 万元，应付票据 698 万元，应付账款期末余额 9979 万元，预收款项 5620 万元。沈阳新松机器人自动化股份有限公司 2013 年年报数据显示该公司 2013 年应收票据期末余额约 8640 万元，应收账款 41429 万元，预付款项 8726 万元，应付票据 9019 万元，应付账款期末余额 15804 万元，预收款项 6132 万元。其他公司的财务报表上的数据显示各公司都充分利用了商业信用的方式进行资金的合理调配。从融资金额上可以看出，高端装备制造业中的各公司商业信用融资的数额与间接融资和直接融资的数额大体相当，可见，商业信用融资在我国高端装备制造业中已经被广泛重视和应用。

第二节　新能源产业

新能源包括传统形式之外的各种可再生能源，如核能、太阳能、风能、生物质能、地热能、海洋能、氢能等。相应的，新能源产业也包括风电设备制造、太阳能热水器、光伏电池制造和生物燃料等细分产业。随着新能源技术的进步和人们环保意识的增强，这些产业均有了飞速发展，基本上都处于成长期阶段，有的产业还进入了成熟期阶段（见图 4—2）。

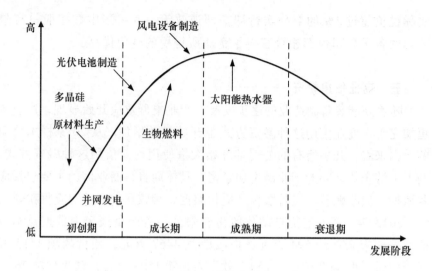

图4—2　新能源各细分产业所处的生命周期

资料来源：赵刚、王晓宁：《2008—2009年中国新能源产业：与全球同步发展》，《新材料产业》2009年第4期。

一　内源融资

与高端装备制造产业的研究一样，这里将新能源企业资产负债表中的盈余公积和未分配利润视为企业的内源融资。可以看出，新能源企业也十分注重内部资本的积累，在本书选取的20家企业中，无一例外积累了高额的留存收益，可见，内源融资也是新能源企业融资的重要方式之一。

分析20家新能源企业的财务报表可以发现，除了有三家公司的未分配利润为负数之外，其他新能源企业2013年度的盈余公积和未分配利润几乎都在千万元以上，除了深圳光韵达光电科技股份有限公司和深圳珈伟光伏照明股份有限公司盈余公积仅有376万元和894万元，在千万元之下，其余公司的盈余公积的金额都在千万以上，而对于未分配利润而言，20家公司中有13家公司的未分配利润在1亿元以上，4家公司的未分配利润在6000万元以上，3家公司的未分配利润为负数，其中东方日升新能源股份有限公司2013年未分配利润为－11094万元，主要是由于《企业会计准则》及相关新规定进行追溯调整，会计政策变更，影响年初未分配利润。

表4—10　　　　2013年新能源产业样本公司内源融资情况　　（单位：万元）

公司名称	盈余公积	未分配利润	公司名称	盈余公积	未分配利润
东方日升	4959	−11094	南方风机	3116	21549
光韵达	376	8690	乾照光电	3806	31125
鸿利光电	2332	15953	瑞丰光电	1696	14225
珈伟光伏	894	6642	泰胜风能	2566	30634
金利华电	1322	8378	天龙光电	2557	−49032
九洲电气	2920	56386	向日葵	4908	−21444
聚飞光电	4181	31862	阳光电源	5045	41873
雷曼光电	1213	6104	易世达	2323	13202
联建光电	2564	14635	远方光电	3122	24718
南都电源	5211	55167	中科电气	2841	19648

资料来源：根据各公司2013年年报整理所得。

　　内源融资对于企业的发展至关重要，企业的留存资金充足，一方面，能够反映出企业运营平稳健康，流动性充足，不会陷入财务危机；另一方面，还能够为企业争取更多更优质的外源融资打下良好的基础。因此，新能源产业内的各企业在发展中较为重视资金的积累，除了表4—10中反映的2013年的状况之外，在之前的年份也都较为注重内部资金的积累，例如，深圳光韵达光电科技股份有限公司2012年的盈余公积金额为333万元，未分配利润为7597万元；广州市鸿利光电股份有限公司2012年的盈余公积金额为1801万元，未分配利润为11116万元；深圳珈伟光伏照明股份有限公司2012年的盈余公积金额为590万元，未分配利润为5346万元。其他样本企业的2012年度的盈余公积金额和未分配利润数额也都与2013年度的数额相差不大。

　　因此，可以看出，我国的新能源产业在对于融资方式的选择上仍旧是以内源融资作为首选方式。

二　银行间接融资

　　对于我国大中型企业而言，银行体系是其重要的资金来源之一。但是，从本书选取的这20家新能源企业的年报数据来看，银行间接融资似乎并不是新能源产业的主要融资渠道。

　　从表4—11可以看出，本书选取的这20家新能源企业多偏向于进行短期融资，有13家企业在2013年度通过短期借款进行融资，除了深圳市联建光电股份有限公司之外，其余12家企业的借款额度都在千万以上，但是只有6家企业的年报中有长期借款的数据，并且其中还有两家的长期借款金额仅有500万元，另外一家的长期借款金额仅有16万元。就单个企业的具体情况来看，东方日升新能源股份有限公司2013年短期借款金额为138375万元，包括质押借款44906万元、抵押借款17487万元、保证借款25607万元和借用借款50376万元；长期借款15386万元，主要来自China Development Bank Corporation、Sky Capital Europe S. a. r. l和long term loans payable，币种为欧元。深圳光韵达光电科技股份有限公司2013年短期借款金额为7840万元，较年初余额增长了130.59%，是由于增加了银行借款所致；2013年金额前五名的长期借款只有一项，贷款单位为星展银行，借款起始日是2011年5月24日，借款终止日是2014年5月24日，金额为290.7万元。浙江南都电源动力股份有限公司2013年的短期借款金额为22500万元，其中抵押借款4500万元、保证借款10000万元、信用借款8000万元；长期借款金额为35270万元，主要来自于两家公司：浙江南都电源动力股份有限公司和四川南都国舰新能源股份有限公司。南方风机股份有限公司2013年短期借款3500万元，贷款单位为中国银行佛山南海狮山支行，性质为抵押、保证借款。长期借款金额为500万元，全部来自于中信银行佛山支行。

表4—11　　　　　　　2013年新能源样本企业融资状况　　　　　　（单位：万元）

公司名称	短期借款	长期借款	股本	公司名称	短期借款	长期借款	股本
东方日升	138375	15386	56000	南方风机	3500	500	18800
光韵达	7840	0	13400	乾照光电	0	500	29500
鸿利光电	0	0	24547	瑞丰光电	2141	0	21671
珈伟光伏	23083	0	14000	泰胜风能	2206	16	32400
金利华电	6460	0	11700	天龙光电	18215	0	20000
九洲电气	0	0	27780	向日葵	54558	14654	111980
聚飞光电	0	0	21760	阳光电源	5000	0	32724
雷曼光电	0	0	13400	易世达	0	0	11800
联建光电	34	0	11773	远方光电	0	0	12000
南都电源	22500	35270	59920	中科电气	5900	0	17989

资料来源：根据各公司2013年年报整理所得。

三　资本市场直接融资

分析新能源企业的财务报表可以看出，目前新能源企业的融资来源主要有内源融资、银行间接融资和股权融资（见表4—11），但是以资本市场的股权融资为主要资金来源。其中，融资最多的5家分别为浙江向日葵光能科技股份有限公司、浙江南都电源动力股份有限公司、东方日升新能源股份有限公司、阳光电源股份有限公司和上海泰胜风能装备股份有限公司，融资金额分别为11.20亿元、5.99亿元、5.6亿元、3.27亿元和3.24亿元。

新能源产业中的企业股权一般较为分散，国有性质的股份较少。例如，浙江向日葵光能科技股份有限公司2013年年报显示，该公司国家持股0%，国有法人持股0%；浙江南都电源动力股份有限公司2013年年报显示，该公司境内法人持股31.22%，境内自然人持股9.39%，无限售条件股份59.39%；阳光电源股份有限公司2013年年报显示，该公司境内法人持股13.85%，境内自然人持股41.6%，外资持股1.42%，无限售条件股份43.12%；上海泰胜风能装备股份有限公司2013年国家持股0%，国有法人持股0%，境内自然人持股32.57%，无限售条件股份67.43%；东方日升新能源股份有限公司2013年股权结构也较为简单，主要包括境内自然人持股32.17%，无限售条件股份67.83%。由此可见，本书选取的20家样本企业中股权融资最多的5家企业都没有国有性质的股份，相反，无限售条件股份占据了绝对多的比例。这种情况不仅仅出现在本章选取的样本企业中，其他新能源企业在其他年份的数据同样能够证实这一结论。

表4—12　　　　　　2010年部分新能源企业融资状况　　　　　　（单位：万元）

股份有限公司	短期借款		长期借款		应付债券	股本		资本公积	
	2010年	2009年	2010年	2009年	2010年	2010年	2009年	2010年	2009年
中国明阳风能	48000	18167	—	—	—	85	—	351493	128876
龙源电力集团	1079007	1092059	1138412	529640	615572	746429	746429	1282184	1214204

续表

股份有限公司	短期借款		长期借款		应付债券	股本		资本公积	
	2010年	2009年	2010年	2009年	2010年	2010年	2009年	2010年	2009年
广东宝丽华新能源	10000	5000	18300	24300	60000	172661	115108	32909	55930
华锐风电科技集团	159000	10000	190000	—	—	90000	90000	6088	6088
上海申华控股	125268	82800	72000	82500	30000	174638	174638	17154	32416
申能	—	200000	8403	8107	304742	315252	288963	559353	423893
新疆金风科技	150153	60189	146531	202212	—	269458	140000	967824	366106
英利绿色能源	350103	585788	75281	249648	—	1136	1188		
华能国际电力	3299318	1763836	2973914	3251889	1383115	1405538	1405538	1580306	737668

资料来源：各企业的2010年年报。

在表4—12的九家新能源企业中，除了申能和华能国际电力集团的股份中国有成分较高，达到近50%之外，其余企业的股份中，国有成分并不高，各银行和金融机构的基金和个人投资的比重较高。

新能源产业较少利用债权融资的方式获得资金，在这九家企业中，只有华能国际电力公司在2009年和2010年分别发行债券138万元和138万元，其余企业都没有在2009年发行债券。而在2010年，也只有龙源电力集团、广东宝丽华新能源、上海申华控股和申能股份有限公司发行了债券，而本章选取的20家样本企业也几乎全部没有采用债权融资的方式获得资金。由此可见，以发行债券的形式融资在新能源产业中并不普遍。

四　政府财政支持

能源产业关乎国计民生，对于新能源产业，国家一直以来都给予了大力的支持。因此，政府补助和税收优惠是新能源产业的重要资金来源之一。在选取的这20家企业中，几乎所有的企业都受到了政府的财政支持。

东方日升新能源股份有限公司 2013 年现金流量表显示其收到政府补贴 1095.36 万元，公司从 2011 年至 2013 年所得税按 15% 计征。深圳光韵达光电科技股份有限公司 2013 年收到政府补助 376.92 万元，收到税费返还 223.39 万元，2013 年度企业所得税按优惠税率 15% 执行。广州市鸿利光电股份有限公司同样获得了 2013 年度执行 15% 的所得税优惠税率，此外，还获得了企业所得税扣除项目的优惠，2013 年度公司研究开发费在据实扣除的基础上，按研究开发费的 50% 加计扣除。2013 年广州市鸿利光电股份有限公司获得政府补助 1372.89 万元。深圳珈伟光伏照明股份有限公司 2013 年收到政府补助 431.67 万元，2013 年企业所得税率为 15%，并享受"开发新技术、新产品、新工艺发生的研究开发费用加计扣除"优惠。其他新能源样本企业几乎都获得了同样的税收减免优惠和不同程度的政府补贴。

除了本章选取的样本企业之外，其他企业在其他年份也同样获得了政府补助和税收方面的优惠。广东宝丽华新能源股份有限公司 2009 年和 2010 年分别获得政府补助 72 万元和 44 万元；华锐风电科技（集团）股份有限公司 2009 年和 2010 年分别获得政府补助 3837.73 万元和 3711.73 万元；上海申华控股股份有限公司 2009 年和 2010 年分别获得政府补助 179.22 万元和 591.23 万元；申能股份有限公司 2009 年和 2010 年分别获得政府补助 7943.70 万元和 1048.53 万元；新疆金风科技股份有限公司 2009 年和 2010 年分别获得政府补助 14059 万元和 18736 万元。华能国际电力公司 2009 年和 2010 年除了获得环保补助 50580 万元和 50992 万元之外，还获得国产设备增值税退税 163352 万元和 162095 万元。除了退税之外，政府还给予了新能源企业税收减半等优惠措施。2010 年 3 月 1 日，经广东省梅县国家税务局下发的《减、免税批准通知书》（梅县国税减 ［2010］ 34 号）审核，广东宝丽华电力有限公司煤灰渣综合利用建材厂生产的粉煤灰砖产品在 2010 年 1 月 1 日至 2011 年 12 月 31 日取得的减免税项目收入免征增值税。根据国务院审批的《北京市新技术产业开发试验区暂行条例》，华锐风电科技（集团）自设立之日起按 15% 税率缴纳企业所得税，且执行三免三减半的税收优惠政策，2006—2008 年属于免税期，2009—2011 年为减半征收期。

五 商业信用融资

新能源产业中商业信用这种融资方式的运用也较为普遍。从 20 家样本公司的数据来看，几乎所有的公司都开始大量使用商业信用这种融资方式，利用上下游企业的产业链进行资金的短期融通。具体而言，新能源产业涉及的商业信用主要包括应收票据、应收账款、预付账款、应付账款、应付票据和预收账款等短期信用（见表 4—13）。

表 4—13　　2013 年新能源样本企业商业信用融资情况　　（单位：万元）

公司名称	应收票据	应收账款	预付款项	应付票据	应付账款	预收款项
东方日升	8290	78872	37618	4120	36117	728
光韵达	683	7888	2006	30	2529	43
鸿利光电	208	17232	195	0	16290	1465
珈伟光伏	0	19320	1700	1980	20741	278
金利华电	135	12131	442	4421	5188	2904
九洲电气	597	38281	1953	0	9002	857
聚飞光电	11370	30620	4279	0	27741	31
雷曼光电	347	14982	1218	5694	4699	1035
联建光电	171	24649	241	11555	14877	4162
南都电源	5146	98784	4021	7960	35798	683
南方风机	91	36518	2163	1593	12042	3190
乾照光电	16435	34519	1040	4314	7541	923
瑞丰光电	6743	18187	1110	9412	14495	299
泰胜风能	7020	37210	5875	24390	11473	18713
天龙光电	309	16373	5676	1890	9978	4053
向日葵	130	18424	5203	11834	18148	144
阳光电源	28330	114253	1142	51599	92699	23838
易世达	2366	16322	1783	4085	15480	15241
远方光电	188	266	429	0	364	4040
中科电气	5148	22881	314	0	7912	2256

资料来源：根据各公司 2013 年年报整理所得。

由表 4—13 可知，20 家新能源企业全部采用了商业信用融资方式进行资金的短期调配，其中又以应收账款和应付账款这两项的金额最多，在这 20 家企业中，普遍对于应收账款和应付账款较为青睐，涉及的金额绝大多数都在 1 亿元以上，最多的阳光电源股份有限公司 2013 年度的应收账款为 11.43 亿元，应付账款为 9.27 亿元，而同年阳光电源股份有限公司的短期借款为 5000 万元，股权融资数额为 3.27 亿元；同样，浙江南都电源动力股份有限公司 2013 年度的应收账款为 9.88 亿元，应付账款为 3.58 亿元，而同年浙江南都电源动力股份有限公司短期借款为 2.25 亿元，长期借款为 3.52 亿元，股权融资为 5.99 亿元；东方日升新能源股份有限公司 2013 年度的应收账款为 7.89 亿元，应付账款为 3.61 亿元，而同年阳光电源股份有限公司的股权融资数额为 5.60 亿元。可以看出，商业信用融资方式在新能源产业中已经被广泛应用，虽然应收票据、应收账款、应付账款、应付票据和预收账款等都属于短期信用，但是这些短期信用在数额方面已经超过了银行间接融资和股权融资的数额，成为支持新能源产业发展的重要融资渠道之一。

第三节　新材料产业

在七大战略性新兴产业中，新材料产业与其他产业的关联性最强，新材料不仅包括信息材料、能源材料、生物材料、汽车材料，还包括超导材料、稀土材料、新型钢铁材料等，目前我国的新材料产业已经形成了初步的工业体系，正处于成长期向成熟期的过渡中。考虑到数据的可得性，本节从 2013 年已经在创业板上市的新材料产业中随机抽取了 20 家企业进行分析，发现目前我国新材料产业的主要融资方式为：内源融资、股权融资和商业信用融资。而银行间接融资并没有为新材料企业提供太多的资金支持，此外，政府的财政支持也是我国新材料产业资金来源的重要组成部分。

一　内源融资

新材料企业非常注重内源融资的重要性，从下表 4—14 中可以看出，有 70%—80% 的企业的留存收益远远超过从证券市场获得的资金，这样，不仅降低了公司的负债率，使得公司的运营更加安全，也使得公司的运作更加具有自主性，为公司的进一步扩张和发展奠定了基础。

　　从这 20 家样本企业的数据中还可以看出，这 20 家企业中大部分企业的留存收益的数额不仅超过了股权融资，而且超过了银行间接融资的数额。例如，辽宁奥克化学股份有限公司短期借款和长期借款一共45631 万元，股权融资为 33696 万元，而留存收益一共有 45859 万元；江苏德威新材料股份有限公司的内部留存资本为 28318 万元，超过股权融资 16000 万元；上海华峰超纤材料股份有限公司 2013 年公司内部留存资本为 38694 万元，超过股权融资 15800 万元，也超过银行间接贷款数额 0 元；同样，2013 年，湖北回天新材料股份有限公司留存收益总额为 34207 万元，超过股权融资 16895 万元，也超过银行间接贷款数额0 元；浙江开尔新材料股份有限公司、福建纳川管材科技股份有限公司、上海新阳半导体材料股份有限公司等企业的内部留存资金都超过了借款金额和股权融资金额，由此可以看出，内源融资已经成为新能源产业主要的融资来源之一，从另一个侧面也可以看出，新能源产业在近年来发展较为迅猛，企业内部的留存收益稳步增长。分析这 20 家样本企业的财务报表可知，新材料产业的留存收益几乎都在稳步增长，丝毫没有减少的趋势。

表 4—14　　　　　　　**2013 年新材料样本企业融资情况**　　　　　（单位：万元）

企业名称	短期借款	长期借款	股本	盈余公积	未分配利润
奥克股份	33700	11931	33696	5466	40393
当升科技	586	0	16000	1801	7774
德威新材	31315	0	16000	3152	25166
高盟新材	0	0	21360	1694	10318
红宇新材	14500	0	9600	1779	11943
华峰超纤	0	0	15800	4264	34430
回天新材	0	0	16895	7401	26806
开尔新材	4500	0	12000	1518	10771
纳川股份	7235	0	20925	3243	27629
南大光电	0	700	10054	3123	28932
瑞丰高材	22745	830	10392	1490	12741
三聚环保	99000	14870	50580	3157	54424

续表

企业名称	短期借款	长期借款	股本	盈余公积	未分配利润
上海新阳	2000	0	11380	1682	9381
四方达	0	0	21600	1896	14079
先锋新材	0	0	7900	893	8025
新大新材	102700	13100	50280	2403	23691
新莱应材	14996	0	10005	1546	12894
长海股份	11093	1144	12000	2916	29745
正海磁材	0	0	24000	5638	39078
银邦股份	22713	200	18680	3122	26435

资料来源：根据各公司2013年年报整理所得。

二　银行间接融资

在新材料产业的融资中，银行间接融资并没有像其他产业一样占据非常重要的地位，从表4—14可以看出，新能源企业较少运用借款的方式获得资金，在本节选取的20家样本企业中，有6家企业未采用借款的方式进行融资，而另外的14家中又有7家只涉及了短期借款，长期借款的数额为0。综观这20家企业的数据，只有辽宁奥克化学股份有限公司、北京三聚环保新材料股份有限公司和河南新大新材料股份有限公司在2013年度借款额度较大。

在辽宁奥克化学股份有限公司2013年的33700万短期借款中，有2013年4月控股子公司奥克化学有限公司向滕州农村商业银行借款的8000万元，2013年7月至10月广东奥克化学有限公司分别向招商银行借款的2000万元，向汇丰银行借款的1500万元，还包括该公司分别与辽阳银行、农业银行、建设银行和浦发银行借入的流动资金借款，借款金额分别为15000万元、2000万元、5000万元及200万元。在辽宁奥克化学股份有限公司2013年的长期借款11931万元中，包括向中国工商银行借款1931万元和向辽阳银行抵押借款1亿元。北京三聚环保新材料股份有限公司2013年的短期贷款的性质为保证借款和信用借款，长期借款的性质为保证借款，贷款全部来自于昆仑银行股份有限公司，贷款额为14870万元。河南新大新材料股份有限公司是这20家样本企业中借款额度最高的企业，短期借款金额为102700万元，资金来源也是主要来自银行体系：2013年4月1日，河南新大新材料股份有限公司与上海浦东发展银行郑州分行签订最高债权额为人民币 8360 万元的最高额抵押合同，抵押物为河南新大新材料股份有限公司机器设备，年末抵押尚未解除；2013 年 4 月 9 日，河南新大新材料股份有限公司与上海浦东发展银行郑州分行签订最高债权额为人民币 2640 万元的最高额抵押合同，抵押物为开封万盛新材料有限公司土地，同时签订流动资金贷款合同，借款金额为 5000 万元人民币，年末抵押尚未解除。2012 年 12 月 18 日，河南新大新材料股份有限公司与交通银行股份有限公司河南省分行签订最高债权额为人民币 16500 万元的最高额抵押合同，抵押物为河南新大新材料股份有限公司土地使用权和部分房产，年末抵押尚未解除。[①] 河南新大新材料股份有限公司 2013 年长期借款金额为 13100 万元，分为保证借款 9400 万元，保证抵押借款 3700 万元，全部来自于光大银行郑州分行和朝阳银行柳城支行。

由此可见，虽然新能源产业中的企业从银行体系获得的资金并没有股权融资和内源融资的金额额度高，但是，从部分企业的年报数据来看，有部分企业还是从银行体系获得了一定程度的资金支持。并且，与其他产业相比，新材料产业的借款几乎全部来自银行，没有关联企业的借款，这点无论是从样本企业的数据中，还是从其他非样本新能源企业的数据中都能够得到验证。例如，宁波韵升公司 2010 年度的金额前五名的长期借款全部来自银行，分别是中国银行股份有限公司宁波市江东支行、中国银行股份有限公司巴黎分行和中国进出口银行；新疆众和公司 2010 年度的长期借款则分别来自国家开发银行、中国建设银行新疆分行营业部、中国银行新疆分行营业部、交通银行股份有限公司新疆维吾尔自治区分行、上海浦东发展银行股份有限公司乌鲁木齐分行和中国银行股份有限公司新疆维吾尔自治区分行。

三　资本市场直接融资

在新材料产业中很少有企业通过发行债券的形式进行融资，在本节选取的样本企业中没有一家企业采用债权融资的方式发债筹资。由于新材料产业体系发展比较完备，所以新材料产业中的许多企业已经具备了上市的条件，开始在股票市场上进行融资。

---

① 河南新大新材料股份有限公司 2013 年度报告。

从各企业财务报表的数据上来看，除了湖南红宇耐磨新材料股份有限公司、昆山新莱洁净应用材料股份有限公司和宁波先锋新材料股份有限公司分别上市融资9600万元和7900万元以外，其他18家样本企业的融资额度都超过了1亿元。

从股权结构上来看，本节选取的新材料样本企业的股权结构中国有性质的股份较少，与新能源产业中的企业股权呈现相同的特点。例如，2013年，辽宁奥克化学股份有限公司的股份中99.99%都是无限售条件股份，国有性质股份数量为0；2013年，北京当升材料科技股份有限公司的股份中95.39%是无限售条件股份，国有性质股份数量为0，而在股份变动前国有法人持股的比例为33.45%；同样，北京三聚环保新材料股份有限公司的无限售条件股份比例也超过了90%，国有性质股份数量为0。除了这三家企业之外，还有四家企业的无限售条件股份比例超过了50%。除了浙江开尔新材料股份有限公司、昆山新莱洁净应用材料股份有限公司和上海新阳半导体材料股份有限公司之外，其他企业的无限售条件股份比例都在30%以上。并且由表4—15可知，所有20家样本企业都没有国家持股，2013年企业股份中有国有法人持股的就只有湖北回天新材料股份有限公司和河南新大新材料股份有限公司两家，外资持股的也就只有上海新阳半导体材料股份有限公司和昆山新莱洁净应用材料股份有限公司两家，除了昆山新莱洁净应用材料股份有限公司的外资持股为70.23之外，其余的国有法人持股和外资持股的比例都不高，仅在20%左右。

表4—15　　　　　　　　**2013年新材料样本企业股权结构**　　　　　（单位:%）

企业名称	国家持股	国有法人持股	其他内资持股	外资持股	无限售条件股份
奥克股份	0	0	0.01	0	99.99
当升科技	0	0	4.61	0	95.39
德威新材	0	0	41.00		59.00
高盟新材	0	0	62.41	0	37.59
红宇新材	0	0	35.62		64.38
华峰超纤	0	0	52.21	0	47.79
回天新材	0	25.69	25.69	0	74.31
开尔新材	0	0	75.00	0	25.00
纳川股份	0	0	53.95	0	46.05

续表

企业名称	国家持股	国有法人持股	其他内资持股	外资持股	无限售条件股份
南大光电	0	15	53.59	0	31.41
瑞丰高材	0	0	50.87	0	49.13
三聚环保	0	0	9.62	0	90.38
上海新阳	0	0	58.72	22.38	18.89
四方达	0	0	59.88	0	40.12
先锋新材	0	0	52.04	0	47.96
新大新材	0	20.53	28.51	0	50.96
新莱应材	0	0	0.11	70.23	29.66
长海股份	0	0	57.67	0	42.33
正海磁材	0	0	68.87	0	31.13
银邦股份	0	0	60.07	0	39.93

资料来源：根据各公司 2013 年年报整理所得。

四　政府财政支持

与其他战略性新兴产业一样，新材料产业的发展也得到了政府的大力支持。

2013 年，辽宁奥克化学股份有限公司及其子公司吉林奥克新材料有限公司、奥克化学扬州有限公司和广东奥克化学有限公司都获得了 15% 的所得税减免。北京当升材料科技股份有限公司于 2011 年 9 月 14 日获得北京市科学技术委员会、北京市财政局、北京市国家税务局、北京市地方税务局颁发的高新技术企业认证证书，有效期三年，根据《中华人民共和国企业所得税法》，北京当升材料科技股份有限公司、北京当升材料科技股份有限公司燕郊分公司、北京当升材料科技股份有限公司通州分公司、北京当升材料科技股份有限公司新乡分公司适用的企业所得税率为 15%。子公司江苏当升材料科技有限公司适用的企业所得税率为 25%。北京高盟新材料股份有限公司除了获得优惠期内执行 15% 的企业所得税税率之外，还获得了 13% 的出口退税，2013 年共收到出口退税款 43.65 万元。上海华峰超纤材料股份有限公司除了获得优惠期内执行 15% 的企业所得税税率之外，还获得了公司购置用于环境保护、节能节水、安全生产专用设备享受所得税抵免的税收优惠。湖北回天新材料股份有限公司于 2013 年 3 月 1 日继续通过了襄阳高新技术产业开发区民政局的年审,"福利企业证书"的有效期延续至 2015 年 3 月。公司享受湖北省国家税务局关于印发《湖北省安置残疾人就业单位增值税即征即退操作规程》的通知(鄂国税发〔2007〕134 号)第十六条规定的优惠政策:每位残疾人每年可退还的增值税额,由县(区)级国税局根据纳税人所在县(区)适用的经省级人民政府批准的最低工资标准的 6 倍确定,但最高不得超过每人每年 3.5 万元。襄阳市市区执行减征税额 35000 元/年/人。宁波先锋新材料股份有限公司子公司浙江圣泰戈新材料有限公司位于嘉兴出口加工区内,圣泰戈公司享受《出口加工区税收管理暂行办法》的有关税收优惠政策,圣泰戈公司在区内加工、生产的货物,凡属于货物直接出口和销售给区内企业的,免征增值税。圣泰戈公司生产出口货物耗用的水、电、气,准予退还所含的增值税,退税率为 13%。其余几乎所有的企业都获得了在优惠期内执行 15% 的企业所得税税率和增值税的返还。

五　商业信用融资

新材料产业中商业信用这种融资方式的运用也较为普遍。从 20 家样本企业的数据来看,几乎所有的企业都开始大量使用商业信用这种融资方式,利用上下游企业的产业链进行资金的短期融通。具体而言,新能源产业涉及的商业信用主要包括应收票据、应收账款、应付账款、应付票据和预收账款等短期信用(见表 4—16)。

表 4—16　　　　2013 年新材料样本企业商业信用融资情况　　(单位:万元)

企业名称	应收票据	应收账款	预付款项	应付票据	应付账款	预收款项
奥克股份	41971	45460	4593	10818	15170	3218
当升科技	11832	15544	2550	1877	10446	116
德威新材	19720	36886	3668	25321	12707	89
高盟新材	6896	18248	486	0	6244	161
红宇新材	7180	17698	2163	0	3012	43
华峰超纤	13573	5887	728	0	3295	572
回天新材	3156	16017	4763	400	5128	2482
开尔新材	1690	15471	1577	0	3708	7104
纳川股份	2363	50158	1290	5822	5068	971

续表

企业名称	应收票据	应收账款	预付款项	应付票据	应付账款	预收款项
南大光电	2687	4558	567	0	1780	13
瑞丰高材	8623	14935	3399	20	5845	1416
三聚环保	3552	97897	12089	4331	20615	2421
上海新阳	7107	20141	237	4780	4454	644
四方达	491	8871	70	1261	2312	167
先锋新材	179	6088	395	0	1274	479
新大新材	29175	83596	5566	14657	37043	693
新莱应材	2605	14751	959	3598	5064	324
长海股份	3084	14321	8353	6302	15038	824
正海磁材	13460	9863	3530	19871	8065	14743
银邦股份	6300	41390	14132	8022	18584	586

资料来源：根据各公司 2013 年年报整理所得。

由表4—16可知，虽然新材料产业已经广泛运用商业信用融资方式，但是在应收票据、应收账款、预付款项、应付账款、应付票据和预收账款这六类短期商业信用中又各有偏重，从 2013 年各企业的年报数据中看，这六类商业信用融资方式中，应收票据、应收账款和应付账款三种方式被采用的更多，而预收款项则在数据上显示为最少。

各企业的年报数据显示新材料产业的产业链中赊销行为已经成为上下游企业之间相互提供短期资金支持的重要渠道，特别是从应收账款和应付账款的数据上来看，大部分企业的应收账款和应付账款的数额都已经超过了 1 亿元，其中，河南新大新材料股份有限公司 2013 年的应收账款金额为 8.35 亿元，应付账款金额为 3.70 亿元，而同期该企业的股权融资约为 5 亿元；同样，北京三聚环保新材料股份有限公司 2013 年的应收账款金额为 9.79 亿元，应付账款金额为 2.06 亿元，而同期该企业的股权融资约为 5 亿元；银邦金属复合材料股份有限公司 2013 年应收账款和应付账款的数额也都在亿元以上，分别为 4.13 亿元和 1.85 亿元。而辽宁奥克化学股份有限公司和江苏德威新材料股份有限公司在六类商业信用融资方式中有四类商业信用融资的金额超过 1 亿元。

可见，与新能源产业相似，商业信用融资方式在新材料产业中已经被广泛应用，虽然应收票据、应收账款、应付账款、应付票据和预收账款等都属于短期信用，但是这些短期信用在数额方面已经超过了银行间接融资和股权融资的数额，成为支持新材料产业发展的重要的融资渠道之一。

第四节 新一代信息技术产业

一 内源融资

新一代信息技术产业也是我国近年来发展较快的产业之一，云计算、物联网、智能电器等领域已经实现较快增长，信息安全行业、大数据业务、移动互联等领域也将迎来新的发展机遇。2014 年 1—11 月，我国规模以上电子信息制造业增加值增长 12.0%，增速同比提高 0.8 个百分点，领先于同期工业平均水平 3.7 个百分点，行业实现销售产值 84746 亿元，同比增长 10.1%。从新一代信息技术产业发展现状来看，产业已经度过初创期，进入成长期的平稳发展阶段。这一特征体现在新一代信息技术产业中各企业的财务数据上就是企业内部留存资金的稳步增长（见表 4—17）。

表 4—17　　　　2013 年新一代信息技术样本企业融资情况　　　　（单位：万元）

企业名称	短期借款	长期借款	股本	盈余公积	未分配利润
超图软件	407	682	12231	1937	15505
东方财富	0	0	67200	4068	18444
高新兴	5007	0	18402	2111	14138
海兰信	2752	0	10525	880	7489
华平股份	0	0	22000	4023	26804
华星创业	16450	4000	21427	909	17600
乐视网	97000	1670	79847	6361	55904
立思辰	11480	0	26320	1561	19119
梅泰诺	25760	0	16081	1624	13155
赛为智能	14300	0	22486	1625	10489
三五互联	0	0	32100	1661	4294
神州泰岳	14369	0	61484	14142	146933
世纪鼎利	2185	0	21600	4802	20948

续表

企业名称	短期借款	长期借款	股本	盈余公积	未分配利润
数字政通	8439	0	12600	3120	22183
同花顺	0	0	13440	2065	22404
网宿科技	0	0	15676	5070	37607
易联众	0	669	17200	1564	17388
银江股份	29690	0	24261	5304	38947
银之杰	0	0	12133	1664	6515
中青宝	0	0	26000	1814	9434

资料来源：根据各公司2013年年报整理所得。

根据 2013 年新一代信息技术样本企业的财务数据分析，本节选取的 20 家新一代信息技术样本企业全部留存了大量的盈余公积和未分配利润，其中，又以未分配利润的金额为主。2013 年度未分配利润金额最高的是北京神州泰岳软件股份有限公司，为 14.69 亿元，其次是乐视网信息技术（北京）股份有限公司和银江股份有限公司，2013 年度的未分配利润数额分别是 5.59 亿元和 3.89 亿元。从上表数据可知，2013 年度未分配利润金额最少的是厦门三五互联科技股份有限公司，金额也在千万以上，为 4294 万元。2013 年度盈余公积数量最多的仍然是北京神州泰岳软件股份有限公司，为 1.41 亿元，其次仍然是乐视网信息技术（北京）股份有限公司和银江股份有限公司，2013 年度的盈余公积金额分别是 6361 万元和 5304 万元。

二　银行间接融资

从新一代信息技术样本企业的数据上看，新一代信息技术产业的发展并不十分依赖银行体系的贷款支持，在本节选取的 20 家新一代信息技术样板企业中，只有 12 家企业的财务数据中有短期借款的记录，而运用长期借款进行融资的只有 4 家企业，并且金额不高，除了乐视网信息技术（北京）股份有限公司和杭州华星创业通信技术股份有限公司的长期借款金额在千万以上以外，另外两家企业的长期借款金额都在百万元左右。从总的金额来看，20 家企业中只有 7 家企业的银行间接融资的金额超过了 1 亿元，其余企业都在千万及以下。

　　此外，新一代信息技术企业的银行间接融资的金额普遍低于内源融资的数额，从 20 家新一代信息技术样板企业的数据来看，只有乐视网信息技术（北京）股份有限公司、北京梅泰诺通信技术股份有限公司和深圳市赛为智能股份有限公司 3 家企业的银行间接融资的数额高于内源融资的数额，其他 17 家样本企业的银行间接融资的数额皆低于内源融资的数额。

　　从银行间接融资的结构上看，银行间接融资的借款分类较为多样化，主要包括保证借款、抵押借款、质押借款和信用借款等。

　　从银行体系获得资金最多的乐视网信息技术（北京）股份有限公司 2013 年度获得短期贷款 9.7 亿元，占总资产比例高达 19.32%，借款性质全部为保证借款。银江股份有限公司 2.96 亿元借款中，保证借款 1.1 亿元，抵押借款 1.2 亿元，质押借款 6690 万元。北京梅泰诺通信技术股份有限公司 2013 年的 2.58 亿元短期借款中 1.2 亿元属于抵押借款，0.18 亿元属于保证借款，1.20 亿元属于信用借款。杭州华星创业通信技术股份有限公司 2013 年的 1.64 亿元短期借款中，6000 万元属于质押借款、7250 万元属于保证借款、2700 万元属于信用借款，另外有 500 万元属于质押保证借款。北京神州泰岳软件股份有限公司 2013 年的 1.43 亿元短期借款中，8500 万元属于保证借款、3300 万元属于信用借款，另外有 2569 万元属于应收票据贴现。深圳市赛为智能股份有限公司 2013 年度的 1.43 亿元的短期借款中主要包括保证借款 1.03 亿元和信用借款 4000 万元，短期借款全部来自银行体系，2013 年度 1.42 亿元的短期借款主要来自四家银行：平安银行股份有限公司深圳分行、招商银行股份有限公司深圳福民支行、中国银行股份有限公司深圳高新区支行和中国银行股份有限公司合肥高新技术产业开发区支行。

三　资本市场直接融资

　　随着资本市场的完善和新一代信息技术产业的发展，越来越多的新一代信息技术企业开始选择上市融资的方式筹集资金。在我国中小板和创业板的上市公司中，属于新一代信息技术产业的企业占据相当多的数量。

　　从融资数额上看，本书选取的 20 家新一代信息技术企业的股权融资的数额大部分偏多，高于银行间接融资和内源融资的数额。其中，股权融资最多的三家企业分别为乐视网信息技术（北京）股份有限公司（7.98 亿元股本）、东方财富信息股份有限公司（6.72 亿元股本）和北京神州泰岳软件股份有限公司（6.15 亿元股本）。

从股权结构上来看，本节选取的新一代信息技术样本企业的股权结构中国有性质的股份较少，与新能源产业中的企业股权呈现相同的特点。例如，2013 年，北京超图软件股份有限公司共有股东 10834 人，前 10 名股东中只有一名股东的性质为国有法人，一名股东为证券投资基金，其余 8 位皆为境内自然人，公司全部股份分为两类：28.46% 为境内自然人持股，71.54% 为无限售条件股份。东方财富信息股份有限公司全部股份分为两类：23.81% 为境内自然人持股，76.19% 为无限售条件股份。高新兴科技集团股份有限公司 2013 年的全部股份同样分为两类：39.44% 为境内自然人持股，60.56% 为无限售条件股份，公司持股前十名股东中有 7 名为境内自然人，2 名股东为境内非国有法人，1名为信托计划。北京海兰信数据科技股份有限公司 2013 年的全部股份同样分为两类：23.61% 为境内自然人持股，76.39% 为无限售条件股份，公司持股前十名股东中包括 2 名国有法人性质的股东，分别为中国远洋运输（持股比例 4.72%）和北京首冶新元科技发展有限公司（持股比例 1.99%），1 名股东为诺安股票证券投资基金，其余 7 名股东都是境内自然人。华平信息技术股份有限公司 2013 年的全部股份分为两类：43.04% 为境内自然人持股，56.96% 为无限售条件股份，公司持股前十名股东中包括 6 名境内自然人和 4 名境内非国有法人。杭州华星创业通信技术股份有限公司 2013 年的全部股份分为三类：54.62% 为境内自然人持股，43.39% 为无限售条件股份，1.99% 为境内法人持股，没有国有性质的股份。乐视网信息技术（北京）股份有限公司 2013 年的全部股份分为两类：40.68% 为境内自然人持股，59.32% 为无限售条件股份，公司持股前十名股东中 6 名股东的性质为境内自然人，无国有性质的股份。北京立思辰科技股份有限公司 2013 年的全部股份分为两类：42.93% 为境内自然人持股，57.07% 为无限售条件股份，无国有性质的股份。北京梅泰诺通信技术股份有限公司 2013 年的全部股份中包括 39.72% 的其他内资持股和 60.28% 的无限售条件股份，其中境内自然人持股 37.2%，无国有性质的股份。

新一代信息技术产业中的企业较少运用债权融资的方式筹集资金，

2013 年度，在本节选取的 20 家新一代信息技术企业中只有乐视网信息技术（北京）股份有限公司通过发行债券的方式融资 2 亿元，其余 19 家企业在 2013 年都没有债权融资的财务数据记录。

四　政府财政支持

与其他战略性新兴产业一样，新一代信息技术产业的发展也得到了政府的大力支持。但是，新一代信息技术产业由于技术创新含量较其他产业更高，因此，除了企业所得税减免之外，企业所获得的政府支持更具多样化的特点。

例如，北京超图软件股份有限公司自 2011 年 1 月 1 日起销售自行开发生产的计算机软件产品按法定 17% 的税率征收后，对实际税负超过 3% 的部分实行即征即退。公司从事技术转让、技术开发业务和与之相关的技术咨询、技术服务业务取得的收入，免征营业税。根据财政部、国家税务总局《关于在全国开展交通运输业和部分现代服务业营业税改征增值税试点税收政策的通知》（财税〔2013〕37 号）和财政部、国家税务总局财税〔2013〕106 号《关于将铁路运输和邮政业纳入营业税改征增值税试点的通知》的相关规定，对试点纳税人提供技术转让、技术开发和与之相关的技术咨询、技术服务免征增值税。此外，由于该公司被认定为"2013—2014 年度国家规划布局内重点软件企业"，依据《关于进一步鼓励软件产业和集成电路产业发展企业所得税政策的通知》（财税〔2012〕27 号）关于"国家规划布局内的重点软件企业和集成电路设计企业，如当年未享受免税优惠的，可减按 10% 的税率征收企业所得税"的规定，2013 年度该公司执行 10% 的企业所得税税率。高新兴科技集团股份有限公司、华平信息技术股份有限公司、北京立思辰科技股份有限公司、北京梅泰诺通信技术股份有限公司等企业也享受到了同样的税收优惠政策。

对于子公司较多的企业，各个子公司分别获得不同的税收减免优惠。例如，厦门三五互联科技股份有限公司子公司北京亿中邮信息技术有限公司销售自行开发的软件产品，根据规定，销售其自行开发生产的软件产品，按 17% 税率征收增值税后，对其增值税实际税负超过 3% 的部分实行即征即退政策。子公司北京中亚互联科技发展有限公司于 2011 年 11 月 21 日通过高新技术企业认证，有效期为三年，2013 年适

用15%的企业所得税优惠税率。子公司北京亿中邮信息技术有限公司
于2012年5月24日取得由北京市科学技术委员会、北京市财政局、北
京市国家税务局、北京市地方税务局联合颁发的高新技术企业证书，
2013年适用15%的企业所得税优惠税率。子公司北京和讯通联科技发
展有限公司系2011年新设立的软件企业，根据《财政部国家税务总局
关于进一步鼓励软件产业和集成电路产业发展企业所得税政策的通知》
（财税〔2012〕27号），新办软件企业经认定后，在2017年12月31日
前自获利年度起计算优惠期，第一年至第二年免征企业所得税，第三年
至第五年按照25%的法定税率减半征收企业所得税，并享受至期满为
止，该公司2011年、2012年免税，2013年减半征收企业所得税。再
如，高新兴科技集团股份有限公司母公司高新兴于2011年11月3日取
得编号为GF201144000239的《高新技术企业证书》，有效期三年，适
用高新技术企业所得税的优惠税率15%。子公司讯美电子于2013年10
月11日取得编号为GR201351100037的《高新技术企业证书》，有效期
三年，适用高新技术企业所得税的优惠税率15%。其余公司所得税税
率为25%。

五 商业信用融资

新一代信息技术产业中的各企业也较多采用商业信用这种融资方式
进行短期的资金融通。从20家样本企业的数据来看，几乎所有的企业
都开始大量使用商业信用这种融资方式，利用上下游企业的产业链进行
资金的短期融通。与新能源产业相似，新一代信息技术产业涉及的商业
信用主要包括应收票据、应收账款、应付账款、应付票据、预付款项和
预收账款等短期信用（见表4—18）。

表4—18　　2013年新一代信息技术样本企业商业信用融资情况　　（单位：万元）

企业名称	应收票据	应收账款	预付款项	应付票据	应付账款	预收款项
超图软件	16	13861	2794	0	6792	2645
东方财富	0	4919	781	0	2972	9747
高新兴	20	26481	486	4472	19144	273
海兰信	1151	21507	8886	165	7944	446
华平股份	534	13092	1404	0	2328	764

续表

企业名称	应收票据	应收账款	预付款项	应付票据	应付账款	预收款项
华星创业	0	77338	359	234	25019	947
乐视网	5436	95025	27074	2250	78218	4433
立思辰	104	36619	4818	586	6617	2345
梅泰诺	536	71162	6691	3854	14353	1443
赛为智能	0	14899	2173	2850	12772	4067
三五互联	0	5121	907	0	4928	3724
神州泰岳	11987	75127	9493	0	7771	5903
世纪鼎利	0	22587	676	0	3109	630
数字政通	30	20628	390	138	3510	980
同花顺	0	490	0	0	0	13196
网宿科技	0	20184	1842	0	11073	5499
易联众	0	19132	1096	0	6287	4550
银江股份	402	60427	12723	7269	66408	29403
银之杰	0	9147	808	0	703	0.6453
中青宝	0	9371	6253	0	1002	422

资料来源：根据各公司 2013 年年报整理所得。

根据新一代信息技术产业 20 家样本企业的财务数据分析，在应收票据、应收账款、应付账款、应付票据、预付款项和预收账款六种商业信用融资方式中，应收账款和应付账款这两种方式被采用得更多，其次是预付款项和预收款项，而应收票据和应付票据则在数据上显示为最少。

由此可见，赊销行为已经成为新一代信息技术产业上下游企业之间相互提供短期资金支持的重要渠道，特别是从应收账款和应付账款的数据上来看，在 20 家样本企业中有 15 家企业的应收账款的数额已经超过了 1 亿元，其中，乐视网信息技术（北京）股份有限公司 2013 年应收账款的数额高达 9.5 亿元。北京神州泰岳软件股份有限公司和杭州华星创业通信技术股份有限公司 2013 年度的应收账款也在 7.5 亿元以上。应付账款最多的是乐视网信息技术（北京）股份有限公司，金额为 7.82 亿元（见表 4—19），其次是银江股份有限公司，2013 年应付款项为 6.64 亿元。

表4—19　2013年乐视网信息技术（北京）股份有限公司应付账款（单位：万元）

项目名称	关联方	期末金额	期初金额
应付账款	乐视娱乐投资（北京）有限公司	297	597
应付账款	乐视影业（北京）有限公司	2620	920
应付账款	北京易联伟达科技有限公司	39.5	
预付账款	山西西贝尔通信科技有限公司		9.48
其他应付款	乐视娱乐投资（北京）有限公司		750
其他应付款	乐视控股（北京）有限公司	16.5	1000
其他应付款	乐视影业（北京）有限公司	0.1	0.1

资料来源：根据乐视网信息技术（北京）股份有限公司2013年年报整理所得。

第五节　生物医药产业

生物产业正处于大规模产业化的初始阶段，近年来，我国生物产业一直保持着高速的增长态势，产业集聚发展态势进一步显现。目前，生物医药产业的资金来源仍以企业内源融资和政府资金支持为主，融资渠道的缺乏严重制约了该产业的健康发展。

一　内源融资

与其他战略性新兴产业一样，生物医药产业中的各企业也十分注重内部资本的积累，在本书选取的20家企业中，无一例外积累了高额的未分配利润，所有20家企业的未分配利润金额都在1亿元以上，其中最高金额为10.69亿元。

分析20家新能源企业的财务报表可以发现，比起其他战略性新兴产业，生物医药产业中的各企业更加注重内部资金的留存，究其原因，主要是因为生物医药产业的发展不同于其他产业，在七大战略性新兴产业中，生物医药产业发展相对缓慢，资金缺口较大，并且生物医药技术的研发周期较长，产品化和规模化都需要大量的资金支持和较长的时间投入，资金回笼较慢，因此，生物医药产业的外源融资相对困难，这就使得生物医药产业中的各企业更加注重自身资金的累积，内源融资的数额普遍偏高。

表4—20　　　　　2013年生物医药产业样本公司内源融资情况　　（单位：万元）

企业名称	盈余公积	未分配利润	企业名称	盈余公积	未分配利润
乐普医疗	19228	106929	华仁药业	4457	42651
莱美药业	2734	22849	瑞普生物	4352	37776
安科生物	4984	16781	智飞生物	6601	50935
爱尔眼科	7873	62274	晨光生物	2512	16856
北陆药业	3624	14176	沃森生物	4024	56391
红日药业	7181	79440	量子高科	1915	12845
阳普医疗	1865	11987	振东制药	6923	31095
上海凯宝	9833	43988	佐力药业	2313	19597
福瑞股份	3492	11171	福安药业	3312	26764
康芝药业	2833	13220	翰宇药业	3596	27337

资料来源：根据各公司2013年年报整理所得。

内源融资对于企业的发展至关重要，企业的留存资金充足一方面能够支持企业的日常运营，不会轻易陷入资金链断裂濒临破产的危险境地，另一方面还能够为企业争取更多更优质的外源融资打下雄厚的基础。因此，生物医药产业内的各企业在发展中一直较为重视资金的积累，除了表4—20中反映的2013年的状况之外，在之前的年份也都较为注重内部资金的积累，例如，乐普（北京）医疗器械股份有限公司2013年的未分配利润为106929万元，2012年的未分配利润为88386万元。内蒙古福瑞医疗科技股份有限公司2013年的未分配利润为11171万元，2012年的未分配利润为10680万元。深圳翰宇药业股份有限公司2013年的未分配利润为27337万元，2012年的未分配利润为17519万元。其他企业在2012年度也都留存了较为充足的未分配利润。

二　银行间接融资

从生物医药样本企业的数据来看，生物医药产业的发展并不十分依赖银行体系的贷款支持，在本节选取的20家生物医药样本企业多偏向于进行短期融资，有9家企业在2013年度通过短期借款进行融资，并且这9家企业的借款额度都在千万以上，其中，重庆莱美药业股份有限公司、华仁药业股份有限公司、晨光生物科技集团股份有限公司、云南沃森生物技术股份有限公司和山西振东制药股份有限公司这5家企业的短期借款金额都在亿元以上。

从各企业年度报表的数据来看，生物医药企业很少能够获得长期贷款，2013 年本节选取的 20 家生物医药样本企业中只有 4 家企业的年报中有长期借款的数据，并且其中还有 1 家的长期借款金额仅有 579 万元，另外 3 家的长期借款金额都在 2000 万元以下。

表 4—21　　2013 年生物医药产业样本公司银行间接融资情况　　（单位：万元）

企业名称	短期借款	长期借款	企业名称	短期借款	长期借款
乐普医疗	0	0	华仁药业	65000	1500
莱美药业	50000	1400	瑞普生物	2300	0
安科生物	0	0	智飞生物	0	0
爱尔眼科	0	0	晨光生物	48000	0
北陆药业	0	0	沃森生物	116750	0
红日药业	2940	1850	量子高科	0	0
阳普医疗	0	0	振东制药	33465	0
上海凯宝	0	0	佐力药业	7492	0
福瑞股份	9003	579	福安药业	0	0
康芝药业	0	0	翰宇药业	0	0

资料来源：根据各公司 2013 年年报整理所得。

就单个企业的具体情况来看，重庆莱美药业股份有限公司 2013 年短期借款 5 亿元，其中包括抵押借款 29420 万元，保证借款 17580 万元，信用借款 3000 万元，短期借款全部来自银行体系。云南沃森生物技术股份有限公司 2013 年短期借款 116750 万元，其中包括质押借款 1000 万元，抵押借款 1000 万元，保证借款 91450 万元和信用借款 23300 万元。华仁药业股份有限公司 2013 年 65000 万元的短期借款中有抵押借款 7500 万元，由该公司以青岛市株洲路 187 号房产，账面价值 9210 万元作抵押向农业银行崂山支行借入；保证借款 16500 万元，其中 11500 万元由子公司华仁医药（日照）有限公司提供担保，5000万元由母公司华仁世纪集团有限公司提供担保；信用借款 41000 万元，系分别向农业银行崂山支行、招商银行青岛分行、工商银行麦岛支行、民生银行麦岛支行借入。山西振东制药股份有限公司 2013 年度短期借款 33465 万元中包括浦发银行长治分行保证借款 7500 万元，华夏银行长治分行保证借款 4465 万元，交通银行长治分行保证借款 1000 万元、信用借款 7000 万元，中国农业发展银行长治县支行保证借款 13500 万元。

由此可见，生物医药企业的间接融资主要包括抵押贷款、质押贷款、保证贷款和信用贷款四类，其中又以抵押贷款和保证贷款为主要贷款形式。

三　资本市场直接融资

随着人们对于生命科学的不断关注，生物医药产业的发展不断加快，越来越多的生物医药企业开始选择上市融资的方式筹集资金。在我国中小板和创业板的上市公司中，生物医药企业的数量正逐步增多。

资本市场直接融资主要包括债权融资和股权融资两种形式，从表 4—22 中可以看出，生物医药产业很少采用债权融资的方式筹集资金，在本节选取的 20 家生物医药企业中只有云南沃森生物技术股份有限公司一家企业在 2013 年度采用了发行债券的方式进行融资，其他企业在 2013 年都没有发行债券的财务记录。

股权融资在生物医药企业中相对较为普遍，本节选取的 20 家样本企业的股权融资数额都在 1 亿元以上，其中，乐普（北京）医疗器械股份有限公司发行股票数额最多，达 8.12 亿元。

表4—22　　　　　　　2013 年生物医药样本企业融资状况　　　　　（单位：万元）

企业名称	股本	发行债券	企业名称	股本	发行债券
乐普医疗	81200	0	华仁药业	44835	0
莱美药业	20179	0	瑞普生物	19395	0
安科生物	24197	0	智飞生物	40000	0
爱尔眼科	43265	0	晨光生物	17957	0
北陆药业	30550	0	沃森生物	18000	98810
红日药业	37397	0	量子高科	20100	0
阳普医疗	14800	0	振东制药	28800	0
上海凯宝	52608	0	佐力药业	14400	0
福瑞股份	12506	0	福安药业	17342	0
康芝药业	20000	0	翰宇药业	40000	0

资料来源：根据各公司 2013 年年报整理所得。

从股权结构上看，生物医药产业的上市企业中，几乎没有国有性质的股份。无限售条件股份比例较大。例如，乐普（北京）医疗器械股份有限公司 2013 年的年报数据显示，该公司全部股份中境内自然人持股 9.78%，外资持股 5.72%，无限售条件股份 84.5%，无国有性质的股份。重庆莱美药业股份有限公司 2013 年的年报数据显示，该公司全部股份中境内自然人持股 36.63%，境内法人持股 3.47%，无限售条件股份 59.41%，无国有性质的股份。安徽安科生物工程（集团）股份有限公司 2013 年公司全部股份中境内自然人持股 37.41%，无限售条件股份 62.59%，无国有性质的股份。山西振东制药股份有限公司 2013 年全部股份中境内自然人持股 9.46%，境内法人持股 59.08%，无限售条件股份 31.45%，无国有性质的股份。上海凯宝药业股份有限公司 2013 年公司全部股份中境内自然人持股 26.72%，无限售条件股份 73.28%，无国有性质的股份。

四　政府财政支持

与其他战略性新兴产业一样，生物医药产业的发展也得到了政府的大力支持。

从本节选取的 20 家生物医药企业的年报数据上来看，几乎所有的生物医药企业都获得了政府补助，并且政府补助的项目种类较为繁多。例如，2013 年，爱尔眼科医院集团股份有限公司获得政府补助 194.58 万元，安徽安科生物工程（集团）股份有限公司 2013 年获得政府补助 541 万元，涉及项目配套资助、项目财政专项资金、纳税奖励、市重点科技项目资金、研制开发及生产技术平台建立资助、股权激励试点企业补助、产业创新团队资助、增值税返还、国际合作项目专项资金、专利申请定额资助、研发机构奖励等多个项目（见表 4—23）。

表 4—23　　2013 年安科生物工程股份有限公司政府补助项目　（单位：万元）

补助项目	本期发生额	上期发生额	补助项目	本期发生额	上期发生额
PEG 重组人干扰素 a2b 的研制项目配套资助		103	PEG 重组人干扰素 a2b 的研制项目财政专项资金		228
纳税奖励	113		自主创新专项资金	232	134

续表

补助 项目	本期 发生额	上期 发生额	补助 项目	本期 发生额	上期 发生额
市重点科技项目资金	48	4	税收返还补贴		58
人源化抗体研制开发及生产技术平台建立资助		29	国药大品种活血止痛膏研发补助		40
出口增量奖励	30		发明专利资助		31
股权激励试点企业补助	20		研发机构奖励	20	
固定资产投资补助	15	14	抗肿瘤新药替吉奥生产线补助		22
稳定就业岗位补贴	13	15	国际合作项目专项资金		20
产业创新团队资助	10		土地使用税返还		13
增值税返还	9		工业强市专项资金		8
非公经济专项资金	8		社保补贴资金		6
见习生活补助	7		专利申请定额资助		0.7
科研活动经费资助	4		专利补贴	3	
进口补贴资金	4		知识产权补贴	1	
外贸促进政策资金	3		发明专利资助	0.5	

资料来源：根据安科生物工程股份有限公司 2013 年年报整理所得。

北京北陆药业股份有限公司 2013 年年报资料显示，2013 年该公司归入递延收益的政府补助高达 3236.88 万元，其中包括工程实验室补助 1225 万元，钆贝葡胺原料药及注射液研发补助 170.38 万元，2012 年 12 月 27 日，根据京发改〔2012〕1566 号《北京市发展和改革委员会关于北京北陆药业股份有限公司肿瘤 X 射线造影剂碘克沙醇产业化项目补助资金的批复》，密云县财政局拨付 1430 万元，用于碘克沙醇产业化工程建设，2013 年 8 月该工程已完工并投入使用。2012 年 12 月 27 日，根据发改投资〔2012〕1938 号《国家发展和改革委员会、工业和信息化部关于下达产业振兴和技术改造项目（中央评估）2012 年中央预算内投资计划的通知》，密云县财政局拨付 475 万元，用于新建注射剂车间建设，2013 年 8 月该工程已完工并投入使用。

晨光生物科技集团股份有限公司 2013 年计入当年损益的政府补助共计 826.67 万元，其中包括土地出让金返还摊销 32.31 万元、奖励经费96万元、技术改造、创新资金537.35万元、项目奖励资金15万元、专利、知识产权补助41.94万元、科技进步奖5.4万元、出口信用保险扶持发展资金14.52万元、增值税免税84万元。此外，在2012年，该公司还获得了国际市场开拓补贴36.23万元和财政贷款贴息83.22万元。

福安药业（集团）股份有限公司2013年度计入递延收益的政府补助高达1382.60万元，其中包括八类负债项目：2012年第四批民营经济发展专项资金90万元，注射剂改扩建工程一期597万元，2012年第一批技术改造资金289.9万元，2012年省环保专项转移支付资金87.75万元，"重大新药创制"科技重大专项中央财政经费资助约160万元，2012年度第一批民营经济发展专项资金80万元，2012年战略性新兴产业发展资金30万元和2013年第六批重庆市民营经济发展专项资金48万元。从各企业的年报资料上看，其他企业也都不同程度地获得了政府的资金支持。

此外，生物医药产业也同其他产业一样，获得了政府的许多税收减免。在生物医药企业中获得最多的税收减免就是企业所得税可按照15%税率缴纳的优惠。

五 商业信用融资

生物医药产业中的各企业也较多采用商业信用这种融资方式进行短期的资金融通。从20家样本企业的数据来看，几乎所有的企业都开始大量使用商业信用这种融资方式，利用上下游企业的产业链进行资金的短期融通。与新能源产业相似，生物医药产业涉及的商业信用主要包括应收票据、应收账款、应付账款、应付票据、预付款项和预收账款等短期信用，并且以应收、应付账款为最常见的商业信用融资方式（见表4—24）。

表4—24　　　2013年生物医药样本企业商业信用融资情况　　（单位：万元）

企业名称	应收票据	应收账款	预付款项	应付票据	应付账款	预收款项
乐普医疗	4141	63989	7251	12	6285	6522
莱美药业	2049	16901	9720	6526	10645	1163
安科生物	8702	7353	611	0	3814	1120

续表

企业名称	应收票据	应收账款	预付款项	应付票据	应付账款	预收款项
爱尔眼科	0	10789	5930	0	23543	1902
北陆药业	164	9924	944	0	691	193
红日药业	4156	62730	1074	0	15730	1472
阳普医疗	0	12983	2377	2324	3133	1927
上海凯宝	14804	26734	2044	0	1867	17
福瑞股份	859	13836	979	0	9629	618
康芝药业	1218	2603	3830	0	2306	2732
华仁药业	6000	40209	8701	871	12879	259
瑞普生物	561	32506	4026	4375	8155	1385
智飞生物	1724	29894	398	8119	2411	79
晨光生物	4066	7683	3438	0	4487	4068
沃森生物	4119	59214	12864	898	15638	1331
量子高科	120	3026	1044	0	1965	204
振东制药	9039	45294	10490	1233	15926	4236
佐力药业	6714	4223	238	511	2017	190
福安药业	4407	3849	1550	0	6900	1830
翰宇药业	2601	14792	1508	0	478	2324

资料来源：根据各公司 2013 年年报整理所得。

20 家样本企业中，运用商业信用融资方式融通资金最多的三家企业分别为天津红日药业股份有限公司、乐普（北京）医疗器械股份有限公司和云南沃森生物技术股份有限公司。天津红日药业股份有限公司 2013 年的应收账款中金额前五名全部为该公司的客户，分别为北京中医药大学东直门医院，金额 6861 万元；江苏弘惠医药有限公司，金额 5395 万元；华润天津医药有限公司，金额 2814 万元；北京中医药大学东方医院，金额 2334 万元；国药控股天津有限公司，金额 1821 万元。应付账款主要包括材料款、工程款、设备款和劳务款，共计 15730 万元。乐普（北京）医疗器械股份有限公司 2013 年的应收账款中金额前五名也全部为该公司的客户，其他应收款前五名全部为公司的非关联方。云南沃森生物技术股份有限公司 2013 年的应收账款中金额前五名全部为该公司的非关联方，分别为广东润德生物药业有限公司、河南省金鼎医药有限公司、重庆倍宁生物医药有限公司、云南省疾病预防控制中心、河北省卫防生物制品供应中心。

　　可以看出，商业信用融资方式在生物医药产业中已经被广泛应用，特别是上下游企业之间的赊销方式融通资金已经成为企业经营中的常态行为，有些商业信用融资在数额方面已经超过了银行间接融资和股权融资的数额，是支持生物医药产业发展的重要融资方式之一。

第三章　我国战略性新兴产业
融资平台分析

我国战略性新兴产业的融资平台主要指的是为我国战略性新兴产业的融资提供全方位服务的平台，成员主要由政府、投资方、战略性新兴企业、中介机构等组成，其核心任务是促进融资机制的有效性、实现资金优化配置，具体来说，是一个包括信息整合平台、融资渠道对接平台、融资担保平台、融资专业服务平台和投资资金退出平台的综合性平台。

第一节　产业信息整合平台

在这个信息化飞速发展的时代，信息的获取与运用是成功的先决条件。产业的发展也同样需要信息的支撑，信息不对称会使产业发展滞后甚至导致大量企业因此倒闭，而充分的信息披露则会加速产业的发展、升级与转型，拓宽新的融资渠道，加速人才向产业内汇集，促进科技成果的转化，并且对于产业间的相互融合提供了前提条件。

我国七大战略性新兴产业发展速度各不相同，每个产业都包含着若干子产业群体，信息繁多杂乱，信息变化速度快，目前我国尚未建立起一个专门针对战略性新兴产业的信息整合平台，战略性新兴产业的信息无序化状态无论对于战略性新兴产业本身的发展还是对于产业之外的各界对产业的关注和支持都较为不利。

现有的与战略性新兴产业相关的信息服务平台有：国家重点产业专利信息服务平台，其中包括汽车产业、电子信息产业、装备制造产业等相关内容；生命科学与生物产业信息服务平台，其中包括对于生命科学与生物产业的产业研究报告、专利分析、市场研究、产业数据和政务动态等；杭州医药产业信息导航平台，包括政策法规、中国医药标准、医药综合数据库、医药认证、行业研究报告、专家库等相关信息；成都新能源产业信息服务平台，包括新能源动态信息简报、国际前沿技术、优秀企业推荐和专利数据平台等板块；新能源汽车产业网，包括产业新闻、产业评论、技术信息和产业相关期刊等信息。而对于高端装备制造、新材料、新一代信息技术产业并没有建立相关的信息服务平台。而其他的信息资源服务机构虽然或多或少涉及了一些战略性新兴产业的相关内容，但是并没有专门针对战略性新兴产业的板块设计，也没有专门的专业团队服务于战略性新兴产业的发展（见表4—25）。

表4—25　　我国代表性产业信息资源服务机构战略性新兴产业服务能力考察

信息资源服务机构	网页或频道	服务项目	服务团队	数据库
国务院发展研究中心	没有专门的"战略性新兴产业"板块或频道；行业经济频道、区域经济频道、世界经济评论频道的内容涉及部分战略性新兴产业	·信息产业、汽车行业、能源行业、生物医药行业的产业月度和季度分析报告，产业运行数据、分析预测、政策法规、企业攻略等 ·区域经济动态及分析、发展数据，区域总体或行业发展规划 ·国外能源与矿产行业、高新技术产业方面的发展动态及趋势预测	内部拥有和外聘了一批宏观经济、行业经济、产业发展、技术经济、区域经济方面的专家，但没有战略性新兴产业的专门服务团队	产品产量数据、重点行业数据、世界经济数据、对外贸易数据、价格统计数据、区域经济数据中包括了部分战略性新兴产业的数据
国家信息中心	没有专门的"战略性新兴产业"板块或频道	没有专门针对战略性新兴产业整体或某一产业的服务；有对重点产业发展及市场供求趋势分析预测的服务	设有产业经济处，但没有战略性新兴产业服务的相关团队	下述数据库可能涉及战略性新兴产业：宏观经济预测系统数据库、世界经济信息系统、企业与产品数据库
国家图书馆	没有专门的"战略性新兴产业"板块或频道	没有完全针对战略性新兴产业的服务，下述服务可能涉及战略性新兴产业： ·企业信息服务、政府公开信息整合服务、商业经济信息检索、科技查新服务 ·国外专利机构和专利网站索引服务	设有企业信息服务中心，专门负责为企业提供信息咨询、情报分析等服务；但没有专业的战略性新兴产业服务团队	下述数据库可能涉及战略性新兴产业：专利中外文数据库、中国行业标准全文数据库、专利技术类数据库、中国科技经济新闻数据库、中国科技信息数据库、中国企业与产品数据库

续表

信息资源服务机构	网页或频道	服务项目	服务团队	数据库
国家科技图书文献中心	热点门户专栏：海洋生物技术信息门户、可再生资源信息门户、水资源可持续利用信息门户、汽车科技信息门户、汽车电子信息门户、工业控制与自动化信息门户、环保科技信息门户	·科技文献检索服务：学术期刊、专利、行业标准查询\热点门户（汽车科技、汽车电子、海洋生物技术等） ·信息服务：技术动态信息、相关产业动态、展会信息、产品展示、政策法规信息 ·行业数据分析、产业发展现状及趋势预测；相关学会、研究机构、政府网站链接；产业专题数据库链接、专题软件网站链接、专利信息网站链接、产品目录及电子商务网站链接	本身没有为战略性新兴产业服务的专业团队，但提供了汽车科技、海洋生物技术、汽车电子、环保科技等方面专家的信息	下述数据库可能涉及战略性新兴产业：学术期刊数据库（中文、英文、俄文、日文），会议文献数据库、学位论文数据库、科技报告数据库、标准规程数据库（国内、国际）、中外专利数据库
中国科技信息研究所	没有专门的"战略性新兴产业"板块或频道	·发布国内外战略性新兴产业的分行业研究报告，如《中国新能源汽车产业发展研究报告》，《中国轨道交通装备产业发展研究报告》等 ·学术期刊文献、科技报告、中外专利数据库、中外标准、法律法规检索和查询国内外科技信息资讯发布	没有为战略性新兴产业服务的专业团队	下述数据库可能涉及战略性新兴产业：中外学术期刊数据库、中外学术会议论文数据库、中外学位论文数据库、外文科技报告数据库
工信部电子科技情报所	没有专门的"战略性新兴产业"板块或频道	·国内外电子信息产业动态资讯的发布 ·国内外电子信息产业新产品、新技术信息的发布 ·发行《信息技术产业研究》，《软件服务业动态》等期刊，传达国家相关政策法规信息、跟踪报道国内外相关产业发展现状及趋势	没有为战略性新兴产业服务的专业团队	下述数据库可能涉及战略性新兴产业：电子科技文摘数据库、中国电子专利数据库、电子类厂商数据库、电子产品数据库

　　资料来源：张晓东、霍国庆、李天琪、袁永娜：《我国战略性新兴产业信息资源服务能力评价与模式探讨》，《图书情报工作》2012年第12卷第24期。

除了表 4—25 中所列的信息资源服务机构之外，一些网站也涉及了一些战略性新兴产业的信息，包括中国新兴产业网、中国产业网、中国产业经济信息网、中国科技产业网和中华新能源网等网站，这些网站都对于产业资讯、产业动态信息、产业项目信息、产业国际合作信息、产业市场环境、产业科技创新等部分内容有所披露，但是这些网站都没有专门为战略性新兴产业服务的团队和相关数据库。

但是，也并非所有的网站都没有专家团队关注战略性新兴产业，中国低碳网和赛迪网对于战略性新兴产业的关注度相对较高，其中，中国低碳网主要发布国内外能源产业的时政动态；国内外关于太阳能、风能、生物能、核能氢能、海洋；地热、水热、绿色节能的资讯；行业评论，专家视点，深度研究报告；生态环保相关资讯；该网站还包括关于低碳的文献、学术研究和政策法规等信息的发布，支持这个网站的有 12 位"低碳发展"专家；12 位"能源电力"专家；12 位"节能循环"专家；12 位"碳金融"专家；12 位"生态环境"专家；24 个智库机构。而赛迪网主要发布国内外电子信息产业资讯、新闻；半导体、三网融合、软件服务与外包、新能源汽车、物联网、平板显示产业动态；国内、国际、政策、地方政府和企业动态，产业热点分析，产业政策，区域产业（基地和示范项目）产品和技术信息；并且提供信息服务；政府和企业咨询服务，市场情报服务（行业市场分析和研究报告），人才培养服务；解决方案服务。赛迪网也拥有一批半导体、三网融合、软件服务与外包、新能源汽车、物联网、平板显示方面的政府、产业经济、行业、学术、技术、企业专家。[1] 值得提出的是，这两家网站目前也并没有专门的战略性新兴产业相关的数据库。

除了数据库缺失，信息平台搭建不完善之外，现有的信息网站和信息交流平台也存在一些问题，主要来说包括三点：其一，信息内容分散且缺乏持续性。往往是有了新闻或者可以公布的信息之后就公布在信息平台上，数据时有时无，没有有意识地持续地公开公布一些信息，信息平台建设混乱，板块少，服务机制落后；其二，信息平台各自为政。信息之间并没有做到互通有无，信息杂乱，各信息平台公布的信息有重复

---

① 张晓东、霍国庆、李天琪、袁永娜：《我国战略性新兴产业信息资源服务能力评价与模式探讨》，《图书情报工作》2012 年第 12 卷第 24 期。

和相悖的现象，容易让信息获取者产生混乱；其三，信息公开方式传统，信息整理理念陈旧。信息的提供者并没有充分考虑信息市场的需求，不能个性化地提供信息。因此，从整体上看，现有的平台信息资源服务能力仍无法满足我国战略性新兴产业对信息资源的需求，信息平台的不完善造成的信息不对称大大限制了产业的发展和融资渠道的拓展，将许多潜在的投资者隔绝在外。

对于战略性新兴产业信息平台的构建，一些学者进行了初步的探究。著名信息行为学者 Wilson（2000）将信息搜索行为的类型分为被动注意（passive attention）、被动查找（passive search）、主动查找（active search）和跟踪查找（ongoing search）。Wilson 理论为我们完善战略性新兴产业的信息平台提供了较好的参考。陈建龙（2003）认为，信息用户、信息服务者、信息服务内容和信息服务策略等四个要素是信息服务的主要组成部分，基于它们相互之间不同的关系，信息服务模式可以分为"传递模式""使用模式"和"问题解决模式"三种。孙振、郑德俊（2014）从产业信息需求、信息服务产品生产商、战略性新兴产业、信息服务方式和信息服务产品五个因素出发，构建战略性新兴产业的信息服务平台。李双燕（2014）则提出，针对构建我国战略性新兴产业信息平台的四大原因：融资问题，扩大民间资本利用率；人才引进的需要；促进科技成果转化；完善战略性新兴产业项目跟踪考核机制。信息平台的重点建设内容锁定在四个方面：战略性新兴产业招商引资平台；战略性新兴产业人才引进平台；战略性新兴产业产学研服务平台；战略性新兴产业项目执行跟踪服务平台。贺正楚、吴艳（2013）则从实证的角度出发，构建了战略性新兴产业信息资源服务平台的总体架构与功能模块，更为直观地向用户展现信息平台的建设蓝图与运作准则（见图4—3）。

融资渠道对接平台应当属于战略性新兴产业信息平台的一个重要模块。融资渠道对接平台的作用主要在于促进资金供给方与战略性新兴企业的接洽，整合现存的供给方资源到这个平台上，并且与作为资金需求方的战略性新兴企业的信息整合对接，提高平台运行效率。融资渠道对接平台旨在让投资者在充分了解产业情况和企业情况之后，快速寻找到合适的投资对象，因此，融资渠道对接平台又可成为融资促进平台。融资渠道对接平台的建立能够减少投融资双方的搜寻成本，使得大量的优质中小微企业得到相应的发展资金，促进我国实体经济的发展。目前，我国尚未建立这样的融资渠道对接平台。

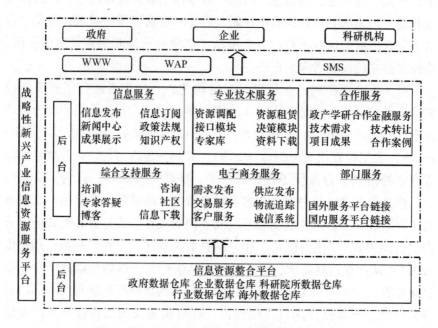

图4—3　信息资源服务平台的总体架构与功能模块

资料来源：贺正楚、吴艳：《战略性新兴产业信息资源服务体系与网络服务平台研究》，《中国科技论坛》2013年第4卷第4期。

第二节　产业融资担保平台

由于我国的战略性新兴产业中大多数企业仍处于发展的初期阶段，尚未达到银行和资本市场的融资要求，因此，融资担保对于需要筹集资金的企业来说成为了获得资金的第一道门槛，融资担保平台的建立对我国战略性新兴产业的成功融资将会起到重要的推动作用。

我国融资担保业起步较晚，融资性担保机构的历史只有短短的二十几年。自1993年我国成立第一家专业担保机构以来，我国融资担保业经历了飞速发展的黄金时期，至2012年6月末，全国融资性担保行业共有法人机构8538家、担保贷款余额13569亿元。然而，我国担保公司平均净资产放大倍数约2.1倍（以2011年数据测算），远低于业内认可的实现正常盈利应有的 3—5 倍，更远低于《融资性担保公司管理暂行办法》规定的可放大 10 倍的规定。市场的过度竞争也使担保公司在与银行的合作中往往处于弱势地位。① 种种原因最终导致我国担保业发展趋缓，多家担保公司出现亏损等问题，担保业规模逐年下降。这不仅阻碍了金融市场的发展，也在很大程度上加剧了我国战略性新兴产业融资难问题。

综观我国融资担保行业的发展，目前我国融资担保业主要存在的问题可以归结为两个"缺失"，两个"不足"：其一，行业内部治理缺失。其二，资金补充和风险补偿机制缺失。其三，外部监管不足。其四，创新动力不足。

自 1993 年我国成立第一家专业性的融资担保机构以来，我国的融资担保行业发展迅猛，据银监会统计数据显示，截至 2013 年 6 月末，银行业金融机构融资性担保贷款余额为 15531 亿元，比年初增加 896 亿元，增长 6.1%；与融资性担保机构开展业务合作的银行业金融机构（包括分支机构）15525 家，较年初增加 148 家，增长 1.0%。与银行业金融机构开展业务合作的融资性担保机构 7485 家（包括跨省分支机构），较年初减少 119 家，下降 1.6%。对中小企业的融资性担保贷款余额 12121 亿元，比年初增加 711 亿元，增长了 6.2%；获得融资性担保贷款的中小企业 225910 户，比年初减少 4442 户，下降 1.9%。中小企业贷款在融资担保贷款中的余额占比 78.1%，户数占比 94.6%，分别比去年增加 0.1 和 1.8 个百分点。② 虽然行业发展较快，但是问题也较为突出，其中行业内部治理的不完善是亟待解决的问题之一。伴随着融资担保业规模的不断扩大，融资性担保不良贷款的数额也在不断攀升。截至 2013 年 6 月末，银行业金融机构融资性担保不良贷款余额 348 亿，比年初增加 160 亿元，增长 84.5%，高于融资性担保贷款增速 78.4 个百分点。融资性担保贷款不良率为 2.24%，比年初增加 0.95 个百分点；融资性担保贷款不良率反超各项贷款不良率 0.67 个百分点。随着代偿压力加大，部分融资性担保机构代偿意愿下降。6 月末应承担

---

① 孙艳红：《借鉴国外经验发展我国融资担保业的思考》，《南方金融》2013 年第 5 期。

② 银监会：《关于 2013 年上半年银行业金融机构融资性担保贷款情况的通报》（http：//www.cbrc.gov.cn/chinese/home/docView/3D1E18637ECE44C2BA5EC9E72D7442C0.html）。

代偿责任余额 300 亿元，比年初增加 96 亿元，增长了 47.4%。① 融资担保行业的内部治理缺失是导致风险增加的重要原因，对于贷款的审查不严，追踪管理不到位，融资担保业人才匮乏，行业自律性差，业务拓展不规范，管理机制不完善等问题的存在大大削弱了融资担保行业的发展潜力，增加了行业运行风险。

　　资金补充和风险补偿机制缺失主要体现在三个方面：一是融资担保公司担保准备金不足。虽然国家监管部门已经出台了相关规定要求融资担保公司保留一定的担保赔偿准备金，但是在实际操作中，这些资金常常不到位或者被挪用投资，使得融资担保公司的内控机制和安全体系存在较大的风险隐患，削弱了其实际担保能力。二是担保公司未将风险合理分摊。在实际的融资担保中，担保公司往往承担了较多的风险。三是各级政府的风险补偿机制不健全，补偿力度较小。这些都在很大程度上降低了担保公司的担保能力，增加了公司运营的风险。

　　此外，对于融资担保领域的法律法规尚不完善，外部监管不足。目前，我国的法律法规中与融资担保最为相关的是《中华人民共和国担保法》《金融租赁公司管理办法》，以及最高人民法院关于适用《中华人民共和国担保法》若干问题的解释，其余相关的法律有《中华人民共和国公司法》《中华人民共和国合同法》《中华人民共和国物权法》《中华人民共和国银行法》《中华人民共和国商业银行法》《中华人民共和国城市房地产管理法》《中华人民共和国票据法》等，虽然已经搭建完成了融资担保的法律体系框架，但是无论是从法律法规体系的健全方面，还是从法律法规的遵守执行方面，都有待于进一步完善和推进。

　　金融行业的发展有赖于不断的创新，融资担保行业也是如此。但是就当前我国的融资担保产业的现状来看，创新动力稍显不足。中国融资担保业协会 2014 年数据显示，截至 2014 年 6 月，四川省融资担保法人机构数 443 家，较年初增加 7 家，总实收资本 503.60 亿元，较年初增长 29.24 亿元，在保余额 2444.59 亿元，较年初增长 106.19 亿元，放大倍数 4.26 倍，在保户数 65.20 万户，实现利润 11.73 亿元。北京 102

---

　　① 普惠金融部：《关于 2013 年上半年银行业金融机构融资性担保贷款情况的通报》，2013 年 10 月 11 日，银监会网站（http://www.cbrc.gov.cn/chinese/home/docView/3D1E18637ECE44C2BA5EC9E72D7442C0.html）。

户担保公司在保余额 2684 亿元，同比增长 13.01%。其中融资担保期末在保余额 1851.10 亿元，同比增长 47.34%。融资性担保总体有较大幅度增长的主要原因是中投保公司的大幅度增长。中投保公司上半年新增融资担保 293.38 亿元，是去年同期的近 6 倍，新增融资担保额占全市新增融资担保额的 48.40%，其中主要是发债担保等贷款担保以外的融资担保 268.88 亿元。[①]

截至 6 月末，三峡担保集团本部新增各类担保 117 亿元，三峡担保昆明分公司顺利开业；"金宝保"在线融资担保平台顺利上线，丰富了中小微企业融资服务手段；开展了再担保业务、资产评估公司等运营模式研究，并将适时推进。2014 年，阿盟融资担保行业在业务指标增长的同时，服务领域不断拓宽，行业活力日渐显现。据统计，2014 年全行业共服务中小微企业 132 户，较 2013 年增加 23 户，同比增长 17%；新增担保额较 2013 年增加了 24610 万元，同比增长了 48%。服务领域包括：煤炭加工、交通物流、石材开采加工及服务零售等行业。支农企业户数由 2013 年的 7 户增至 2014 年的 46 户，增加了 557%；支农贷款担保较 2013 年增加了 6957 万元，同比增长了 70%。[②] 由此可见，目前我国融资担保领域仍然处于发展初期，产品较为单一，服务范围也有待于进一步的拓展。

目前我国尚未建立起战略性新兴产业的融资担保平台，只有一个中国投融资担保网，包括一些担保资讯、担保投融资信息发布、担保公司推荐等内容。

第三节　产业融资服务平台

融资专业服务包括资本整合和运营、资信服务、项目信息和政策信息的提供、投资商的推荐、财务顾问、法律相关咨询、资本市场直接融资安排、银行间接融资安排等内容。

目前我国的融资服务平台仅限于几个网络平台，包括国际融资服务

---

① 中国融资担保业协会：《部分地区担保行业及担保公司上半年运行情况》（http://www.chinafga.org/hysj/20140920/1994.html）。

② 中国融资担保业协会：《阿盟融资担保行业中服务能力日益显现服务领域不断拓宽》（http://www.chinafga.org/hysj/20150129/2550.html）。

网、融资城、51 资金项目网，还有中国投融资网等，为企业的融资提供企业征信、银行贷款、信用担保、融资培训等服务，还有一些属于地方政府为振兴地方经济所建立的融资平台，都并不规范。而专门针对我国战略性新兴产业融资的专业融资服务平台尚未建立。

发达国家战略性新兴产业融资过程中，投资银行起到了至关重要的作用，它们连接投融资双方，接洽投融资业务，促成投融资交易的完成，并且在整个融资过程中充当财务顾问和经纪人，为投融资双方节约了大量的搜寻成本、信息成本和时间成本。因此可以说，投资银行在整个融资服务平台中占据了核心地位。但是，就我国的现状来看，投资银行在我国的发展并没有太大的起色，我国金融市场中众多的证券公司在很大程度上充当了投资银行的角色，但是这些证券公司的规模普遍较小，与发达国家的投资银行相比相去甚远。例如，在我国居于首位的证券公司中信证券公司 2013 年底的资产总额是 2713.54 亿元，而国际知名投资银行高盛在 2014 年底的资产总额是 9930 亿美元，其在 2013 年底的资产总额是 8164 亿美元，① 按照美元与人民币汇率为 6.20 计算，2013 年底高盛的总资产是中信证券资产的约 22.68 倍。可见，我国的投资银行的发展尚处于初期阶段，无论是在规模上，还是在业务拓展领域方面都有待于进一步的发展，这在一定程度上也限制了国内产业的融资，包括战略性新兴产业的融资。

此外，与战略性新兴产业融资紧密相关的各种信息平台都尚未建立健全，项目信息和政策信息的提供、投资商的推荐等重要信息的缺失使得战略性新兴产业的融资愈发困难，也大大提高了战略性新兴产业中小企业融资的成本。

---

① 数据来源于高盛公司与中信证券公司的官方网站。

第四章　我国战略性新兴产业融资机制中存在的主要问题

第一节　融资环境有待改善

根据本篇前一部分的分析，我国战略性新兴产业融资的宏观经济环境良好，我国的国民经济在近 20 年一直保持着强劲的发展势头，虽然期间有些波动，但是总体的运行状况较为平稳，而且我国正处于第四轮经济周期的上升阶段，这些都是对于战略性新兴产业融资有利的一面。然而，我国在经济发展中也存在一些问题值得关注，从宏观经济深层结构来看，我国经济发展中存在着内外双失衡的现象：内部失衡表现在过度投资、重复建设、产能过剩、有效需求不足，外部失衡表现在国际贸易与国际收支双顺差、外汇储备增加等方面。经济的内外失衡使得政府为了汇率稳定而增加货币供应，催生房地产、股票等资产泡沫，导致物价指数上升。从中长期看，物价指数上升引起的通货膨胀与内需拉动不足会严重影响我国经济的健康发展。为战略性新兴产业提供持续稳定的经济环境需要对我国经济中存在的问题进行深层次的思考，采取有效的措施保障经济的平稳运行。

我国的金融市场规模正在逐步扩大，但是由于我国金融市场起步较晚，在一些方面仍然不能满足战略性新兴产业的融资需求。例如，资本市场的门槛较高，不适合中小型企业的融资；银企之间信息不对称情况严重；缺少金融工具创新、融资方式单一、交易成本较高，等等。

虽然我国对于融资方面的政策法规有很多，例如《中华人民共和国证券投资基金法》《中华人民共和国票据法》《证券公司融资融券业务试点管理办法》《中华人民共和国证券法》《国债承销团成员资格审批办法》《金融机构衍生产品交易业务管理暂行办法》，等等，但是，对于产业融资方面的法律法规尚不成体系，对于融资主体的权责、融资市场的发展、融资过程的规范都缺乏有力的法律层面的维护和保证，并且，国家还并未出台专门针对战略性新兴产业融资的相关法律法规，在政策法规的完善方面存在一定的欠缺。

第二节　融资主体有待拓展

分析战略性新兴产业各产业的融资状况可以发现，我国战略性新兴产业的融资主体较少。从本章随机抽取的近30家战略性新兴企业的财务报表中可以看出，这些企业的融资渠道几乎不约而同地局限在内源融资、银行间接融资和股权融资方面，而且在这些公司发行的股票中，有很大一部分是国有性质的股份，也就是说，国有性质的资产在战略性新兴产业的资本中占据了很大的比重。

单一的融资方式不仅阻碍了战略性新兴产业的资本获得，而且限制了战略性新兴产业的发展和我国国民经济的提升，就发达国家成功的产业融资经验来说，金融市场发达、融资主体众多是新兴产业融资成功的必要条件。以环保产业为例，美国、欧盟、日本等国的环保产业融资方面，融资主体呈现出多元化的趋势，既有政府的投资行为，又有企业的加入，还有一些非政府组织以及研究所等单位的参与（见表4—26）。

表4—26　　　　　美国、欧盟、日本等国环保产业融资主体

国家	政府融资主体	市场融资主体	其他融资主体
美国	联邦、州和地方政府部门、机构	公私合作（PPP）、企业、私人业主	非政府组织、研究所
欧盟	国家、州和地方政府部门、机构	公私合作（PPP）、商业公司企业、私人部门	非政府组织、研究所
日本	国家、州和地方政府部门、机构	公私合作（PPP）、企业、私人业主	非政府组织

资料来源：王珺红：《中国环保产业投融资机制及效应研究》，博士学位论文，中国海洋大学，2008年。

由表4—26可以看出，在美国、欧盟和日本的产业融资中，融资主体广泛，融资渠道众多，相比之下，我国战略性新兴产业的融资主体局

限性太大，融资理念并没有放开，除了政府、银行、股市之外，其他的融资方式均很少运用，尤其是公司债券、基金等比较常见的融资方式都很少运用。

除了融资主体之外，国外产业的融资方式也比我国战略性新兴产业的融资方式更为全面和协调，各渠道相互影响，形成了一个完整的产业融资体系。而国内的融资偏向性还是较为明显，即严重依赖公共部门所采取的融资方式，而没有积极发展其他类型的融资方式。同时，由于其他融资方式较少被采用，导致相关的理论和实践研究难以取得进展，这就进一步阻碍了除政府部门融资之外的渠道的发展。

第三节　融资平台有待健全

我国战略性新兴产业融资信息整合平台亟须建立。目前，我国企业的信息披露还仅限于财务报表这一种层面，并没有建立如美、英等国家建立的与融资企业的具体生产经营活动紧密联系的信息服务网络，也没有专门的中介机构提供各行业的发展状况、最新技术以及市场状况等细致的专业分析，尤其是缺乏对国家现有的融资制度、融资产品、融资流程和融资预测等信息的公开权威的公布和解释。因此，我国政府在搭建战略性新兴产业信息整合平台方面还是有所欠缺的。在此基础上的渠道对接平台也尚未建立。

其次，由于我国的战略性新兴产业中大多数企业仍处于发展的初期阶段，尚未达到银行和资本市场的融资要求，因此，融资担保平台的建立会对我国战略性新兴产业的融资起到重要的推动作用。目前我国尚未建立起战略性新兴产业的融资担保平台，只有一个中国投融资担保网，包括一些担保资讯、担保投融资信息发布、担保公司推荐等内容。

此外，战略性新兴产业融资中介机构服务的深度和广度都有待提高。战略性新兴产业的融资不但涉及大量的资金，而且还涉及多门学科的知识，包括法律、金融、会计、技术等，这就需要一批具备这些才能的团队对相关企业进行指导，对融资过程进行专业操作，但目前我国与战略性新兴产业融资相关的中介机构，如会计师事务所、律师事务所、科技项目评估机构、技术经纪机构、投资顾问机构等力量薄弱，缺乏完善的中介组织为战略性新兴企业提供必要的融资服务，并且现有的这些中介机构对于分析全球产业需求和尖端技术、建立产业内部和产业间技术和信息交流、诚信保障机制等方面的服务尚不完善甚至缺失，导致企业融资难度和成本增加。

第四节　融资方式有待创新

分析我国战略性新兴企业的财务报表可以发现，我国战略性新兴企业的主要融资方式仅限于内源融资、银行间接融资和股权融资三种方式。

由于信息交流平台的不完善，我国战略性新兴产业与银行之间存在着较为严重的信息不对称现象，导致中小型的战略性新兴企业的银行间接融资非常困难，也增加了银行风险管理的难度，因此，应当加强信息交流平台的建设，改进信贷管理办法，创新融资工具。

在全球金融市场中，近80%的融资是通过资本市场进行的，而对于我国战略性新兴产业而言这个比例不到40%，甚至更少。而且，这些企业仅限于从股票市场获得资金，并且以普通股为主要融资方式。究其原因，是由于我国的资本市场起步较晚、体制不完善、金融产品较少，无论市场容量、运行规则、监管制度还是市场功能的开发，都满足不了战略性新兴产业发展的需要，亟待创新。

一般来说，战略性新兴产业在不同的发展阶段资金需求量不同，因而，所需要的资本市场的层次也应当不同，仅靠现有的主板市场以及二板市场是不够的，需要建立一个有主板市场、二板市场、场外交易市场和私募市场构成的多层次资本市场体系，为战略性新兴产业各阶段提供资金支持。

近年来，我国借鉴发达国家的经验，大力发展风险投资，但是由于起步晚、规模小和体系不完善等种种原因，风险投资在我国战略性新兴产业的融资中并没有起到应有的作用。此外，我国的债券市场发展缓慢，加之审批条件和制度限制，使得我国的战略性新兴产业基本上很少通过发行企业债券进行直接融资。因此，在我国战略性新兴产业今后的融资方式中，还应加强对于债权融资和投资基金融资方式的利用，打破融资方式单一的局面。

小　结

　　健全完善的融资机制能够为实体经济的发展提供重要的保障。完善的融资机制对于我国战略性新兴产业而言尤为重要，能够使得众多的中小型战略性新兴企业在发展初期获得充足的资本，度过危险期，健康平稳的发展，有利于推进我国实体经济的发展和科技创新的进步。

　　目前学术界尚未对融资机制有权威的定义，本书所研究的我国战略性新兴产业的融资机制主要指的是以满足我国战略性新兴产业的融资需求为目的，通过对融资环境的改善、融资方式的拓展和融资平台的搭建，实现资金有效利用、资本良性循环的运行机制。

　　我国战略性新兴产业融资环境主要包括经济、金融、法制等环境。我国宏观经济运行稳中有进，各项指标都显示了我国宏观经济基本面的良好态势，这些都为推动战略性新兴产业的快速发展打下了坚实的经济基础。近年来，我国金融市场的规模逐步扩大，金融市场主体逐步增多，法律框架和监管框架已构建完备，为战略性新兴产业的融资提供了良好的平台。然而，由于我国金融市场起步较晚，在一些方面仍不能充分满足战略性新兴产业的融资需要。例如，融资效率低、成本高、直接融资困难、金融中介体系的专业化程度较低和服务范围较窄等问题都在一定程度上制约了我国战略性新兴产业的发展。随着战略性新兴产业的不断发展，国家关于战略性新兴产业发展的法律法规也不断出台并完善，其内容涉及战略性新兴产业发展的方方面面，对于引导社会资金流向战略性新兴产业，在很大程度上起到了积极作用。

　　目前，我国战略性新兴产业的融资方式主要包括五种，内源融资、银行间接融资、资本市场直接融资、政府财政支持和商业信用融资，这五种融资模式都在战略性新兴产业发展过程中起到了积极的推动作用，但是这些融资渠道已经不能够很好地满足战略性新兴产业发展资金需求，需要积极地创新融资模式。

战略性新兴产业的发展需要多种平台的支持，就我国的现状而言，产业信息整合平台、产业融资担保平台和产业融资服务平台的建设都有待于进一步的完善和健全。

第五篇

我国战略性新兴产业
融资机制实证研究

第一章 政府功能定位与市场融资机制的对比分析

在经济发展过程中，政府和市场分别扮演了不同的角色，从不同的方面促进和调节着宏观经济运行。根据西方经济学理论，市场具有自我调节机制，遵循市场发展的规律能够更好地推动经济的发展，但是，市场同样具有"自发性"和"盲目性"，因此，需要政府的适时适度的干预和调节，特别是对于处于发展初期的高新技术产业和战略性新兴产业，市场的推动固然重要，政府的引导和支持同样能够发挥举足轻重的作用。

第一节 政府功能定位及资金支持特点分析

战略性新兴产业是我国国民经济发展中的先导性产业和支柱型产业，战略性新兴产业的健康发展肩负着推进经济转型、提高国民经济水平的重要使命，因此，政府对战略性新兴产业的发展一直尤为关注，而由于战略性新兴产业的"新兴性"的特点，市场培育不成熟、研发风险性高，单纯依靠市场机制的推进很难满足战略性新兴产业在发展过程中的资金扩张需求，其成长和发展也需要政府的引导和资金的扶持。由此可见，政府在战略性新兴产业的发展过程中发挥着举足轻重的作用。

在以往的研究中，国外很多学者也证实了政府在推进战略性新兴产业发展中的重要作用。早在1990年的时候，迈克尔·波特就指出政府支持是产业快速发展的重要推动力之一，产业国际竞争力的提高有赖于政府的大力支持。Cotti 和 Skidmore（2010）实证分析指出，政府的财税政策对于新兴能源产业的发展起到了重要的推动作用。① 美国的风电产业在发展的初期也是得到了政府的大量的财税补贴和减免，这些产品税、营业税的减免使得美国风电产业在发展初期节约了大量的成本，为其以后的发展奠定了坚实的基础（Claudia Hitaj，2013）。② Li 等指出国家持股会为公司带来在资本市场上融资方面的优势，而且市场化程度越高，这种优势就越明显。③

　　自 2010 年我国确立七大战略性新兴产业以来，学术界对于战略性新兴产业发展的关注日益加深，形成了许多涉及各领域各环节的研究成果，从现有的国内学者的研究结果来看，这些文献大多对政府在推动战略性新兴产业发展中的作用持肯定意见。战略性新兴产业的准公共性、外部性及高风险性特点决定其在发展过程中不可避免地存在市场失灵的可能性，政府需要对战略性新兴产业进行合理的公共政策选择，针对市场失灵的不同情况进行调节、规范和制约。政府在战略性新兴产业发展中的作用主要包括四个方面：引导作用，制订规划和计划，引导战略性新兴产业发展方向，给予经费支持，引导企业进入战略性新兴产业领域；激励作用，实行各种优惠政策，鼓励战略性新兴产业领域的研发和消费；服务作用，制定人才政策、支持基础性开发、完善中介服务体系、加强基础设施建设，为战略性新兴产业的发展提供更好的环境；规范作用，建立与完善法律体系、市场环境、技术标准体系，规范战略性新兴产业的发展（朱迎春，2011）。④ 李晓华（2010）认为，战略性新兴产业在我国国民经济增长和转型中居于重要地位，因此政府要重视战略性新兴产业的发展，并在各领域全面进行支持。⑤ 肖兴志和王建林（2011）研究指出政府对于战略性新兴产业的支持中有所偏重，国有企

　　① Cotti C, Skidmore M, "The impact of state government subsidies and tax credits in an emerging industry: Ethanol production 1980—2007" Southern Economic Journal, 2010, 76 (4): 1076—1093.

　　② Hitaj C., "Wind power development in the United States" Journal of Environmental Economics and Management, 2013, 65 (3): 394—410.

　　③ Li, K., Yue, H., Zhao, L. K., "Ownership, Institutions, and Capital Structure: Evidence from China" Journal of Comparative Economics, 2009, 37 (3): 471—490.

　　④ 朱迎春：《政府在发展战略性新兴产业中的作用》，《中国科技论坛》2011 年第 1 期。

　　⑤ 李晓华、吕铁：《战略性新兴产业的特征与政策导向研究》，《宏观经济研究》2010 年第 9 期。

业在获得政府支持方面具有明显优势，获得的资金、财税等领域的支持范围和力度都优于非国有企业。[①]

然而，政府的支持和干预也会存在一些弊端。首先，由于政府的行政职能和社会责任，在进行宏观调节的时候难免会有所偏颇，导致部分地区部分项目的盲目投资和重复建设，造成产能过剩和行政效率低下。其次，国有企业固有的行政效率低下导致战略性新兴产业在发展过程中缺乏适应市场变化的灵敏度和自我调节的功能。万从颖（2014）选取2009—2011年战略性新兴产业上市公司作为研究样本，采用实证分析的方法研究政府引导在战略性新兴产业融资中的作用，结果表明，政府引导在战略性新兴企业不同的融资方式中具有不同的效应，与长期负债相比，战略性新兴产业更加偏好短期债权融资，集中的股权对公司的绩效具有正面效应，并且受政府控制的战略性新兴产业上市公司更多地体现在成长能力方面，而盈利能力要显著低于非政府控制的公司。[②]汪秋明、韩庆潇和杨晨（2014）通过构建政府补贴与企业行为的动态博弈模型，选取80家战略性新兴产业中的上市公司2002—2011年的面板数据进行分析研究，得出以下结论：在政府补贴的诱导下，潜在企业进入战略性新兴产业是一种理性行为，但一旦进入，大部分企业又会把补贴资金用于与产业发展无关的其他高收益途径。总体而言，政府补贴没有促进战略性新兴产业中的企业科研投入。造成这种无效的主要原因有政府对企业行为监督的困难，也有政府惩罚力度的不够。但分行业的回归分析结果表明，新能源产业和新能源汽车产业的政府补贴是有效的。前者可通过政府检查成本较低和政府惩罚起到重要作用来解释；后者主要解释为企业规模大有利于市场开拓，并且经营历史有利于使用补贴进行有效研发。[③]

目前，我国政府对于战略性新兴产业发展的支持主要体现在直接补贴、税收减免、金融支持和政策倾斜等方面。在七大战略性新兴产业

① 肖兴志、王建林：《谁更适合发展战略性新兴产业——对国有企业与非国有企业研发行为的比较》，《财经问题研究》2011年第10期。
② 万从颖：《战略性新兴产业中的政府控制、融资效应与公司绩效》，《东北财经大学学报》2014年第3期。
③ 汪秋明、韩庆潇、杨晨：《战略性新兴产业中的政府补贴与企业行为》，《财经研究》2014年第7期。

中，由于新能源汽车刚刚起步，所属企业往往把新能源汽车作为生产经营的一个分支，而不是独立的法人个体，因此，财务数据往往也没有另为核算；节能环保产业涉及面较广，与新材料产业和新能源产业有过多的交叉；而通过以上章节的分析可以看出，新能源产业、节能环保产业和新材料产业处于相似的产业生命周期阶段，高端装备制造产业和生物产业处于相同的生命周期阶段，根据产业发展理论，处于相同产业生命周期阶段的企业融资需求相似，因此，基于上述原因和数据的可得性，在本节选取高端装备制造产业、新材料产业和新能源产业三个产业作为代表分析我国政府在战略性新兴产业发展中的作用。

我国政府对于高端装备制造产业的财政支持涉及面很广，包括科研拨款、项目拨款、土地配套设施费返还、契税返还，等等。本书随机抽取了九家高端装备制造企业，全部都获得了政府的财政支持。2010年，政府对于海洋石油工程股份有限公司的科研拨款超过5699万元，土地配套设施费返还超过14亿元，契税返还达706万元；上海振华重工（集团）股份有限公司2009年获得政府财政拨款8335万元，科技补助11104万元，2010年，这两个数字为4152万元和2425万元，根据上海振华重工（集团）股份有限公司2013年年报显示，2011—2013年，该公司分别获得政府补助3.09亿元、9705万元和2.41亿元；2010年，江苏中天科技股份有限公司获得与收益相关的政府补助1970万元，与资产相关的政府补助368万元；沈阳新松机器人自动化股份有限公司获得与收益相关的政府补助8540万元；威海华东数控股份有限公司获得政府补助544万元；北京海兰信数据科技股份有限公司获得政府补助409万元。中国南车和北车公司获得的政府财政支持最多，2010年，中国南车获得与资产相关的政府补助超过3亿元，获得与收益相关的政府补助超过2亿元，2012—2014年，中国南车分别获得政府补助资金约为5.47亿元、9.09亿元和7.66亿元，而中国北车在2012—2014年获得的补助有所减少，三年获得的政府补贴总额在100万元左右。

与高端装备制造产业一样，新材料产业的发展也得到了政府的大力支持。有研半导体材料股份有限公司在2009年和2010年分别获得政府补贴26万元和4.95万元，2011—2013年该公司分别获得政府补助25.44万元、11.55万元和8.45万元；广东风华高新科技公司在2009年和2010年分别获得政府补贴1330.88万元和1082.80万元，2013—

2014 年该公司分别获得政府补贴 692.42 万元和 738.24 万元；山东威高集团医用高分子制品股份有限公司在 2009 年和 2010 年分别获得政府补贴 658 万元和 2120 万元；安泰科技股份有限公司在 2010 年获得政府补贴 1498.44 万元，2012—2014 年，该公司分别获得政府补助 4246.44 万元、1166.71 万元和 719.55 万元；宁波韵升公司在 2009 年和 2010 年分别获得政府补贴 827.51 万元和 1408.93 万元；微创医疗科学公司在 2009 年和 2010 年分别获得政府补贴 15.60 万元和 14.30 万元；新疆众和公司在 2008 年和 2009 年分别获得政府补贴 521.85 万元和 1828.12 万元，2011—2013 年，该公司获得政府补助分别为 2164.49 万元、5956.16 万元和 5146.37 万元；北矿磁材科技公司在 2008 年和 2009 年分别获得政府补贴 398.32 万元和 131.55 万元，在北矿磁材科技公司 2014 年半年报中显示，本期获得政府补助额度为 54.99 万元。此外，在税收方面，政府也给予了大量的优惠，几乎所有的企业都获得了在优惠期内执行 15% 的企业所得税税率和增值税的返还。

　　能源产业关乎国计民生，对于新能源产业，国家一直以来都给予了大力的支持。因此，政府补助和税收优惠是新能源产业的重要资金来源之一。在选取的这九家企业中，几乎所有的企业都受到了政府的财政支持。其中，广东宝丽华新能源股份有限公司 2009 年和 2010 年分别获得政府补助 72 万元和 44 万元，2013—2014 年，该公司分别获得政府补助 42 万元和 82.80 万元；华锐风电科技（集团）股份有限公司 2009 年和 2010 年分别获得政府补助 3837.73 万元和 3711.73 万元，2012—2013 年，该公司分别获得政府补助 6137.31 万元和 2489.82 万元；上海申华控股股份有限公司 2009 年和 2010 年分别获得政府补助 179.22 万元和 591.23 万元，2013—2014 年年末，该公司分别获得政府补助约为 7124.87 万元和 3623.93 万元；申能股份有限公司 2009 年和 2010 年分别获得政府补助 7943.70 万元和 1048.53 万元；新疆金风科技股份有限公司 2009 年和 2010 年分别获得政府补助 14059 万元和 18736 万元。华能国际电力公司 2009 年和 2010 年除了获得环保补助 50580 万元和 50992 万元之外，还获得国产设备增值税退税 163352 万元和 162095 万元，2013—2014 年年末，该公司分别获得政府补助约为 3.69 亿元和 9 亿元。除了退税之外，政府还给予了新能源企业税收减半等优惠措施。2010 年 3 月 1 日，经广东省梅县国家税务局下发的《减、免税批准通知书》（梅县国税减〔2010〕34号）审核，广东宝丽华电力有限公司煤灰渣综合利用建材厂生产的粉煤灰砖产品在2010年1月1日至2011年12月31日取得的减免税项目收入免征增值税。根据国务院审批的《北京市新技术产业开发试验区暂行条例》，华锐风电科技（集团）自设立之日起减按15%税率缴纳企业所得税，且执行三免三减半的税收优惠政策，2006—2008年属于免税期，2009—2011年为减半征收期。

第二节 市场融资机制运行方式及特点分析

纵观发达国家战略性新兴产业融资历程，市场的作用总是占据主导地位，健全的银行体系和发达的资本市场往往成为战略性新兴产业快速成长的资金保障。本节同样以高端装备制造产业、新材料产业和新能源产业三个产业作为代表分析我国市场融资机制在战略性新兴产业发展中的作用。

高端装备制造产业是国民经济和国防建设的支柱产业，主要包括航空装备、卫星产业发展、轨道交通、海洋工程装备和智能制造装备等方面的发展。由于高端装备制造业涉及的都是"高、精、尖"领域，其产品也是大型的机械类产品，因此，高端装备制造业中的企业几乎都是大型企业，分析这些企业的财务报表可以发现，目前，我国高端装备制造产业的融资来源除了政府拨款和内源融资之外主要包括直接融资、银行贷款和债权融资三种形式。

分析高端装备制造企业的资产负债表，不难发现借款是这些公司的重要融资手段之一，一般而言，间接融资（包括短期借款和长期借款）的数额都会超过直接融资的数额，或者与之相当。高端制造企业的借款主要为向银行借款和向关联企业借款，例如，在上海振华重工集团2010年的长期借款项目中，金额前五名的长期借款皆为银行借款，共计34.41亿元，占2010年公司总的长期借款额的61%，2013年度上海振华重工集团约21.13亿元的长期借款全部来自于银行体系；江苏中天科技公司2010年长期借款金额前五名也全部是银行借款，分别来自江苏银行南通开发区支行和交通银行开发区支行，共计3.40亿元，占全年长期借款总额的84.8%；中国北车公司2010年短期借款中，关联方借款3.60亿元，银行借款34.33亿元，长期借款中银行借款6000万元，2014 年，中国北车公司长期借款额为 9.59 亿元，其中包括保证借款 500 万元和信用借款约 9.54 亿元。2014 年，中国南车的长期借款额约为 35.82 亿元。

随着债券市场的发展，债权融资已经成为很多大企业重要的融资来源，在我国高端装备制造业中，采用债权融资的企业也不在少数，在文中随机抽取的九家企业中有六家采取了债权融资的方式，而且数额较大。其中，2010 年，中国南车用债权融资的方式获得资金 40 亿元，中国北车则获得资金 34 亿元，2014 年度，中国北车应付债券额度为 39.75 亿元，为中期融资券。2013 年 4 月 22 日，中国南车公司发行总额为 30 亿元公司债券，分 5 年期和 10 年期两个品种，其中 5 年期公司债券 15 亿元，发行利率 4.7%，到期日 2018 年 4 月 22 日；10 年期公司债券 15 亿元，发行利率 5%，到期日 2023 年 4 月 22 日。2013 年 5 月 7 日，上述公司债券在上海证券交易所挂牌交易。

高端装备制造产业目前正处于产业成长期，仅仅依靠政府财政支持、银行借款和内部融资已经不能满足产业发展的要求，因此，几乎所有的高端装备制造企业都采取了直接融资的方式筹资，并且对直接融资的依赖也越来越强。但是，不同于在创业板上市的公司，在主板上市的高端装备制造企业的股东中，国有法人占据了相当大的比重，而社会资本相对不多。2010 年，海洋石油工程公司的股东中，中国海洋石油总公司和中国海洋石油南海西部公司持股比例最高，分别为 48.79% 和 7.56%，而这两家公司的股东所属性质为国家和国有法人；2010 年上海振华重工（集团）的最大股东为中国交通建设股份有限公司，占比 28.71%，股东所属性质为国有法人，2014 年这个数字增长为 28.83%；2010 年中国南车集团的最大股东为南车集团，占比 54.27%，股东所属性质为国有法人，2014 年年报显示，中国南车集团公司的国有法人持股比例仅为 9.87%，但是，公司实际控制人为国务院国有资产监督管理委员会，属于国有性质；北京海兰信数据科技公司 2010 年国有法人持股占比 41.36%。此外，在这些企业的股东中，国家四大商业银行的基金也占有一定的比例。

在新材料产业的融资中，银行同样扮演着重要的角色，在此次抽取的 10 家企业中，除了有研半导体材料公司和北矿磁材科技公司在 2009 年和 2010 年没有向银行进行长期借款外，其余企业的资产负债表中都有向银行进行短期融资和长期融资的记录，与高端装备制造产业相比，新材料产业的借款几乎全部来自银行，没有关联企业的借款，例如，宁波韵升公司金额前五名的长期借款全部来自银行，分别是中国银行股份有限公司宁波市江东支行、中国银行股份有限公司巴黎分行和中国进出口银行；新疆众和公司的长期借款则分别来自国家开发银行、中国建设银行新疆分行营业部、中国银行新疆分行营业部、交通银行股份有限公司新疆维吾尔自治区分行、上海浦东发展银行股份有限公司乌鲁木齐分行和中国银行股份有限公司新疆维吾尔自治区分行。在新材料产业中很少有企业通过发行债券的形式进行融资，在本书选取的十家企业中，只有安泰科技有限公司于 2009 年九月 16 日发行了 7.5 亿元的可转换公司债券，其他九家企业均未发行债券，2014 年，安泰科技有限公司应付债券数额约为 9.95 亿元，发行期限为 5 年。

由于新材料产业体系发展比较完备，所以新材料产业中的许多企业已经具备了上市的条件，开始在股票市场上进行融资。在本书随机抽选的 10 家新材料企业中，除了有研半导体材料股份有限公司的直接融资和间接融资的数额相近，微创医疗科学股份有限公司的直接融资数额远远小于间接融资的数额之外，其余的企业都更加偏向于在股票市场上筹资。与高端装备制造产业相同，新材料产业中在主板上市企业的股份中，国有性质的股份占据了绝对多的数量。其中，有研半导体材料股份有限公司的最大股东为北京有色金属研究总院，持股比例为 39.68%，股东性质为国有法人，截至 2014 年末，该公司的最大股东仍然是北京有色金属研究总院，持股比例增加为 53.55%；广东风华高新科技股份有限公司 2014 年的半年报中显示，广东风华高新科技股份有限公司的最大股东为广东省广晟资产经营有限公司，股东性质为国家，比例为 18.25%，第二大股东为深圳市广晟投资发展有限公司，股东性质为国有法人，持股比例为 5.21%；烟台万华聚氨酯股份有限公司的最大股东为万华实业集团有限公司，持股比例为 50.50%，股东性质为国有法人；安泰科技股份有限公司的最大股东为中国钢研科技集团有限公司，持股比例为 41.16%，股东性质为国有法人。

新能源包括传统形式之外的各种可再生能源，如核能、太阳能、风能、生物质能、地热能、海洋能、氢能等。相应的，新能源产业也包括风电设备制造、太阳能热水器、光伏电池制造和生物燃料等细分产业。

随着新能源技术的进步和人们环保意识的增强，这些产业均有了飞速发展，基本上都处于成长期阶段，有的产业还进入了成熟期阶段（见图5—1）。本节从中国新能源大会组委会正式揭晓的 2010（首届）"中国新能源企业 30 强"中选取数据可得的 9 家企业来说明中国新能源企业的融资方式问题，分别为中国明阳风能股份有限公司、龙源电力集团、广东宝丽华新能源公司、华锐风电科技集团、上海申华控股股份有限公司、申能股份有限公司、新疆金风科技股份有限公司、英利绿色能源股份有限公司和华能国际电力集团。

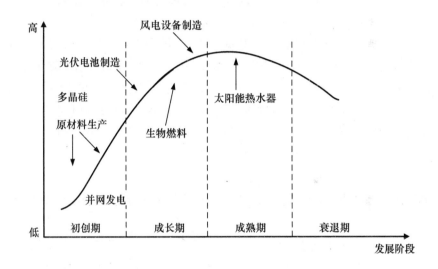

图 5—1　新能源各细分产业所处的生命周期

资料来源：赵刚、王晓宁：《2008—2009 年中国新能源产业：与全球同步发展》，《新材料产业》2009 年第 4 期。

在各种融资方式中，银行的间接融资依然是新能源产业融资的主力。例如，龙源电力集团 2009 年和 2010 年的长期借款中，银行借款分别占 44.5% 和 100%；广东宝丽华新能源股份有限公司的长期借款全部来自银行，其中前五名借款分别来自中国农业银行梅州分行、中国工商银行梅州分行、中国建设银行梅州市分行、交通银行广州小北支行、中国银行梅州分行；上海申华控股公司金额前五名的长期借款分别来自国家开发银行和中国建设银行股份有限公司阜新分行；申能公司的长期借款主要来自中国建设银行；华能国际电力公司金额前五名的长期借款则分别为中国银行总行、中国进出口银行、中信银行总行、平安信托投资有限公司和中国银行江苏省分行。分析新能源企业的财务报表可以看出，目前新能源企业的融资来源主要有内源融资、银行间接融资和股权融资。尽管从股市上直接融资也是新材料产业的重要融资方式，但是，与高端装备制造产业和新材料产业不同，新能源产业的股份中，国有成分并没有占绝对多的比重，在本书选取的九家企业中，除了申能和华能国际电力集团的股份中有成分较高，达到近50%之外，其余企业的股份中，国有成分并不高，各银行和金融机构的基金和个人投资的比重较高。

新能源产业较少利用债券融资的方式获得资金，在这九家企业中，只有华能国际电力公司在2009年和2010年分别发行债券138亿元和138.31亿元，其余企业都没有在2009年发行债券。而在2010年，也只有龙源电力集团、广东宝丽华新能源、上海申华控股和申能股份有限公司发行了债券，由此可见，以发行债券的形式融资在新能源产业中并不普遍。

第三节　我国战略性新兴产业融资机制总体态势分析

目前，我国战略性新兴产业的融资仍是以内源融资和政府财政支持为主。我国政府对战略性新兴产业的财政支持主要体现在财政直接拨款和税收优惠上。就节能环保产业来说，2009年，全国财政环境保护支出1934.04亿元，比2008年增长33.3%。其中，中央财政环境保护支出1151.81亿元，增长10.7%。[1] 2009年，中央财政节能减排支出333亿元，比上年增长25.4%，其中，支持节能技改项目1116个，中央企业脱硫和循环治污项目183个，推广节能照明产品1.4亿只，新能源汽车4700多辆。2009年全国节能类和环保类产品政府采购金额近300亿元，约占同类产品采购金额的七成左右。[2] 2013年，全国节能环保支出达到

---

[1]　中华人民共和国财政部：《财政支持环境保护和生态建设情况》（http://www.mof.gov.cn/zhuantihuigu/czjbqk/czzc2/201011/t20101101_345440.html）。

[2]　中华人民共和国财政部：《财政支持节能减排和可再生能源发展情况》（http://www.mof.gov.cn/zhuantihuigu/czjbqk/czzc2/201011/t20101101_345436.html）。

1803. 93 亿元。据有关部门预计，"十二五"期间，我国的环保投资将达 3. 1 万亿元，比"十一五"期间的 1. 54 万亿投资额增加 121%。"十二五"期间我国对于生物产业的财政支持也将进一步扩大，预计将扩大至 105 亿元，单个药品开发项目的扶持资金规模从 100 万元至 1000 万元不等，技术开发平台的扶持规模则从 1000 万元至 6000 万元不等，主要扶持"重大新药创制""干细胞和组织工程""抗体和疫苗工程""功能基因组合蛋白组""生物医药"等重大项目。为促进新材料产业的发展，国家在"十五"期间就已经审批了 125 个新材料研发项目，下拨资金 121. 51 亿元，同时带动地方和企业投入资金，投资总额达到 126. 75 亿元。

在税收方面，国家也给予了战略性新兴产业很多优惠政策。为支持高端装备制造业的发展，2009 年，财政部、国家发展改革委、工业和信息化部、海关总署、国家税务总局、国家能源局联合印发了《关于调整重大技术装备进口税收政策的通知》（财关税［2009］55 号），对《国家支持发展的重大技术装备和产品目录》中所列装备或产品和确有必要进口的关键零部件、原材料，免征关税和进口环节增值税。截至 2010 年末，累计免税金额约 120 亿元。① 对于节能环保产业，国家现行的税收优惠政策是"三免三减半"的方案，即第一年至第三年可免交企业所得税，第四年至第六年减半征收。国家对于新能源产业的税收优惠主要体现在增值税方面，例如，对销售利用风力生产的电力实行增值税即征即退 50% 的政策，对销售自产的综合利用生物柴油实行增值税先征后退政策。②

此外，政府还从国家层面主导发起设立新兴产业创业投资基金。2009 年，受国家部署，国投高科和盈富泰克两家国家控股的产业投资公司指导和协助地方政府成立了首批 20 支"国家创业投资基金"。国投高科技投资有限公司与上海市在新能源、集成电路、生物医药、新材料、软件和信息服务业等领域共同发起设立 5 支高新技术创投基金。这 5 支基金一期共募集资金 22 亿元，通过国家出资 2. 5 亿元、上海市政府出资 2. 5 亿元，共吸引各类社会资金 17 亿元。盈富泰克公司与北京、

---

① 中华人民共和国工业和信息化部：《装备工业司重大技术装备进口税收政策实施初见成效》（http: //zbs. miit. gov. cn/n11293472/n11295142/n11299299/n12017754/13674093. html）。

② 朱晓波：《促进我国新能源产业发展的税收政策思考》，《税务研究》2010 年第 7 期。

吉林、安徽和深圳等四省市共同发起设立 10 支基金。设立国家创业投资基金的目的是发挥国家的引导作用，吸引更多的社会资金投入我国战略性新兴产业的建设之中，首批创业投资基金的总规模将达 92 亿元，其中国家层面投入 10 个亿，带动地方政府投入 12 个亿，并吸引社会资本 70 亿元。2015 年 1 月 14 日国务院总理李克强主持召开国务院常务会议，决定设立国家新兴产业创业投资引导基金，总规模 400 亿元，助力创业创新和产业升级。会议确定，一是将中央财政战略性新兴产业发展专项资金、中央基建投资资金等合并使用，盘活存量，发挥政府资金杠杆作用，吸引有实力的企业、大型金融机构等社会、民间资本参与，形成总规模 400 亿元的新兴产业创投引导基金。二是基金实行市场化运作、专业化管理，公开招标择优选定若干家基金管理公司负责运营、自主投资决策。三是为突出投资重点，新兴产业创投基金可以参股方式与地方或行业龙头企业相关基金合作，主要投向新兴产业早中期、初创期创新型企业。四是新兴产业创投基金收益分配实行先回本后分红，社会出资人可优先分红。国家出资收益可适当让利，收回资金优先用于基金滚存使用。通过政府和社会、民间资金协同发力，促进大众创业、万众创新，实现产业升级。[1]

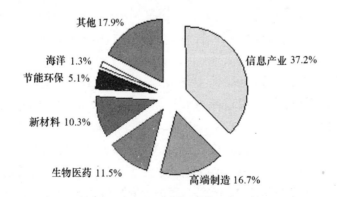

图 5—2　已上市 78 家创业板公司数量行业分布

资料来源：赛迪顾问：《战略性新兴产业融资渠道与选择策略》，2010 年第 6 卷第 1 期。

---

[1]　中国政府网：《国务院：设立国家新兴产业创投基金总规模 400 亿》，2015 年 1 月 15 日，人民网（http://finance.people.com.cn/n/2015/0115/c1004—26387031.html）。

资本市场直接融资对于我国战略性新兴产业的发展也起到了重要的推动作用。证监会进一步明确了创业板定位，上海证券交易所和中证指数有限公司于2010年4月30日对外发布上证新兴产业指数和中证新兴产业指数。从创业板产业结构来看，创业板战略性上市公司占据了绝对重要地位。

截至2010年5月12日，已上市78家创业板公司中，符合战略性新兴产业发展方向的企业共64家，所占比重高达82.1%。其中，信息产业、高端制造、生物医药、新材料、节能环保等行业的创业板上市公司较多（见图5—2）。近年来，随着资本市场的日益成熟和完善，越来越多的战略性新兴企业选择上市融资（见表5—1）。

表5—1 　　　　　　2015年4月3日中国创业板交易结构

行业名称	股票数（只）	成交金额（万元）	总市值（万元）
农林牧渔	6	95165	2161761
采矿业	4	141724	2774128
制造业	304	7251040	229607546
水电煤气	1	28611	536086
建筑业	5	392133	6840469
批发零售	4	34601	3146944
运输仓储	3	60739	1730239
信息技术	74	3021947	104917570
商务服务	3	228520	6110212
科研服务	7	259957	5813896
公共环保	6	251486	8610453
卫生	3	83568	5596299
文化传播	9	715230	20535828
总计	429	12564722	398381431

资料来源：深圳证券交易所官网（http：//www.szse.cn/main/marketdata/）。

近年来，我国战略性新兴产业中的部分企业逐渐开始采用风险投资和私募股权的方式进行融资。2009年，风险投资及私募股权投资在信息产业、新能源产业、新材料产业、生物医药等战略性新兴产业的投资案例数量达307个，累计金额18.8亿美元。需要指出的是，风险投资和私募股权融资在发达国家战略性新兴产业的融资中占据了重要的地位，以美国为例，目前美国有 4200 多家风险投资公司为 102 家战略性新兴企业提供风险资本，资金总量高达 1000 多亿美元，这些资金支持了大约每年 1 万项以上高新技术成果转化项目。风险投资减少了资金所有者和需求者之间的信息空隙和资本约束，他们不仅向具有发展潜力又资金紧缺的企业提供前期资本，而且还对其生产运营状况进行必要的指导和监管（Lerner，1995 and Sahlman，1990）。而我国的战略性新兴产业对于风险资本和私募股权融资的利用还不够充分。2009—2011 年第三季度，我国互联网产业共获得风险资本 40 亿美元，IT 产业和医药产业各获得风险资本 7 亿美元，新能源产业获得风险资本 4 亿美元，高端制造产业获得风险资本 7 亿多美元。同期，我国互联网产业共获得私募股权融资 52 亿美元，IT 产业和医药产业分别获得私募股权融资 7 亿美元和 13 亿美元，新能源产业获得私募股权融资 32 亿美元，高端制造产业获得私募股权融资 42 亿多美元。[①] 比起发达国家战略性新兴产业的融资数据，我国的战略性新兴产业对于风险资本和私募股权融资的利用还有较为广阔的空间。

目前，我国战略性新兴产业中的企业大多仍处于发展初期阶段，普遍不符合进行债券融资的标准。因此，中小企业集合债券逐步被采用，成为战略性新兴企业直接融资的重要渠道，在一定程度上缓解了战略性新兴产业内中小企业的融资难题。通过对发行"07 深中小债"的 20 家企业的分析，可以发现，这些企业属于战略性新兴产业范畴的居多，其中电子信息产业大约占 55%，新能源和新材料产业一共占 25%。随着中小企业集合债发行程序的不断成熟以及战略性新兴产业整体融资需求的逐渐扩大，集合债融资将成为直接上市融资之后我国战略性新兴产业最主要的融资渠道。

---

① 数据来源：CEIC 数据库。

第二章　我国战略性新兴产业
融资模式实证分析

从第四篇的定性分析中，只能得出描述性的结论，并不能直观地观察到不同的融资方式对于我国战略性新兴产业发展的影响，因此，本章选取 60 家样本企业的实际数据，对我国战略性新兴产业的融资结构进行实证分析，从定量的角度考察各融资方式对于我国战略性新兴产业发展的促进作用。

第一节　多元线性回归分析模型构建

目前，我国战略性新兴产业采取的融资方式主要有资本市场直接融资、银行间接融资、内源融资和财政融资这四种，考虑到商业信用发展的速度较快，本书把商业信用融资也作为解释变量之一加入实证研究之中，目的在于拓宽我国战略性新兴产业融资方式选择的范围。由于分析的变量较多，选择的样本企业的范围较广，并且考虑到多年变化的面板数据，因此，本书选择多元线性回归模型对不同融资方式与我国战略性新兴产业发展的关系进行定量研究。

首先运用实际数据对我国战略性新兴产业的融资机制现状进行描述性统计分析，然后建立多元回归模型就直接融资、间接融资、内源融资、财政融资和商业信用融资这五种主要融资方式对战略性新兴产业经营绩效的影响进行实证检验，本章研究既是前文理论研究的延伸及核证，也是本书研究的逻辑归属。

一　基本模型

多元线性回归模型（multiple linear regression model）也称多元回归

模型，是指通过对两个或两个以上的自变量与一个因变量的相关分析，建立预测模型进行预测的方法。

多元线性回归的数学模型为：

$$y = \beta_0 + \beta_1 x_1 + \cdots + \beta_m x_m + \varepsilon \qquad \text{式（5—1）}$$

其中，y 为随机变量，$x_1, x_2, \cdots, x_m$ 为 m 个自变量，β_0 为截距项（intercept），$\beta_1 \cdots \beta_m$ 是与 m 个自变量一一对应的估计参数，也称作回归系数，ε 是随机变量，表示误差项或干扰项（disturbance），包括除了 x_1, $x_2, \cdots, x_m$ 之外仍影响 y 的一些因素。

模型的四个基本假定：

假设 1 随机误差项具有零均值、同方差及不序列相关性。

$$E(\mu_i) = 0 \quad i \neq j, i, j = 1, 2, \cdots n$$

$$Var(\mu_i) = E(\mu_i{}^2) = \sigma^2$$

$$Cov(\mu_i, \mu_j) = E(\mu_i \mu_j) = 0$$

假设 2 解释变量与随机项不相关

$$Cov(X_{ji}, \mu_i)$$

假设 3 随机项满足正态分布

$$\mu_i \sim N(0, \sigma^2)$$

假设 4 解释变量是非随机的或固定的，且各 X 之间互不相关（无多重共线性）。

二　模型的统计检验

1. 拟合优度的测定

$$SST \equiv \sum_{i=1}^{n} (y_i - \bar{y})^2 \qquad \text{式（5—2）}$$

$$SSE \equiv \sum_{i=1}^{n} (\hat{y}_i - \bar{y})^2 \qquad \text{式（5—3）}$$

$$SSR \equiv \sum_{i=1}^{n} u_i^2 \qquad \text{式（5—4）}$$

可证明 $SST \equiv SSE + SSR$，两边同时除以 SST，得 $\dfrac{SSE}{SST} + \dfrac{SSR}{SST} = 1$

$$R^2 \equiv \frac{SSE}{SST} = 1 - \frac{SSR}{SST} \qquad \text{式（5—5）}$$

并且，R^2 等于 y_i 的实际值及其拟合值 y_i 之间的相关系数的平方。

$$R^2 = \frac{[\sum_{i=1}^{n}(y_i - \bar{y})(\hat{y}_i - \bar{\hat{y}})]^2}{[\sum_{i=1}^{n}(y_i - \bar{y})^2][\sum_{i=1}^{n}(\hat{y}_i - \bar{\hat{y}})^2]} \qquad 式（5—6）$$

该统计量越接近于 1，模型的拟合优度越高。

2. 变量的显著性检验（t 检验）

方程的总体线性关系显著≠每个解释变量对被解释变量的影响都是显著的。因此，必须对每个解释变量进行显著性检验，以决定是否作为解释变量被保留在模型中。这一检验是由对变量的 t 检验完成的。

由于 $Cov(\hat{\beta}) = \sigma^2(X'X)^{-1}$ 　　　　　　　　　　　式（5—7）

以 c_{ii} 表示矩阵 $(X'X)^{-1}$ 主对角线上的第 i 个元素，于是参数估计量的方差为：

$$Var(\hat{\beta}_i) = \sigma^2 c_{ii} \qquad 式（5—8）$$

其中 σ^2 为随机误差项的方差，在实际计算时，用它的估计量代替：

$$\hat{\sigma}^2 = \frac{\sum e_i^2}{n-k-1} = \frac{e'e}{n-k-1} \qquad 式（5—9）$$

易知，$\hat{\beta}_i \sim N(\beta_i, \sigma^2 c_{ii})$

因此，可构造如下 t 统计量

$$t = \frac{\hat{\beta}_i - \beta_i}{S_{\hat{\beta}_i}} = \frac{\hat{\beta}_i - \beta_i}{\sqrt{c_{ii}\dfrac{e'e}{n-k-1}}} \sim t(n-k-1) \qquad 式（5—10）$$

设计原假设与备择假设：

H_0：$\beta_i = 0$（i = 1，2…k）

H_1：$\beta_i \neq 0$

给定显著性水平 α，可得到临界值 $t_{\alpha/2}(n-k-1)$，由样本求出统计量 t 的数值，通过 $|t| > t_{\alpha/2}(n-k-1)$ 或 $|t| \leqslant t_{\alpha/2}(n-k-1)$ 来拒绝或接受原假设 H_0。

3. 方程显著性的 F 检验

即检验模型

$Y_i = \beta_0 + \beta_1 X_{1i} + \beta_2 X_{2i} + \cdots + \beta_k X_{ki} + \mu_i$　　　i = 1，2，…，n

中的参数 β_j 是否显著不为 0。

可提出原假设与备择假设：

H_0：$\beta_0 = \beta_1 = \beta_2 = \cdots = \beta_k = 0$

H_1：β_j 不全为 0

F 检验的思想：

$$SST = SSE + SSR \qquad\qquad 式（5—11）$$

由于回归平方和 $SSE = \sum \hat{y}_i^2$ 是解释变量 X 的联合体对被解释变量 Y 的线性作用的结果，考虑比值 $SSE/SSR = \sum \hat{y}_i^2 / \sum e_i^2$。

如果这个比值较大，则 X 的联合体对 Y 的解释程度高，可认为总体存在线性关系；反之总体上可能不存在线性关系。因此，可通过该比值的大小对总体线性关系进行推断。

根据数理统计学中的知识，在原假设 H_0 成立的条件下，统计量

$$F = \frac{SSE/k}{SSR/(n-k-1)} \qquad\qquad 式（5—12）$$

矩阵形式服从自由度为 $(k, n-k-1)$ 的 F 分布。

给定显著性水平 α，可得到临界值 $F_\alpha(k, n-k-1)$，由样本求出统计量 F 的数值，通过 $F > F_\alpha(k, n-k-1)$ 或 $F \leq F_\alpha(k, n-k-1)$ 来拒绝或接受原假设 H_0，以判定原方程总体上的线性关系是否显著成立。

第二节　样本的选取和指标的评定

一　样本的选取

在各种学术研究中，由于涉及面较广，统计全部测算单位的工作量较大，或者是全面覆盖性分析的意义不大等诸多原因，学者们往往偏向于采取抽样分析的方法，并不研究母体（即研究对象的全部），而是选取一定的样本（母体的小集合体）进行研究分析，最终得出结论。这样，对于样本的选取就要进行严格的限制和规范，以使得其具有代表母体的一般特征。一般而言，抽样的程序分为以下几个步骤：第一，界定母体，如果母体界定边界模糊，就不能很好地从中抽取有代表意义的样本，也就不能得出合理的结论；第二，获得母体的全部名单，这份名单一般而言要求完整可靠；第三，选择适当的科学的抽样方法；第四，根

据规范的程序要求，抽取样本。

一般而言，常用的抽样方法主要包括两种：随机抽样和非随机抽样。其中，随机抽样可以细分为若干种实际操作中常用的方法：其一，简单随机抽样，简单随机抽样是对研究的全部单位完全不经过筛选分析，仅仅按照随机的原则抽取一定数量的子单位作为研究样本的方法，这种方法简单易行，在每次的抽选中都能够赋予所有的参选单位同样的抽中概率，得出的结果也更具科学性和代表性，具有一定的说服力。对于战略性新兴产业而言，简单随机抽样方式能够使得全部的战略性新兴企业具有同等的参选机会，用此种方式选出的企业未经刻意筛选，更具一般性和同质性。其二，等距抽样，此种抽样方式一般适合于有数字排序或者是有规律可循的母体，例如有工号的工人，生产流水线上的产品等等，可以根据其具有的代码和数字进行抽样，例如，抽取尾号为双数的作为样本，或者以 1，5，10，15，20……作为抽取原则。对于战略性新兴产业而言，由于各产业中的企业数量众多，且又不具有规律性和排序性，因此，这种等距抽样的方式不适合用于战略性新兴产业的实证研究。其三，分层随机抽样，分层随机抽样是根据母体的特性将其分成不同的若干类，或者称为若干层，然后均等地从不同的层次抽取一定数量的个体作为样本，这种方法的优点是不会集中抽取同一层次的单位作为样本，从而使得样本的分布更具合理性，避免某一个独立的子集权重过大。这种方法从某种意义上来讲，适合用以分析战略性新兴产业的数据，但是，由于战略性新兴产业在我国主要分为七大产业，而每一个产业的发展路径和发展状况各不相同，如果将七大战略性新兴产业作为七个层次，均等地从七个层次中抽取等量的样本的话，反而不能够科学地分析战略性新兴产业作为整体的运行状况，因此，这种方式也具有一定的局限性。

而非随机抽样主要包括全面抽样、最大差异抽样、典型个案抽样三种类型。其中，全面抽样方法是指在样本总数量较小的情况下，将总的母体作为研究对象，这样一来不会产生因为样本抽取权重的问题导致的结论偏差。但是，战略性新兴产业是七类大型的产业，其下各包含众多的小产业和众多的企业，将所有的企业纳入战略性新兴产业实证研究的范畴之内将会是一个非常庞大的工程，需要数年时间的收集和整理，不具有可行性，因此，这种方法不适用于对战略性新兴产业的研究。最大差异抽样方法也称为配额抽样，是指分别抽取母体中最具个体特征的样本进行研究，这种方式很显然也不适用于对战略性新兴产业的研究。典型个案抽样是指在对研究母体进行初步分析的基础上，有针对性地选取若干有代表性的样本进行调查，这种方法的针对性较强，但是往往得出的结论覆盖的范围较窄，不具有一般性和可参考性。

样本选取即确定决策单元，也就是选取实际观测和调查的个体的参考集。考虑到选取样本的科学性和数据的可得性，本书选取 2001 年之后上市的战略性新兴产业中的企业作为样本母体，来探讨我国战略性新兴产业的融资结构，进而分析我国战略性新兴产业的融资问题。

根据以上分析，本书决定采取简单随机抽样的方式获得最终的样本。样本选取我国七大战略性新兴产业中具有代表性的 80 家企业，涉及新能源、新材料、新医药、节能环保、新一代信息技术、新能源汽车和高端装备制造。基于数据的可得性，在这 80 家企业中有一小部分企业财务报表并没有连续性或者财务报表编制方法不规范，因此，本书最后从这 80 家企业中筛选出 60 家企业 2008—2010 年的报表数据作为实证研究的最终样本。在这 60 家战略性新兴企业中，根据各产业发展情况的不同，对于各产业中样本的选择也不尽相同，其中，新一代信息技术产业 21 家，即安徽铜峰电子股份有限公司、上海宝信软件股份有限公司、精伦电子股份有限公司、吉林华微电子股份有限公司、深圳市特发信息股份有限公司、云南南天电子信息产业股份有限公司、东软集团股份有限公司、北京中创信测科技股份有限公司、浙大网新科技股份有限公司、武汉光迅科技股份有限公司、上海广电信息产业股份有限公司、广东风华高新科技股份有限公司、湖南湘邮科技股份有限公司、深圳赛格股份有限公司、江苏中天科技股份有限公司、宁波韵升股份有限公司、广东汕头超声电子股份有限公司、同方股份有限公司、广东生益科技股份有限公司、厦门信达股份有限公司、深圳市桑达实业股份有限公司；新医药产业 13 家，即北京天坛生物制品股份有限公司、云南白药集团股份有限公司、山东新华制药股份有限公司、康美药业股份有限公司、丽珠医药集团股份有限公司、浙江杭州鑫富药业股份有限公司、乐普（北京）医疗器械股份有限公司、北大国际医院集团西南合成制药股份有限公司、湖南海利化工股份有限公司、江苏鱼跃医疗设备股份有限公司、海南海药股份有限公司、成都博瑞传播股份有限公司、上海复星医药（集团）股份有限公司；新材料产业 8 家，即北京中科三环高科技股份有限公司、有研半导体材料股份有限公司、瑞泰科技股份有限公司、方大集团股份有限公司、烟台万华聚氨酯股份有限公司、佛山塑料集团股份有限公司、安泰科技股份有限公司、河南安彩高科股份有限公司；新能源和新能源汽车产业 2 家，即深圳新宙邦科技股份有限公司和湖南科力远新能源股份有限公司；节能环保产业 3 家，即福建龙净环保股份有限公司、北京三聚环保新材料股份有限公司、浙江菲达环保科技股份有限公司；高端装备制造产业 11 家，即上海振华重工（集团）股份有限公司、上海航天汽车机电股份有限公司、中国北车股份有限公司、中国南车股份有限公司、沈阳新松机器人自动化股份有限公司、中信海洋直升机股份有限公司、山推工程机械股份有限公司、航天信息股份有限公司、海洋石油工程股份有限公司、威海华东数控股份有限公司、无锡威孚高科技股份有限公司。样本企业详见表 5—2。

表 5—2　　　　　　　　　　样本企业分布　　　　　　　　　（单位：万元）

产业	企业简称	企业规模	产业	企业简称	企业规模	产业	企业简称	企业规模
信息技术	铜峰电子	148082	新医药	天坛生物	244809	高端装备	振华重工	4528713
	宝信软件	249214		云南白药	763306		航天机电	789741
	精伦电子	58241		新华制药	273956		中国北车	7716220
	华微电子	311847		康美药业	820820		中国南车	7356567
	特发信息	159635		丽珠	366199		机器人	129167
	南天信息	238900		鑫富药业	120143		中信海直	251641
	东软股份	685887		乐普医疗	222675		山推股份	1069807
	中创信测	70373		西南合成	197915		航天信息	649915
	网新科技	443080		湖南海利	128292		海洋石油	1792070
	光迅科技	145040		鱼跃医疗	106350		华东数控	204441
	广电信息	293716		海南海药	107824		威孚高科	676162
	风华高科	329603		成都博瑞	231686	新能源	宝新能源	737129
	湘邮科技	46687		复星实业	1682014		华能国际	22395275

续表

产业	企业简称	企业规模	产业	企业简称	企业规模	产业	企业简称	企业规模
	G 赛格	146627		中科三环	279453	新能源汽车	新宙邦	110052
	中天科技	473476		有研硅股	123122		科力远	214445
	宁波韵升	308504		瑞泰科技	164130	节能环保	龙净环保	571144
	G 超声	336684	新材料	方大集团	199116		三聚环保	145010
	同方股份	2486464		烟台万华	1294292		菲达环保	202773
	生益科技	556407		佛山塑料	445634			
	厦门信达	336541		安泰科技	539802			
	深桑达	148945		安彩高科	188880			

资料来源：作者自行整理。

数据的采集来自各样本公司官方网站的资产负债表和利润表中的相关统计数据，在选取样本企业时剔除 ST（Special Treatment）股票，即被列为特别处理的股票，ST 股票已体现出企业财务状况或者其他方面的异常，即企业的运作已经处于非正常状态，不适合用以实证研究。

二 样本的统计描述

从选取的 60 家战略性新兴企业样本的 2008—2010 年的年报中获得各指标的相应数据，分析所得数据可以看出，在抽取的这 60 家样本企业中，除了有 13 家企业资产总额在 10 亿元以下外，其余 47 家企业的总资产都超过了 10 亿元，有 6 家企业的总资产还超过了 100 亿元。虽然总资产的账面价值很庞大，但是各企业的净利润并不全是很乐观，从各企业的均值来看，2008 年该 60 家企业的平均总资产收益率为 2.09%，2009 年该 60 家企业的平均总资产收益率为 3.88%，2010 年为 3.56%，可以看出，我国的战略性新兴产业的发展一直处于增长状态，但是涨势趋缓。

从融资渠道方面分析，由各企业的资产负债表可以看出，企业的融资渠道大体上可以归结为五种：直接融资、间接融资、内源融资、政府支持和商业信用融资（如表 5—3）。

表 5—3　　　　　　　　样本企业的融资方式及比率

年份	直接融资率	间接融资率	内源融资率	财政融资率	商业信用融资率
2008	38.02%	18.98%	13.13%	1.31%	19.35%
2009	47.31%	18.23%	12.36%	1.52%	18.63%
2010	37.98%	17.39%	13.91%	1.34%	18.89%

数据来源：作者根据各企业资产负债表自行计算所得。

由样本企业融资率均值的统计可知，在这五种主要的融资方式中，股权融资所占的比重最大，在 2008—2010 年三年间，样本企业的直接融资率均值分别为 38.02%、47.31% 和 37.98%，超过了总资产的1/3；间接融资一直保持在 18% 左右，但是进一步观察可以发现，在这三年统计年间，间接融资的比重有逐年下降的趋势，并且，值得指出的是，在本书抽取的 60 家样本企业的间接融资中，虽然长期借款的总额大于短期借款的总额，但是 2008—2010 年间，几乎所有的样本企业都能够得到短期借款，而获得长期借款的企业却不多，2008 年长期借款为 0 的企业有 29 家，2009 年长期借款为 0 的企业有 20 家，2010 年长期借款为 0 的企业有 21 家；内源融资率的均值保持在 13% 左右，并未有下降的趋势；政府对于战略性新兴产业的支持可以从政府补助、递延所得税等方面体现，虽然长期以来，政府一直在增强对于战略性新兴产业的扶持力度，但是从统计数据上看，财政融资率均值比重较低，可见政府补助以及税费的减免和递延并不是样本企业融资的主要来源；从商业信用融资率的数据上可以看出，近年来，商业信用的发展已经成为战略性新兴企业重要的融资来源，所占比重接近1/5，商业信用已经成为与间接融资同等重要的融资渠道，一般而言，商业信用包括应付账款、应付票据、应付债券和预收账款等，其中应付账款、应付票据、应付债券可视为企业向其卖家的短期融资，而预收账款则可视为企业向其买方客户的短期融资，在这四类商业信用中，以应付账款和预收账款为主要融资形式，应付债券这种形式目前还不为我国战略性新兴企业所采用，在60 家样本企业中，2010 年只有 8 家企业采用应付债券的形式融资。

三　评价指标的确定

本书根据战略性新兴产业所属企业的资产负债表和损益表，从企业融资来源的期限和性质来研究我国战略性新兴产业的融资结构。以往对于战略性新兴产业融资结构的实证研究几乎为零，而对于传统企业的融资结构研究也主要是从长期债务和股票融资两大方面出发，分析企业的融资顺序和最优资本结构，很少涉及企业的商业信用融资和内源融资，然而，由于战略性新兴产业的新兴性，很多的企业仍处于产业生命周期的初期阶段，寻求外源融资的渠道有限，因此，商业信用（如应付账款、应付票据、预收账款等）和企业的内源融资就成为了企业融资的主要来源之一。基于此，本书不仅遵循融资结构分析的经验，考察长期负债和股权融资对于企业发展的影响，同时，也将短期融资和内源融资的因素纳入考察范围。

被解释变量的选择

对于企业发展指标，学术界最常选用的指标主要有：总资产收益率、总资产周转率、净资产收益率、主营业务收益率、无形资产增长率等。总资产收益率（Return on Total Assets，ROTA）是分析企业未来盈利能力的一个重要指标，总资产收益率是用净利润除以平均资产总额（年初资产总额与年末资产总额的算术平均数）计算所得，用以衡量资产的运用效率和资产的盈利性效果，在资产总规模一定的情况下，总资产收益率指标可以充分衡量公司盈利的稳定性和持久性，用以判断企业经营状况的好坏。总资产周转率是衡量企业资产利用效率的指标，一般而言，总资产周转率等于营业收入净额除以平均资产总额（年初资产总额与年末资产总额的算术平均数），算出的最终数额越大，说明该企业资产的周转率越高，资产的利用效率越高，这会直接带来企业利润的增加。企业的管理人员通常利用该指标来判断企业资产的利用效率，及时发现闲置资产和利用不充分的资产，改进运作方式，提高资源利用效率，改善经营业绩。净资产收益率（Rate of Return on Common Stockholders' Equity，ROE），又称为股东权益报酬率，是企业税后净利润与平均股东权益的比率，指标数值越高，表示投资所得的收益越高。净资产收益率主要衡量的是企业对于资本的利用效率，它可以弥补 EPS 指标的不足，一般情况下，上市公司如果向股东派发红股之后，每股盈利数额会下降，即 EPS 数值减少，给人们的直观感觉是公司的获利能力下降了，但是，事实上，公司的经营状况并没有恶化，如果是用净资产收益率来衡量的话，就不会出现这样的错误信号。主营业务是指一家企业主要经营的项目和带来主要利润来源的业务。主营业务收益率是指主营业务利润同主营业务收入净额的比率，反映的是企业主要业务的营利性，该指标数值越大，说明该企业在市场竞争中越占优势，发展潜力越大，获利能力越强。但是，如果企业的发展战略是多元化的，那么主营业务在其业务结构中的作用将会逐渐淡化，此时如果仍选用该指标作为衡量指标，那么其结果就不再具备很强的说服力了。无形资产（Intangible Assets）是指企业拥有的没有实物形态的但是又可以带来收益的资产，主要包括金融资产、信誉、专利、商标等。蔡吉祥（2002）指出："无形资产是无形固定资产的简称，是指不具有实物形态而主要以知识形态存在的独占经济资源，它是为其所有者或合法使用者提供某种权利或优势的固定资产。这种资产应用得当可创造收益。""无形资产包括知识产权、秘密信息、特许经营权、商誉等。"无形资产的增长率从某种意义上说，是衡量企业的软实力，以及在今后市场竞争中的核心竞争力。

在以上分析的各种常用指标中，以总资产收益率（ROA＝净利润/平均总资产）、净资产收益率（ROE＝净利润/平均净资产）和主营业务收益率（ROS＝主营业务利润/主营业务收入）最为常用。但是，净资产收益率容易受到固定资产折旧、各种费用增减不定的影响，最终使得净资产收益率并不一定能真实反映企业的经营状况，而在战略性新兴产业中许多企业的主营业务并不突出，主营业务利润率作为被解释变量并不具有很强的说服力，同时考虑到数据的可得性和口径的一致性，本书选用总资产收益率作为实证的被解释变量。

对于公司资本结构的价值衡量要选用市场价值还是使用账面价值，目前学术界和金融界各位学者和专家的意见大相径庭。市场价值是指交易的产品或者资产在市场上的价格，这种价格是市场上的买卖双方通过力量的较量竞价后得出的结果，能够很好地反映产品或者资产的真实价值，但是，这种衡量方式常常受到市场上其他因素的影响，因此，如果要选用市场价值作为数据来源的话，首先应当充分考察市场是否处于均衡的状态，测度是否有其他重要的影响因素存在，从而可能会影响实证检验的结果。账面价值是指资产类项目的账面余额减去折旧或摊销等相关项目后的净额，其反映的是在资产计入账目的时期的价值，并不反映市场上对于该资产的评估，一般而言，账面价值不容易受到市场诸多因素的影响，具有很大程度的稳定性和可参考性。

对于是选择市场价值还是账面价值的问题，一种观点认为，市场更具有效性，能够真实即时地反映企业的内在价值和企业成长的前景，而账面价值较易受人操控，账面价值的真实性有待考证，此外，账面价值在某种程度上还有一定的滞后效应；另一种观点认为，市场价值的波动性较大，市场价值中往往会包含一部分非理性的因素，由此计量的各种比率也相应地会出现一定程度的波动，所以，用市场价值来衡量企业的经营状况和成长性在学术上并不具有可操作性，而且像美国著名的标准——普尔和穆迪公司所在的资产负债率等方面的行业标准均以账面价值确定。因此，本书在衡量公司的融资结构中也采用账面价值指标。

解释变量的选择

从战略性新兴产业的融资渠道来看，目前除了股市直接融资、银行间接融资和内部融资之外，还包括商业信用融资和国家对于战略性新兴产业的财政支持。因此，本书从融资渠道的角度分析，将解释变量定为以下五个：

（1）直接融资率（DF）＝（股本＋资本公积）/总资产

直接融资是指在没有金融中介的情况下，直接从资本市场融得资金，在这种融资模式中，资金的供求双方直接接洽签订协议，或是由资金的盈余方/投资者在资本市场上直接购买资金需求方/筹资方发行的有价证券。与间接融资相比，直接融资具有一些特有的优势：其一，直接融资模式能够最大限度地吸收社会资金，提高资本的运作效率；其二，直接融资方式，特别是股权融资方式，不受财务杠杆的限制，企业可以获得永久的资金；其三，通过直接融资方式，企业可以提高自身的知名度，扩大企业的影响力。因此，许多企业在外源融资的选择上都比较倾向于采用直接融资方式。但是，直接融资也有一定的缺点，最主要的缺点就是直接融资的企业需要公开自己的财务报表和经营的主要信息，不利于企业战略发展的保密性。总体上来说，直接融资的利还是要大于弊。

直接融资体现了企业从股票市场获得资金的数额和能力，对于处于成长期阶段的战略性新兴企业而言，直接融资是其融资的重要来源，股权资本的获得是支持成长期的战略性新兴企业向成熟期过渡的重要力量。目前，随着资本市场的发展和制度的完善，我国战略性新兴产业也越来越多的倾向于采取直接融资的方式进行融资，尤其是进行股权融资。股本是企业在一级市场发行的全部股份，包括普通股和优先股。资本公积则包括股本溢价、资产评估增值和其他资本公积，在我国的财务制度中，资本公积只能按照法定程序转增资本，在实际操作中，也有很多的上市公司将资本公积转增资本，因此，这里将资本公积也算作直接融资中的一部分。

（2）间接融资率（BF）＝（短期借款＋长期借款）/总资产

间接融资是指通过金融中介机构进行资金融通的方式，资金的供求双方并不直接接洽，而是在一定的时期里，资金盈余方将盈余资金存入各类金融机构，如商业银行、储蓄机构等，再由这些金融机构将汇集起来的资金以借贷的方式拨付给资金的需求方使用。资金的盈余方和筹资方并不直接联系，也不发生债权债务关系，而是由金融中介机构进行资金的调配，实现资金的优化配置。这种方式减少了资金供求双方相互搜寻的成本和寻价的成本，对于投融资双方都有利。一般而言，间接融资主要包括银行信用和消费信用两种方式，在对于企业的融资中，银行间接融资占主导地位。对于资本市场发展尚不完善的我国而言，战略性新兴产业能够从资本市场的创业板和中小板融资的机会并不是很多，更多的时候还是要依赖于银行的贷款来维持运作，这样一来，在整个产业中，企业融资来源的最重要渠道之一就是银行间接融资。

银行间接融资是战略性新兴企业主要的融资来源之一，尤其是对于不具备上市资格的战略性新兴企业，银行间接融资便成为了其最重要的外部融资来源，银行间接融资一般包括短期融资和长期融资两种方式，其中长期融资是银行间接融资的主要形式。

（3）内源融资率（IF）＝（留存收益＋未分配利润）/总资产

由于战略性新兴产业的"新兴性"，许多企业的外部融资都比较困难，所以对于处于创业初期的大部分企业来说，内源融资是其必要的融资来源，内源融资与外源融资相比，其优缺点都比较鲜明。从总体上来看，内源融资的优点主要有：内源融资来源于自有资金，无论在筹集方面还是在使用方面都不受外界的干扰，自主性比较强，而且对于股东也有一定的激励作用；企业的外源融资总会涉及发行费用等问题，然而内源融资则不需要支付筹资的相关费用，能够节约成本；此外，未分配利润融资不会增加股票的数量，从而保证了股东的股权和控制权不会被稀释和分散。但是，内源融资也存在一些不足，相对于我国的战略性新兴产业而言，首先，如果战略性新兴产业仍处于初期发展阶段，资金自我累积能力较弱，不可能有较大规模的内源融资，或者说，内源融资的数量不能满足企业发展的需要；其次，内源融资要求尽可能多地预留未分配利润，而对于股东来说，他们可能会要求多支付股利，最后，股利减少会影响以后的外部融资，不利于树立企业良好的盈利形象。内源融资包括留存收益、折旧、定额负债等，在本书的研究中，基于数据的可得性，把资产负债表中的留存收益和未分配利润视为企业的内源融资。

（4）财政融资率（FF）＝（政府补助＋递延所得税＋应交税金）/总资产

所谓财政融资，主要指的是财政部门以各种形式提供资金或者进行税收减免，支持企业的发展，其中财政包括中央财政和地方财政两种。财政融资从本质上讲是为了弥补市场经济的自发性和盲目性的缺陷，从国家的层面对国民经济进行调节的行为，财政融资具有无偿性和政策性的特点，资金使用期限长，来源稳定可靠。一般而言，财政融资的资金会投入到国家大力支持发展的产业中去。我国战略性新兴产业正是国家于2010年正式发布通告要大力发展的七大产业，财政支持是战略性新兴产业稳健发展的保障，此外，财政融资还能够起到告示作用，引导社会其他方面的资金流向战略性新兴产业发展领域。

战略性新兴产业是我国的支柱型产业，是未来带动我国国民经济的龙头产业，国家对于战略性新兴产业的支持一直以来有增无减，本书把政府补助、递延所得税和应交税金纳入财政融资进行考虑。

（5）商业信用融资率（CF）＝（应付账款＋应付票据＋预收账款＋应付债券）/总资产

商业信用融资是指企业之间在买卖商品时，以商品形式提供的借贷活动，是经济活动中的一种最普遍的债权债务关系。商业信用以其方式简单、筹资成本低、限制少的优点在现今的企业融资中占据越来越重要的地位，商业信用的存在对于扩大生产和促进流通起到了十分积极的作用。商业信用融资的使用要求具备一些条件，包括完善的信用制度、紧密联系的上下游企业关系等，在市场经济发展较好的国家，商业信用融资是一种非常普遍又重要的融资方式，对于企业和实体经济的发展有着重要意义。但是，对于我国而言，商业信用的发展尚处于起步阶段，并没有大规模的应用。而随着信用制度的建立健全，已经有越来越多的企业开始尝试使用该种融资模式。本书中，把商业信用的范围扩展到应付账款、应付票据、预收账款和应付债券四个方面来进行研究。

变量定义详见表5—4：

表5—4　　　　　　　　　　　　变量定义表

变量类别	变量名称	变量标识	变量定义
解释变量	直接融资率	DF	（股本＋资本公积）/总资产
	间接融资率	BF	（短期借款＋长期借款）/总资产
	内源融资率	IF	（留存收益＋未分配利润）/总资产
	财政融资率	FF	（政府补助＋递延所得税＋应交税金）/总资产
	商业信用融资率	CF	（应付账款＋应付票据＋预收账款＋应付债券）/总资产
被解释变量	总资产收益率	ROA	净利润/平均总资产

资料来源：作者自行编制。

本书采用多元线性回归分析的方法，研究战略性新兴企业的发展与企业融资结构的关系。模型的形式为式5—1所示：

$$y = \beta_0 + \beta_1 x_1 + \cdots + \beta_m x_m + \varepsilon \qquad 式（5—1）$$

把公式中的因变量和自变量转换成本书设定的被解释变量和解释变量，则式（5—1）即为：

$$ROA = \beta_0 + \beta_1 * DF + \beta_2 * BF + \beta_3 * IF + \beta_4 * FF + \beta_5 * CF + \varepsilon$$
$$式（5—13）$$

第三节　实证分析

本书用stata10.0计量软件对60家样本企业2008—2010年的面板数据进行固定效应模型（fixed effects model）分析，根据样本企业的原始数据计算得出解释变量和被解释变量的统计值，由上述模型式（5—13）进行回归分析，得出结果见表5—5。

表 5—5　　　　　　　　　　　　　　面板数据回归结果

Fixed – effects（within）regression	Number of obs = 180
Group variable：id	Number of groups = 60

R – sq：within = 0.3133	Obs per group：min = 3
between = 0.4656	avg = 3.0
overall = 0.3577	max = 3

F (5, 115) = 10.50	
corr (u_ i, Xb) = −0.7261	Prob > F = 0.0000

ROA	Coef.	Std. Err.	t	P > t	[95% Conf. Interval]	
CF	0.1143609	0.1519138	0.75	0.453	−0.1865512	0.415273
FF	0.5953799	0.5290266	1.13	0.263	−0.45252	1.64328
IF	0.4651656	0.093139	4.99	0.000	0.2806751	0.649656
BF	−0.3215185	0.1073828	−2.99	0.003	−0.5342232	−0.108814
DF	0.0072487	0.0164704	0.44	0.661	−0.025376	0.0398734
_ cons	0.0106987	0.0438146	0.24	0.808	−0.0760895	0.097487

F test that all u_ i = 0：F (59, 115) =1.71 Prob > F = 0.0074。

数据来源：样本企业数据经 stata10.0 软件计算所得。

从所得 F 值来看，回归方程相关性显著。从 t 值和 P > t 值来看，一般而言，t 值大于 2，P > t 值要小于 0.01 方可引入回归方程，而 P > t 值大于 0.1 的变量将要被移出方程。因此，从 t 值和 P > t 值进行分析，战略性新兴企业的经营发展与内源融资率和间接融资率相关，与其他解释变量的相关性不显著。

这个结果从很大程度上反映了现阶段战略性新兴产业中大多数企业融资的现状，由于战略性新兴产业中的大多数企业目前仍处于成长阶段，甚至是起步阶段，公司经营状况的很多指标达不到上市标准，而在主板上市的很多企业的股份中，也是国有股占据了很大的比重，商业银行对于战略性新兴企业的融资需求也是选择性的满足，因此，对于战略性新兴企业，特别是规模较小的企业来说，其融资的渠道还是很狭窄，融资的主要来源仍然是企业内部盈利的存积。内源融资的重要性早在

1958 年就由经济学家 Modigliani 和 Miller 提出，在两位经济学家的著作《资本成本、公司财务和投资管理》一书中提出了"MM 理论"，其核心思想是认为在没有税收、不考虑交易成本以及个人和企业贷款利率相同的条件下，企业的总价值与其资本结构无关。此模型包含了太多的假定条件，只有对其进行进一步的修正和补充才能更为准确地说明现实经济中的问题。因此，在此之后，包括 Modigliani 和 Miller 两位经济学家在内的许多学者分别对其进行了修正和补充。其中，Donaldson（1961）研究发现，企业在筹集发展所需资本之时，对于融资渠道的选择倾向于一种排序：首先是内源融资，其次是银行借贷，最后才是在资本市场直接融资。

内源融资一直以来都是处于发展初期和中期的战略性新兴企业的首要资金来源，主要包括留存收益和未分配利润。从战略性新兴企业融资策略的角度出发，虽然内源融资的数额在一定程度上会受到股东的限制，但是由于内源融资的成本低，所以往往成为企业的首选。Fluck，Holtz—Eakin and Rosen（1998）研究发现，在企业生命周期的初期，内源融资的比率会持续上升；Ou and Haynes（2003）指出，大部分处于创业期的企业都会偏向于使用内源融资。并且，各国的实践都表明，新兴企业的资本性融资在企业发展前期阶段并不依赖于资本市场，而更多的来源于天使资本和内源性的资本融资。美国新兴企业的内源融资的比率最为突出，一般会在 60% 左右，银行间接融资约为 20%，其余则是从资本市场和民间渠道获得。其他发达国家，如法国、意大利等内源融资的比重在 50% 左右。①

实证分析的结果显示，战略性新兴企业的内源融资的比重与企业的经营效益呈正相关关系。就内源融资与企业经营发展的关系来看，首先，内源融资是战略性新兴企业在发展初期最基本、最易获得的融资方式，没有内部资金的积累，企业无法进行外部融资，并且战略性新兴企业由于其战略性的特质，企业发展的战略目标和发展的风险性都要比其他的企业位于更高层次，这也意味着这些企业外部融资的所需数额会更加庞大，争取外部融资的时候会遭遇更多的困难，而只有内源融资的规模足够大，占比足够重，才能有更多的机会获得外部的资本。企业负债

① 董辅仁：《中小企业的融资问题》，《科技潮》1999 年第 11 期。

经营，首先，是企业自有资本实力的体现，自有资本为企业负债融资提供了信誉保证，为企业的进一步发展提供有力的支持；其次，内源融资数额的增长本身也就意味着企业的成长，只有运营稳妥，健康成长的企业才能汇集越来越多的留存收益和未分配利润，而这些资金在转化为资本之后又会促进企业的发展，形成良性的循环。

在表5—5 面板数据回归结果中，BF 的 t 值一栏的结果为 -2.99，这意味着解释变量银行间接融资率 BF 与被解释变量资产收益率 ROA 之间为负相关关系。这种负相关关系在 2008 年的截面数据回归结果中更为突出，见表5—6：

表 5—6 　　　　　　　　 **2008 年截面数据回归结果**

ROA	Coef.	Std. Err.	t	P > t	[95% Conf. Interval]	
CF	− 0. 2034951	0. 1391463	− 1. 46	0. 149	− 0. 4824667	0. 0754765
FF	− 0. 0918386	0. 4970063	− 0. 18	0. 854	− 1. 088276	0. 904599
IF	0. 1501393	0. 1375998	1. 09	0. 28	− 0. 1257318	0. 4260104
BF	− 0. 3469895	0. 1553225	− 2. 23	0. 03	− 0. 6583924	− 0. 0355867
DF	− 0. 1599285	0. 1342343	− 1. 19	0. 239	− 0. 4290521	0. 1091952
_ cons	0. 1954822	0. 1227662	1. 59	0. 117	− 0. 0506493	0. 4416137

数据来源：样本企业 2008 年数据经 stata10. 0 软件计算所得。

从表5—6 中可知，就 2008 年单年的截面数据分析来看，银行间接融资与企业发展的相关性最强，且呈现负相关关系。这一结果与国内外许多学者的研究结果相似，Rajan and zingales（1995）的研究认为，企业成长性和负债率为负相关关系；Robb（2002）提出，处于创业期的企业更倾向于采用间接融资；Cassar（2004）进一步指出，初创期企业的规模是影响企业间接融资比例的重要因素，规模大的企业更容易获得间接融资，也更愿意采用银行融资的方式获得资金。Gabriela and Mario（2005）的研究表明，虽然在企业发展的成熟阶段，企业的负债率会下降，但是在融资结构的选择上仍会以债务融资作为首选，其次才是权益融资；国内学者肖虹（2007）的研究同样证实了这一观点，她研究发现，企业发展历程越长，越偏好债务融资，并且处于成熟期的企业比成长期的企业其资产负债率与企业的发展状况的负相关性更大。而且，国内的其他学者，如陆正飞和辛宇（1998）、黄晓莉（2002）、肖作平（2004）等都曾研究发现企业的负债率与企业的经营发展呈负相关关系。

就我国战略性新兴企业而言，银行间接融资是其重要的融资来源之一。从2008—2010年样本企业的数据来看，60家战略性新兴企业2008—2010年平均间接融资率分别为18.98%、18.23%和17.39%，可以看出，随着企业的发展，企业采用的间接融资的比例呈缓慢下降趋势。这种现象可以从战略性新兴企业自身原因和我国政府的宏观政策两个方面进行解释。首先，战略性新兴产业是我国的支柱型产业，七大战略性新兴产业都具有科技含量高、创新能力强的特点，这就意味着战略性新兴企业不同于一般的高新企业和中小型企业，战略性新兴企业的创业资本需求更大，初创期的时间跨度更长，对于银行间接融资的依赖越高。其次，早在我国七大战略性新兴产业被确定之前，国家已经开始对这些战略性新兴产业进行扶持，并出台了一系列的政策，包括要求银行业创造有利于战略性新兴产业发展的融资环境。由于政策导向，国内银行纷纷加大对于战略性新兴企业的支持，江苏的银行创造性地提出了全方位多渠道的产业信息捕捉机制、注重科技创新的目标客户选择机制、贯穿生命周期的融资工具联动机制、专注特色经营的信贷管理创新机制、契合产业特征的信贷产品创新机制、严控风险的商业可持续发展机制等六项机制，支持战略性新兴产业的发展。这些都保证了战略性新兴企业发展初期充足的资金来源。

随着战略性新兴企业的发展，企业内部的资金留存更加充足，而且部分企业的经营绩效已经能够达到上市的要求，在这种情况下，一方面企业内部资金的增加减少了对外部资金的需求；另一方面，企业的融资渠道拓宽，资金来源的选择更加宽泛，企业对银行间接融资的依赖也逐步减少，因此，随着战略性新兴企业的发展，企业的成长性和企业对银行融资的依赖性会呈现负相关关系。

而且，影响银行间接融资的因素有很多，其中最重要的包括企业自身的内部因素和外部因素两方面。企业的内部因素主要指的是战略性新兴企业自身固有的一些局限，一是财务管理制度不健全，在对样本企业的搜寻过程中，可以发现有部分企业的财务报表并不规范，而且有些企业只在上市开始的两三年提供完整的年度报表，而后的年份里根本就忽略了财务报表的整理与公开，除此之外，还有一些企业的财务报表的公开不具有连续性和及时性，这些都表明了一个现实情况：目前我国战略性新兴企业中有相当一部分企业并没有完善的财务管理制度。这也就意味着这些企业缺乏严密的资金使用计划，在债务管理方面缺乏必要的内部控制，重视利润而忽视现金流量的管理，企业财务信息管理的不健全直接导致财务信息的不透明，增加了银行对战略性新兴企业财务数据的审查难度，导致银行贷款的减少。并且，企业资金运作的规范程度也会影响银行与企业之间的信用关系，进而影响间接融资的规模。

　　在影响银行间接融资的外部因素中，最主要的有两项，一是信贷市场的信息不对称问题，二是抵押担保问题。信息不对称的问题由来已久，在战略性新兴企业的融资中也存在银行和战略性新兴企业之间的信息不对称问题。具体来说，信息不对称问题又可视为银行与战略性新兴企业之间的博弈问题，银行就是否发放贷款与战略性新兴企业是否归还贷款进行博弈（如图5—3所示）。

　　图5—3所表现的是一个简单的银行与战略性新兴企业之间的动态博弈过程。在战略性新兴企业向银行申请贷款之后，首先由银行决策，是否发放贷款，如果拒绝发放，则博弈终止，双方既无收益又无损失，收益集为（0，0）。如果银行决定发放贷款，则由战略性新兴企业决定是否如约还款，如果企业还款，则会出现双赢局面，也即（1，1）。如果企业不还款，则由银行决定是否追究，如果银行不予追究则战略性新兴企业的收益最大化为2，而银行遭到损失，损失为－2，收益集为（－2，2），如果银行追究企业的责任，则银行的利益会得到维护，企业将接受惩罚，收益集为（1，0）。总结来说，银行与战略性新兴企业的博弈结果一般会有四种：

　　（1）企业申请贷款，银行拒绝，二者收益集为（0，0）；

　　（2）企业申请贷款，银行接受，企业如约还款，银企双赢，二者收益集为（1，1）；

　　（3）企业申请贷款，银行接受，企业拒不还款，银行不追究，企业得利，银行损失，二者收益集为（－2，2）；

　　（4）企业申请贷款，银行接受，企业拒不还款，银行追究，企业不得利，银行无损失，二者收益集为（1，0）。

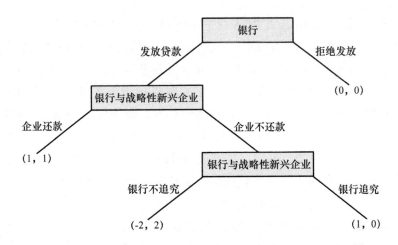

图 5—3　银行与战略性新兴企业间的博弈过程

资料来源：作者自行总结。

　　理论上说，如果战略性新兴企业违约，拒还贷款，银行的最优策略就是选择第四种方案，予以追究，保全自己的利益，而且，战略性新兴企业的发展还会需要银行持续的资金支持，所以，在这种情况下，企业的最优战略就是如约还款，银企双赢，即银行与战略性新兴企业的最优选择是第二种结果，均衡结果为（1，1）。但是，在现实生活中，基于双方博弈产生的费用和司法体系的执行力强弱的考虑，银企博弈的均衡格局常被打破，银行为保护自己的利益，常常会采取主动，减少对于战略性新兴企业的贷款或者拒绝贷款申请，导致银企博弈的结果倾向于（0，0）。通过上述分析可知，银行在信息不对称的条件下，会减少接受甚至拒绝战略性新兴企业的融资申请。

　　解决信息不对称问题最直接的方法就是提供抵押担保，免除银行的后顾之忧，有效的信息沟通和完善的担保抵押体系是银企能够获得双赢的根本条件。目前，我国的信用体系尚未筹建，信贷抵押担保机制尚不健全，要促进战略性新兴企业间接融资的良性循环，首先要完善我国信用担保体系；其次要强化政府的监管，健全法律制度体系；最后要促进授信评级机制的建立和实施。

　　在内源融资和银行贷款之外，我国战略性新兴企业的主要融资方式还包括股权融资、商业信用融资和财政融资。股权融资是战略性新兴企业发展到一定阶段后常采用的融资手段，从样本数据中可知，股权融资

所占的比重均值在这五类融资来源中最高，2008—2010 年分别为
38.02%、47.31%和37.98%。然而，就单个企业中股权融资的比例来
看，在大部分企业的融资结构中，股权融资并不是占绝对多数比例的，
例如，2010 年，60 家样本企业中股权融资比重低于 40% 的有 33 家，
超过60%的只有5家。并且，值得指出的是，由于战略性新兴产业是我
国的支柱型产业，已经在主板上市的企业中，有相当一部分企业的股份
中有国有法人的持股，所以，当前我国战略性新兴企业的股权融资数据
并不能很好地反映资本市场对战略性新兴企业的认可度和预期，股权融
资与企业的经营效率和成长性的相关性不高。

究其原因，股权融资与我国战略性新兴产业的经营效率和成长性的
相关性不高的原因主要有以下几点：

其一，在我国战略性新兴产业中绝大多数企业尚处于初创期阶段，
初创期阶段的产业知名度低，市场上很少有用户了解产业的具体情况，
产业的产品研发处于起步阶段，只有单一产品或者产品尚处于研发状
态，并未规模化生产，产品技术含量较低，且造价高，收益少，产量
小，产品推广难度较高，市场前景难以预料，此时，厂商的盈利甚微，
由于前期研发费用高昂，而产品销路不畅，厂商大多处于亏损状态，有
较大的破产风险。产业中的各经营主体主要致力于开辟新用户和开发更
为成熟的商品，以尽快占领市场形成初期的垄断优势。但是，由于此时
研发技术上的不确定性和厂商的规模较小等特点，行业进入壁垒较低，
市场几乎处于完全竞争的状态。在产业发展的初期阶段，企业融资非常
困难，由于起步阶段花费的成本较多，内源融资方式并不能完全支撑整
个企业的运作流程，亟须外源资金的注入。银行对于此类型企业的贷款
慎之又慎，企业几乎不能从商业银行体系获得资金。在这种情况下，企
业一般会转向资本市场寻求资金支持。

在拥有完善的资本市场运作机制的发达国家，证券市场的层次清
晰，结构合理，能够从不同的层面上满足各类企业的融资需求，例如美
国的资本市场，除了纽约证券交易所和美国证券交易所这样的大型证交
所之外，还有许多区域性的证券交易所（如芝加哥股票交易所等），此
外，地方性柜台交易、第三市场、第四市场、纳斯达克市场等市场的交
易机制和运作体系都非常完备，能够支持高科技创新企业和中小企业的
健康发展，在美国，新能源产业属于美国的战略性新兴产业，在美国的

证券市场中，NYX 市场是为可再生能源企业融资的主力军，97% 的具备上市资格的新能源企业选择了在 NYX 市场上市融资，总市值超过 3.1 万亿美元。上市的企业不仅仅包括风力企业，如 EDF Energies Nouvelles（EEN）和 Theolia（TEO），还包括太阳能设备制造企业，如 Kyocera（KYO），LDK Solar Co.，Ltd.（LDK），MEMC electronic（WFR）和 Suntech Power Holdings Co.（STP）以及清洁技术公司如 Yingli Green Energy Holding Company Limited（YGE），并且很多中国的新能源企业也选择在纽约证交所上市融资。此外，纳斯达克市场也为高科技创新企业和中小企业提供了一条非常好的融资渠道。在美国，创业板的上市标准与主板上市标准层次分明，标准较低且具有可选择性，适合高科技创新企业和中小企业上市融资，而相比较而言，我国的创业板的标准有待于进一步的完善化和弹性化（如表 5—7 所示）。

表 5—7　　　　　　　　　　深圳创业板与 NASDAQ 上市标准对比

	深圳创业板上市标准	NASDAQ（标准一）	NASDAQ（标准二）	NASDAQ（标准三）
资产要求	股本总额不少于3000 万元	股东权益达 1500万美元	股东权益达 3000万美元	市场总值达到 7500万美元或总资产和总收益分别达到 7500 万美元
盈利要求	应当具有盈利能力且持续增长	1 年内或上市前 3年里有两年获得100 万美元的税前收入	无要求	
公众持股要求	公开发行的股份达到公司股份总数的25% 以上；公司股本总额超过 4 亿元，公开发行股份的比例为10% 以上	至少拥有公众持股量 110 万股公众持股的价值至少达 800 万美元	至少拥有公众持股量 110 万股公众持股的价值至少达 1800 万美元	至少拥有公众持股量 110 万股公众持股的价值至少达 2000 万美元
股东结构要求	股东人数不少于200 人	至少 400 个持 100股以上的股东	至少 400 个持 100股以上的股东	至少 400 个持 100股以上的股东
经营时间	三年以上	无要求	两年的营运历史	无要求
其他要求	公司最近三年无重大违法行为，财务会计报告无虚假记载	最低招股价为 5 美元 3 个做市商	最低招股价为 5 美元 3 个做市商	最低招股价为 5 美元 4 个做市商

资料来源：陈晓航：《中美创业板市场表现及上市制度的比较分析》，《特区经济》2014年第 5 期。

　　其二，由于我国七大战略性新兴产业是国民经济的主导产业和支柱型产业，是国家发展战略的重要组成部分，因此，国家对其的支持力度较大，反映在其中的一个方面就是在很多战略性新兴产业中的大型上市企业中国有股份的份额较大。例如，在高端装备制造产业中，2010年，海洋石油工程公司的股东中，中国海洋石油总公司和中国海洋石油南海西部公司持股比例最高，分别为48.79%和7.56%，而这两家公司的股东所属性质为国家和国有法人；2010年上海振华重工（集团）的最大股东为中国交通建设股份有限公司，占比28.71，股东所属性质为国有法人；2010年中国南车集团的最大股东为南车集团，占比54.27%，股东所属性质为国有法人；北京海兰信数据科技公司2010年国有法人持股占比41.36%。此外，在这些企业的股东中，国家四大商业银行的基金也占有一定的比例。与高端装备制造产业相同，新材料产业中上市企业的股份中，国有性质的股份占据了绝对多的数量。其中，有研半导体材料股份有限公司的最大股东为北京有色金属研究总院，持股比例为39.68%，股东性质为国有法人；广东风华高新科技股份有限公司的国有法人持股比例为18.25%；烟台万华聚氨酯股份有限公司的最大股东为万华实业集团有限公司，持股比例为50.50%，股东性质为国有法人；安泰科技股份有限公司的最大股东为中国钢研科技集团有限公司，持股比例为41.16%，股东性质为国有法人。国有性质的股份占比较大，一方面显示了国家对于战略性新兴产业发展的重视和大力支持；另一方面也从一个侧面反映出我国资本市场的运作机制尚有待于进一步的建立健全，市场机制还未在促进实体经济发展方面发挥应用的作用。

　　其三，由于考虑到数据来源的可得性，本书用以实证分析研究的样本的选择全部来自于已经上市的企业，有一部分还是大型企业，有众多的战略性新兴产业中的中小型企业，由于财务数据的不连续或者不可得，所以并未在本书的实证研究范围之内，因此，实证研究的结论从某种程度上来讲，代表的是战略性新兴产业中大型企业的现状，而大型企业往往比较容易获得政府的支持。

　　同样，财政支持是我国政府扶持战略性新兴产业的政策之一，财政支持较之股权融资和银行贷款而言更具行政特点和政策的导向性，属于政府基于产业发展的整体情况而进行的宏观层面上的调控。因此，与战略性新兴企业个体的实际经营状况关联性不强。从各产业的数据上来看，政府对于我国战略性新兴产业的发展一直给予了大力的支持。在新能源产业中，广东宝丽华新能源股份有限公司 2009 年和 2010 年分别获得政府补助 72 万元和 44 万元；华锐风电科技（集团）股份有限公司 2009 年和 2010 年分别获得政府补助 3837.73 万元和 3711.73 万元；上海申华控股股份有限公司 2009 年和 2010 年分别获得政府补助 179.22 万元和 591.23 万元；申能股份有限公司 2009 年和 2010 年分别获得政府补助 7943.70 万元和 1048.53 万元；新疆金风科技股份有限公司 2009 年和 2010 年分别获得政府补助 14059 万元和 18736 万元。华能国际电力公司 2009 年和 2010 年除了获得环保补助 50580 万元和 50992 万元之外，还获得国产设备增值税退税 163352 万元和 162095 万元。除了退税之外，政府还给予了新能源企业税收减半等优惠措施。2010 年 3 月 1 日，经广东省梅县国家税务局下发的《减、免税批准通知书》（梅县国税减〔2010〕34 号）审核，广东宝丽华电力有限公司煤灰渣综合利用建材厂生产的粉煤灰砖产品在 2010 年 1 月 1 日至 2011 年 12 月 31 日取得的减免税项目收入免征增值税。根据国务院审批的《北京市新技术产业开发试验区暂行条例》，华锐风电科技（集团）自设立之日起减按 15% 税率缴纳企业所得税，且执行三免三减半的税收优惠政策，2006—2008 年属于免税期，2009—2011 年为减半征收期。我国政府对于高端装备制造产业的财政支持涉及面很广，包括科研拨款、项目拨款、土地配套设施费返还、契税返还，等等。本书随机抽取了九家高端装备制造企业，全部都获得了政府的财政支持。2010 年，政府对于海洋石油工程股份有限公司的科研拨款超过 5699 万元，土地配套设施费返还超过 14 亿元，契税返还达 706 万元；上海振华重工（集团）股份有限公司 2009 年获得政府财政拨款 8335 万元，科技补助 11104 万元，2010 年，这两个数字为 4152 万元和 2425 万元；2010 年，江苏中天科技股份有限公司获得与收益相关的政府补助 1970 万元，与资产相关的政府补助 368 万元；沈阳新松机器人自动化股份有限公司获得与收益相关的政府补助 8540 万元；威海华东数控股份有限公司获得政府补助 544 万元；北京海兰信数据科技股份有限公司获得政府补助 409 万元。中国南车和北车公司获得的政府财政支持最多，2010 年，中国南车获得与资产相关的政府补助超过 3 亿元，获得与收益相关的政府补助超过 2 亿元。与高端装备制造产业一样，新材料产业的发展也得到了政府的大力支持。

有研半导体材料股份有限公司在 2009 年和 2010 年分别获得政府补贴 26 万元和 4.95 万元；广东风华高新科技公司在 2009 年和 2010 年分别获得政府补贴 1330.88 万元和 1082.80 万元；山东威高集团医用高分子制品股份有限公司在 2009 年和 2010 年分别获得政府补贴 658 万元和 2120 万元；安泰科技股份有限公司在 2010 年获得政府补贴 1498.44 万元；宁波韵升公司在 2009 年和 2010 年分别获得政府补贴 827.51 万元和 1408.93 万元；微创医疗科学公司在 2009 年和 2010 年分别获得政府补贴 15.60 万元和 14.30 万元；新疆众和公司在 2008 年和 2009 年分别获得政府补贴 521.85 万元和 1828.12 万元；北矿磁材科技公司在 2008 年和 2009 年分别获得政府补贴 398.32 万元和 131.55 万元。此外，在税收方面，政府也给予了大量的优惠，几乎所有的企业都获得了在优惠期内执行 15% 企业所得税税率和增值税的返还。政府对于战略性新兴产业支持的原因主要分为两个方面：一方面，是出于国家发展战略方面的考虑，支持处于发展初期阶段的战略性新兴产业，帮助这些产业度过最艰难的时期，扶持战略性新兴产业的成长；另一方面，希望以国家的政策作为"风向标"，引导社会资金流向战略性新兴产业发展领域，缓解财政压力。

而商业信用融资涉及与企业相关的上下游企业的规模、运作特点、经营状况以及合作关系的稳定性等诸多因素，并不仅仅与企业自身的经营状况和成长性相关。商业信用从本质上讲是在同一个产业链中的上下游企业相互提供的短期资金的融通。钱飞、徐炜（2012）研究指出："商业信贷融资的弹性较好，商业信贷能否取得、何时取得、取得多少等基本上可以由企业自主决定，商业信贷融资的限制也较少。与短期借款相比，使用商业信贷融资一般没有什么限制条款，即使有也不是十分严格，而且只要商业信贷保持在适度的范围之内，也不会给企业今后的融资行为带来不利影响。所以，中小企业应当更合理地利用商业信用融资。与银行信贷相比商业信用具有一定的融资比较优势，企业应从成长能力与经营能力等着手，提高自身的经营状况，为自己提供一个更好的商业信用融资环境。"[1]

---

[1]　钱飞、徐炜：《中小企业商业信用融资影响因素研究》，2012 年 7 月，万方数据网（http：//www. wflunwen. com/trends. asp？ id = 179&jdfwkey = h1f3b2）。

　　应千伟、蒋天骄（2012）利用1998—2009年中国A股上市公司作为实证研究的样本，研究商业信用融资问题，得出结论："我国上市公司的市场竞争力和国有股权对商业信用融资都有促进作用，而且两者对商业信用融资的作用存在相互替代的关系。对于国有股比例较低的公司或者民营公司而言，市场竞争力对获得商业信用融资的作用更大；反之，在国有股比例较高的企业或国有企业中，商业信用融资对市场竞争力的依赖较小。"[①] 商业信用融资虽然是现代企业用以弥补短期资金短缺的途径之一，但是并不意味着所有的战略性新兴企业，包括中小企业和民营企业都能够便利地运用此种融资方式。一般而言，商业信用的提供方需要有安全性的保证，例如政府的担保（包括显性的和隐性的）、长期合作关系等，因此，这使得本身就具有融资优势的国有性质的企业在商业信贷融资方面也同样具有优势，而资金匮乏的没有国有股权的企业往往很难利用商业信贷融资方式筹集资金，它们只能通过努力发展，积累内源资金，增强实力，而后才能获得商业信用融资。此外，商业信用融资的运用一般还与金融市场的发展程度相关，发达的金融市场的主要特征之一即体现在信息公开化和交易透明化方面，金融市场的发展能够在一定程度上解决或者缓解市场上信息不对称现象，通过控制道德风险和抑制逆向选择降低外部融资成本。在金融市场发达的国家和地区，企业之间能够有效地获得对手方的相关信息，从而能够更好地评估彼此，增加投融资企业之间的信任度，因此，商业信用融资的应用较为广泛。相反，在金融市场尚不发达的国家和地区，信息不对称问题较为突出，导致商业信用融资的成本较大，上游企业对于下游企业的情况掌握不充分，不愿意冒着风险提供融资机会，商业信用融资低效率，此外，商业信用融资的应用会受到其他诸多因素的影响，例如，政府干预，有研究表明，在政府干预经济较多的地区，地方政府的介入破坏了经济个体之间基于各自经济效率最大化基础上的商业信用融资契约，并进一步导致资源配置的低效率和违约的产生。而在政府干预经济较少的地区，政府较少介入经济活动，商业信用融资的双方可以按照市场通行的准则履行契约（曹向、匡小平，2013）。

---

　　① 应千伟、蒋天骄：《市场竞争力、国有股权与商业信用融资》，《山西财经大学学报》2012年第9期。

因此，在实证的结果中，股权融资、财政融资和商业信用融资都呈现出与样本企业的相关性不强的特点。

第四节　研究结论

通过实证分析，可以得出与我国战略性新兴企业经营效率和成长性相关的变量有企业自身的内源融资和银行的间接融资，其中，内源融资与企业的经营效率呈正相关关系，而银行的间接融资与企业的经营效率呈负相关关系。该结论与我国战略性新兴企业的融资现状基本符合，由于战略性新兴企业具有一般"新兴"企业的特点，生产的高科技含量较高，发展的风险性较大，初创期的周期较长，所以，在企业的创业期和成长期，企业的资本金的获得往往依靠自身资金的积累，对内源融资的依赖性较强。但是，由于这些企业在国民经济发展中的"战略性"地位，国家出台了一系列的扶持政策，银行业受这些政策的影响，给予了战略性新兴企业很大的支持，推动战略性新兴产业的向前发展。因此，在实证结果中，内源融资和银行融资与战略性新兴企业的经营效率显现出较强的相关性。

虽然，目前在战略性新兴企业的生产经营中已经开始使用商业信用融资的方式，而且以应付账款和预收账款的融资为主要方式，应付票据相对较少。但是，在实证分析中，商业信用融资与战略性新兴企业的经营效率呈现出不相关性。究其原因，首先，我国战略性新兴产业中的大部分细分产业刚刚起步，并未形成长期稳定的产业链，产业中上下游企业的合作关系的稳定性不强，各企业使用商业信用的规模和频率也相对较少；其次，我国信用市场机制并未健全，缺乏专业的信用鉴定机构和监督保障机制，企业的商业信用难以为市场有效鉴别，信息收集的成本较高。

从抽取的 60 家样本企业中可以发现，我国战略性新兴企业的债券融资方式的数额几乎为零。这主要是由于我国较严格的债券发行条件所致，从发达国家的发展经验来看，债券融资已经成为发达国家战略性新兴产业融资的主要方式之一，而且，债券融资方式的缺失也会导致企业资本结构的不均衡，与资本结构理论不符。因此，我国政府可以对战略性新兴企业债券的发行条件进行重新审订，切实考虑企业的实际发展情况，加强债券融资对战略性新兴产业的支持力度。

在实证分析中，股权融资与战略性新兴企业的经营绩效呈不相关关系，主要是由于本章选取的战略性新兴样本企业大都是规模较大的在主板上市的企业，受到国家的关注度较高，在企业的股份中有相当一部分是国有性质的股份，这种特殊的股权结构使得资本市场与企业之间的市场化联系受到影响，而且我国的主板市场和二板市场之间的界限不明，增加了战略性新兴产业的融资难度。因此，需要探讨新形势下如何完善资本市场对于战略性新兴产业的资金支持机制。

总而言之，目前，我国战略性新兴产业的融资机制中仍存在一定程度的行政干预特点和一些不足之处，解决我国战略性新兴产业的融资问题还应该从市场着手，加快完善我国的信用体系，重新审订企业债券的发行条件，构建适合战略性新兴产业发展的资本市场融资机制。

第三章　传统融资模式及创新融资模式对比分析

战略性新兴产业融资难的困境由诸多因素共同导致而成，除了战略性新兴产业自身的原因之外，我国金融体系不健全、金融创新不足也是重要的原因之一，本章拟分别分析传统的融资模式与创新型融资模式的特点，找出其在支持战略性新兴产业发展过程中各自的优缺点，并探析处于不同生命周期的战略性新兴产业适合采用何种融资模式。

第一节　传统型融资模式分析

目前，我国战略性新兴产业的资金多来源于传统的融资渠道，除了内部的留存收益之外，主要来自于银行体系，发行证券（股票、债券），商业信用融资以及国家扶持基金。随着战略性新兴产业的发展，这些资金来源越发凸显出诸多弊端，资金的规模也不能满足战略性新兴产业发展的需要。下面就这五种传统的融资模式做简要分析。

一　内部留存收益

内部留存收益通常也可以称为内源融资，主要是指企业将自己的经营所得中的储蓄部分，主要包括留存收益、折旧等，直接转化为投资资本的方式。内源融资具有自发性、自主性、低成本和无风险的特点。因此，在发达国家，内源融资一般是企业的首选融资方式，只有在内源融集的资金不能满足企业的经营发展需要时，才会转向外源融资。我国战略性新兴产业中的企业也大多如此。

内部留存收益对于处于创业初期的大部分企业来说非常重要，内部留存收益充足是企业得以存续和发展的重要保障之一，内部留存收益在性质上属于自有资金，无论在筹集方面还是在使用方面都不受外界的干扰，自主性比较强，而且对于股东也有一定的激励作用；内源融资包括留存收益、折旧、定额负债等，在本书的研究中把资产负债表中的盈余公积和未分配利润视为企业的内部留存收益。

分析我国战略性新兴产业中的各公司的财务报表可以发现，几乎所有的战略性新兴企业都将内源融资作为融资方式的首要选择，并且在这些企业的资产负债表中，作为内源融资主要内容的留存收益一直处于较高的数额。例如，我国高端装备制造企业中，2009 年和 2010 年，我国海洋石油工程企业的留存收益分别为 19.3 亿元和 12.9 亿元；2009 年和 2010 年，上海振华重工的留存收益分别为 5.3 亿元和 56.8 亿元；2009 年和 2010 年，中国北车的留存收益分别为 109.3 亿元和 110.2 亿元，中国南车的留存收益分别为 28.4 亿元和 26.9 亿元；2009 年和 2010 年，威海华东数控的留存收益分别为 2.8 亿元和 4.8 亿元。同样，新材料企业也非常注重内源融资的重要性，从下表 5—8 中可以看出，有 70%—80% 的企业的留存收益远远超过从证券市场获得的资金，这样，不仅降低了公司的负债率，使得公司的运营更加安全，也使得公司的运作更加具有自主性，为公司的进一步扩张和发展奠定了基础。从广东风华高新科技、山东威高集团医用高分子制品、安泰科技、微创医疗科学和北矿磁材科技的数据中还可以看出，这五家企业的留存收益的数额不仅超过了股权融资，而且超过了银行间接融资的数额。

表 5—8　　　　　部分新材料企业融资状况　　　　　（单位：万元）

股份有限公司	短期借款		长期借款		股本		留存收益	
	2010 年	2009 年	2010 年	2009 年	2010 年	2009 年	2010 年	2009 年
有研半导体材料	24500	21800	—	—	21750	21750	44094	44092
广东风华高新科技	11404	15958	—	4150	67097	67097	118466	80757
山东威高集团医用高分子制品	2641	3741	8830	11380	21525	10762	341115	283205
烟台万华聚氨酯	227657	212684	202294	62066	166333	166333	10873	4784
安泰科技	21200	1200	38945	21300	85487	44126	145208	120789
宁波韵升	23458	—	11376	10000	39577	39577	31727	26295
广东生益科技	70231	79867	24037	41932	95702	95702	22333	22333

续表

股份有限公司	短期借款		长期借款		股本		留存收益	
	2010 年	2009 年	2010 年	2009 年	2010 年	2009 年	2010 年	2009 年
微创医疗科学	5000	—	367	413	11	9	197057	38760
新疆众和	19000	9500	41900	24200	35206	35206	103234	103711
北矿磁材科技	4038	3260	—	—	13000	13000	16753	16686

注：新疆众和与北矿磁材科技公司的 2010 年数据为该年上半年的数值。

数据来源：各公司的官方网站 2010 年年报。

新能源企业也十分注重内部资本的积累，在本书选取的九家企业中，无一例外积累了高额的留存收益，可见，内源融资也是新能源企业融资的重要方式之一。分析九家新能源企业的财务报表可以发现，中国明阳风能股份有限公司在 2009 年和 2010 年的留存收益数额分别为 12.89 亿元和 35.15 亿元，而同期其股权融资为 0 和 85 万元，银行间接融资为 1.82 亿元和 4.8 亿元；龙源电力集团在 2009 年和 2010 年的留存收益数额分别为 121.42 亿元和 128.22 亿元，两年间股权融资额都为 74.64 亿元；宝丽华新能源股份有限公司在 2009 年和 2010 年的留存收益数额分别为 5.59 亿元和 3.29 亿元，同期其银行间接融资额为 2.93 亿元和 2.83 亿元；新疆金风科技股份有限公司在 2009 年和 2010 年的留存收益分别为 36.61 亿元和 98.78 亿元，而对应同期的股权融资数额仅为 14 亿元和 26.95 亿元。因此，可以看出，我国的新能源产业在对于融资方式的选择上仍旧是以内源融资作为首选方式。

使用内部留存收益作为内源融资具有自发性、自主性、低成本和无风险的特点。因此，在发达国家，内源融资一般是企业的首选融资方式，只有在内源融集的资金不能满足企业的经营发展需要时，才会转向外源融资。美、日、德等发达国家的战略性新兴产业在融资方式的选择上无一例外将内源融资作为首选。但是需要指出的是，虽然发达国家的战略性新兴产业以及本章选取的样本企业都选择将内部留存收益作为融资首选，但是对于大多数战略性新兴产业中的中小企业而言，在创业初期，企业的内部留存收益会很少，不足以支撑企业的发展，有的企业甚至在最初的研发期并没有任何的留存收益，而只能举债经营，因此，内部留存收益在理论上是最优的融资方式，但是也要考虑企业的其他情况，包括财务状况、股东意愿等。

二　银行间接融资

目前，我国投融资体系中，银行体系仍在发挥着举足轻重的作用，在我国战略性新兴产业的融资体系中，银行体系的作用在近年来发生了一些变化，主要体现在银行体系的作用随时间的推移逐渐减弱。

根据战略性新兴产业 2009—2014 年的年报中数据显示，2009—2010 年期间，银行体系的资金支持在战略性新兴产业的各企业的发展中占据重要地位。例如，高端制造企业的借款主要为向银行借款和向关联企业借款，例如，在上海振华重工集团 2010 年的长期借款项目中，金额前五名的长期借款皆为银行借款，共计 34.41 亿元，占 2010 年公司总的长期借款额的 61%，江苏中天科技公司 2010 年长期借款金额前五名也全部是银行借款，分别来自江苏银行南通开发区支行和交通银行开发区支行，共计 3.40 亿元，占全年长期借款总额的 84.8%；新材料产业的借款几乎全部来自银行，没有关联企业的借款，例如，宁波韵升公司的金额前五名的长期借款全部来自银行，分别是中国银行股份有限公司宁波市江东支行、中国银行股份有限公司巴黎分行和中国进出口银行；新疆众和公司的长期借款则分别来自国家开发银行、中国建设银行新疆分行营业部、中国银行新疆分行营业部、交通银行股份有限公司新疆维吾尔自治区分行、上海浦东发展银行股份有限公司乌鲁木齐分行和中国银行股份有限公司新疆维吾尔自治区分行。但是，自 2012 年以来，战略性新兴产业的发展对于银行体系的依赖明显减少，除了高端装备制造产业仍然获得银行体系的大量贷款外，新能源产业、新材料产业、新一代信息技术产业和生物医药产业等都不再将银行体系作为首要的资金来源，即便是有些企业的有些年份获得了银行贷款，也多以短期借贷为主，可见，随着战略性新兴产业的自身成长和我国资本市场的逐步成熟，银行体系在战略性新兴产业投融资领域的作用正逐步减少。

总体来说，我国的银行体系主要由四大商业银行、地方商业银行、城乡信用社等组成。特别是工、农、中、建四大商业银行，拥有全球性的分支网点，是我国银行体系中的主要支柱。随着各大银行的相继上市，商业银行的发展和运营也越来越规范、成熟，对于支持高新技术产业和中小企业的发展起到了重要的作用。但是，这种银行体系也存在一些问题，例如，以银行体系为主导的投融资体系中，银行拥有选择权，对于国有企业、大型企业以及资信状况良好的企业来说，银行会支持其发展，它们的融资难问题并不是很严重。但是对于财务状况差、缺少抵押物，处于发展初期，竞争力尚未明朗的企业来说，获得银行贷款会十分困难，银行一般会对这些企业提高准入门槛，或者授信不足，而这些企业正是亟须资金支持的企业，这样一来，银行与企业之间并不能有效对接，在某种程度上，影响了新兴企业的发展。

除此之外，股份制商业银行、城市商业银行和城乡信用社本来应该是中小企业的主要金融服务供给者，但与中小企业的需求相比，其机构数量和信贷规模是远远不够的。改革开放以来发展起来的股份制商业银行虽然按照市场方式运作，但其分支机构数量极为有限。由于资金实力有限和信贷权限有限，不能完全满足企业信贷和其他金融服务需求。[①]这些制度上的不健全和资金上的短缺都影响了银行体系对于我国战略性新兴产业发展的支持力度。

三　发行证券

资本市场直接融资是发达国家战略性新兴产业融资的主要渠道，但是，由于我国资本市场尚不发达，战略性新兴产业内外部的发展也千差万别，因此，我国战略性新兴产业上市融资的企业数量仍然较少，在资本市场进行融资的企业中，大部分选择了股权融资的方式，发行债券进行筹资的企业相对较少。

据国家信息中心发布的数据显示，我国战略性新兴产业上市公司近年来的发展一直保持良好稳定的增速。2010 年以来，受国际经济形势不佳以及国内经济结构调整等因素影响，我国 GDP 增速、工业增加值增速、固定资产投资增速等主要经济指标均不断回落，同期，上市公司战略性新兴产业营收及利润增速总体呈现快速下滑趋势。2013 年，上市公司战略性新兴产业增速逆势上扬，各季度主营收入累计同比增速保持在10%左右水平，全年上市公司战略性新兴产业营收总额达 16886.1 亿元，同比增长 13.6%，较 2012 年回升 3.3 个百分点。

---

① 钟念:《中小企业融资创新研究》，硕士学位论文，武汉理工大学，2005 年，第 16 页。

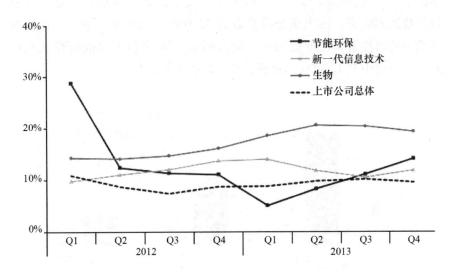

图 5—4　三大战略性新兴产业营收总额累计增速变化

资料来源：信息资源开发部：《2013 年战略性新兴产业上市公司经济运行状况》，2014 年 6 月 19 日，国家信息中心官网（http：//www.sic.gov.cn/News/459/2936.htm）。

　　同时，2013 年全年实现利润总额达 1292.1 亿元，同比增长 22.1%，各季度利润总额增速呈现低位不断回升的态势，全年增速较 2012 年大幅度提升 40.5 个百分点。近几年，在政策支持以及消费需求强劲的带动下，节能环保、新一代信息技术以及生物产业支撑了战略性新兴产业的总体发展，在战略性新兴产业稳定经济增长方面发挥了突出作用。2013 年，上市公司节能环保、新一代信息技术以及生物三大产业营收增速分别达到 14.1%、11.9%、19.4%，均高于同期上市公司总体 9.6% 的增速，带动上市公司战略性新兴产业营收总额占上市公司总营收比重提升至 6.27%，较 2012 年提升了 0.22 个百分点。与此同时，三大产业领域内部分企业表现良好，2013 年碧水源、先河环保、乐视网、浪潮信息、誉衡药业、尚荣医疗等上市公司营收实现高速增长，增速均达到 50% 以上。[①]

　　2014 年一季度，共有 16 家战略性新兴产业公司在 A 股上市，占一

──────────

　　① 信息资源开发部：《2013 年战略性新兴产业上市公司经济运行状况》，2014 年 6 月 19 日，国家信息中心官网（http：//www.sic.gov.cn/News/459/2936.htm）。

季度上市公司总数的 33.3%。截至一季度末，战略性新兴产业上市公司总数达 806 家，占上市公司总数的 32.0%。2014 年一季度，创业板继续为战略性新兴产业提供重要融资渠道，16 家新上市战略性新兴产业上市公司中有 15 家在创业板上市，1 家在主板上市。①

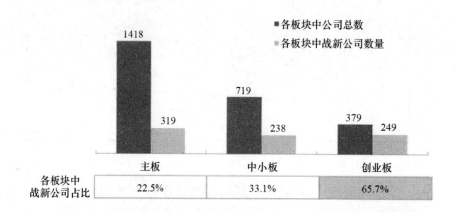

图5—5　三大板块中战新公司数量及占比（2014 年一季度末）

资料来源：战略性新兴产业研究组：《2013 年战略性新兴产业上市公司经济运行状况》，2014 年 6 月 27 日，国家信息中心官网（http：//www. sic. gov. cn/News/82/2978. htm）。

截至 2014 年一季度末，主板、中小板、创业板中战略性新兴产业上市公司数量分别达到了 319 家、238 家以及 249 家，战新公司在三者板块中的占比分别达到了 22.5%、33.1% 以及 65.7%（见图 5—5）。一季度，新上市战略性新兴产业公司集中在新一代信息技术产业，16 家新上市公司中有 12 家属于新一代信息技术产业，截至一季度末，战略性新兴产业上市公司中涉及新一代信息技术产业的依然是数量最多的产业，占比达 46.3%，其次是生物产业，占比达 26.7%。②

利用股权市场融资有较为明显的优点：一是股权融资可以获得永久期限的资金，相对于债券而言，投资股票是一种永久性投资，发行股票的公司不用担心资金撤离的风险；二是股权融资不用考虑财务风险，股

---

① 战略性新兴产业研究组：《2013 年战略性新兴产业上市公司经济运行状况》，2014 年 6 月 27 日，国家信息中心官网（http：//www. sic. gov. cn/News/82/2978. htm）。

② 同上。

权融资没有定期付息，到期还本付息的财务压力，可以将现金流最大限度地用于公司的发展。但是，股权融资也会存在一些缺点：首先，其最大的缺点就是会造成股权的分散，影响公司的经营决策；其次，发行股票进行融资会有被恶意收购的风险；最后，公开发行股票要受到多重监督，公司的发展也会受到来自各方面的监督和压力。

发行债券进行融资也会受到公众的监督，但是能够有效地避免公司经营决策权的分散和恶意收购的出现，并且具有减税的作用，这是其优点所在。债权融资的缺点也显而易见，财务风险较高，在公司运行不是很顺利的情况下，定期付息的压力有可能直接导致公司的倒闭破产。

相较于股权融资市场，债务融资的数量有明显不足，截至 2011 年年底，已有 70 家涉及新能源产业的企业发行债务融资工具，募集资金超过 9080.1 亿元；6 家节能环保类企业募集资金 447.5 亿元；涉及新信息技术产业的 46 家企业公开募集资金达 2674.45 亿元。47 家高端装备制造类企业募集资金达 1771 亿元；新能源汽车、生物、新材料等新兴产业的近 64 家企业发行债务融资工具，募集资金 1862 亿元。2014 年上半年，共有 1034 家企业在银行间债券市场注册发行 1741 只非金融企业债务融资工具，融资规模达 2.12 万亿元，同比增长 26.5%。其中，十大振兴类企业、战略性新兴产业和现代服务业分别募集资金 4642.1 亿元、4882.9 亿元和 4567.9 亿元。①

由此可见，随着我国资本市场的逐步完善，为战略性新兴产业的发展提供了更为广阔的融资平台，但是，债券市场仍有待于进一步的发展。

四　商业信用融资

商业信用融资是由于交易双方之间的延期交货或延期付款而形成的一种短期的借贷关系，是普遍存在于企业之间的信用关系。

战略性新兴产业中的各企业也较多采用商业信用这种融资方式进行短期的资金融通，主要体现为利用上下游企业的产业链进行资金的短期融通。战略性新兴产业涉及的商业信用主要包括应收票据、应收账款、

---

① 朱永行、荣艺华：《2014 年上半年银行间债券市场运行情况及特点》，2014 年 8 月 28 日，和讯网（http://bond.hexun.com/2014—08—28/167957229.html）。

应付账款、应付票据、预付款项和预收账款等短期信用，并且以应收、应付账款为最常见的商业信用融资方式。

商业信用融资方式的形成和发展有赖于产业链的形成和健全的市场管理制度，作为企业之间的短期资金融通，商业信用融资方式不仅能够很好地缓解企业短期的资金不足问题，又能够加强企业之间的互信互利，此外，商业信用融资方式不需要办理复杂的申请审批手续，门槛低，灵活性强，弹性较大，不需要支付股息、利息等融资成本，具有很多实际操作上的优点，因此，为越来越多的企业所采用。

但是，商业信用融资方式也有其不足的一面，主要体现在融资主体单一和融资资金金额较少两个方面。与资本市场直接融资相比，商业信用融资方式的融资主体较少，仅限于交易双方和上下游企业之间，并且资金量仅限于赊销的金额，因此，对于企业发展来说，能够提供的资金支持还是相对较少的。

五 国家扶持基金

由于战略性新兴产业的"战略性产业"和"支柱型产业"的经济地位，国家对于战略性新兴产业发展的关注度一直有增无减。自 2010 年国务院宣布重点培育七大战略性新兴产业以来，国家一直通过各种途径对战略性新兴产业的发展给予支持，在资金上的支持主要体现在国家扶持基金的建立与发展。

2010 年 8 月，国家预备成立的首批 20 只面向战略性新兴产业的国家创投基金已有 16 只公开挂牌。并且一改过去的"政府拿钱政府管"的旧模式；政府出资作为引导，更多从社会募集资金。北京是全国首批 7 个试点省市中，唯一一个以公开征集、评审方式确定创投合作机构。经过专家评审和国家发改委、财政部确认，最终确定中关村兴业（北京）投资管理有限公司、北京启明创元创业投资管理有限公司、启迪创业投资管理公司、北京富汇合力投资中心等四家企业作为首批合作创投机构。国投高科技投资有限公司作为国家发展改革委、财政部委托的委托管理机构之一，与上海市在生物医药、新材料、软件和信息服务业、新能源、集成电路等领域共同发起设立 5 只高新技术创投基金，包括上海联升新材料创投基金、上海千骥生物医药创投基金、上海时空五星软件和信息服务创投基金等。在重庆成立的两只基金名为华犇电子信息产业创投基金和新能源创业投资，资本规模为 10 亿元，国家发改委和财政部出资 1 亿元。两只基金将在重庆市电子信息产业等领域物色合适的企业，采用"投资＋投智"的方式，不仅投入资金，还将参与企业管理、为企业介绍客户、开拓市场等。①

国务院总理李克强 2015 年 1 月 14 日主持召开国务院常务会议，决定设立国家新兴产业创业投资引导基金，助力创业创新和产业升级。设立国家新兴产业创业投资引导基金，重点支持处于"蹒跚"起步阶段的创新型企业，对于促进技术与市场融合、创新与产业对接，孵化和培育面向未来的新兴产业，推动经济迈向中高端水平，具有重要意义。会议确定，一是将中央财政战略性新兴产业发展专项资金、中央基建投资资金等合并使用，盘活存量，发挥政府资金杠杆作用，吸引有实力的企业、大型金融机构等社会、民间资本参与，形成总规模 400 亿元的新兴产业创投引导基金。二是基金实行市场化运作、专业化管理，公开招标择优选定若干家基金管理公司负责运营、自主投资决策。三是为突出投资重点，新兴产业创投基金可以参股方式与地方或行业龙头企业相关基金合作，主要投向新兴产业早中期、初创期创新型企业。四是新兴产业创投基金收益分配实行先回本后分红，社会出资人可优先分红。②

此外，各省也根据自身发展情况分别设立创业投资基金，助力战略性新兴产业的发展。例如，甘肃省就在《2015 年战略性新兴产业发展总体攻坚战工作方案》中明确提出，将设立总规模 5 亿元的战略性新兴产业创业投资引导基金。

国家扶持基金在一定程度上缓解了战略性新兴产业在发展初期资金匮乏的困境，并扶持了一大批新兴企业的快速成长，国家扶持基金还在很大程度上引导了社会资金投向战略性新兴产业，起到了引导、规范和宣传的作用，但是，国家财政资金有限，战略性新兴产业的资金支持不能完全依赖国家的扶持，因此，国家扶持基金在很大程度上起到的是引导作用，而非投资的主力，战略性新兴产业的资金来源最终还是应当借力资本市场。

---

① 方家喜：《国家创投基金八成组建完毕》，2010 年 8 月 3 日，经济参考报（http：// jjckb. xinhuanet. com/yw/2010—08/03/content_ 244538. htm）。

② 新华社：《国务院设立国家新兴产业创业投资引导基金》，2015 年 1 月 15 日，凤凰财经网（http：//finance. ifeng. com/a/20150115/13430917_ 0. shtml）。

第二节　创新型融资方式分析

战略性新兴产业不同于其他产业，其自身的特性和所处的发展阶段决定了一般的融资模式不足以完全解决其融资困境，在改善传统融资模式的相关制度体系的同时，战略性新兴产业还需要融资方式的创新。

一　金融租赁融资

金融租赁，也称为融资租赁，是一种非常重要的金融创新，主要是指承租人与出租人签订融资租赁合约之后，出租人通过在一定时期内出让某种资产的使用权而获得融通资金的一种经济行为。

我国财政部于 2012 年 7 月对融资租赁进行了明确定义，根据《企业会计准则第 21 号——租赁》第五条：融资租赁，是指实质上转移了与资产所有权有关的全部风险和报酬的租赁。其所有权最终可能转移，也可能不转移。第六条：符合下列一项或数项标准的，应当认定为融资租赁：在租赁期届满时，租赁资产的所有权转移给承租人；承租人有购买租赁资产的选择权，所订立的购买价款预计将远低于行使选择权时租赁资产的公允价值，因而在租赁开始日就可以合理确定承租人将会行使这种选择权；即使资产的所有权不转移，但租赁期占租赁资产使用寿命的大部分；承租人在租赁开始日的最低租赁付款额现值，几乎相当于租赁开始日租赁资产公允价值；出租人在租赁开始日的最低租赁收款额现值，几乎相当于租赁开始日租赁资产公允价值；租赁资产性质特殊，如果不做较大改造，只有承租人才能使用。[1]

金融租赁作为一种新兴的融资方式，融合了金融、贸易、服务等多种因素，解决了许多传统融资模式不能解决的问题。根据权威的统计数据，金融租赁作为当今全球发展最迅猛的金融服务产业之一，已经成为公认的与银行信贷、证券并行发展的第三大金融工具，目前全球近 1/3 的固定资产投资是通过金融租赁完成的。[2]

---

① 财政部：《浅谈融资租赁公司检查实务注意点》，2012 年 7 月 3 日，中华人民共和国财政部官网（http://sz.mof.gov.cn/lanmudaohang/dcyj/201207/t20120703_663782.html）。

② 文有果：《金融租赁发展中的制约因素及改进策略》，硕士学位论文，天津大学，2013 年，第 5 页。

目前，我国的金融租赁产业已经有 30 多年的历史，租赁公司的规模、经营业务范围等都有了较大的改善和进步，在公司数目方面，中国租赁公司不断发展壮大，已从 2007 年的 5 家发展到 2010 年的 17 家。2013 年以来，中国融资租赁行业继续保持高速增长。截至 2014 年 3 月底，中国融资租赁业务总量约 23500 亿元人民币，比 2013 年 12 月底的 21000 亿元增加 2500 亿元；企业总数约为 1137 家，比 2013 年底的 1026 家增加 111 家。其中，外资租赁企业增速较快，总数达到 990 家，新增约 110 家。从各重点应用领域租赁业务渗透率来看，融资租赁在工程机械行业的渗透率最高，接近 16%，主要原因是厂商系租赁公司和专业租赁公司参与较多，融资优势明显。2013 年，工程机械融资租赁业务额突破 1000 亿元。其次是航空融资租赁，租赁业务渗透率约为 10%。凭借资本优势，银行系租赁公司在该领域表现不俗。比如工银租赁，截止到 2013 年底，公司飞机租赁资产规模突破 400 亿元，交付运营飞机 151 架，超过国银租赁，成为中国飞机租赁资产规模最大公司。2013 年以来，租赁业务渗透率偏低的医疗设备和汽车融资租赁行业发展速度最快，主要得益于行业自身的蓬勃发展以及专业租赁公司的介入。远东宏信自 2001 年布局医疗产业以来，截止到 2013 年 6 月底，已累计操作医疗行业融资租赁项目近 3500 个。[①]

总体来说，金融租赁产业的发展优化了我国金融结构，促进了金融体系的发展，对推进战略性新兴产业的发展有较大的助力作用。特别是对于战略性新兴产业中的中小企业而言，金融租赁融资方式灵活简单、成本较低，并且属于表外融资方式，能够改善企业的资产负债结构，减少税费。

但是，不容否认的是，我国的金融租赁业起步较晚，在制度建设和运用模式上尚不健全，在金融体系中所占比例较小，对于我国战略性新兴产业发展的支持力度有待于进一步的提升。

二　信用担保融资

信用担保是指企业在向银行融通资金过程中，根据合同约定，由依

---

① 北京水清木华科技有限公司：《2014 年中国融资租赁行业研究报告》，2014 年 4 月，智库在线（http://www.zikoo.com/reports/4yhtv2ff0.html）。

法设立的担保机构以保证的方式为债务人提供担保，在债务人不能依约履行债务时，由担保机构承担合同约定的偿还责任，从而保障银行债权实现的一种金融支持方式。信用担保从本质上来说是以第三方增强信用的手段获得资金融通的方式。

我国的信贷担保体系起步于20世纪90年代初，目前我国担保性的公司主要分三类，第一类是纳入监管体系的融资性担保公司，第二类是非融资性担保公司，第三类是打着担保旗号实际上并不经营担保业务的"名义上的"担保公司。据初步统计，截止到2012年末，全国约有1.6万多家不经营担保业务的担保公司。① 我国信用担保业发展较快，但是发展模式较为粗放，在产业运营和规模扩张期间暴露出种种问题，主要体现在产业发展规划性不强，企业数量多但是竞争实力较弱，规模也普遍较小，并且企业违规情况也多有发生。

基于以上情况，国家对于信用担保产业进行了不断的整顿和规范，随着一系列规章制度的陆续出台和各项监管工作的有序推进，融资担保行业逐步纳入规范经营的轨道，资本实力增强，业务稳步增长，总体运行平稳。2011—2013年，融资担保行业实收资本年均增长36%；在保余额年均增长37%；与融资性担保机构开展业务合作的银行业金融机构年均增长22%，融资性担保贷款余额年均增长28%；中小企业融资性担保贷款余额年均增长29%，为中小企业提供担保户数年均增长27%；全行业担保业务收入年均增长30%，融资担保行业为支持中小微企业融资和地方经济发展发挥了重要作用。② 一方面，推进了实体经济的发展，为广大信用不足的企业增强信用，满足其融资需求，进而增强了这些企业的安全性和流动性；另一方面，分担了贷款方的风险，特别是减少了银行体系的风险，实现了企业、银行和担保机构的共赢。

综合而言，信用担保融资方式能够为战略性新兴产业提供信用担保，从根本上缓解了大多数战略性新兴企业处于发展初期，缺乏担保

---

① 普惠金融部：《融资担保业：规范发展前景可期》，2013年8月30日，中国银监会官网（http://www.cbrc.gov.cn/chinese/home/docView/3B5B3BFCD4944FF4A4BFA0ACEED3C24A.html）。

② 普惠金融部：《阎庆民副主席在中国融资担保业协会成立大会上的讲话》，2013年10月11日，中国银监会官网（http://www.cbrc.gov.cn/chinese/home/docView/254937329452479CABCEF7651D5D3667.html）。

品，借贷困难的困境，为战略性新兴产业的融资拓宽了渠道，增加了企业的存活率，是能够对推进战略性新兴产业发展产生积极作用的融资方式之一。但是，目前我国信用担保机构的运营尚存在一些问题亟待解决，主要体现在：市场准入门槛较低，标准化不足，导致机构数量较多，无序竞争使得各企业的盈利能力普遍较弱；此外，违规现象较多，扰乱了正常的金融市场运行，亟待进一步规范和约束。

三　风险资本融资

风险资本是指投资于高新技术企业，为初创期中小企业注入资本和管理经验的社会资本，以追逐高风险获得高收益为主要特征。主要包括风险投资资本 VC 和私募股权资本 PE。自世界上第一家风险投资机构——美国研究与开发公司诞生以来，风险资本在世界各地直接催生和支持了众多高新技术中小企业蓬勃发展，为推动经济的发展和科技的进步做出了重要的贡献。

与其他融资方式相比，风险资本融资具有以下显著的特征：其一，风险性高。获得风险资本的企业大多数都以破产告终，只有少数企业可以成功发展至成长期或者成熟期；其二，收益性高。虽然风险资本资助的企业破产率较高，但是只要有一家企业获得成功，那么风险投资家所获得的利润将足以弥补其余若干家破产企业为其带来的损失；其三，流动性低。风险资本在投入企业的一段时期，基本上属于"呆滞资金"，有时这段时期长达 7—10 年；其四，行业集中性。风险资本一般只投向于高新技术产业，例如战略性新兴产业，对于传统型产业的投资相对较少。其五，风险投资家不仅为所投资的企业提供大量的资金支持，还引入系统性的管理经验，甚至直接参与企业经营，帮助企业快速拓展市场，迅速成长。此外，风险投资一般采用多种投资工具，包括可转换债券、优先股、普通股等，并且分多步注入资金以减少风险。

我国的风险投资市场起步较晚，但是发展较快。目前，风险投资机构除了独资和事业单位外，国有独资、国有控股及民间投资均在参与风险资本的投资，甚至外资也参与其中。风险投资机构的数量迅速增加，截至 2011 年末已达到 800 多家，随着我国资本市场的不断完善，风险投资的规模和案例也在逐年增加，2012 年我国风险投资各类机构已经达到 1183 家，其中风险投资企业就有 942 家，风险投资管理企业 241

家，当年募集资金 136 家，资本总量已经达到 3312 亿元。2014 年我国的风险投资总额达到 155 亿元。① 根据清科中心数据，2010 年共有 82 只可投资于中国大陆市场的私募股权基金成功募集到位 276.21 亿美元，基金数量与规模分别为上一年水平的 2.73 倍与 2.13 倍。2011 年共可投资于中国大陆地区的私募股权投资基金完成募集 235 只，募集金额达到 388.58 亿美元，分别增长了 187%、40.7%；2011 年中国私募股权市场发生投资交易 695 起，其中披露金额的 643 起案例共计投资 275.97 亿美元。②

在我国，VC/PE 的资金投向相对较为稳定，VC 的投资行业分布较为广泛，主要集中于生物技术/医疗健康、清洁技术、互联网、IT、电子及光电设备、机械制造、消费行业、娱乐传媒和电信及增值业务九个行业，这九个行业已完成的投资交易数量和金额均占当年 VC 总投资数量和金额的 70% 左右。PE 的投资行业较为集中，投资数量和金额主要分布于六个行业，包括生物技术/医疗健康、清洁技术、消费行业、机械制造、互联网及房地产行业。上述六个行业的历年投资占比达到 PE 总投资量的六成至八成。③ 2013 年，新募集基金数量为 349 只，较去年略有下降；募资金额共计 345.06 亿美元，同比增长 36.3%，从投资上来看，2013 年共发生投资案例 660 起，其中披露金额的 602 起案例涉及交易金额 244.83 亿美元，同比增长 23.7%。在所投资的行业分布上，房地产行业位列首位，此外，生物技术/医疗健康、互联网、电信及增值业务、清洁技术等战略性新兴产业位居第二梯队。投资地域上主要仍集中在北京、上海、江苏、广东、浙江等经济发达地区。④

从发达国家的经验来看，风险资本是推动战略性新兴产业发展的重要助力之一，大力发展我国风险资本市场无论是对于支持战略性新兴产业等实体经济的成长，还是对于推动科学技术的进步都具有战略性的意义。

---

① 郭凡礼、蔡灵：《2015—2019 年中国风险投资行业投资分析及前景预测报告》，2015 年 4 月 7 日，中国投资咨询网（http://www.ocn.com.cn/reports/2006223fengxiantouzi.shtml）。

② 蒋悦炜：《私募股权基金与中国中小企业公司治理研究》，博士学位论文，上海交通大学，2012 年，第 43 页。

③ 闫琳：《引导基金支持战略性新兴产业发展的运行模式研究》，硕士学位论文，山西财经大学，第 13—14 页。

④ 杨倩：《战略性新兴产业私募股权融资经营绩效实证研究》，硕士学位论文，华南理工大学，2014 年，第 29 页。

四　知识产权质押融资

知识产权是指权利人对其所创造的智力劳动成果所享有的财产权利。知识产权质押指的是企业将其所拥有的知识产权做质押，向资金盈余方筹集资金的融资活动。知识产权质押融资是一种创新的融资方式，为战略性新兴产业进行外部融资拓展了新的融资渠道。

知识产权质押融资方式与战略性新兴产业的产业特点相吻合，能够将战略性新兴产业的优势最大限度地发挥出来用以解决资金短缺的难题。战略性新兴产业以高新技术企业为主，战略性新兴企业的发展初期一般都是以研发为主，研发成功的成果商业化、市场化之后才能够获得成功，而很多企业正是在研发成果产品化的初期因资金缺乏而遗憾地以失败告终，如果能够将这些知识技术作为质押去融资，也许就能够度过困境。

从我国当前的情况来看，战略性新兴产业进行知识产权质押融资具有一定的可行性。自我国实施科技兴国战略以来，我国知识产权创造热潮涌现，包括战略性新兴产业在内的各种发明专利的申请量和受理量都大幅度上升。2015年2月，全国当月专利受理量为37638件，同比增长32.5%，全国发明专利授权数量为13169件，同比增长49.8%，其中，国内发明专利授权最多的省市地区分别为北京、江苏、广东和浙江。[①] 此外，全国各地的专利受理量和专利授权量都有不同程度的增长。在知识技术发展突飞猛进的大背景下，2008—2012年，战略性新兴产业发明专利授权量年均增长率为26.04%。其中，2012年战略性新兴产业发明专利授权量首次突破6万件，同比增长27.07%。新一代信息技术产业、生物产业发明专利授权数量大；节能环保产业发明专利授权量及增速优势均较为突出。2011年、2012年间，新一代信息技术产业、生物产业、节能环保产业大发明专利授权量之和超过战略性新兴产业发明专利授权总量的七成；2012年节能环保产业的发明专利授权增长率（39.94%）高于同期发明专利授权的增长率。新能源产业、新能源汽车产业、新材料产业发明专利授权量增速明显。2012年，新能源产业、新能源汽车产业、新材料产业发明专利授权量增长率依次为

---

① 国家知识产权局官网（http://www.sipo.gov.cn/tjxx/）。

57. 83%、44. 31%、35. 02%、34. 94%，明显高于同期发明专利授权量的年增长率26. 14%。①

由此可见，我国战略性新兴产业采用知识产权质押融资模式具有一定的可操作基础。近年来，在我国的 28 个地区也先后进行了知识产权质押融资试点工作，截至 2012 年低，我国知识产权质押融资金额超过 140 亿元，质押贷款项目总计 2073 项。尽管我国战略性新兴产业也拥有大量的知识产权，但是知识产权质押融资模式并没有在战略性新兴产业中广泛地被采用，究其原因，主要有以下几点：其一，许多战略性新兴企业并未对知识产权质押融资模式有足够的了解和信任；其二，在一些中小企业中专业的技术人员缺乏；其三，我国知识产权质押融资方面的立法尚不健全；其四，知识产权质押融资的价值评估方面不容易确定；其五，战略性新兴产业知识产权自我保护意识较差。

以上种种原因都使得知识产权质押融资这种创新型融资模式并未在我国战略性新兴产业的融资体系中得以更多的应用。而对于战略性新兴产业而言，关注知识产权质押融资方式不仅能够使其拓展融资渠道，更重要的是能够使其增强企业的创新意识，并增强其对自身知识产权的保护意识，提高企业在市场中的核心竞争力和生存能力。

五 资产证券化融资

资产证券化是新兴的融资模式之一。美国证券交易委员会（SEC）将资产证券化定义为：企业将不流通的存量资产或可预见的未来收入通过特设机构（Special Purpose Vehicle，SPV）构造和转换为资本市场可获得销售和流通的金融产品即证券的过程。

资产证券化发展至今已经形成了一整套标准的运作流程：首先由原始权益人将拟资产证券化的资产汇入资产池，并将资产池中的所有资产打包真实出售给特设信托机构 SPV，特设信托机构以这些资产为支撑，并经过信用增级、信用评级等过程，最后将以这些资产为支撑发行的证券销售出去，并向原始权益人支付证券化资产的价款。特设信托机构管理资产池，并在证券到期后进行总的清算。适合进行证券化的资产必须

---

① 中华人民共和国知识产权局：《战略性新兴产业发明专利统计分析报告》，2015 年 4 月，知识产权局官网（http：//www. sipo. gov. cn/tjxx/）。

符合一定的特殊要求，主要包括三点：一是这些资产在未来可以产生稳定的现金流收入，并且这些收入可以预测；二是资产具有一定的规模并且资产本身质量高；三是进行资产证券化的地区必须具有一定的人口分布以保证证券化的顺利进行。

对于战略性新兴产业而言，资产证券化具有一定的可行性，战略性新兴产业在初期的研发成果、技术、专利版权、商标权等都可以作为知识产权证券化的资产，由于战略性新兴产业拥有大批优秀的科研人才和高端装备，其产生的知识产权在未来一段时间内能够为企业带来稳定的收入，因此，这些知识产权能够汇聚成一个资产池进行证券化。此外，在战略性新兴产业中的企业发展一段时间之后就可能会汇聚一定规模的应收账款，这些应收账款也可以成为证券化的基础。

我国资产证券化的历史很短，2008—2011年资产证券化曾经暂停过一段时期，自2012年我国资产证券化重启以来，发展得较为平稳。根据中诚信国际数据，2014年1月份到11月份发行的55只产品中，国有银行共6单，发行金额350.7亿元；股份制银行12单，发行金额665.43亿元；城商行13单，发行金额351.65亿元；农商行5单，发行金额47.66亿元；政策性银行8单，发行金额748.86亿元；汽车金融公司7单，发行金额77.96亿元；金融租赁公司1单，发行金额10.12亿元；资产管理公司3单，发行金额32.57亿元。[1] 资产证券化重启意味着市场对于资产证券化的重新认可和需要。宏观上，资产证券化可以拓宽融资渠道，提高社会资金使用效率，缓解产业升级中的资金短缺困境，优化资本市场结构，推动我国投融资机制改革向前发展。微观上，资产证券化可以拓展企业的融资渠道，降低企业因资金短缺而破产的概率，分散风险。

然而，不可否认的是，在我国的资产证券化发展过程中仍存在一些问题亟待解决和完善：其一，资产证券化基础资产的选择问题，目前我国资产证券化的案例主要选择的资产仍局限于固定资产，选择知识产权作为基础资产的较少，规模也较小；其二，信用增级和信用评级问题同样突出，在我国资本市场中，对于资产证券化的配套服务远远落后于发

---

① 毛宇舟：《今年信贷资产证券化规模或达8000亿元》，2015年1月20日，中国经济网（http：//finance. ce. cn/rolling/201501/20/t20150120_ 4379105. shtml）。

达国家，信用增级和信用评级在资产证券化过程中至关重要，这两个环节关乎资产证券化的成败和成本，因此，需要及时解决评级机构和担保机构的建设，以推进资产证券化市场的发展。其三，金融市场运作需要进一步的规范。此外，我国金融市场的发展仍不健全，金融工具种类和数量都相对较少，产品创新能力较差，市场价格形成机制较差，监管体制不健全等问题仍较为突出，这些问题的存在都在一定程度上影响资产证券化市场的发展。

第三节　传统融资模式与创新融资模式对比分析

纵观各发达国家战略性新兴产业的发展历史，从某种角度上来说，战略性新兴产业成长和发展的每一步都与融资机制息息相关。究其原因，是由于战略性新兴产业是国家的支柱型产业，属于高投入高回报的产业，为保证产业的核心竞争力和持续的科技创新能力，需要大量的资本不间断地给予支持，才能推进战略性新兴产业的蓬勃发展。而我国七大战略性新兴产业分属于不同的产业类型，发展进度并不一致，各产业所面临的市场风险、技术风险等大相径庭，如何选择合适的融资方式以支持战略性新兴产业的健康成长是一项重要的议题，本节就本章涉及的传统型融资模式和创新型融资模式进行对比研究，进而为战略性新兴产业在不同的发展阶段选择适合自身成长的融资模式提供一些参考。

一　投资主体

一般而言，传统型融资模式的投资主体较为单一，能够提供的资金数量较为有限。

内部留存收益的投融资主体统一，都是企业自身，对于成熟期的企业来说，内部留存收益可以是一种很好的融资渠道，不仅仅能够解决企业的资金缺乏问题，还能够减轻企业的财务负担，为企业的外源融资做铺垫。但是，战略性新兴产业中大部分企业的规模并不大，内源融资的可能性和数量都相对较少，因此，内源融资方式仍不能成为企业的首要资金来源。

银行间接融资的投资主体是银行体系，虽然我国的银行体系相对来说比较健全，但是由于银行体系在金融体系中的重要地位，加之银行体系的运营一直将"安全性"奉为第一位的原则，置于"营利性"之上，因此，银行体系的借贷有着严格的审核机制。这就使得战略性新兴产业从银行体系融资较为困难，特别是战略性新兴产业中的中小微企业。但是，由于国家政策对于小微企业有所倾斜，近年来，我国小微企业的贷款额呈现出稳步上升的态势。

资本市场直接融资的投资主体相对较多，通过上市发行债券或股票进行融资的企业能够在更广阔的范围内获得发展支持资金，根据发达国家战略性新兴产业的发展经验可知，健全发达的资本市场是战略性新兴产业能够健康成长的重要保证。相对于资本市场直接融资而言，商业信用融资的主体范围较窄，仅限于企业的业务往来企业，而商业信用融资还需要企业之间建立良好的互助关系和信任关系才能够使用，并非长期大量融资的最佳选择。国家的扶持基金和财政支持也是一样，由于国家的财政资金有限，能够提供给战略性新兴产业的资金有限，因此，这种模式只能起到引导作用。

创新型融资模式涉及的主体相对较多，创新型的融资模式的特点之一就是能够在更大范围内筹集资金，包括金融租赁、风险资本、资产证券化在内的许多创新型融资模式都是以充分的利用资本市场为手段，利用资本市场平台和信息化技术，在更多的潜在投资者中寻找优质资金来源，以达到筹资的目的。特别是资产证券化，将企业的收益性资产打包发行证券，拓展融资广度，达到缓解资金短缺困境的目的。

二　准入门槛

从战略性新兴产业融资现状来看，战略性新兴产业中的许多企业面临融资困难的主要原因是融资的准入门槛较高。与创新型融资模式相比而言，传统型的融资模式的准入门槛较高。

对于银行体系而言，企业贷款的准入门槛较高，中国工商银行营运资金贷款的申报条件为："符合国家产业政策和我行信贷政策；借款人属我行优质客户，主业突出，经营稳定，财务状况良好，流动性及盈利能力较强；在银行融资无不良信用记录；符合我行要求的其他条件。"固定资产支持融资的申办条件为："申办固定资产支持融资业务的借款人信用等级及所有者权益应符合我行规定；借款人经营及财务状况较好，在银行融资无不良信用记录；经营特定资产符合国家有关规定及我

行要求。"① 此外,《中国工商银行信贷工作手册》中明确规定: 对 AA
级及以上客户,核定最高综合授信额度后,其资产负债率不得高于
70%,对经营期不足两个会计年度或虽然经营期已满两个会计年度但根
据经营计划未达产的新建客户以及其他难以提供两个完整会计年度会计
报表的客户,授信额度可根据不超过客户提供有效抵押物变现值的
70%、质押物变现值的 90% 以及他人 100% 保证担保核定。

目前,我国资本市场的准入门槛对于处在初创期的战略性新兴企业
来说也相对较高。《深圳证券交易所股票上市规则 (2014 年修订)》规
定,首次公开发行股票的发行人应当符合下列条件: 公司股本总额不少
于 5000 万元; 公开发行的股份达到公司股份总数的 25% 以上; 公司股
本总额超过 4 亿元的,公开发行股份的比例为 10% 以上等。《深圳证券
交易所创业板股票上市规则 (2014 年修订)》规定,发行人申请股票在
本所上市,应当符合下列条件: 公司股本总额不少于 3000 万元; 公开
发行的股份达到公司股份总数的 25% 以上; 公司股本总额超过 4 亿元
的,公开发行股份的比例为 10% 以上; 公司股东人数不少于 200 人等。
可以看出,主板和创业板的上市要求区别不大,对于处在起步期的战略
性新兴产业而言,很难达到。

而创新型融资模式的准入门槛就相对较低。最典型的是风险资本,
风险资本是追逐高风险高收益的闲置资本,专门针对高新技术产业中的
中小企业进行资金支持,风险资本的投资方一般对于融资企业的财务状
况等没有硬性的指标要求,只是对企业的成长性和管理团队进行综合性
的考核和评估,只要风险投资家认可该企业的经营理念和运作团队,就
会对这个企业分阶段注入资金。

上海证券交易所于 2014 年发布了《上海证券交易所资产证券化业
务指引》,对于资产支持证券在上海证券交易所挂牌转让的提出要求:
基础资产符合相关法律法规的规定,权属明确,可以产生独立、可预测
的现金流; 资产支持证券的交易结构设置合理; 资产支持证券已经发行
完毕并且按照相关规定完成备案; 资产支持证券的投资者符合本所投资
者适当性管理的相关规定; 资产支持证券采取的风险控制措施符合本指
引要求。可见,资产证券化的准入门槛相对于股票上市而言要低得多。

---

① 中国工商银行官网 (http://www.icbc.com.cn/icbc/公司业务/)。

三　融资规模

由于各种创新型的融资模式正处于发展初期，因此，在融资规模上，传统型的融资模式的融资规模仍相对较高，而采用创新型融资模式进行融资的企业总体融资规模较小。

据中国人民银行发布的《2014年金融机构贷款投向报告》数据显示，2014年末，金融机构人民币各项贷款余额81.68万亿元，同比增长13.6%，主要金融机构及小型农村金融机构、外资银行人民币小微企业贷款余额15.46万亿元，同比增长15.5%，增速比上年末高1.3个百分点，比同期大型和中型企业贷款增速分别高6.1个和4.8个百分点，比各项贷款增速高1.9个百分点。2014年末，小微企业贷款余额占企业贷款余额的30.4%，占比比上年末高1个百分点。全年小微企业贷款增加2.13万亿元，同比多增1284亿元，增量占企业贷款增量的41.9%，比上年占比水平低1.6个百分点。① 中国银行业协会2014年6月发布的《2013年度中国银行业社会责任报告》数据显示，截至2013年底，以21家主要银行业金融机构数据来看，战略性新兴产业贷款余额2.1万亿元，同比增长15.3%，大力支持了新兴产业蓬勃发展；节能环保贷款余额16045亿元，共计支持14403个节能环保项目，其中，21家主要银行业金融机构绿色信贷余额5.2万亿元，占其各项贷款余额的8.7%，相当于年节约标准煤18671万吨、水43807万吨，年减排二氧化碳当量47902万吨，有效支持了我国经济社会绿色、循环、低碳发展。

资本市场对于战略性新兴产业的支持也在加强，截至2015年2月，创业板服务于创新型、成长型企业，已有约300家战略性新兴产业公司登陆创业板，占比超过70%。② 就资本市场创业板而言，上市公司的数目、上市证券数目、总发行股本以及成交笔数等指标都较以往有稳步上升的趋势（见表5—9）。

---

① 中国人民银行调查统计司：《2014年金融机构贷款投向统计报告》，中国人民银行官网（http://www.pbc.gov.cn/publish/diaochatongjisi/3172/2015/20150123144421992215013/20150123144421992215013_.html）。

② 深圳证券交易所：《深交所深化创业板行业监管，进一步提高信息披露质量》，深圳证券交易所官网，2015年2月26日（http://www.szse.cn/main/chinext/cybdt/39754120.shtml）。

表5—9　　　　　　　　2015 年创业板市场总貌

3 月份新上市公司数目	No. of Companies Listed in Mar.	8
上市公司数目	No. of Listed Companies	429
上市证券数目	No. of Listed Securities	429
总发行股本（百万股）	Total Issued Capital（Mil. Shs.）	113063.21
总流通股本（百万股）	Total Negotiable Capital（Mil. Shs）	74171.39
上市公司市价总值（百万元）	Total Market Capitalization（RMB Mil.）	3667824.2
上市公司流通市值（百万元）	Total Negotiable Market Capitalization（RMB Mil.）	2233863.55
3 月份交易日数	No. of Trading Days in Mar.	22
3 月份总成交金额（百万元）	Total Turnover in Mar.（RMB Mil.）	2059074.25
平均每日成交金额（百万元）	Average Daily Turnover in Value（RMB Mil.）	93594.28
3 月份总成交股数（百万股）	Total Shares Traded in Mar.（Mil. Shs.）	74121.48
平均每日成交股数（百万股）	Average Daily Shares Traded（Mil. Shs.）	3369.16
3 月份总成交笔数	Total No. of Deals in Mar.	60743460
平均每日成交笔数	Average Daily No. of Deals	2761066
3 月底平均市盈率（倍）	Average P/E Ratio at End of Mar.（Times）	87.25
3 月份创业板指数——最高	ChiNext Index in Mar. —High	2405.56
最低	Low	1932.82
收市	Close	2335.17
2015 年新上市公司数目	No. of Newly Listed Companies in 2015	23
2015 年交易日数	No. of Trading Days in 2015	57
2015 年总成交金额（百万元）	Total Turnover in Value in 2015（RMB Mil.）	3761083.5
平均每日成交金额（百万元）	Average Daily Turnover in Value（RMB Mil.）	65983.92
2015 年总成交股数（百万股）	Total Shares Traded in 2015（Mil. Shs.）	147775.78
平均每日成交股数（百万股）	Average Daily Shares Traded（Mil. Shs.）	2592.56
2015 年总成交笔数	Total No. of Deals for 2015	120414685
平均每日成交笔数	Average Daily No. of Deals	2112538
2015 年创业板指数——最高	ChiNext Index in 2015 —High	2405.56
最低	Low	1429.08

　　资料来源：深圳证券交易所创业板（http：//www. szse. cn/main/files/2015/04/03/RM8101. html）。

　　而创新型融资模式就现状而言，融资规模尚小。例如，我国风险资本市场发展尚不完善，因此，融资规模也相对较小。清科研究中心数据显示，2013 年，私募股权投资机构所投行业分布在 23 个一级行业中，房地产行业为最热门行业，共计发生投资交易 105 起，是唯一投资数量超过三位数的行业。生物技术/医疗健康、互联网、电信及增值业务、清洁技术等战略新兴产业为热门投资行业第二梯队，所获投资数量均超过 40 起。

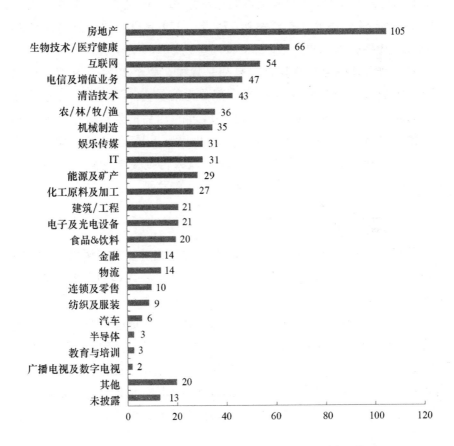

图 5—6　中国私募股权投资市场行业投资分布（按案例数/起）

资料来源：清科研究中心：《2013 年中国私募股权投资年度研究报告》，2014 年。

　　如图 5—6 所示，生物技术、医疗健康、互联网、电信及增值业务等战略性新兴产业在 2013 年都获得了私募股权资本的青睐，行业投资排名仅次于房地产，但是，从资金的金额上来看，我国私募股权投资市场的规模限制了行业投资的金额，2013 年，在战略性新兴产业中，投向于互联网的 PE 资金最多，达到 11.52 亿美元，其次是生物医药产业获得资金 11.23 亿美元，其他产业获得的资金都在 5 亿及以下。① 相较而言，美国的高新技术产业所获得的风险资本要多很多，例如，2010年，美国的信息技术行业获得私募股权投资金额为 108 亿美元，生物医药行业获得私募股权资金为 63 亿元。2013 年美国风险资本总额为177.02 亿美元，2014 年风险资本的总额为 301.61 亿美元，其中，公司创业群投资 54 亿美元，投资案例 775 起，339 起投向软件公司共计 25亿美元，生物技术位居第二，共计 98 起金额 8100 万美元。②

资产证券化的融资规模也只是初具规模。截至 2014 年 9 月，国内资产证券化规模约为 2500 亿，但大部分为信贷资产证券化，企业信贷资产证券化规模仅 300 亿左右，而 2011 年重启后的发行规模甚至不到100 亿。2013 年 7 月批复东方证券—阿里巴巴 1 号至 10 号专项资产管理计划后，至 2014 年 3 月 17 日证监会就未再批复新的资产证券化项目。③ 可见，我国资产证券化市场尚需进一步发展。

四　操作流程

传统融资模式的操作流程较为规范，并且相对复杂。例如，银行间接融资方式一般需要企业首先提出申请，再经过一系列的审批，最终发放贷款。

以中国工商银行的"网贷通"业务为例，"网贷通"业务贷款额度上限为 3000 万元。业务流程如图 5—7 所示。在整个流程中，以"工行调查、审查、审批"步骤为核心，在该环节，中国工商银行将按照以下标准调查核实借款人的资质：其一，借款企业是否具备工行小企业信贷管理办法中申请办理信贷业务的基本条件；其二，借款人工行信用等级

---

① 资料来源：清科研究中心：《2013 年中国私募股权投资年度研究报告》，2014 年（http://research. pedaily. cn/report/free/901. shtml）。

② NVCA 官网（http://nvca. org/pressreleases/corporate—venture—groups—deployed—capital—startup—ecosystem—2014—year—since—2000/）。

③ 中研网：《目前国内资产证券化规模约为 2500 亿》，2014 年 9 月 12 日，中研网（http://www. chinairn. com/news/20140912/174816462. shtml）。

是否在 A—级（含）以上；其三，借款人是否为企业网上银行证书版客户，并开通相应证书权限；其四，是否能够提供足值、有效的房地产抵押或低风险抵押、并与工行签订最高额担保合同。

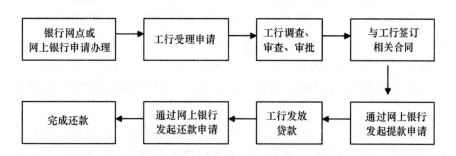

图5—7　网贷通业务流程

资料来源：中国工商银行官网（http：//www.icbc.com.cn/icbc/html/dongtaiyanshi_20140614/qiye_cn/111112/corporbank/network–financing/apply–financing_1.htm）。

在资本市场上市融资的流程更为复杂，上海证券交易所 2013 年修订的《上海证券交易所证券发行上市业务指引》中对于证券上市发行进行了一系列的规定，从中可以看出，证券上市融资的复杂性："发行人发行证券并申请在本所上市，应将发行公告、招股说明书（招股意向书、募集说明书）全文、备查文件和附录（以下简称'相关文件'）在本所网站（www.sse.com.cn）披露，并对其内容负责；发行人及其主承销商原则上应在拟披露发行公告、招股说明书（招股意向书、募集说明书）全文及相关文件的前一个交易日 15：30 前（发行公司债券为 14：00前），向本所提交以下材料：中国证监会核准公开发行证券的文件、发行人通过本所系统发行证券的申请、发行公告、招股说明书（招股意向书、募集说明书）全文及相关文件；证券发行申请获得证监会发行审核委员会通过后，发行人及其保荐机构、主承销商应及时联系本所相关部门申请证券代码与证券交易简称，并沟通发行与上市申请相关事项；证券发行申请获得证监会发行核准批文后，发行人及其主承销商应及时联络本所提交发行计划与发行方案。"①

---

①　上海证券交易所：《上海证券交易所发行上市业务指引》，2013 年 12 月 27 日（http：//www.sse.com.cn/lawandrules/sserules/issue/c/c_20131227_3760205.shtml）。

创新型的融资模式操作流程也并不简单，但操作流程中时常存在一些规范的地方。金融租赁融资模式的操作流程主要分为三个阶段：第一阶段属于前期筹备阶段，包括租赁立项、尽职调查和方案制定；第二阶段是金融租赁实施阶段，包括项目评审、合同签署和租赁投放；第三阶段为后期管理，包括后期维护、结项审计和档案管理等。信用担保融资的流程相对较为简单，一般包括企业提出申请，担保公司调查、出具评估报告，并根据报告进行评审，企业通过评审之后，与银行和担保公司分别签订借款合同和保证委托合同，之后，企业的运作将受到多方监督。

由于风险资本追逐高风险高回报的特性，风险资本的投资过程更加细致缜密。风险投资企业在进行投资之前会对拟投资企业进行详尽的尽职调查，对于投资对象的筛选将分批次进行，对投资企业的财务、市场、产品研发等全面分析，以做出投资与否的决定。在确定投资企业之后，风险资本企业一般会寻找共同投资者，这样既能够增加投入资金的金额，又能够分担风险，而后，风险投资企业将做出投资计划书，分阶段对融资企业注入资金。最终，如果企业运作成功，在被投资企业上市之时风险资本功成身退。

资产证券化的过程从资产原始权益人决定进行资产证券化融资并拟定资产池开始，资产池中的所有资产全部出售给 SPV，SPV 将资产池内的资产进行结构重组，并进行信用增级，而后依据资产池中的资产发行证券，最后，用证券发行收入支付原始权益人购买价格。

小　结

　　战略性新兴产业的发展既需要政府的引导，也需要市场的支持。由于战略性新兴产业的"新兴性"的特点，市场培育不成熟、研发风险性高，单纯依靠市场机制的推进很难满足战略性新兴产业在发展过程中的资金扩张需求，其成长和发展需要政府的引导和资金的扶持。目前，我国政府对于战略性新兴产业发展的支持主要体现在直接补贴、税收减免、金融支持和政策倾斜等方面。然而，政府的支持和干预也会存在一些弊端。市场的自我调节在许多时候更加能够促进战略性新兴产业的发展，健全的银行体系和发达的资本市场往往成为战略性新兴产业快速成长的资金保障。

　　本篇第二章运用战略性新兴产业的实际数据对我国战略性新兴产业的融资结构现状进行描述性统计分析，然后建立多元回归模型就直接融资、间接融资、内源融资、商业信用融资和财政融资这五种主要融资方式对战略性新兴产业经营绩效的影响进行实证检验，目的在于揭示我国战略性新兴产业融资方式选择的现实特点，对不同的融资方式与我国战略性新兴产业发展的关系进行定量研究。实证结果显示，与我国战略性新兴企业经营效率和成长性相关的变量有企业自身的内部融资和银行的间接融资，其中，内部融资与企业的经营效率呈正相关关系，而银行的间接融资与企业的经营效率呈负相关关系。而直接融资、商业信用融资和财政融资与我国战略性新兴企业经营效率和发展不相关。

　　从我国战略性新兴产业发展现状来看，传统的融资模式已经不能够很好地满足战略性新兴产业对资金的需求，创新型融资模式正在不断地用于战略性新兴产业的融资实践中，传统型融资模式和创新型融资模式在投资主体、准入门槛、融资规模和操作流程上大相径庭，处于不同生命周期阶段的不同产业在融资过程中应当根据自身状况进行选择。

第六篇

国外战略性新兴产业融资
机制比较分析及启示

战略性新兴产业是关系到国民经济发展和产业结构优化升级，具有全局性、长远性、导向性和动态性特征的新兴产业。其战略性的重要地位和新兴性的产业特征决定了战略性新兴产业发展所需要的资金数额巨大，融资难度较高。对于如何解除制约产业发展的"资金瓶颈"问题，各国在战略性新兴产业的融资方面形成了不同的融资机制，就目前而言，世界经济发达国家的融资机制较为完善，本篇就美、日、德三国的战略性新兴产业融资机制进行比较分析，分别从融资环境、融资方式和融资特点三个方面进行研究，最后得出对于完善我国战略性新兴产业融资机制的启示。

第一章　美国战略性新兴产业的融资机制

第一节　美国战略性新兴产业的融资环境

本轮经济危机使得世界各国在发展战略性新兴产业上达成共识，目前，各国均选择了不同的新兴产业作为突破口，美国政府将发展重点放在新能源和节能环保产业上，同时还强调干细胞、航天技术、网络的发展。发展新能源产业和环保产业不仅能够重振美国实体经济，实现能源独立，减少失业，而且能够带动汽车业、建筑业、IT 业等多个产业的深度变革，并催生一系列新兴产业。

一　美国战略性新兴产业融资的宏观经济环境

宏观经济的运行状况会对产业融资产生直接的影响，具体表现在：宏观经济运行稳健，经济增长势头强劲的阶段，生产消费等经济行为活跃，储蓄量增多，资金的供给规模增加，融资渠道延展，融资成本较低，反之亦然。

美国之所以选择新能源和节能环保作为发展重心，是与其国内经济发展状况密不可分的。危机前，美国经济发展的主要特征可以概括为"重虚拟、轻实体""高消费、低储蓄"，由此引发了美国经济发展中高负债、高失业率和高贸易逆差等诸多问题。1990—2006 年，美国 GDP 年均增长率达到 3.0%。受次贷危机爆发影响，2007—2009 年美国 GDP 增速分别下降至 1.9%，0 与 -2.6%。随着美国政府采取了极其宽松的宏观经济政策，美国经济增长触底反弹，根据 IMF 的数据显示，2010 年与 2011 年美国 GDP 增速分别为 2.6% 与 2.3%。① 美国经济正在缓慢

---

① 张明、何睿：《宏观经济低速增长进口限制风险加大——2011 年美国宏观经济与政策前瞻》，《国际经济评论》2011 年第 1 期。

的复苏之中。2013 年以来，美国经济延续复苏的状态，2009 年美国 GDP 总量为 13.86 万亿美元，人均 GNI 为 4.61 万美元；2010 年美国 GDP 总量为 14.45 万亿美元，人均 GNI 为 4.74 万美元，2011—2013 年这两个数字分别为 15.09 万亿美元和 4.84 万美元、15.68 万亿美元和 5.01 万美元、16.8 万亿美元和 5.37 万美元。2013 年 GDP 年增长率为 1.88%，2012 年和 2013 年人均 GDP 年增长率分别为 1.45% 和 1.15%。由此可以看出，美国经济从整体上来看呈现上升的态势，正在稳步复苏之中。与此同时，美国的通货膨胀率并未有大幅度的上扬，2010 年美国的通货膨胀年增长率（按 CPI 计算）为 1.64%，2011 年美国的通货膨胀年增长率（按 CPI 计算）增长到 3.16%，但是 2012 年美国的通货膨胀年增长率就有所下降，为 2.07%，2013 年更是减少为 1.46%，[①] 说明美国经济在复苏的同时有效控制了通货膨胀的增长，实现了经济的可持续增长。

表 6—1　　　　　　　　　　2012 年美国各州 GDP 情况

州名	GDP	州名	GDP	州名	GDP
加利福尼亚州	20500 亿美元	印第安纳州	2560 亿美元	新墨西哥州	1130 亿美元
得克萨斯州	10800 亿美元	康涅狄格州	2220 亿美元	密西西比州	1000 亿美元
佛罗里达州	7860 亿美元	密歇根州	2100 亿美元	内布拉斯加州	896 亿美元
伊利诺伊州	7410 亿美元	内华达州	2030 亿美元	夏威夷州	689 亿美元
纽约州	7330 亿美元	威斯康辛州	2000 亿美元	西弗吉尼亚州	666 亿美元
俄亥俄州	6450 亿美元	亚利桑那州	1970 亿美元	特拉华州	627 亿美元
新泽西州	6210 亿美元	科罗拉多州	1960 亿美元	新罕布什尔州	616 亿美元
宾夕法尼亚州	6130 亿美元	阿拉巴马州	1950 亿美元	爱达荷州	548 亿美元
佐治亚州	3870 亿美元	马里兰州	1920 亿美元	缅因州	532 亿美元
北卡罗来纳州	3710 亿美元	肯塔基州	1770 亿美元	罗得岛州	495 亿美元
马萨诸塞州	3680 亿美元	衣阿华州	1480 亿美元	阿拉斯加州	456 亿美元
华盛顿州	3580 亿美元	堪萨斯州	1320 亿美元	南达科塔州	399 亿美元
弗吉尼亚州	3090 亿美元	阿肯色州	1240 亿美元	怀俄明州	382 亿美元

---

① 新浪财经：《全球宏观经济数据》（http://finance.sina.com.cn/worldmac/nation_US.shtml）。

续表

州名	GDP	州名	GDP	州名	GDP
田纳西州	2860 亿美元	阿俄勒冈州	1220 亿美元	蒙大拿州	372 亿美元
密苏里州	2650 亿美元	南卡罗来纳州	1210 亿美元	北达科他州	334 亿美元
路易斯安那州	2640 亿美元	内布拉斯加州	1190 亿美元	佛蒙特州	264 亿美元
明尼苏达州	2620 亿美元	犹他州	1169 亿美元		

资料来源：百度文库（http：//wenku. baidu. com/link? url = KdypooeQuXl6SWY8Ypdwx RV9h0NFeNM7ZhZdELQTtPEzCFCid－－u5b1Ac9nuyaP7sOm－M6BfyMTGGITdsVWWYaXIRyjbhNv 9Sd3XSBEXZ_ m）。

美国经济分析局（the Bureau of Economic Analysis，BEA）指出，自 2012 年以来，美国经济全面复苏，20 个主要产业集团贡献了 2.8% 的 GDP，引导国民经济好转的主要产业有：专业服务和商业服务产业、金融业、保险业、房地产行业、租赁业、采矿业以及制造业。其中，专业服务、科技服务 2012 年对 GDP 的贡献达到 4.2%，而信息技术产业 2012 年对 GDP 的贡献达到 7.2%。[1]

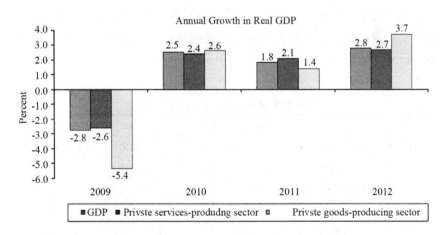

图 6—1　2009—2012 年美国 GDP 年增长率

资料来源：U. S. Bureau of Economic Analysis（http：//www. bea. gov/newsreleases/industry/ gdpindustry/2014/gdpind12_ rev. htm）。

---

① U. S. Bureau of Economic Analysis（http：//www. bea. gov/newsreleases/industry/gdpindustry/2014/gdpind12_ rev. htm）。

　　自经济危机以来，美国的失业率一直居高不下。2011 年，美国的失业率仍然在 9%。值得指出的是，美国的高失业率虽然是金融危机导致的直接结果，但是并不能把高失业率完全归结为金融危机的冲击。从更深层次的原因来看，生产要素的国际化配置和全球垂直化的分工导致了各产业中的加工环节全面向发展中国家转移，特别是新兴发展中国家，由于美国劳动力成本较高的现实情况不可逆转，这一趋势将会日益加深，所以，只要美国的劳动力成本高于新兴的发展中国家，美国的结构性失业就将长期存在。但是，由于美国国家的宏观调控政策，美国的失业率从 2012 年初开始一直呈现下降趋势，目前，美国的失业率已经跌倒了 7% 左右，并且由于各个州的发展情况各异，因此，失业率也不尽相同。如表 6—2 所示，2014 年 8 月，美国的北达科他州失业率水平最低，只有 2.8%，低于中国 2013 年上半年的水平 5%，其次是内布拉斯加州、南达科他州和犹他州，失业率水平为 3.6%，失业率在 4%—5% 的有 10 个州，分别是佛蒙特州、夏威夷、明尼苏达州、新罕布什尔州、爱荷华州、怀俄明州、爱达荷州、蒙大拿州、俄克拉荷马州、堪萨斯州，总体来看，失业率水平有所下降，在全国各州中只有佐治亚州的失业率超过了 8%，达到 8.1%，其余各州都控制在 8% 以内。失业率指标主要衡量的是经济中闲置的劳动产能的数量，失业率的下降意味着宏观经济基本面的好转。

表 6—2　　　　　　　　　2014 年 8 月美国各州失业率情况概览

Rank	State	Rate	Rank	State	Rate
1	NORTH DAKOTA	2.8	21	OHIO	5.7
2	NEBRASKA	3.6	22	INDIANA	5.8
2	SOUTH DAKOTA	3.6	22	LOUISIANA	5.8
2	UTAH	3.6	22	MASSACHUSETTS	5.8
5	VERMONT	4.1	22	PENNSYLVANIA	5.8
6	HAWAII	4.3	26	ARKANSAS	6.3
6	MINNESOTA	4.3	26	FLORIDA	6.3
8	NEW HAMPSHIRE	4.4	26	MISSOURI	6.3
9	IOWA	4.5	29	MARYLAND	6.4
10	WYOMING	4.6	29	NEW YORK	6.4

续表

Rank	State	Rate	Rank	State	Rate
11	IDAHO	4.7	29	SOUTH CAROLINA	6.4
11	MONTANA	4.7	32	DELAWARE	6.5
11	OKLAHOMA	4.7	33	CONNECTICUT	6.6
14	KANSAS	4.9	33	NEW JERSEY	6.6
15	COLORADO	5.1	33	WEST VIRGINIA	6.6
16	TEXAS	5.3	36	ILLINOIS·	6.7
17	MAINE	5.6	36	NEW MEXICO	6.7
17	VIRGINIA	5.6	38	ALASKA	6.8
17	WASHINGTON	5.6	38	NORTH CAROLINA	6.8
17	WISCONSIN	5.6	40	ALABAMA	6.9

资料来源：BUREAU OF LABOR STATISTICS（http：//www. bls. gov/web/laus/laumstrk. htm）。

　　所以，单纯从美国当前的失业率指标来看并不能说明美国经济低迷。而且，美国的新增设备投资已经出现快速的回升，截至 2010 年末美国新增设备投资已经接近危机前的水平。在经济回暖和收入增长的双重推动下，美国的居民消费水平也出现稳步的回升。从美国的国民总收入来看，从 2009 年至 2013 年，美国的国民总收入一直呈现稳步增长的态势，分别为 13.94 万亿美元、14.64 万亿美元、15.23 万亿美元、15.89 万亿美元和 17.06 万亿美元。

　　美国企业的利润水平也在逐步增长，截至 2010 年 12 月，美国企业的利润已经达到 1640 亿美元，距离危机前 2006 年 9 月的历史高点 1655 亿美元十分接近。2012 年第一季度，美国企业盈利状况普遍较好，美国股市普遍上涨，道琼斯工业平均指数上涨 74.54 点，涨幅 0.6%，标普 500 指数上涨 5.04 点，涨幅 0.4%。

　　因此，从总体上看，虽然遭到了金融危机的冲击，但是美国经济并没有一直走向低迷，而是开始有了复苏的趋势，所以，从宏观经济的大环境来看，对于战略性新兴产业的融资负面影响不大，展望美国宏观经济的发展前景，对于战略性新兴产业的融资仍然是有利的。

二 美国战略性新兴产业融资的金融市场环境

金融市场包括货币市场和资本市场两大子市场，美国的金融市场发展较为迅速，体制健全。美国的货币市场制度健全，金融工具种类较多，已经发展成为全球最发达的货币市场，无论在市场规模和市场自由度的广度上，还是市场层次结构划分方面都较其他国家更为成熟和完善。美国的货币市场包括众多的子市场，主要包括政府证券市场、联邦资金市场、商业本票市场、可转让银行定期存单市场、银行承兑汇票市场与欧洲美元市场，这些子市场既相互区分，为不同的市场主体提供差别化的服务，又相互联系，几乎市场上所有的金融工具都具有一定的替代性，使得美国货币市场的多样性与竞争性并存。

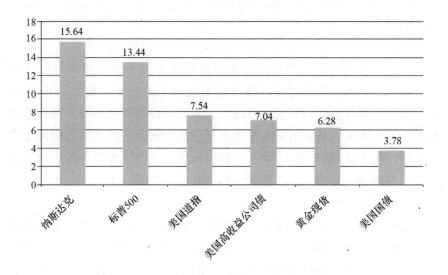

图6—2 2012年全年美国各类资产涨幅（%）

资料来源：太平洋证券，2013 年国际宏观经济形势展望报告（http：//wenku. baidu. com/link？url = YbhQV9I6V3nLBBOGAmuGLlC7mTK5wpoXzpWPOcicvIFfe9zEk8BJ9iqr Sfa0sIN2—aV87ihvILFd488DH8kpaBxPUmgDv9dUIejp4CHcUAK）。

美国的资本市场层次分明、资金流动量大、交易机制成熟，美国的公司无论规模大小，在投资银行的支持下，均有上市融资的机会。美国没有货币管制，美国的资本市场是一个开放性的市场，全国集中市场、区域性市场、NASDAQ 市场和全国性场外交易市场等多层次的资本市场体系为众多的投融资者提供了广阔自由的交易平台，证券和股指的现货、期货、期权、可转换债券、信托凭证等众多的金融工具为投融资者提供了多样化的投融资选择，众多的市场主体、完善的交易机制、繁多的交易品种使得美国成为了世界金融之都。

美国的融资渠道众多，融资方式自由。以美国股市为例，美国股市的交易十分活跃，融资及并购活动频繁。上市公司可随时发行新股融资，发行时间与频率没有限制，通常由董事会决定，并向证券监管部门上报。通常如果监管部门在 20 天内没有回复，则上报材料自动生效。上市公司还可以向公众发行债券融资。而且，美国的证券市场层次清晰，结构合理，能够从不同的层面上满足各类企业的融资需求。

专栏 6--1：

纳斯达克市场内部分层与上市标准演变分析

为了更好地应对竞争、吸引上市资源、为企业融资提供服务，国际上主流证券交易所大部分都进行了市场分层，形成交易所内部的多层次市场。其中，纳斯达克是证券交易所通过内部分层实现不断发展的成功典范。纳斯达克股票市场目前分为三个层次：纳斯达克全球精选市场（Nasdaq Global Select Market）、纳斯达克全球市场（Nasdaq Global Market）和纳斯达克资本市场（Nasdaq Capital Market）。各层次的基本情况如表 1 所示。

表1　　　**纳斯达克三个层次的上市公司数量及市值（亿美元）**

	挂牌证券		中概股	
	数量	总市值	数量	总市值
全球精选市场	1651	73980	60	1909.66
全球市场	628	1949.2	19	64.71
资本市场	670	674.85	31	14.12

注：数据截止日期为 2014 年 11 月 18 日，纳斯达克公司数量的统计口径中包括少数独立上市的 ETF。

资料来源：纳斯达克网站。

纳斯达克内部分层的演变历程、差异及转移机制

一　纳斯达克内部分层的演变历程

1. 单一层次阶段（1971—1982 年）

纳斯达克 1971 年成立初期只是一个用来集中显示全美 OTC 市场部分精选证券价格的报价系统，成立首日就为 2500 只 OTC 市场的股票显示报价（表2）。

表2　　　　　　　　1971 年纳斯达克首套标准

财务及质量要求	
总资产	100 万美元
股本及资本公积（capital & surplus）	50 万美元
流动性要求	
公众持股数 Publicly held shares	100 万股
股东数（round lot holders）	300
做市商 Market makers	2

资料来源：NASD，NOTICE TO MEMBERS：81—36。

纳斯达克 1975 年设置了第一套上市标准，对挂牌公司的总资产、股本及资本公积、公众持股数、股东数及做市商数量提出了要求，只有达到标准才可以申请在纳斯达克挂牌交易。通过设置上市标准，纳斯达克将自己与 OTC 市场区别开，成为一个完全独立的上市场所。

2. 1982 年成立纳斯达克全国市场，形成两个层次

1982 年，纳斯达克在其报价系统的基础上开发出了纳斯达克全国市场系统（NMS 系统），并设置了一套更高的上市标准，将部分规模大、交易活跃的股票强制划入新成立的纳斯达克全国市场。

除了更高的上市标准之外，纳斯达克全国市场还为上市公司提供实时成交信息，而且成交信息（每一笔成交量和成交价格）能够在 90 秒之内到达投资者的手里。1987 年纳斯达克全国市场又增加了公司信息披露和治理的要求。1996 年，纳斯达克全国市场上市证券被纳入"联邦管辖的证券"。

其他不满足全国市场上市标准的股票组成的市场被称为纳斯达

克常规市场（Regular NASDAQ Market）。1992 年 7 月，纳斯达克常规市场被正式命名为纳斯达克小型市场，同时开始提供与纳斯达克全国市场一样的实时成交信息。1997 年，纳斯达克全国市场中关于企业治理要求被扩大到纳斯达克小型市场。2007 年，在纳斯达克资本市场上市的证券也被纳入"联邦管辖的证券"范围。

3. 2006 年成立全球精选市场，形成三个层次

2006 年 7 月，纳斯达克又通过引入更高的上市标准，成立了纳斯达克全球精选市场，将纳斯达克市场内满足新标准的 1187 家公司转移到全球精选市场挂牌。纳斯达克全球精选市场的上市标准综合来看是世界最高的；同时，纳斯达克全国市场更名为纳斯达克全球市场，纳斯达克小型资本市场更名为纳斯达克资本市场，从此纳斯达克市场内部形成三个层次。

二　不同层次的制度差异目前主要体现在上市标准方面

在演变过程中，纳斯达克三个层次市场之间在交易信息透明度、信息披露和公司治理要求以及是否属于"联邦管辖的证券"等方面的差异现在已经消除。目前三个层次市场之间的差异主要体现在上市标准方面，包括初次上市标准差异和持续上市标准差异。

此外，纳斯达克还建立了不同层次之间灵活、便捷的转移（transfer）机制。转移的方式包括：主动申请转移；自动转移。

纳斯达克各层次上市标准的演变

为了实现不同内部层次为不同规模企业服务的目的，纳斯达克各层次上市标准均经历了多次演变，从而形成目前由不同指标合理搭配的 11 套上市标准。

一　纳斯达克资本市场上市标准的演变

纳斯达克资本市场是纳斯达克历史最悠久的市场，也是目前上市标准要求最低的市场，主要吸引小型企业上市，其上市标准的演变大致划分为三个阶段：

1. 1975—1997 年，由资产指标组成的单一标准阶段

在这一阶段纳斯达克资本市场上市的财务标准只有资产类指标，即"总资产 + 股本及资本公积（capital & surplus）"，期间指标没有发生过变化。不过门槛值方面，由于通货膨胀原因调整过两

次，总资产由 1975 年的 100 万美元上调到 1997 年的 400 万美元，股本及资本公积由 50 万美元上调到 200 万美元。

2. 1997—2007 年，标准多元化阶段

1997 年，纳斯达克资本市场在原有上市标准的基础上大幅度修改，形成了资产标准、市值标准和净利润标准。对于资产标准，1997 年纳斯达克资本市场将资产指标由"总资产＋股本及资本公积"替换为"净有形资产"；2001 年纳斯达克又用"股东权益"取代了"净有形资产"，并将数值由原来的 400 万美元上调到 500 万美元。另外，按照资产类指标上市时，还要求公司有一年的经营历史。

对于市值标准，纳斯达克规定只要市值达到 5000 万美元，公司就可以在纳斯达克资本市场上市，并无其他财务或经营方面的要求。对于净利润指标，1997 年纳斯达克提出公司近一年或近三年中有两年的净利润达到 75 万美元，同时有一年经营历史，即满足纳斯达克资本市场上市的财务标准。

3. 2007 年至今，以股东权益为基础多元化标准阶段

2007 年，纳斯达克再次修改了纳斯达克资本市场的上市标准，形成了目前以股东权益为基础的标准多元化阶段。具体为在"市值"标准和"净利润"标准中增加了股东权益的要求，即：市值达到 5000 万美元，同时股东权益达到 400 万美元；或者净利润达到 75 万美元，同时股东权益达到 400 万美元。

二　纳斯达克全球市场上市标准的演变

纳斯达克全球市场是纳斯达克中间层次市场，主要是吸引中型企业上市，上市标准也进行过多次修改。

1. 1982—1985 年，由资产指标组成的单一标准阶段

1982 年，纳斯达克全国市场设置了第一条强制性上市标准，该标准的财务指标只有资产类指标。与纳斯达克资本市场相比要求更高，用"净有形资产＋股本及资本公积"代替了"总资产＋股本及资本公积"组合。

1983 年初又增加了一套自愿标准，这两套标准的差异在于最低股价、平均交易量和公众持股数等流动性指标，即流动性高的股票被强制要求进入纳斯达克全国市场，而流动性稍差的股票可以自

愿选择是否进入纳斯达克全国市场。

2. 1985—1997 年，以资产基础，分别辅以净利润或经营年限的双标准阶段

1985 年纳斯达克修改了全国市场的自愿标准（强制标准不变），将原来单纯的资产类指标组合修改为"资产＋净利润"和"资产＋经营年限"两套指标。

另外，随着纳斯达克全国市场的发展，大部分满足自愿标准的发行人都选择进入该市场，强制标准就没有了存在的意义。1987年纳斯达克废除了全国市场的强制标准。1989年纳斯达克将资产类指标"股本及资本公积"修改为"净有形资产"，并大幅度提高了相应的门槛值。

3. 1997 年至今，新增"市值"标准和"总资产＋总收入"标准

1997 年纳斯达克再次修改了全国市场的上市标准，即在原来两套标准的基础上，增加了"市值"标准和"总资产＋总收入"标准。自此之后，纳斯达克全国市场上市标准没有进行过大幅度修改。

其中，2001 年进行过小幅修改，即将资产类指标"净有形资产"修改为"权益资产"，并再次上调了门槛值。

三　纳斯达克全球精选市场上市标准的演变

纳斯达克全球精选市场 2006 年才成立，成立时其基本上照搬了纽交所当时的上市标准，即"税前利润"标准、"市值＋收入＋现金流"标准和"市值＋收入"标准，但是门槛值略高于纽交所。2008 年纽交所增加了"市值＋总资产＋股东权益"的标准，2010年纳斯达克全球精选市场也增加了相同的标准，同样设置了略高的门槛值。

而纽约证券交易所（NYSE）的上市标准也是经历多次调整才形成的，1958 年以来其上市标准的演变历程表现在如下四个方面：

1. 1958—1995 年，上市标准主要侧重于盈利指标

1958—1995 年，纽交所上市标准主要侧重于公司盈利能力，最初采用的指标是"净利润"，后来替换为"税前利润"。另外，纽交所还规定了"净有形资产"门槛，但该指标仅作为"公众持

股市值"的补充，在某些情况下适用。

2. 1995 年，放松了盈利的限制

1995 年，纽交所在原有两套盈利标准的基础上，增加了"调整后净利润＋市值＋收入"的上市标准，其中要求过去三年累计"调整后的净利润"不低于 2500 万美元且每年均为正，同时市值不低于 5 亿美元、最近 12 个月收入不低于 2 亿美元（2001 年降为 1 亿美元）。

新标准用"调整后的净利润"来衡量公司盈利水平，并增加了"市值"和"收入"的限制。

3. 1999 年，允许未盈利企业上市

1999 年，纽交所增加了第四套标准，即"市值＋收入"，要求企业满足市值不低于 10 亿美元，且收入不低于 2.5 亿美元。这是纽交所首次对企业的盈利水平没有设置门槛。

4. 2008 年，增加了"市值＋股东权益＋总资产"上市标准

2008 年，纽交所增加了第五套标准，即"市值＋股东权益＋总资产"，要求满足市值不低于 1.5 亿美元，股东权益不低于 5000 万美元同时总资产不低于 7500 万美元。新标准允许那些即使没有产生收入，但资产规模较大、质量高，未来具备盈利潜力的企业上市。

纳斯达克现阶段上市标准运行情况分析：
以 2009—2011 年 IPO 企业为例

纳斯达克通过调整和优化各层次的上市标准，为吸引上市资源发挥了非常积极的影响，本文以 2009—2011 年在纳斯达克上市的企业为样本进行了统计分析。

一　2009—2011 年在纳斯达克上市的企业概况

2009—2011 年，共有 176 家企业在纳斯达克挂牌上市，剔除 9 家 SPAC（Special Purpose Acquisition Corporation），共有 167 家。其中 14 家在纳斯达克资本市场上市、97 家在纳斯达克全球市场上市、56 家在纳斯达克全球精选市场上市。

二　纳斯达克各层次上市标准运行情况

1. 纳斯达克资本市场上市标准运行情况

　　纳斯达克资本市场共有三套上市标准，14 家在该市场上市企业中，满足各套标准的数量及占比见表 3 所示。可以看出，"股东权益标准"是在纳斯达克资本市场这一层次上市的企业最容易满足的标准，而"市值标准"最难满足。

　　由于 14 家企业都能满足"股东权益标准"，所以从样本企业情况来看，纳斯达克资本市场中"市值标准"或"净利润标准"对于"股东权益标准"的互补性不强。当然，也可能是由于样本较少导致的。

表 3　　　　　　　　　　纳斯达克资本市场上市标准运行情况

纳斯达克资本市场	满足标准的企业数量	占比
标准 1：股东权益标准（股东权益 500 万美元，经营历史两年）	14	100.00%
标准 2：市值标准（股东权益 400 万美元，市值 5000 万美元）	5	35.71%
标准 3：净利润标准（股东权益 400 万美元，净利润 75 万美元）	9	64.29%

　　注：由于同一企业可能同时满足多套标准，所以占比之和大于 100%。

　　2. 纳斯达克全球市场上市标准运行情况

　　（1）"市值标准"是企业在该层次上市最容易满足的标准

　　纳斯达克全球市场目前共有四套上市标准，97 家在该市场上市的企业中，满足各套标准的数量及占比见表 4 所示。可以看出，"市值标准"是企业在该层次上市最容易满足的标准，而"总资产/总收入标准"最难满足。

表 4　　　　　　　企业满足纳斯达克全球市场上市标准的情况

纳斯达克全球市场上市标准	满足标准的企业数量	占比
标准 1：净利润标准（股东权益 1500 万美元，税前利润 100 万美元）	44	45.36%
标准 2：股东权益标准（股东权益 3000 万美元，经营历史两年）	53	54.64%
标准 3：市值标准（市值 7500 万美元）	89	91.75%
标准 4：总资产/总收入标准（总资产 7500 万美元和总收入 7500 万美元）	34	35.05%

（2）不同标准之间的互补性分析

纳斯达克全球市场1997年以前的上市标准共有两套："净利润标准"和"股东权益标准"。1997年引入了"市值标准"和"总资产/总收入标准"。我们主要考察"市值标准或总资产/总收入标准"与"净利润标准或股东权益标准"之间的互补性。其中97家样本企业中，能够满足"净利润标准或股东权益标准"的企业数量为61家，占比62.89%；不满足"净利润标准或股东权益标准"，仅满足"市值标准或总资产/总收入标准"的企业数量为36家，占比37.11%。

从行业分布来看，"市值标准"对于"净利润标准或股东权益标准"的互补性比较强，不满足"净利润标准或股东权益标准"，满足"市值标准"的企业更大比例集中在信息技术和医疗保健这两个行业。

3. 纳斯达克全球精选市场上市标准运行情况

（1）"（市值/资产/股东权益）标准"是在该层次上市最容易满足的标准

纳斯达克全球精选市场目前共有四套上市标准，"市值/资产/股东权益标准"是在该层次上市最容易满足的标准，"市值/收入标准"最难满足。

（2）不同标准之间的互补性分析

如前所述，纳斯达克全球精选市场的上市标准是借鉴了纽交所的上市标准，我们把1995年以后引进的标准2、标准3和标准4统称为"非营利标准"。其中56家样本企业中，满足标准1的企业数为31家，占比55.36%；不满足"净利润标准"，满足"非营利标准"的企业数合计为15家，占比44.64%。

从行业分布来看，按照非营利标准上市的企业与按照"净利润标准"上市的企业之间的差异性不大。

资料来源：摘自化定奇《纳斯达克市场内部分层与上市标准演变分析及启示》，载《证券市场导报》2015年3月号。

2012年，美国上市公司总数为4102家，美国证券市场总市值达到18.67万亿美元，而同期我国证券市场总市值为3.70万亿美元，英国证券市场总市值为 3.02 万亿美元，日本证券市场总市值为 3.68 万亿美元。2012 年美国股票交易总额与国内生产总值之比为 136.28，而同期我国股票交易总额与国内生产总值之比为 69.71，英国股票交易总额与国内生产总值之比为 102.19，德国股票交易总额与国内生产总值之比为 36.05，日本股票交易总额与国内生产总值之比为 60.50。由此可见，美国证券市场的发达程度远远在其他国家之上，这同样体现在股市周转率指标上，2012 年美国股市周转率为 124.6，同期，中国的股市周转率为 164.44，英国的股市周转率为 84.04，德国的股市周转率为 91.77，日本的股市周转率为 99.85。在间接融资方面，2013 年，美国的银行不良贷款率为 3.2%，美国的贷款利率为 3.25%，而同期中国的贷款利率为 6%。近年来，各国在完善资本市场结构、创新融资工具之时对于证券化较为推崇，资产证券化成为融资领域里新的宠儿，目前各国普遍用证券化率来作为衡量资本市场活跃程度的指标之一。2012 年，美国的证券化率为 119.02，同期，中国的证券化率为 44.24，英国的证券化率为 123.99，日本的证券化率为 61.76。[①] 通过各方面的数据及指标分析皆可看出美国金融市场环境良好，一直以来都保持着世界领先的地位，对于战略性新兴产业融资来说属于利好条件。

此外，美国的金融市场中还存在大量专业的金融中介，包括信用评级机构、会计师事务所、律师事务所、投资管理公司和各类咨询公司等。作为专业的金融中介，这些机构与其他金融体系一起构成了美国金融市场的整体框架，也为战略性新兴产业的融资提供了便利。

三 美国战略性新兴产业融资的政策法规环境

为实现经济的集约式发展，提高能效，减少美国对进口能源的依赖和环境污染，美国政府选择新能源产业和节能环保产业作为美国经济中的战略性支柱产业，并相继颁发了一系列法案和条例（见表6—3），以推动美国经济向更为健康的方向发展。

---

① 新浪财经：《全球宏观经济数据》（http：//finance. sina. com. cn/worldmac/indicator_CM. MKT. LCAP. GD. ZS. shtml）。

表 6—3　　　　　　　　　　　美国新能源法案

年份	法案	目的/目标
1978	国家能源法	节能环保，减少美国石油消耗
1980	可再生能源法	发展可再生新能源
1980	美国合成燃料公司法	发展可再生新能源
1980	生物能源和酒精燃料法	发展可再生新能源
1982	太阳能和能源节约法	发展可再生新能源
1982	地热能法	发展可再生新能源
1992	新的光伏发电计划	要求到 2000 年太阳能电池总产量达到 1400mW
1998	国家综合能源战略	发展先进的可再生能源技术，开发非常规甲烷资源，发展氢能的储存、分配和转化技术
2005	2005 年美国能源政策法案	节能环保，发展清洁技术
2006	先进能源计划	能源自立，加强对新能源的研究开发，争取到 2025 年替代 75% 从中东进口的石油
2007	可再生燃料、消费者保护和能源效率法案	在未来 10 年内减少汽油消耗 20%，到 2017 年，可再生和替代性燃料用量要达到 1591.1 亿升（350 亿加仑）
2007	能源独立与安全法	在未来 10 年内减少汽油消耗 20%，到 2017 年，可再生和替代性燃料用量要达到 1591.1 亿升（350 亿加仑）
2009	美国复苏与再投资法案	节能增效、开发新能源
2009	美国清洁能源安全法案	二氧化碳减排，在 2005 年排放量的基础上，至 2020 年减少 17%，至 2050 年减少 83%

资料来源：作者自行总结。

　　在环境保护方面，也颁布了一系列法案和规则，促进节能环保产业的发展。1970 年美国颁布了《清洁空气法案》（*The Clean Air Act，CAA*）用以调节废气排放，该法案授权美国环境保护署 EPA 建立国家环境空气质量标准（National Ambient Air Quality Standards，NAAQS）以控制污染气体排放，保护公共环境健康。1972 年，美国颁布《洁净水法案》（*The Clean Water Act，CWA*）建立了美国调节废水排放的基本法律框架，并规范了地表水质量标准。在《洁净水法案》下，EPA 实施污染控制项目，例如制定产业水污染标准等。1980 年，《综合环境反应、补偿和责任法案》（*The Comprehensive Environmental Response，Compensation，and Liability Act*）专门处理不受控制或废弃的危险垃圾场、事故、泄漏和其他紧急释放到环境中的污染物。该法案在美国所有 50 个州实行，覆盖全部美国领土。通过该法案，EPA 被赋予了搜寻排污企业并勒令其配合清理的权力。1982

年,《核废料政策法》支持对放射性废物的安全贮存和/或处理的深部地质处置库的使用。1986 年,《应急规划和社区知情权法案》的出台主要是为了呼吁美国各个社区保护公众健康、安全,防止环境受到化学危害。1990 年,《石油污染法》(*The Oil Pollution Act*) 精简和加强了 EPA 防止灾难性石油泄漏的能力,由石油税筹集的信托基金专门用以清理相关部门无力或者不愿意清理的石油泄漏。2005 年的《能源政策法案》(*The Energy Policy Act*) 定义了美国能源的种类,包括可再生能源、石油、天然气、煤炭、核能、氢气、电力、水电和地热能源。2007 年布什政府出台《能源独立与安全法案》(*the Energy Independence and Security Act*, *EISA*),主要目的包括:加强美国能源独立和安全性;增加清洁可再生能源产量;提高产品、建筑和机械车辆的利用效率;促进研究和部署温室气体捕获和存储;提高美国的能源安全,发展可再生燃料的生产,提高车辆的燃油经济性。[①] 在该法案中,还要求向石油公司征收 160 亿美元的税收,同时利用贷款担保、政府资助、减免税收等措施促进清洁能源发展,并鼓励建设"绿色建筑"。2009 年的《复苏与再投资法案》的本意旨在刺激美国经济的发展,在保留原有就业率的同时增加新的工作岗位。通过该法案,美国能源部投资超过 310 亿美元在全国范围内支持清洁能源项目的开展,资助的范围很广,从投资智能电网和开发替代燃料车辆,到通过升级能源效率和部署碳捕获和存储技术帮助家庭和企业节约能源成本。美国能源部投资的项目的愿景包括协助创造新能源、保护现有资源以及助力国家领导全球能源经济。[②]

这些政策法案的颁布从国家的层面对战略性新兴产业的发展给予政策上的倾斜,也对战略性新兴产业的融资起到了政府导向的作用。

第二节　美国战略性新兴产业的融资方式

美国战略性新兴产业的融资机制较为成熟,从融资方式上来看,美国战略性新兴产业的融资方式主要包括内源融资和外源融资,其中,外源融资包括银行信贷融资、股市融资、风险投资等。

---

① United States Environmental Protection Agency (http://www2.epa.gov/)。

② 美国能源部官网 (http://www.energy.gov/recovery—act)。

一　内源融资

根据第二章中对于融资方式的界定，内源融资（internal financing）是指企业将自己的经营所得中的储蓄部分，主要包括留存收益、折旧等，直接转化为投资资本的方式。在内源融资中，资金的需求和供给方属于同一主体，资金的筹集具有自发性和自主性的特点，此外，内源融资不需要定期的利息或者股息支出，不会占用企业日常经营所需的现金流量，不产生融资费用，无须考虑利率、汇率风险，因此，内源融资还具有低成本和无风险的特点。

在美国的战略性新兴产业中，内源融资一般是各企业的首选融资方式，只有在内源融集的资金不能满足企业的经营发展需要时，才会转向外源融资。由于计算折旧的方法有很多种，采用不同方法计算的某一会计期间的折旧费用不同，基于数据的可得性和可比性，本书仅将企业的留存收益作为衡量企业内源融资规模的参考数据。

以美国的新能源产业为例，美国的新能源企业 Theolia（TEO）在2009 年的留存收益是 1.66 亿美元，在 2010 年的留存收益为 1.29 亿美元；太阳能设备制造企业 LDK Solar Co., Ltd.（LDK）在 2009 年的留存收益是 3276 万美元，在 2010 年的留存收益为 2.29 亿美元，而同期的股市融资分别仅为 1297 万美元和 1329 万美元。太阳能行业巨头 First Solar 在 2010 年的留存收益为 16.65 亿美元，2011 年的留存收益为16.26 亿美元，而 2010 年的长期债权融资为 2.1 亿美元，股权融资仅为 8.6 万美元，2011 年的长期债权融资为 6.19 亿美元，股权融资数额与 2010 年一样，为 8.6 万美元。[①] 由此可见，内源融资方式在美国战略性新兴企业的融资方式中占有非常重要的地位。

二　银行间接融资

美国以其发达的金融市场著称，包括庞大的银行系统、严密的证券市场、共同基金投资银行和各类的金融性中介机构。其中，银行体系主要包括 8000 多家商业银行、储蓄与贷款银行和 1700 多家信用社。

美国的银行体系在新能源和环保产业的融资方面发挥着重要的作

---

① 数据来源：公司官网。

用，基于数据的可得性，这里以美国 2008 年资产排名前十的一些大型商业银行为例进行说明，2008 年 J. P. Morgan Chase Bank 以总资产 17462 亿美元排名美国商业银行榜首，自 2003 年起，J. P. Morgan 共为可再生能源产业融资 67 亿美元，融资对象包括分布在 18 个州的 67 家风力公司以及 13 个太阳能基地，2010 年，J. P. Morgan 共为可再生能源产业融资 12 亿美元，其提供的资金占风力发电总装机量资金额的 16%。[1] 2007 年 3 月到 2009 年 9 月，美国银行（Bank of America）投入到战略性环境保护中的资金为 2000 万美元，在 2009 年第四季度，美国银行为 "绿色" 商品房和资产提供了 1. 22 亿多美元，为绿色能源融资超过 9700 万美元。[2] Wells Fargo 是美国 2008 年资产总量排名第五的商业银行，自 2005 年以来，Wells Fargo 为环境保护和可再生能源的发展融资超过 80 亿美元（见图 6—3），2010 年，Wells Fargo 为 8 个州的太阳能光伏项目和风力项目融资 2. 4 亿美元，为企业的清洁技术提供贷款 3 亿美元，成为了美国支持可再生能源发展的 "先驱"。2010 年 1 月，

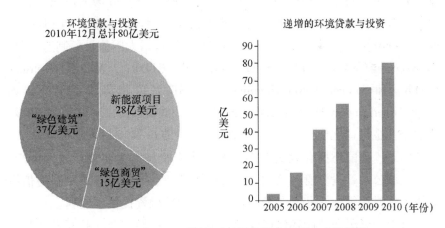

图 6—3　Wells Fargo 银行对于新能源和环保产业的融资

资料来源：Wells Fargo 银行官网（https：//www. wellsfargo. com/downloads/pdf/about/csr/reports/environmental＿ finance＿ report. pdf）。

---

① 　J. P. Morgan 银行官网（http：//www. jpmorganchase. com/corporate/Corporate—Responsibility/）。

② 　Bank of America 官网（http：//ahead. bankofamerica. com/overviewparts/）。

BNY Mellon 购买了112.5万美元的可再生能源许可证（RECs），此项投资的贡献相当于每年间接减少了30000辆乘用车的二氧化碳排放量或者为20000美国普通家庭提供了一年的用电量。[①] SunTrust 银行为北美地区的能源企业提供贷款和免税融资达50亿美元。[②]

三　资本市场直接融资

美国的证券市场层次清晰，结构合理，能够从不同的层面上满足各类企业的融资需求（见图6—4）。由于新型能源产业和环保产业资金需求量比较大，市场发展前景乐观，所以，证券市场成为了新能源产业和环保产业的重要融资渠道，投资者对于这些新兴产业的投资热情也非常高。加之美国是全球金融市场最为发达的国家，因此，不仅仅是美国本土的新能源企业，世界各国的新能源企业都偏向于在美国的证券市场上市筹资，包括中国。

在美国的证券市场中，NYX市场是为可再生能源企业融资的主力军，97%的具备上市资格的新能源企业选择在NYX市场上市融资，总市值超过3.1万亿美元。上市的企业不仅仅包括风力企业，如EDF Energies Nouvelles（EEN）和 Theolia（TEO），还包括太阳能设备制造企业，如 Kyocera（KYO），LDK Solar Co.，Ltd.（LDK），MEMC electronic（WFR）和 Suntech Power Holdings Co.（STP）以及清洁技术公司如 Yingli Green Energy Holding Company Limited（YGE），并且很多中国的新能源企业也选择在纽约证交所上市融资（见表6—4）。

此外，美国还拥有数量众多的金融中介机构，主要包括投资银行、金融控股公司、投资管理公司、会计师事务所、律师事务所和公司信用等级评估机构等。这些都为战略性新兴产业的融资提供了便利。

由于新能源和节能环保产业都是国家的战略性产业，其开发和利用具有很强的外部性，因此，产业培育期的资金需求较高，为满足产业的资金需求，除了政府扶持及传统的市场融资之外，还出现了许多新型的融资模式，如吸引风险投资资金（VC，Venture Capital）、绿色证书计划、碳交易等。

---

① 　BNY Mellon 官网（http：//bnymellon. mediaroom. com/index. php？ s = 43 & item = 990）。

② 　SunTrust 银行官网（https：//www. suntrust. com/portal/server. pt？ Community）。

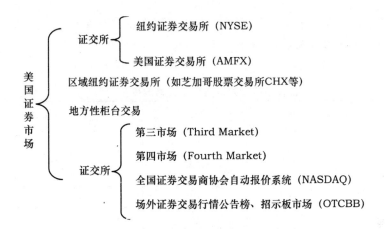

图6—4　美国证券市场层次图

资料来源：作者自行总结。

表6—4　　　　　　部分可再生能源企业在证券市场融资情况

公司	证券市场	价格（美元）	数量	国家
EvergreenSolar	纳斯达克证券市场	0.70	2473300	美国
Ming Yang Wind Power Group	纽约证券交易所	7.46	897833	中国
JinkoSolar	纽约证券交易所	25.29	551432	开曼群岛
LDK Solar	纽约证券交易所	7.02	15405560	中国
ReneSola	纽约证券交易所	7.20	2886972	中国
STR	纽约证券交易所	15.44	482511	美国
Suntech Power	纽约证券交易所	8.04	5393565	中国
Covanta	纽约证券交易所	16.65	2030555	美国
Ormat Technologies	纽约证券交易所	21.98	485177	美国

数据来源：各公司官网纽约证交所（http://www.nyse.com/about/listed/ora.html）。

　　根据美国全美风险投资协会的定义，风险投资资金是由职业金融家投入到新兴的、快速成长的、具有巨大竞争潜力的企业中的一种权益资本。2009年，美国太阳能领域得到14亿美元的风险投资资金，对于一个资本总量为40亿美元的产业来说，VC对于新能源产业的关注和支持毋庸置疑。除了太阳能领域，风险投资对于环保清洁科技的融资也给予了很大的关注，自2001年以来，VC在清洁科技上的投资额一直稳步上升，并在2006年开始迅猛增加（见表6—5），可以看出，随着新能源和环保产业的兴起和壮大，风险投资在新能源产业和环保产业的融资中所占的地位也将变得越来越重要。

表6—5　　　　　　　企业风险资本对清洁技术公司的投资

年份	所有清洁技术投资		企业风险资本对清洁技术公司的投资	企业风险资本对清洁技术公司的投资
	公司数量	投资额（百万美元）	公司数量	投资额（百万美元）
2001	55	383.55	12	51.06
2002	57	361.92	14	59.20
2003	51	252.86	10	18.69
2004	66	439.54	17	44.87
2005	80	500.78	14	39.55
2006	121	1689.96	31	155.98
2007	204	2654.96	48	387.35
2008	236	4069.96	57	347.37
2009	180	2281.60	31	178.03
2010	233	3695.22	44	549.39

数据来源：PricewaterhouseCoopers/National Venture Capital Association MoneyTree[TM] Report（http：//www.nvca.org/）。

此外，风险投资还为网络技术、生物医药、医疗服务、风力发电和航空航天等领域的相关企业提供了许多融资便利，总而言之，风险投资为解决美国战略性新兴产业的融资问题做出了非常重要的贡献。

四　政府财政支持

政府对于战略性新兴产业的财政支持主要包括直接拨款、税收优惠和政府补贴。基于新能源产业发展对于美国经济发展的重要性，美国政府对于新能源产业的直接拨款额一直都很高。2009年，美国政府向与新能源技术革命相关项目拨款970亿美元，在替代能源研发和节能减排方面的投资达607亿美元，开发太阳能、风能等新能源的相关投资总额超过400亿美元；2010年，美国低碳技术的研发费用占美国能源部总预算的25%，其中用于可再生能源、氢能源以及核裂变、核聚变的研发经费达18.7亿美元。① 此外，美国还设立了"能源研究中心"，未来十年内，美国政府在可再生、可替代能源方面的投入将达到 1500 亿美元。

为支持节能环保产业，美国联邦政府早在 1980 年就成立了"超级基金"，用以治理危害废物污染；在污水处理方面，美国有 50 个州建立了"清洁水州立滚动基金"，从 1987 年到 2001 年，这个基金共向 10900 个清洁水项目提供了 343 亿美元的低息贷款；② 在饮用水和污水处理两个领域，其项目建设资金约 85% 是来自市政债权融资。

在美国颁布的《2005 年能源政策法案》中，对鼓励个人和企业使用可再生能源方面做了一系列的税收减免，例如，居民购买使用节能窗、太阳能屋顶等，每户可获得至多 500 美元的抵税额；企业安装光伏系统发电可减免安装成本 30% 的税负等。2008 年，美国政府修缮了《2005 年能源政策法案》，延长了税收优惠的期限，其中，住宅与商用大楼使用太阳能发电 30% 投资租税抵减制度将延长八年，风力发电延长一年，住宅光伏项目延长两年，同时还取消了原政策中每户居民光伏项目 2000 美元的减税上限。③

此外，在美国，有 42 个州已经实行了净电表制度，即用户安装光伏发电系统，在白天光伏发电高峰、用户用电量低谷时段，用户有可能向电网供电，而在晚上用户用电较多的时间，用户从电网购电。用户只需缴纳电力销价，一般为 10—15 美分/kWh。除此之外，美国还有 37 个州对太阳能发电进行投资补贴或者电价补贴，补贴范围大都为 1500—5000 美元/kW，占系统初始投资的 15%—50%。④

第三节　美国战略性新兴产业的融资特点

作为一个经济强国，美国的金融制度已经发展得相当完善，经济运行的模式也形成了其独有的特点，长期的演进和发展使得美国金融体系

---

① 张宪昌：《美国新能源政策的演化之路》，《农业工程技术》2010 年第 1 期。
② 温美旺、杨春鹏：《国外环保产业融资机制对我国的启示》，《当代经济》2009 年第 1 期。
③ 罗如意、林晔：《美国太阳能扶持政策解析》，《能源技术》2010 年第 4 卷第 2 期。
④ 时璟丽：《国际支持太阳能发电的财税政策及借鉴意义》，《建设科技》2008 年第 13 期。

逐渐成熟，融资制度的建立和融资主体的行为也更加趋于理性，企业的融资机制中市场化的程度也非常高。

首先，美国企业的融资行为属于自主选择的商业行为，不受政府的干涉，但是由于新能源产业和节能环保产业属于战略性新兴产业，产业的建立和发展所需资金庞大，单靠企业自身难以维系，因此，在这些产业的融资上或多或少体现出了美国政府的扶持倾向，包括政策方面和财政支持方面。但是，除了政府在直接拨款和税收优惠上给予的资金补贴之外，企业更多地依靠内源融资、商业银行贷款和发行股票债券，遵从金融市场的法则进行资金的筹集，政府在此只是进行引导和监督。企业的融资机制越健全，对市场信号反应越灵敏，资信状况越好，规模越大，越容易获得资金。

其次，美国战略性新兴产业的融资渠道众多，各类银行、多层次的证券市场和风险投资市场、基金市场都是战略性新兴产业融资的重要渠道，为企业解决资金瓶颈问题提供了更为广阔的选择空间。

此外，美国市场主导型融资模式的一个突出特点就是直接融资数额较高，占比很大，特别是股权融资，在绝大多数公司的融资方式构成中占据绝对多的份额。在美国的资本市场上，直接融资一直占据主导地位，而间接融资，例如银行商业贷款、消费贷款和商业抵押贷款等则居于次要的位置。

第二章 日本战略性新兴产业的融资机制

第一节 日本战略性新兴产业的融资环境

日本是世界经济强国,同时也是科技大国,但是日本却是一个能源匮乏的国家,日本的全部能源自给率只有17%,这大大制约了日本经济的发展,在经历了石油危机之后,日本开始发展低碳产业、开发新型能源和新能源汽车。在战略性新兴产业的选择上,日本侧重于商业航天市场、信息技术应用、新型汽车、低碳产业和新能源。由于航天市场和信息技术是日本一直以来领先的产业,所以,日本政府在新型汽车、低碳产业和新能源上的扶植力度更大。

一 日本战略性新兴产业融资的宏观经济环境

"第二次世界大战"以后,日本经济迅速崛起,成为世界第二经济大国,但是,20世纪90年代以来,日本经济发展步伐趋缓,特别是2000年以来,日本经济的年均增速仅为0.74%,而2008年和2009年日本经济受金融危机的冲击,增速为负值:-1.2%和-5.2%,近年来,各种灾难的频发使得日本经济再次遭受到严重的冲击,经济持续低迷。但是,不久前,日本最新经济数据显示,日本宏观经济的发展超出市场预期,向平稳增长方向发展。其原因主要是因为泰国洪灾引起的供应链断裂已经恢复、工业生产再次步入正轨、日本地震灾后重建力度强、速度快等。日本核灾难带来的电力短缺的问题也得到了较为妥善的初步解决。国际货币基金组织(IMF)在17日发布的《世界经济展望》报告中将日本2012年国内生产总值(GDP)增长预期上调至2%。IMF预计,日本今明两年物价将继续持稳,更多的宽松货币政策将加强经济增长前景。

为促进经济的稳步增长，日本制订了 2010—2020 年十年发展计划，从绿色创新、生命创新、旅游、科技与 IT、就业与人力资源开发等七大战略领域入手振兴经济。2012 年 2 月 14 日，日本央行为刺激经济发展，避免陷入通缩困境，制订了总规模高达 65 万亿日元的资产购买计划。日本央行还在 2 月引进了通胀目标，即力争使消费者物价指数（CPI）同比升幅达到 1%。根据日本央行提供的数据，该购买计划在 2 月底已完成 70%。2011 年日本企业家信心指数一直保持在 45.8 上下，2012 年 1 月日本工业生产指数初值为 95.3，环比增长 2.0%，2 月日本制造业生产指数为 50.5，连续三个月在 50 之上。此外，2012 年 1 月份日本零售销售较上年同比增长 1.9%、环比增长 4.1%。3 月份，日本消费者信心指数从上月的 39.9 攀升至 40.3，高于预期值 40.0。

日本经济基本面出现好转迹象对于战略性新兴产业的融资而言属于利好消息，但是目前日本的通货紧缩十分严重，严重的通货紧缩会抑制投资与生产，导致失业率升高，抑制经济增长。物价的下降会使实际利率上升，投资减少，债务人的负担加重，利润减少，严重时引起企业亏损和破产。由于企业发展状况的不景气，提高了银行呆账、坏账的比率，增加了经营管理困难。目前，日本央行已经进一步明确政策态度，将此前使用的"摆脱通货紧缩的物价目标"调整为"中长期物价稳定的目标"，并将近期目标明确定为 1%，中长期消费者物价上涨率目标确定为 2% 以下。日本央行此举意在表明其全力应对通货紧缩问题的决心。

从以上分析可以看出，日本经济的整体形势已经开始好转，但是国内经济的发展仍存在一些问题需要解决。就对战略性新兴产业融资问题而言，目前经济层面需要快速妥善解决的主要方面是通货紧缩问题。

自 2012 年以来，日本政府实行了一系列刺激经济发展的措施，刺激经济的理念和手段被人们戏称为"安倍经济学"，具体来说包括无限量的量化宽松政策 QE（Quantitative Easing）、积极的财政政策和推动民间投资的结构性改革。量化宽松政策相当于变相的"印钞"，央行通过公开市场购买政府债券等方式向社会注入流动性，增加基础货币供给，降低利率，采用零利率或者是近似零利率的政策，以刺激消费和投资，实现经济增长的目的。具体措施包括：大幅扩大国债购买规模（每月净购买约 7 万亿日元）、购买更多的长期债券（所持国债平均期限从此前的 3 年左右延长到 7 年左右），约以每年 60 万亿—70 万亿日元的速度增加基础货币供给。2014 年 8 月，日本货币供应量 M2 的数量为 875.18 万亿日元，M3 的数量为 1188.75 万亿日元。扩张的财政政策体现在安倍政府于 2013 年 1 月已经通过了 1170 亿美元，总数为 2267.6 亿美元的政府投资，后期还将追加。2013 年 12 月 5 日又批准了一项 18.6 万亿日元的经济方案，以解决经济中的通货紧缩问题。[①] 无论是量化宽松政策还是扩张的财政政策都是从不同的角度去解决同一个问题——通货紧缩，解决的方式殊途同归，扩大社会领域的流动性，刺激消费和投资，由政府采购和投资带动民间消费和投资，复苏经济。2013 年 6 月 5 日，日本首相安倍晋三公布结构性改革方案，将创立经济特区，吸引国外的先进技术、高端人才和资本金。安倍晋三称，未来 10 年公共基础设施公—私融资规模增加两倍至 12 万亿日元，到 2020 年将基础设施出口规模增加至 30 万亿日元。其他改革措施涵盖从建立经济特区到放宽网络药物销售限制等多个方面。日本政府表示，过去十年日本实际 GDP 平均增长 0.89%，名义 GDP 平均下降 0.46%，未来 10 年实际和名义 GDP 平均增幅目标分别为 2% 和 3%。[②]

2013 年，日本经济总体出现向好的趋势，2013 年全年经济增速在 2.0% 左右。2014 年第二季度，日本 GDP 达到 120.6125 万亿日元。截至 2014 年 8 月 14 日，日本国内就业人数为 6363 万人，多于上一年同期数据 6357 万人，失业人数为 231 万人，少于上一年同期数据 248 万人，商品与服务进口额为 8.11 万亿日元，出口额为 7.03 万亿日元。[③]

但是，安倍政府的经济刺激方案也带来了一些问题，主要体现在两个方面：一方面，量化宽松政策带来的直接后果就是货币供应量的快速增长，引发流动性过剩，可能会引发恶性的通货膨胀，并且直接影响日本国债市场，为金融市场的健康发展留下隐患；另一方面，政府的购买和投资增加了财政的压力，使得政府过度负债运行，不利于国民经济的平稳运行。

---

① 数据来源：《2013 年国内外宏观经济状况与走势分析》（http：//www.docin.com/p—761761480.html）。

② 凤凰网：《安倍第三支箭射出，日本政府公布结构性改革方案》，2013 年 6 月 5 日，凤凰网（http：//finance.eastmoney.com/news/1345，20130605296367582.html）。

③ 日本统计局官网（http：//www.stat.go.jp/english/19.htm）。

表 6—6　　　　　　　　　　　日本 2007—2013 年 CPI 指数

年份		2007	2008	2009	2010	2011	2012	2013
所有项目	指数	100.7	102.1	100.7	100.0	99.7	99.7	100.0
	比上一年变化	0.0	1.4	−1.4	−0.7	−0.3	0.0	0.4
所有商品扣除新鲜食品	指数	100.8	102.3	101.0	100.0	99.8	99.7	100.1
	比上一年变化	0.0	1.5	−1.3	−1.0	−0.3	−0.1	0.4
所有商品扣除食品和能源	指数	102.0	102.0	101.2	100.0	99.1	98.5	98.3
	比上一年变化	−0.3	0.0	−0.7	−1.2	−1.0	−0.6	−0.2

数据来源：日本统计局官方网站（http：//www. stat. go. jp/english/data/cpi/report/2013np/pdf/2013np‐e. pdf）。

二　日本战略性新兴产业融资的金融市场环境

作为世界经济强国，日本的金融市场发展成熟，在世界金融市场中占有重要的地位，目前，日本已经建立起包括货币市场、外汇市场、股票市场、债券市场、金融衍生品市场等一套涵盖各方面的金融市场体系，金融工具种类繁多，交易机制完善，为本国战略性新兴产业的融资提供了良好的金融市场环境。

从总体上看，日本的金融市场体系比较健全，可供融资主体选择的金融工具也较多，例如，仅日本的货币市场就包括短期拆借市场、债券回购市场、短期贴现国债市场、政府短期证券市场、大额存单市场、商业票据市场、日本离岸市场等众多子市场。

日本金融市场的金融产品种类齐全，仅债券交易就包括国债（JG-Bs）、地方政府债券、政府担保债券、财投机构债券、金融债券、武士债券、可转换债券以及私募债券等众多品种供交易主体选择。但是，就日本的债券市场而言，仍存在诸多问题，首先，日本的国内融资中间接融资的数量大于直接融资的数额，体现出与中国经济极为相似的一面，国内经济的发展对于银行体系的依赖性很大，企业进入资本市场融资的数量很少，而其中日本债券市场更是发展得十分缓慢。其次，在债券市场中，政府是最主要的融资主体，债权融资并不是企业融资的最优选择，从发行市场的数据上来看，日本国内债券市场中，包括国债、地方债、政府保证债、财投机构债（FILP—Agency Bonds）等公共债券占比突出且与日俱增，而反映实体经济中各商业主体融资活动的企业债、金融债等占比很小且日渐式微，债券市场结构畸形，企业债券融资"空心化"。从发行额占比看：1998 年，国债占比 64.04%，包括国债在内的全部公共债券占比 67.05%，企业债占比 15.10%，金融债占比 17.6%；2010 年，国债占比上升至 83.56%，包括国债在内的全部公共债券占比上升至 92.2%，企业债占比下降至 4.94%，金融债占比下降至 1.97%。从存量流通总额占比看，结论一致：1998 年国债占比 57.19%，包括国债在内的全部公共债券占比 64.1%，企业债占比 22.25%，金融债占比 11.62%；2010 年，国债上升至 78.82%，包括国债在内的全部公共债券占比上升至 90.50%，而企业债占比下降至 6.71%，金融债占比下降至 1.81%。[①] 2008 年到 2012 年普通国债平均发行量约是公司债券（日元债）发行量的 79 倍，这从一定程度上反映了日本债券市场发展得并不完善，并没有对于日本实体经济的发展形成有力的支持，而政府的过多发债对于国家经济的稳定也造成了一定程度的困扰。从流通市场来看，日本债券的二级市场并不活跃，市场主体集中在商业银行、保险和养老基金等部门，并没有形成多主体多层次的二级市场。最后，日本的债券市场的开放也存在一些不尽完善的地方，由于日本离岸与在岸债券市场的脱节以及日本金融体系中长期采用的"主银行"制度，使得无论是武士债券还是欧洲日元债券都发展得不是很好，相对而言，武士债券市场的发展更加落后。与日本国内的债券市场相比，欧洲日元债券市场具有更多的优点，例如，监管较少、发行程序便捷等，最主要的是发行欧洲日元债券成本较低，这使得欧洲日元债券市场极具吸引力，日本企业偏向于在欧洲市场如伦敦或者瑞士利用欧洲日元债券市场筹集资金，日本的机构投资者也愿意到欧洲日元债券市场进行投资，以节约成本，规避管制。

日本金融市场的市场主体涵盖政府、金融机构、经纪商、互助协会、金融中介、各类公司、个人投资者等。日本金融市场的交易机制也较为成熟，目前日本的股票市场大都是订单驱动市场，使用竞价方式进行交易，Jasdaq 于 2008 年 4 月引入流动性提供商计划，使交易方式兼具竞价和做市机制。日本股票发行审核制度采用注册制度，审核机关对于发行人发行的股票不做实质性的审查，仅仅关注申报文件的完整性和

① 陈春锋：《日本债券市场发展的启示》，《中国金融》2012 年第 4 期。

真实性，实行注册制的证券市场有利于企业便捷高效地进行融资，由市场对于资本进行有效的优化配置，这种制度往往适合于资本市场已经发展到高级阶段的国家采用。另外，日本股票市场的信息披露制度较为健全，包括直接披露和间接披露两种，有利于投资者便捷高效地获取投融资相关的信息，以做出正确的选择。但是，日本的股票市场带给投资者的收益并不高，甚至可以说很低。王应贵、姚静、邱慧娟（2012）研究显示："按本币计算，1990—2010 年期间日本所有上市公司的市值复合增长速度不足 1.2%，而在美国，仅纽约股票交易所的上市公司市值同期增长速度就达到了 8.35%。日本有多家交易所，包括东京股票交易所、大阪交易所、神户交易所、福冈交易所、札幌交易所等，但高达 90.22% 的交易集中在东京股票交易所（2010），市场垄断程度非常高。与亚太的股票市场相比而言，东京股票交易所的上市公司整体质量不高。2000 年，台湾交易所、韩国交易所、香港联交所、新加坡交易所的平均红利分别为 5.4%、2.4%、2.0% 和 2.4%，东京交易所的上市公司红利仅为 0.99%。2008 年，这几家交易所的上市公司数据分别为 9.8%、2.6%、5.4% 和 6.2%，日本上市公司的数据仅为 1.24%。如此境况下，日本股票交易所无法吸引国外优质公司，到 2010 年末，东京证券交易所仅剩下了区区的 12 家，而伦敦仍有 326 家。"①

2007 年以来，日本加快了发展金融市场的步伐。日本议会、政府以及金融监管部门（金融厅）希望通过以"增强日本金融市场竞争力"（Better Market Initiative；BMI）和"改进金融监管"（Better Regulation；BR）为主要内容的金融改革，使日本的金融市场更为开放、透明、公平、高效，并在次贷危机后成为全球最重要的和最有吸引力的国际金融中心之一。其中，增强日本金融市场竞争力，全称"增强日本金融市场和资本市场竞争力规划"（Plan for Strengthening the Competitiveness of Japan's Financial and Capital Markets），由"四个支柱和多项举措"构成。其主要内容如下：

一是创建一个公开、公正、公平的高效市场，更好地满足市场主体的需求。具体而言，要设立一个健全的信息交流平台，为投资者提供专

---

① 王应贵、姚静、邱慧娟：《基于在岸金融市场视角的日元国际化进程与启示》，《现代日本经济》2012 年第 5 期。

业化服务；拓宽基金投资对象，将其他有价证券囊括进来；制定完善监管法规和处罚条例，融入激励机制；改善国外公司的融资环境，简化信息披露，允许仅用英文进行信息披露。二是改善经营环境，引入竞争机制，更多地融入市场化元素。如，取消银行、证券和保险的分业经营限制；拓宽金融机构的经营广度；提高金融机构运作效率；鼓励金融机构与国际接轨，提供多样化、国际化、创新型的产品和服务，提高服务质量和水平等。三是完善监管机制。如，加强与金融机构的交流与对话；提高监管政策的透明度和可测性等。四是改善金融市场的外部环境。包括宏观经济环境；政策法规环境；人才储备建设；金融基础设施建设等。

目前，设立信息交流平台、取消分业经营限制、拓宽金融保险集团的业务范围、修订行政处罚条例等工作已经完成。2009 年 6 月 1 日，日本取消分业经营限制的法律已正式生效，以简化信息披露为主要特征的东京 AIM 市场也开始运作实施。可以预见，日本的金融市场的发展将会更加透明、开放、高效。

三　日本战略性新兴产业融资的政策法规环境

为了促进日本经济的发展，占领科学技术领域的制高点，保持国家的核心竞争力，日本在 20 世纪 70 年代就提出了发展高新技术的战略国策，并将信息技术作为发展的重点，在国家层面予以支持，相继制定了《下一代产业基础技术研究开发计划》《电子计算机基础技术开发计划》等促进高新技术产业发展的政策，极大地推动了日本高新技术产业的发展，使得日本在短短十几年内，成为了仅次于美国的第二大信息技术强国。

日本政府在能源开发和节能环保方面的政策以 1973 年为转折点，在此之前，日本一直在煤炭和石油的选择中徘徊，而从 1973 年之后，节能环保、多元化的能源开发被提上日程，并逐步加强。

1974 年，日本加入了"国际能源组织"，以 2000 年为目标制订了发展节能环保技术的"阳光计划"和旨在提高发电站建立地区的福利的"电力能源三法"，并于次年开始实施《石油储备法》，制订了 90 天储备增强计划。以此为开端，日本政府随后制定了一系列扶持新能源和节能环保的政策法规，自 1974 年始，日本相继出台了《阳光计划》

《电力能源三法》《石油储备法》《关于能源使用合理化的法令》《促进石油替代能源的开发和导入的相关法令》《新阳光计划》《低公害车开发普及行动计划》《科学技术基本法》《IT立国战略》《新能源产业化远景构想》《日本能源基本计划》《新国家能源战略》以及《美丽星球促进计划》等法律法规（见表6—7），新能源和节能环保逐步发展成为日本经济中的战略性产业，近年来，以新能源为基础的新型汽车产业也成为了日本战略性新兴产业中的一抹亮色。《新国家能源战略》提出了以目前为基点，到2030年，能源效率提高30%，将石油依赖度降低10%的目标，《新成长战略——面向光辉的日本》提出环境能源—健康（医疗、养老看护）、亚洲战略、旅游观光和地区活力化、科技和就业人才等六大战略，并指出了这六大领域的2020年目标、实现途径和具体措施。《新一代汽车战略2010》提出了日本汽车发展的战略规划，将节能环保、实现系统效率最大化等作为新一代汽车研发的首要任务。

表6—7 **日本新能源法案**

年份	法案	目的/目标
1974	阳光计划	开发新型环保能源技术，部分解决日本能源的需求
1974	电力能源三法	克服建立发电站的困难，提高发电站地区福利
1975	石油储备法	加强紧急时期能源的自给能力
1979	关于能源使用合理化的法令	能源节省、高效使用
1980	促进石油替代能源的开发和导入的相关法令	推进能源安全供给，促进石油替代能源技术开发
2001	低公害车开发普及行动计划	到2010年以天然气为燃料的汽车、混合动力汽车、电动汽车、以甲醇为燃料的汽车、排污和燃效限制标准最严格的清洁汽油汽车达到1340万辆
2002	电力企业利用新能源特别措施法	以配额的形式规定电力企业利用新能源的义务
2002	新能源产业化远景构想	到2030年将新能源技术扶植成商业产值达3万亿日元、创造就业31万人的支柱产业之一
2003	日本能源基本计划	重视制定中长期能源战略
2004	新能源产业化远景构想	在2030年以前，把新能源技术扶植成商业产值达3万亿日元的基干产业，新能源占比上升到20%
2004	2030年日本能源供需展望	重视制定中长期能源战略

续表

年份	法案	目的/目标
2006	新国家能源战略	以目前为基点，到 2030 年，能源效率提高 30%，将石油依赖度降低 10%
2007	新一代汽车及燃料计划	到 2030 年，将交通运输领域石油依赖度降低 20%，创建世界一流友好型汽车社会
	能源技术战略	重视制定中长期能源战略
2008	美丽星球促进计划	节能减排
2010	新成长战略	节能环保、医疗、IT、高新技术等
2014	产业竞争力强化计划	先进设备制造、IT 等

资料来源：作者自行总结。

此次的金融危机使得日本对发展新能源和节能环保产业的政策更加坚定，日本将新能源和节能环保定位为四大战略性产业之一，初步拟定到 2020 年新能源在能源消费中所占比重将提高至 20%，将太阳能发电规模扩大至当前的 20 倍，带动 50 万亿日元的内需市场，新增 140 万个就业机会。[1]

第二节　日本战略性新兴产业的融资方式

日本战略性新兴产业的融资方式同样包括内源融资和外源融资。其中，内源融资方式是企业的主要融资方式之一，在外源融资中，银行信贷融资占据了主要的地位。

一　内源融资

内源融资以其融资成本低、企业对于资金来源可控性强等优点一直是企业融资方式的首选，对于日本战略性新兴产业而言，企业的内源融资同样是融资方式的首选。

本书随机抽取了六家日本的新能源和节能环保企业，分别是

---

① 驻日本使馆经商处：《日本新能源产业发展状况》，2010 年 10 月 9 日，中华人民共和国驻日本国大使馆经济商务参赞处官网（http://jp.mofcom.gov.cn/aarticle/ztdy/201102/20110207390458.html）。

TOARY、TOKUYAMA、TYOCERA、SHARP、SANYO 和 ITOCHU，分析企业的资产负债表可以发现，在这六家企业中，除了 SANYO 在 2009 年和 2010 年都没有留存收益之外，其他五家企业的资产负债表中无一例外地包含留存收益，而这中间的四家的留存收益的数额还较高。TOARY 企业 2009 年的留存收益为 3321 亿日元，2010 年的留存收益为3532 亿日元；ITOCHU 企业 2009 年的留存收益为 9003 亿日元，2010年的留存收益为 7968 亿日元；TOKUYAMA 企业 2009 年的留存收益为1231 亿日元，2010 年的留存收益为 1175 亿日元；TYOCERA 企业 2009年和 2010 年的留存收益分别为 12685 亿日元和 11681 亿日元。这四家企业在 2010 年留存收益与股票融资的比例分别为 3.41、4.45、2.30、10.9。

　　由此可以看出，日本战略性新兴产业对于内源融资的依赖性还是比较强的。

二　银行间接融资

　　日本的银行体系在战略性新兴产业的融资来源中占主导地位，日本三大商业银行之一的三井住友银行（SMBC）专门建立了针对 EMEA 地区可再生能源融资问题的追踪记录，保证资金的供给。2008 年，由SMBC 牵头，和其他一些银行一起为建立在西班牙的太阳能发电厂群融资 5.2 亿欧元，有为数 40% 的电厂将于 2013 年建成，届时可为 153000户人家提供日常用电，每年减少 CO_2 排放量 185000 吨。2008 年 6 月，SMBC 为西班牙卡塞雷斯的太阳能光伏厂融资 2.1 亿欧元。[①] 同样位居日本三大商业银行的瑞穗银行把为环境友好型项目提供融资作为自己的社会责任，为多个新能源项目和环保企业提供了资金支持（见表6—8）。2009 年，瑞穗银行一共为 48 个可再生能源项目提供资金 883.52亿日元，为 123 家环保企业融资 51.55 亿日元，为 24 种环保设备融资36.25 亿日元；2010 年，瑞穗银行为 46 个可再生能源项目提供资金854.16 亿日元，为 148 家环保企业融资 44.49 亿日元，为 26 种环保设备融资 33.83 亿日元，总融资金额超过 1400 亿日元。

---

① 日本三井住友银行官网（http：//www.smbcgroup.com/emea/sfde/energy/renewables）。

表 6—8   Mizuho 银行提供的环保相关贷款

		2009 年		2010 年	
		数量	金额（百万日元）	数量	金额（百万日元）
环保相关项目融资	风力发电	27	58116	27	53383
	水力发电	3	1969	2	1357
	生物质发电	1	2485	1	2114
	正确的废物处理	9	12923	9	13104
	回收业务	1	1014	0	0
	太阳能发电	7	11845	7	15458
环保意识公司的融资		123	5155	148	4449
环保相关设备融资		24	3625	26	3383
所有电动住房贷款		2043	39707	2487	46788
总计		2238	136839	2707	140036

注：数据均按各年份当时汇率换算。

数据来源：日本瑞穗银行官网（http：//www. mizuho—fg. co. jp/english/csr/environment/business/financing. html）。

日本的银行体系对新能源和环保产业的金融支持不仅体现在对其的融资金额上，在贷款利率方面，也有着特殊优惠政策。在日本，只要属于节能环保和可再生能源开发性质的设备更新改造和技术开发项目都可享受国家规定的特别利率。2004 年日本中小企业节能贷款享受一级特别利率，规定的对象设备有 91 种，贷款限额 2.7 亿日元，期限 15 年。①

近年来，新能源产业和节能环保产业的发展较为迅速，无论是人们日益增强的环保意识还是常规能源日益枯竭的现实，都不约而同地将这些新兴产业推向了战略性的高度，使得新能源产业和环保产业的融资渠道也日渐增多，但是，分析新能源产业和节能环保产业中的企业可以发现，银行仍然是这些企业的主要融资来源（见表 6—9）。

---

① 雷鸣：《日本节能与新能源发展战略研究》，博士学位论文，吉林大学，2009 年。

表6—9　　　　　　　　日本部分新能源企业融资情况　　　　（单位：百万日元）

公司	贷款				股票		留存收益	
	短期		长期					
	2010年	2009年	2010年	2009年	2010年	2009年	2010年	2009年
TOARY	134013	128194	430922	456120	96937	—	332107	353222
ITOCHU	229236	538161	2107589	1934421	202241	202241	900397	796882
TOKUYAMA	8377	10635	82880	63576	53459	29976	123116	117584
TYOCERA	7852	4073	24538	29067	115703	115703	1268548	1168122
SHARP	302184	405773	517951	424141	204676	204676	218	-9142
SANYO	54730	57195	324372	305272	332242	332242	—	—

数据来源：各公司官方网站的年度报表。

可以看出，在随机抽取的六家新能源或节能环保企业中，除了TYO-CERA一家的直接融资额较大之外，其余五家企业的贷款额均远远高于股份融资，而这些企业的贷款中绝大部分来自于银行贷款，以2010年数据为例，TOARY、ITOCHU、TOKUYAMA、SHARP和SANYO的融资中，银行贷款与直接融资的比例分别为5.8、11.6、1.7、4.0和1.1，所以，银行在日本战略性新兴产业的融资中仍占有非常重要的地位。

三　资本市场直接融资

从表6—9中我们可以清晰地看到，对于日本的战略性新兴产业而言，股市融资并不是其占主导地位的融资方式，相比较银行信贷融资和内源融资而言，资本市场的直接融资只能屈居第三的位置。

从抽取的六家日本战略性新兴企业的数据中可以看出，除了TYO-CERA的股市融资额比银行间接融资的金额大之外，另外五家无一例外都是以银行间接融资方式作为资金的主要来源渠道。而且，TOARY企业在2009年度根本没有采用股权融资的方式进行融资。

四　政府财政支持

日本是提倡节能的国家，政府不仅在政策上对新能源产业、节能环保产业和新能源汽车给予了大力支持，这种扶持更重要地体现在直接拨款方面。新能源和节能环保产业的发展需要巨额的资金投

入，因此，政府的支持力度很大程度上决定了这些产业的发展状况
和进度。

日本对于新能源产业和节能环保产业的大力扶持是从 20 世纪 90 年
代开始的，在 90 年代初期，日本污水处理系统建设资金的 40% 来自中
央政府，60% 来自地方政府；[①] 自 1993 年日本实行"新阳光计划"后，
政府每年直接拨款 570 亿日元扶持新能源产业，其中的 60% 以上用于
支持新能源技术开发，从 1996 年到 2004 年不到十年的时间，日本在新
能源产业上的直接拨款增加了 236.7%。2004 年，日本政府在新能源的
支持方向上从单纯的支持开发技术向开发技术与技术推广并重转变（见
图 6—5），2004 年，日本政府在新能源技术开发和推广上的直接拨款分
别为 689 亿日元和 924 亿日元，[②] 比例为 1：1.34。到 2006 年，日本资
源能源厅节能对策科仅对节能的资金投入就达到了 4.75 亿美元。此外，
日本还在国家预算内安排专门的节能资金，在汽车行业，日本 2006 年
预算内给予燃料电池及相关技术开发 199 亿日元的支持；给予燃料电池
产业化实验 33 亿日元的支持；给予新能源汽车市场导入 88 亿日元的支
持。[③] 2007 年，节能对策预算资金规模高达 1100 亿日元。[④]

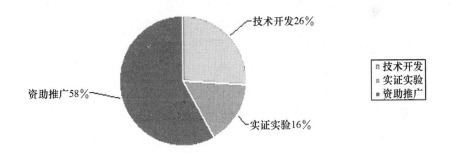

图 6—5　2004 年日本政府发展新能源产业资金投入比例

数据来源：曹玲：《日本新能源产业政策分析》，硕士学位论文，吉林大学，2010 年。

---

① 张小永：《环保投资与效益的国际比较研究》，硕士学位论文，陕西师范大学，2009
年。

② 曹玲：《日本新能源产业政策分析》，硕士学位论文，吉林大学，2010 年。

③ 陈立欣：《日本节能政策与实施》，硕士学位论文，东北师范大学，2008 年。

④ 贾若祥：《日本节能经验及对我国的启示》，《宏观经济管理》2008 年第 5 期。

　　除了政府直接拨款之外，日本政府对新能源、环保、新型汽车产业还提供税收优惠和财政补贴的间接金融支持。从 90 年代开始，日本的税务系统启动对节能鼓励的税制，对于开发新能源的企业都给予很多的税收优惠。一方面，鼓励节能方面的投资，例如，购买节能设备的企业免除购买额 7% 的税款，对节能研发项目减除 6% 的所得税。如果企业引进政府特定的节能设备，其所得税中将扣除设备费的 20%，2006 年日本的政府特定设备共有 137 种。对太阳能、风能发电投资主体，三年内每年减收 1/6 固定资产税。另一方面，这些节能设备还可以享受普通折旧基础上的按购置费 20% 提取的特别折旧。[①] 此外，日本还实行了"绿色汽车税制"，对于高耗能的车型增税，对于低能耗车、低公害车减税，对电力汽车、混合动力汽车免税，并且以 2005 年车辆的尾气排放和燃油效率为基数，对于排放减少而燃油效率提高的车型实行不同等级的减税政策，最高减免额度达到 75%。[②]

　　政府补贴也是日本促进新能源产业发展的手段之一。1993 年日本政府就针对再生能源的使用设立专项补助金 870 亿日元，对于引进可再生能源发电的企业，给予 1/3—1/2 以内的经费辅助。此外，对于新能源产业，日本政府每年都发放一定数额的补助金，从 2003 年至今共发放 2600 多亿日元。近年来，日本政府加强了对于新能源汽车产业的扶持力度。2009 年，日本政府在新能源汽车产业的财政投入达 3700 亿日元，重点补贴购买环保汽车。2010 年，日本宣布政府用车必须全部改用"低公害车"，如果企业被选作政府用车合作对象，政府将会直接给企业现金补贴，最高可以达到同等级普通车辆售价的 1/2 或与同级别车差额的 1/2。

第三节　日本战略性新兴产业的融资特点

　　日本是后起的工业化国家，由于政治与经济的特殊性，日本的企业融资模式呈现出银行主导的形式，政府干预的色彩比较浓，形成了政府干预下的银行主导型企业融资模式。日本的企业和银行之间的关系较为

---

① 雷鸣：《日本节能与新能源发展战略研究》，博士学位论文，吉林大学，2009 年。
② 李茜：《日本节能及新能源汽车产业发展动向》，《综合运输》2009 年第 11 期。

密切，国家允许银行持有企业 5% 的股份，并且每个大企业都有自己对应的主要贷款银行，称为主银行。所谓主银行，是指在企业的借款总额中所占份额最大的银行，也就是最大的贷款银行（Aoki，1999）。

在日本战略性新兴产业的融资中，银行无疑占据了最重要的位置，由于战略性新兴产业的特点是资金需求量大，运营周期长，所以，很多企业的融资需求是由一个银行牵头组成的银行集团来满足的，因此，战略性新兴产业融资的特点之一就是银行集团融资形式较多。

其次，在日本新能源产业和节能环保产业的融资过程中，通常银行的长期贷款占绝对多数，并且银行的长期贷款分为不同的期限，如 1年、2 年、3 年、5 年不等，不同期限的贷款对应不同的利率，有的相同期限的贷款由于对应项目的不同也存在不同的利率，在新能源和节能环保方面，日本政府还制定了许多特殊优惠利率，因此，在银行融资的利率方面呈现出参差不齐的局面。

此外，日本政府对于新能源和节能环保的宣传教育力度很大，民间也形成了许多新能源融资渠道，例如"绿色电力基金"和"绿色电力证书制度"等。日本还有一些非政府的组织机构，如 NGO，也为节能环保的融资做出了很大的贡献。

第三章　德国战略性新兴产业的融资机制

第一节　德国战略性新兴产业的融资环境

一　德国战略性新兴产业融资的宏观经济环境

德国战略性新兴产业融资的宏观经济环境一直以来都处于良好的状态。在近十年中，德国经济一直保持着平稳的增长，虽然德国 GDP 的年均增长率仅为 0.9%，但是，由于德国的人口增长率在锐减，所以从人均 GDP 的指标上来看，在过去十年中，德国人均 GDP 的增长速度高居七国富豪集团之首。我们知道，人均 GDP 较之 GDP 更能准确地衡量一个国家的经济发展程度，因此，德国人均 GDP 的增长速度体现了德国经济发展的繁荣现状和光明的前景。不仅如此，据国际货币基金组织预测，德国还会在未来五年内经历最快的人均 GDP 增长率。从另外两个指标来看，德国的国内总储蓄自 2009 年以来并未有较大幅度的改变，甚至在 2013 年还有了一定程度的增加，2009—2013 年德国国内总储蓄的数额分别为 7102.38 亿美元、7434.34 亿美元、8282.08 亿美元、7782.72 亿美元和 8406.46 亿美元。德国的家庭最终消费支出自 2009 年以来也在稳步上升，2009 年德国的家庭最终消费支出为 1.93 万亿美元，2010—2013 年这个指标的数据分别为 1.87 万亿美元、2.05 万亿美元、1.96 万亿美元和 2.09 万亿美元。

德国的对外贸易是支持其国民经济稳步发展的重要因素，德国经济对外的依存度很高，属于出口大国，2013 年，德国的出口额为 10939 亿欧元，进口额为 8950 亿欧元，而德国的 GDP 为 2.74 万亿欧元，可以看出德国的对外贸易的总额与国民生产总值的比例很大，当然这也归功于欧元区统一的货币制度带来的汇率方面和市场方面的便利和保障。除了对外贸易之外，德国巨大的国内消费市场是保护德国经济较少受到金融危机冲击的主要因素，因此，尽管欧债危机遍及欧洲区域，欧元区整体经济下滑，2013年德国的经济总体上仍然表现的好于其他欧元区国家。

并且，德国政府采取了包括降低失业率在内的一些措施促进经济的发展，目前，德国的失业率是1992年以来的最低水平，是七国集团里失业率第二低的国家，目前德国失业率为6.8%，比美国的9.4%要低得多。德国联邦统计局发布的数据显示，2013年7月，德国境内居住的就业人口达4180万人，同比增加了22万人，增幅为0.5个百分点。按国际劳工组织标准计算的德国7月份失业人数减少13万人，降至228万人。①

德国的经济一直发展得较为平稳，这得益于德国保守的国民文化和审慎的金融监管制度。德国的居民债务在过去十年里从可支配收入的115%下降至99%，相比之下，英国的居民债务则从117%飙升至170%，美国则从100%增加至128%。此外，德国的预算赤字最小，相对GDP的政府债务也最少。② 这些数据都表明，德国经济正在稳健地发展，经济的稳步发展能够增加国民储蓄量，坚定融资主体的信心，使得资金能够更有效地被利用。此外，德国经济成功的主要原因还包括中小企业的强力支撑和强大的科技创新能力。众所周知，实体经济是支持一国经济发展的重要引擎，实体经济创造的财富构成一国的国民财富而非虚拟经济。作为一个工业化强国，德国的经济主体是众多的中小企业，不同于中国的中小企业的发展方式和状态，德国的中小企业的实力往往很强，它们善于在某一领域进行深入研究和突破，专业化程度很高，核心竞争力很强，往往处于产业链和价值链的高端，具备长期发展的战略眼光和实力。数据显示，德国的中小企业占其全部企业总数的99.7%，产品的市场占有率超过70%，另外还创造了50%的利税和70%的就业岗位，对GDP的贡献率超过四成。③ 可以说，是德国的中小企业支撑了德国整个国民经济的运行，造就了德国如今经济强国的地位。德国中小企业的实力源自不断的科技创新，德国的工业依靠高科技支持和创新的

① 中国信保：《德国经济贸易风险分析报告》，《国际融资》2014年第4期。
② 马岩：《德国经济稳健增长模式的启示》，《调研世界》2011年第4期。
③ 代明明：《德国经济成功的原因及对我国的启示》，《他山石》2014年第8期。

理念一直被全球所接受和认可，自诺贝尔奖设立至今，德国共涌现出了75 位该奖得主，其科技实力由此可见一斑。在不断科技创新的同时，德国还十分注重对于知识产权的保护，德国政府为了扶持战略性新兴产业的发展，长期致力于发展知识产权保护战略，直接的成果就是德国的专利申请总量常年占据欧洲第一的位置，知识技术是第一生产力，德国企业在德国专利局平均年申请专利总数为 60222 件，其中 13% 来自西门子公司、奔驰公司、罗博特·博世公司、Infineon 技术公司等四家德国大企业。从专利分布来看，德国企业申请的欧洲专利和国际专利，有2/3 集中在德国 10 家大公司，包括奔驰、宝马、西门子、拜耳、巴斯夫等大批世界顶级跨国企业。德国知识产权战略与新兴产业发展战略整合获得良好的绩效，据分析，仅制造业出口就贡献了 GDP 增长的 60%。①

　　根据德国著名研究机构 IFO 的数据表明，当前德国的商业信心已经从 2008 年末的骤降中逐步回升，德国经济研究所（IFO）报告显示，从 2011 年末到 2012 年 4 月，德国商业信心指数连续六个月上升，2012年 2 月德国商业信心指数攀升至 109.6，而 4 月又上升至 109.9。

　　从物价指数来看，与诸如希腊、爱尔兰等国家相比，德国消费者价格指数（CPI）波动较小。2009 年各季度 CPI 同比变化较少，涨跌幅变动均在 1% 以内。2010 年开始，CPI 指数季度同比出现线性稳定上升，但和 2009 年金融危机全面爆发前相比，物价变化处于较低水平。金融危机以来的 CPI 指数变化与 GDP 变化相符。由于德国政府保持一贯对于财政刺激的审慎，目前看来，扩张性政策并未对复苏的物价产生重大不利影响，CPI 指数仍处于 2%—2.5% 的合理区间内。

　　从总体上看，德国的宏观经济运行稳健，处于经济增长势头强劲的阶段，生产消费等经济行为活跃，储蓄量增多，为战略性新兴产业的融资提供了良好的经济环境，资金的供给方规模较大，融资渠道较多，使得战略性新兴产业的融资较为便利，并且融资成本较低。

二　德国战略性新兴产业融资的金融市场环境

　　自 20 世纪 60 年代以来，德国经济迅速崛起，并一举成为世界前三

---

　　① 莫守忠、王曦、李蓓：《发达国家运用知识产权助推战略性新兴产业发展对我国的启示》，《湖南财政经济学院学报》2012 年第 4 期。

的经济强国，创造了经济迅速发展的奇迹。而这一奇迹的产生与其完善的金融市场和独树一帜的"全能银行"金融制度密切相关。

与其他发达国家相比，德国的金融市场非常不发达，金融市场中的交易规模和频率也较少。德国民众大多属于风险规避型的投资者，对股票投资的偏好要比美国、英国民众低得多，全部养老基金的资产中，债券占 42.8%、抵押贷款占 29.5%，而股票只占 6.6%。德国严谨的国民文化和对金融市场审慎的态度使得民众并不热衷于在金融市场投资或者投机，而表现出对现金和现金等价物的强烈偏好，在家庭持有的资产结构中现金和现金等价物占 36%，债券占 36%，股票仅占 13%。德国的金融衍生品市场在金融体系中并不占主要地位，例如成立于 1990 年的德意志期货交易所是德国的第一个期货与期权交易所，但交易量至今依旧很少。

德国金融业长期以来一直实行混业经营，其金融体系的显著特征是全能银行在国民经济中居主导地位。全能银行不受金融业务分工的限制，不仅能够全面经营商业银行、投资银行、保险等各种金融业务，为企业提供中长期贷款、有价证券的发行交易、资产管理、财产保险等金融服务，而且还可以经营不具备金融性质的实业投资。德国的银行既可以经营存放款业务，又可以经营证券业务。

在德国，银行体系一直与企业保持着长期稳定的关系，这主要体现在德国实行的"主银行"制度方面，德国的企业与银行之间往往建立一对一的长期合作关系，这样的长期合作关系对于银行和企业而言是"双赢"的战略：一方面使企业感到在证券市场上直接筹资不如从银行贷款简单易行，并且为了持续地从银行获得低息的贷款优惠，企业一直有动力按时还款，提高资金的使用效率，接受银行的定期检查等；另一方面，银行希望通过贷款来直接控制企业，因而银行本身也愿意选择贷款方式，而不鼓励企业去投入证券市场，此外，通过长期的与企业客户之间的联系，银行能够获得稳定的客户群，并且对于这些客户资料动态的跟踪，长期的统计监测，节约了银行的信息搜寻成本，也降低了银行的坏账率。

德国的这种金融市场环境对于战略性新兴产业的融资影响很大，德国战略性新兴产业的融资方式主要采取的是银行信贷的方式，而且，银行间接融资的数额要远远大于从资本市场上直接融资的数额。

但是，从近年来的数据上看，德国"主银行制"的运作方式趋势逐渐有所减弱，主要原因是德国的企业发展和银行体系的发展都较以往有了较大的变化，为了适应世界经济一体化的需求，德国的银行体系也在逐渐走向世界，拟从更广阔的范围拓展利润来源。

专栏 6—2：

德意志银行的多元转型

区域性全能银行联合体

1870 年到 1880 年间，德意志银行从外贸银行发展成了全能银行，主要业务包括为德国外贸提供融资、德国国内的储蓄业务及政府债券的发售等。1880 年代开始，为铁路融资成为重要业务，其还参与了电厂、石油公司等项目。

从 1887 年开始德意志银行通过参与创建和改组一些大型工业企业，奠定了自己在工业领域里的地位。从此以后，主导和参与创建新企业一直是德意志银行的一项重要业务，其中包括德国很多著名公司，如汉莎航空、戴姆勒—奔驰公司。除了参与初创之外，德意志银行还在一些生产企业陷入困境之时，通过实施"债转股"获取了大量的公司股权。对于很多企业，德意志银行不仅仅是贷款人、股权投资人及拥有其监督董事会席位，还提供战略和管理咨询服务。

区域原则、集体问责制和关系银行业务共同构成了德意志银行成功的基础。一直到布鲁尔时代（1997—2002），德意志银行都是强势诸侯模式，是由众多拥有独立权限的区域性全能银行组成的联邦。唯一由总部直接管理的上市、兼并和收购业务也仅限于德国境内。各大分行之间是相互竞争而非合作，致使银行整体上"高成本、低效率"。为协调整个集团的有序运营，德意志银行设置了近30 个有建议权但没有决策权的集团协调委员会。

通过"合议—集体问责制"，德意志银行强化了组织机构的权力，实现了权力的去个人化，个人要完全献给组织，"银行就是一切，而你什么也不是"。已经退休的监督或管理董事会成员，可以保留他们的办公室，并在没有正式职务的情况下，仍能影响决策。在"合议—集体问责制"下，作为区域性全能银行联合体的德意志银行，实际掌握大权的"分行行长"并不是一个人，而是通常由2—6人组成的一个小组。对外行使如同管理董事会主席职权的德意志银行董事会发言人，也只是个管理董事会的代言人，在管理董事会决策时，仅有一票的权力，并无更多发言权。

转型"多元化的专业银行"

从法律关系上看，德国公司中监督董事会和管理董事会共同行使着英美公司中董事会的职权，监督董事会任命和监控管理董事会。实际运作中，因为全球上市、股权分散，并且一开始就是职业经理人当政，主导德意志银行运营和管理的主要还是管理董事会和管理董事会发言人。

1989年，第13任管理董事会发言人赫尔豪森提出了德意志银行要放弃长久以来的区域性全能银行原则，按客户和产品重新划分组织结构。但是，这一冲击太大了，遭遇了包括管理董事会成员在内的强烈抵制，这一设想没有实施。赫尔豪森于1989年11月被谋杀。

1989年12月，科拍出任第14任董事会发言人。科拍是从1954年作为德意志银行的学徒开始，一步一步成长起来的。1998年62岁（这是德意志银行规定的管理层人员退休年龄）的科拍转任监督董事会主席，同样是从银行学徒成长起来的布鲁尔接任管理董事会发言人。

领导德意志银行大转型的是阿克曼。瑞士人阿克曼出身货币银行专业，在瑞士信贷银行工作16年之后升至首席执行官，三年后，由于与董事会主席发生矛盾，1996年48岁的阿克曼离职，加入德意志银行管理董事会，负责投资银行业务。

2002年5月，阿克曼成为德意志银行历史上第一位出任管理董事会发言人的外国人。由于有科拍的支持，阿克曼上任之后，开始对德意志银行进行大幅度的改革。

在从可操作性上修正了赫尔豪森的设想之后，德意志银行开始着手进行组织结构转型。德意志银行不再是一个把总部当摆设的区域性全能银行的联合体。整个德意志银行划分为资产管理、商业银行和投资银行三个业务板块，设于法兰克福的总部负责全局掌控及战略性的问题。德意志银行从全能银行转型为多元化的专业银行之后，每个业务部门都单独为自己争取客户、争夺业务，收益不佳的业务无法再得到集团的资金支持。

2009年底，德意志银行共有1964家分支机构，其中961家在德国境内；共有7.7万名全职员工，其中德国境内有2.7万。阿克曼领导下的德意志银行，以其上任之时处于顶峰的花旗集团作为榜样，但是金融危机使花旗集团遭遇重创，全能金融模式宣告破产，花旗集团要回归更为传统的银行业务。德意志已经没有标杆可以比对学习，一切需要自己摸索。

"金融—产业综合体"：正在逝去的德国模式

为了描述银行和企业密切联系在一起的状态，德国人曾经创造了"德意志联邦共和国股份公司"概念，就是一张通过交叉持股和交叉占据监督董事会或管理董事会的席位连接在一起的德国企业关系网。

历史上，德意志银行投资入股工业企业的一个重要原因是，帮助德国企业抵制外来资本对德国企业的过度入侵。在这一问题上，德意志银行是德国工会的重要伙伴，在监督董事会上他们共同站在了德国企业家一边。但是，近年来，德国企业的足够强大使"抵制外资入侵"的必要性大为下降，德意志银行自身的国际化也使其更愿意将资金注入国外的高增长企业。为了在全球范围内更为有效地配置自己的股本投资资源，以及为了配合自身的战略性业务领域调整，德意志银行开始对德国国内的一些企业投资进行减持。德意志银行拥有其他公司监督董事会席位的情况也已经远远不如20世纪五六十年代那么多。而且，即使德意志银行派了代表进入某一公司的监督董事会，也并不意味着会成为该企业的主办银行。

出现这一转变与全球市场、德国国内环境与德意志银行自身的宗旨和目标转变都有关系。在德国国内环境方面，随着德国的经济强盛，人们不再担心外资入侵问题，而是更为关注德意志银行是否会滥用其所掌握的巨大经济权力。德意志银行也越来越发现，占据企业监督董事会席位及大量信贷和股权投资的同时存在，也给自己带来一些负效应。比如一些德国企业在并购和反并购的问题上就不再信任德意志银行，即便其建议十分中肯。有时，放贷者、股东、咨询顾问和监督董事会成员这四种角色会同时发生在一个企业里，这使德意志银行很难协调统一各方利益。有时为了维护公司形象，其不得不自己做出很大"牺牲"。

关于德意志银行控制企业的巨大权力来源的另外一个广为传播的说法是，其通过证券托管业务而具有代理股东投票权。这需要以股东给予托管机构以全权委托为前提，也就是说，决定权并不在作为受托机构的德意志银行。德国银行业的高度竞争和分散化，也使德意志银行对整个德国经济的影响和控制力"有限"。2003年，德国前五家最大银行所占的市场份额仅20%，远远低于其他任何欧盟国家，更不能跟中国四大国有商业银行所占份额相比。

如果说其历史上的成长是"寄生"于德国作为一个后进国家的工业化历程，从而形成了一种银行与工业企业之间多重结合的德国模式的话，那么今后，在一个德国已经进入到后工业化的时代里，德意志银行已经不能再寄生于其国内工业企业，而是要与其他全球性大银行一样，在一个全球化的竞争格局中实现全球化的生存与发展。

资料来源：摘自仲继银《德意志银行的多元转型》，《董事会》2011年第4期。

三　德国战略性新兴产业融资的政策法规环境

德国是高度发达的工业国，汽车、机械制造、电气、化工等部门占全部工业产值的40%以上，经济总量居欧洲首位，同时，德国也是世界最大的能源消费国之一，石油消费量全球第三，天然气消费量居欧盟第二位，然而，德国的能源非常匮乏，据统计，2008年，德国石油几乎全部依靠进口，天然气的对外依存度也高达84%，能源需求与供给之间的巨大缺口促使德国将发展新能源提高到了战略的高度，自20世纪90年代起，德国制订了一系列的战略发展方案（见表6—10），保证新能源产业的快速发展。

表6—10　　　　　　　　　　德国新能源法案

年份	法案	目的/目标
1990	电力输送法	补贴可再生能源发电
1991	可再生能源电力并网条例	可再生能源发电并网
1997	海上风电安装条例	海上风电安装
1998	新《能源经济法》	保障提供最安全的、价格最优惠的环保型能源
	10万屋顶计划	从居民屋顶获取300mW太阳能电力
1999	生态保护税	节能环保
2002	环境相容性监测法	风力发电设备安装地点的选择
2004	可再生能源法	发展可再生能源
	优先利用可再生能源法	促进太阳能、风能、水力、生物质能和地热发展
	热电联产法	发展热电联产技术
2006	生物燃料配额法	生物燃料的税收和含量问题
2007	综合能源和气候计划	发展生物燃气
2009	德国可再生能源取暖法	促进可再生能源供暖

资料来源：作者自行总结。

由于电力系统对于国民经济的特殊性地位和行业本身具有的垄断性，在很长一段时间，德国的电力等能源行业都具有很强的垄断色彩，产业运行效率低下，企业和居民的利益并不能很好地得到保障。基于此，德国政府于1998年颁布了新《能源经济法》，核心目的是为了打破行业垄断，引入竞争机制，使产业运行和价格形成机制回归理性化轨道。该法案一经实施就较为果敢，将境内1000多家电力企业同时推入竞争市场，并且降低电力产业进入门槛，允许任何满足条件的公司申请成为电力公司，政府制定细则进行统一监督管理。新能源经济法的实施取得了很大的成效，特别是在最初的几年里，电力系统的价格逐步下降，用户直接受益，电力产业结构大范围调整，公司之间逐步整合形成新的格局，企业投资回归理性。

德国政府颁布的一系列法案的实施在很大程度上推动了新能源产业的发展，特别是德国的太阳能发电和风力发电领域，取得了突飞猛进的成效。2009年的数据显示，德国的风电安装能力在10年间增长超过2000%，风电容量由2875兆瓦提高至23903兆瓦，增长900%左右，太阳能光伏发电设施增长更是超过15000%。① 此外，2009年，德国环境、自然保护与核安全部还规划了未来10年的可再生能源发展路线——《能源战略路线图2020》，提出到2020年可再生能源电量占全国电力消费总量的30%，其中风电、生物质能发电和水电分别占总消费电量的15%、8%和4%。② 与新能源相联系，德国政府在电动汽车的研发上也加大了扶持力度，德国政府目前已经批准了总额为5亿欧元的电动汽车研发预案，计划在2011年实现锂电池的产业化生产，推动电动汽车的快速发展。

自2004年德国政府颁布可再生能源法以来，德国政府对于该法案进行不断的修正和补充，最新的德国《可再生能源法》（以下简称EEG—2012）于2011年6月30日在德国联邦议院通过，此后德国联邦议院又经过两次局部修订。EEG—2012提出了德国可再生能源电力发展的中长期目标。在2020年之前，可再生能源在德国电力供应中的份额要达到35%，2030年之前达到50%，2040年之前达到65%，2050年之前达到80%。与之前的EEG—2004、EEG—2009仅提出2020年之前的发展目标相比，EEG—2012以法律形式明确了更长期的发展目标，这显示了德国在发展可再生能源领域的信心，也表明德国已经确立了以可再生能源为中心的能源发展战略。③ 2014年1月，德国再次对《可再生能源法》进行改革，新法案增加了2025年和2035年的可再生能源发展目标，即分别达到用电总量的40%—45%和55%—60%，并着重对可再生能源上网电价和电力市场整合机制进行了大幅度修改，目的是控制可再生能源的补贴成本。④

德国选择新能源产业作为其战略性产业主要是为了弥补其国内矿物资源的贫乏，而目前，德国的可再生能源的利用已经居世界领先水平，这不仅仅源于德国政府在新能源产业上的政策倾斜，也得益于德国政府对于新能源产业的财政支持和德国发达的融资机制。

---

① 李自成：《德国可再生能源产业的现状与模式》，《太阳能》2009年第10期。

② 王乾坤、周原冰、宋卫东、方彤：《德国可再生能源发电政策法规体系及其启示》，《能源技术经济》2010年第3期。

③ 张小锋、张斌：《德国最新〈可再生能源法〉及其对我国的启示》，《中国能源》2014年第3期。

④ 张斌：《德国〈可再生能源法〉2014年最新改革解析及启示》，《中外能源》2014年第19卷。

第二节 德国战略性新兴产业的融资方式

一 内源融资

与美国和日本的战略性新兴产业的选择一样，德国战略性新兴产业也将内源融资作为首要的融资方式选择。

从德国部分新能源企业 2009 年和 2010 年的年度报表所提供的数据来看，内源融资一直是德国新能源企业的主要融资方式。基于数据的可得性，本书随机抽取了六家德国新能源企业，分别为 Solar World、Q—Cells、Nordex、Schott、Conergy 和 Bosch，分析这六家企业的 2009 年和 2010 年的资产负债表可以发现，除了 Bosch 在 2009 年没有留存收益之外，其他五家企业 2009 年和 2010 年的留存收益数额均大于股票融资的数额，并且值得指出的是，有四家企业的留存收益的数额比从银行间接融资的数额还要高出许多。例如，2009 年和 2010 年，Solar World 的留存收益都为 2.96 亿美元，而同期的股票融资的数额分别为 1.12 亿美元和 1.07 亿美元，银行间接融资数额为 2.28 亿美元和 1.23 亿美元。2009 年和 2010 年，Q—Cells 的留存收益分别为 2.94 亿美元和 3.59 亿美元，而同期的股票融资的数额分别为 1.17 亿美元和 1.76 亿美元，银行间接融资数额为 0。2009 年和 2010 年，Schott 的留存收益分别为 1.38 亿美元和 1.60 亿美元，而同期的股票融资的数额分别为 1.50 亿美元和 1.50 亿美元，银行间接融资数额为 1.22 亿美元和 3.90 亿美元。

二 银行间接融资

德国新能源产业发展的主要推动力量是政府，但就新能源产业融资的主要来源而言，主要来源于德国的银行，尤其是复兴信贷银行。

复兴信贷银行（KfW）在 2000—2005 年间共为太阳能项目提供资金 7.41 亿欧元，2009 年至今，复兴信贷银行为新能源产业融资 525 亿欧元，其中为 SEMs 企业提供贷款 400 亿欧元，为节能型建筑的建造和修缮提供 85 亿欧元，为企业的节能项目提供贷款 10 亿欧元，新能源设备则获得了 30 亿欧元的融资。2009 年，KfW Mittelstandsbank 为可再生能源和环保产业融资 69.96 亿欧元，其中，为可再生能源项目融资 55.08 亿欧元，为节能环保类项目融资 13.23 亿欧元（见表6—11）。

表6—11　　　　KfW Mittelstandsbank 对可再生能源融资

	融资金额（百万欧元）		目的
	2008 年	2009 年	
ERP 环境保护和能源效率项目	2745	1323	德国环保项目
KfW 可再生能源项目	2824	5508	促进可再生能源发展
ERP 环保商务型车	98	81	发展高效能环保商务车辆
BMU 环境革新项目	—	84	发展有示范效应的环保项目

资料来源：（http：//www.kfw.de/kfw/en/I/II/Download_ Center/Financial_ Publications/Annual_ Reports.jsp）。

　　德国可再生能源产业的融资渠道主要是银行系统，这个结论还可以通过分析可再生能源企业的年度报表得出，基于数据的可得性，本书随机收集了德国太阳能和风能的六家企业的 2009—2010 年度资产负债表的部分负债数据（见表6—12），可以看出，在这些企业的资金来源中，银行贷款占了绝对的数额，在这六家企业中只有 Conergy 一家企业的直接融资数额超过间接融资，其他企业的股票市场融资均远远低于贷款数额，而银行贷款在金融负债中占比很大，股票市场对于德国新能源企业融资的作用并不突出。

表6—12　　　　德国部分新能源企业融资情况　　　　（单位：百万欧元）

公司	银行贷款		股票		留存收益	
	2010 年	2009 年	2010 年	2009 年	2010 年	2009 年
Solar World	123	228	107	112	296	296
Q – Cells	—	—	176	117	359	294
Nordex	117	100	67	67	31	31
Schott	390	122	150	150	160	138
Conergy	278	276	398	398	324	322
Bosch	—	617	—	1200	—	16862

数据来源：各公司官网的 2009/2010 年度报表。

　　需要指出的是，银行贷款占企业融资比重大的特点并非是新能源产业中的企业融资特色，几乎所有的德国企业，特别是德国中小企业的主要融资渠道都是银行体系，这也是德国金融体系中全能银行占主导地位的体现。

三 资本市场直接融资

就新能源产业的融资方面，德国的资本市场的贡献也很大，但是，德国的金融体系不同于其他国家，银行是整个金融体系的支柱，主要包括全能银行和专业银行，其中以全能银行为德国银行体系的特色和标志。全能银行能够为客户提供全方位的服务，包括吸收存款、发放贷款和抵押贷款、提供人寿保险、承销证券以及从事有价证券业务等。德国的股票市场上市的公司不多，所以一向不是企业融资的主要渠道，相应的衍生品市场也并不发达，而债券市场则是各级政府和银行的重要融资渠道，对于企业而言意义也不大。

所以，相比较内源融资和银行间接融资而言，资本市场直接融资在德国战略性新兴产业的融资方式中所占的地位并不特别重要，这点从表6—12 中也可以直观地看出，从六家德国新能源企业 Solar World、Q—Cells、Nordex、Schott、Conergy 和 Bosch 的融资数据上看，股票融资的数额一直低于内源融资和银行间接融资，很少有超过的现象，而且股票融资的数额并没有增长的趋势。

四 政府财政支持

德国政府对于战略性新兴产业的财政支持主要体现在直接拨款、政府补偿和政府补贴三个方面。德国在新能源领域的投入一直处于世界领先水平，截至目前，德国在新能源的研发和推广方面的总投入已经超过了 18 亿欧元，并且仍在每年递增。2005 年，德国政府投入 9800 万欧元支持太阳能、风能等可再生能源的 102 个研发项目,[1] 投入超过 10 亿欧元进行气候保护；2008 年，德国的光伏设备安装获得政府 62 亿欧元的投入，新高效能风力发电场获得了 23 亿欧元的融资。2009 年，德国政府批准了 5 亿欧元为电动汽车的研发提供财政支持；2010 年，德国联邦环境部直接为可再生能源的研发下拨 1.2 亿欧元资金，2011 年这个数额至少将达到 1.28 亿欧元。

---

① 黄玲、张映红：《德国新能源发展对中国的战略启示》，《资源与产业》2010 年第 6 期。

德国政府在对新能源领域的支持方面有投入大、时限长的特点，并且建立了持续资助能源研究的机制。2008年，德国政府为太阳能光伏项目OPEG直接拨款1600万欧元，并投入33亿欧元进行气候保护；德国联邦教研部在2008年拨出3.25亿欧元的新能源研究专项资金，2010年项目的资助金额又进一步增加。德国政府制定的促进新能源研发推广的"未来投资计划"，每年投入6000多万欧元，用于开发可再生能源。[①] 德国联邦教研部还发布了一个资助项目"生物能源2021——关于生物质能的利用研究"，该项目计划资助规模为5000万欧元，资助时间为五年。

关于政府补偿，2000年德国颁布的《可再生能源法》（EEG）规定了各种可再生能源发电的补偿标准。该法令规定对新能源发电装备进行补偿，补偿期限为20年，由于各安装地点的条件不同，补偿的标准按照"产量"相应划分了不同的等级（见表6—13），并且，为了促进企业的利用效率，补偿额逐年递减。

表6—13　　　　　　规定的可再生能源发电的补偿标准　　（单位：欧分/千瓦时）

		2000年	2001年	2002年	2003年	2004年
水力发电	<0.5MW	7.67	7.67	7.67	7.67	7.67
	<5MW	6.65	6.65	6.65	6.65	6.65
地热能发电	<20MW	8.95	8.95	8.95	8.95	8.95
	>20MW	7.16	7.16	7.16	7.16	7.16
风能发电	最多	9.10	9.10	9.10	8.80	8.70
	最少	6.15	6.15	6.10	6.00	5.90
生物质能发电	<0.5MW	10.23	10.23	10.10	10.00	9.90
	<5MW	9.21	9.21	9.10	9.00	8.90
	<20MW	8.70	8.70	8.60	8.50	8.40
太阳能发电		50.62	50.62	49.10	45.70	43.10

数据来源：胡其颖：《德国可再生能源发电的补偿标准》，《太阳能》2004年第5期。

除了补偿之外，德国政府还对新能源发电及发电设备给予补贴。补贴不同于补偿，不但不是逐年递减，而且不同类型的补贴可以累加合计。补贴的重点是使用生物原料和技术创新发电及发电—供热

---

① 王海燕：《德国可再生能源的新发展及对我国的启示》，《科学对社会的影响》2007年第2期。

联合设备，例如，政府给予用生物原料发电的 500 千瓦以下设备每千瓦时 6 欧分的生物能源补贴，500 千瓦以上至 5 兆瓦以下的发电设备给予每千瓦时 4 欧分的补贴；木材发电的补贴为每千瓦时 2.5 欧分；20 兆瓦以下的发电—供热联合设备可获每千瓦时 2 欧分的混合能源补贴。[①]

第三节　德国战略性新兴产业的融资特点

德国金融业长期以来一直实行混业经营，其金融体系的显著特征是全能银行在国民经济中居主导地位。所谓"全能银行"，是指银行不仅经营一般意义上的银行业务，例如，吸收储蓄存款、发放贷款、支持个人或者企业之间的转账等业务，而且还能提供有价证券业服务，甚至持有非金融企业的股权。所以，广义的"全能银行"＝商业银行＋投资银行＋保险公司＋非金融公司股东。

德国银行不仅业务全能化，而且数量众多，在德国，平均 2900 名居民就拥有一家银行，而在英国 3700 名居民拥有一家银行，在美国 4300 名居民才拥有一家银行。[②] 德国银行业在企业融资中的影响大大超过了英、美两国，德国企业的债务—权益比率比英国和美国高出约 50%。[③]

由于德国金融市场不同于其他国家，德国战略性新兴产业的融资也相应地遵从了本国金融市场的这些特点，首先，企业的资金来源的主要渠道是银行贷款，特别是复兴信贷银行（KfW），在为德国新能源企业融资方面做出了巨大的贡献；其次，银行对于新能源企业贷款利率上也给出了较大的优惠，从 1990 年开始，德国的 KfW 银行为私营企业从事生物质能开发提供低息贷款，比市场利率低 50%；[④] 最后，在与企业的关系上，银行不仅仅为企业提供各类贷款，而且还帮助企业发行股票和

---

① 赵刚：《德国大力发展新能源产业的做法与启示》，《中国科技财富》2009 年第 19 期。

② 发改委：《瑞典、丹麦、德国和意大利生物质能开发和利用考察报告》（http://www.sdpc.gov.cn/nyjt/dcyyj/t20050928_44092.htm）。

③ 张湧：《以全能银行为基础的德国企业融资模式评述》，《经济评论》2004 年第 1 期。

④ 发改委：《瑞典、丹麦、德国和意大利生物质能开发和利用考察报告》（http://www.sdpc.gov.cn/nyjt/dcyyj/t20050928_44092.htm.）。

债券，并持有企业的股份。银行持有企业股份可以视为一种变相的融资方式，使得企业通过直接的方式取得了间接融资资金，为企业获得长期稳定的资金来源提供了保障，有助于企业管理层实现企业的长期战略发展目标。

此外，德国政府在新能源研发和推广方面的扶持力度非常大，特别是对新能源开发的金融支持，为新能源产业的快速发展解除了资金"瓶颈"的困难，使得德国新能源产业的发展一直在全球范围内处于领先水平。

第四章　对完善我国战略性新兴产业融资机制的启示

　　战略性新兴产业是引导未来经济社会发展的重要力量，是信息化和科技的广度发展，是产业结构调整和国家发展战略的深度结合，当今社会，战略性新兴产业的选择和发展已经成为了世界各国抢占新一轮经济、科技制高点的战略性部署，中国也深刻地认识到发展战略性新兴产业的重要性，并结合本国国情，选择了节能环保、新一代信息技术、生物、高端装备制造、新能源、新材料、新能源汽车七大产业作为我国未来重点培育发展的战略性新兴产业。

　　战略性新兴产业不同于其他的产业，它们不仅担负着自身产业发展的职责，还肩负着带动其他相关行业和科技发展，振兴国民经济的重任。一般而言，这些产业比其他产业的生命周期要长，规模要大，所以需要突破的难题会更多，例如，信息障碍、科技攻关、资源缺失，等等，其中，最重要的就是"资金瓶颈"的问题。

　　分析美、日、德三国战略性新兴产业的融资机制可以看出，虽然三国的具体国情和融资机制各不相同，但是他们在战略性产业融资方面都有许多可借鉴之处。

　　首先，美、日、德三国的战略性新兴企业都将内源融资方式作为企业融资的首选，内源融资不需要定期的利息或者股息支出，不会占用企业日常经营所需的现金流量，不产生融资费用，无须考虑利率、汇率风险，因此，内源融资是战略性新兴企业融资的理想选择。

　　其次，在银行信贷上，对于战略性新兴产业应给予特殊的待遇，从美日德三国的经验来看，给予战略性新兴产业特殊的贷款和利率方面的优惠会从很大程度上减轻这些产业发展的负担，也从很大程度上使得这些产业的融资更为便捷。

最后，积极建设多层次资本市场，完善创业板市场制度，推进场外证券交易市场的建设，为不同阶段的企业融资提供便利。此外，债券市场的发展也不容忽视，应逐步探索开发低信用等级高收益债券和私募可转债等金融产品，稳步推进企业债券、公司债券、短期融资券和中期票据发展，拓宽企业债务融资渠道，并建立起相应的融资监管体系，使得资金的流动更加安全。

此外，三国在选择战略性产业的时候都是立足本国当前的国情，并着眼于未来的经济发展，在国家政策上给予肯定和支持，在战略性新兴产业的融资方面，国家层面的肯定和扶持会给社会各界的融资主体更多的信心和投资的偏好，并且，政府的财政支持也会给战略性新兴产业注入很多的活力，战略性新兴产业在起步阶段一般都需要巨额资金的支持，特别是在研发方面，政府的直接拨款和税收方面的优惠会成为战略性新兴产业发展的坚强后盾。

总而言之，战略性新兴产业的融资机制的建立健全依靠政府、金融市场以及社会各界的理解与支持，必须积极探索，不断进取，以推动战略性新兴产业更快更好地发展。

小　　结

　　战略性新兴产业是我国经济发展的主导产业，肩负着带动其他相关行业和科技发展，振兴国民经济的重任。由于我国战略性新兴产业起步较晚，需要突破的难题很多，其中，最重要的就是"资金瓶颈"的问题。而发达国家战略性新兴产业的发展已经较为成熟，融资体系也较为健全，因此，借鉴国外战略性新兴产业融资机制的经验，能够推动战略性新兴产业更好地发展。

　　分析美、日、德三国战略性新兴产业的融资机制可以看出，虽然三国的具体国情和融资机制各不相同，但是，他们在战略性产业融资方面都有许多可借鉴之处。

　　首先，美、日、德三国的战略性新兴企业都将内源融资方式作为企业融资的首选，内源融资不需要定期的利息或者股息支出，不会占用企业日常经营所需的现金流量，不产生融资费用，无须考虑利率、汇率风险，因此，内源融资是战略性新兴企业融资的理想选择。

　　其次，在银行信贷上，对于战略性新兴产业应给予特殊的待遇，从美、日、德三国的经验来看，给予战略性新兴产业特殊的贷款和利率方面的优惠会从很大程度上减轻这些产业发展的负担。

　　最后，积极建设促进战略性新兴产业发展的多层次资本市场，完善创业板市场制度，推进场外证券交易市场的建设，发展债券市场，鼓励风险投资、私募股权的参与，并建立起相应的融资监管体系，规范融资主体的行为。

　　此外，三国都从国家层面对战略性新兴产业进行支持，包括财政直接拨款和税收方面的优惠，并且，政府更多的是扮演引导的角色，在国家政策上给予肯定和支持，给社会各界的融资主体更多的信心和投资的偏好。

第七篇

构建我国战略性新兴产业
融资机制的政策建议

通过第五篇的实证分析，可以得出结果，在我国战略性新兴产业现有的主要融资渠道中，内源融资和银行间接融资与战略性新兴产业的经营效率显现出较强的相关性。虽然目前在战略性新兴企业的生产经营中已经开始使用商业信用融资的方式，但是数量和规模都较小，并未与战略性新兴企业的发展呈现紧密的联系。此外，由于在主板上市的我国战略性新兴企业的股份中有相当一部分是国有性质的股份，这种特殊的股权结构使得资本市场与企业之间的市场化联系受到影响，而且我国的主板市场和二板市场之间的界限模糊，增加了战略性新兴产业的融资难度。

基于上述结论，本书认为，为了解决我国战略性新兴产业的融资难题，优化企业的融资结构，应该从以下几个方面着手：（1）构建推动我国战略性新兴产业发展的融资环境，包括宏观经济环境、金融市场环境和政策法规环境，更多地运用市场调节机制来实现资金的优化配置。（2）构建支持战略性新兴产业发展的融资平台，主要加强信息整合平台、融资渠道平台、融资担保平台和融资专业服务平台的建设。（3）完善资本市场直接融资体系，根据我国战略性新兴产业的发展特点，构建适合战略性新兴产业发展的多层次资本市场融资机制。（4）构建促进我国战略性新兴产业发展的银行间接融资体系，完善授信制度，搭建信息共享平台以解决信息不对称问题。（5）进行融资机制创新，在创新融资制度和融资方式的同时，促进商业信用的发展，并积极拓展国外融资渠道，发展国际融资。

第一章 构建推动战略性新兴产业发展的融资环境

第一节 宏观经济环境

宏观经济环境是战略性新兴产业融资的大的背景环境，经济发展的状况对战略性新兴产业的融资具有重要的影响，首先，直接影响金融市场的发展；其次，影响融资主体的心理预期；最后，会影响企业的生产经营和融资成本。从总体上看，我国经济发展一直较为稳健，2006—2010 年，国内生产总值从 20 万多亿元增加到 39 万多亿元，年均增长 10% 以上，经济总量从世界第五位上升至第二位，人均国内生产总值 2010 年接近 4000 美元。外贸进出口总额跃居世界第二位。我国在世界银行的投票权、在国际货币基金组织的份额双双上升到世界第三位。2011 年，我国经济总体保持平稳较快发展，农业生产形势良好，工业、投资、消费、外贸等指标均平稳增长，市场物价过快上涨的势头得到遏制，但经济发展中不平衡、不协调的矛盾和问题仍然存在。

根据国家统计局的数据显示，2013 年年末，我国国内生产总值约为 58.80 万亿元，2014 年年末，我国国内生产总值约为 63.65 万亿元，2014 年第三季度，我国国内生产总值环比增速为 1.9%，同期美国的国内生产总值环比增长率为 5%，欧元区的国内生产总值环比增长率为 0.2%，日本的国内生产总值环比增长率为 −0.5%。2015 年 1 月，我国居民消费价格指数为 100.8（上年同月 =100），商品零售价格指数为 99.6（上年同月 =100），美国 2015 年 1 月居民消费价格环比下跌 0.7%，日本 2015 年 1 月居民消费价格环比下跌 0.1%，欧元区 2015 年 1 月居民消费价格环比下跌 1.6%。由此可以看出，中国经济发展仍较为平稳。但是，由于受经济下行的影响，我国 2014 年的失业率有所上升，经济学人信息部（EIU）根据其与国际货币基金组织（IMF）和国际劳工组织（ILO）联合进行的研究显示，中国2014年的实际失业率达到6.3%。这比英国和美国都更高。EIU估计，去年英国失业率为6%，美国为6.2%。[①] 总体来看，我国经济下行主要受房地产市场的影响比较多，据国家统计局2015年5月13日最新发布的数据显示，2015年1—4月份，全国房地产开发投资23669亿元，同比名义增长6.0%，增速比1—3月份回落2.5个百分点。其中，住宅投资15870亿元，增长3.7%，增速回落2.2个百分点。住宅投资占房地产开发投资的比重为67.1%。1—4月份，房地产开发企业房屋施工面积599580万平方米，同比增长6.2%，增速比1—3月份回落0.6个百分点。其中，住宅施工面积418479万平方米，增长3.2%。房屋新开工面积35756万平方米，下降17.3%，降幅收窄1.1个百分点。其中，住宅新开工面积25081万平方米，下降19.6%。房屋竣工面积21210万平方米，下降10.5%，降幅扩大2.3个百分点。其中，住宅竣工面积15527万平方米，下降13.2%。

中国经济进入新常态的主要特征体现在经济的高速增长回归理性，转向中高速。为使我国经济能够平稳健康发展，应该对目前我国经济发展中凸显的问题和潜伏的隐患逐一清理解决，并对经济发展进行分析预测，及早发现问题，未雨绸缪，在促进国民经济稳健发展的同时，也为我国战略性新兴产业的融资创造良好的宏观经济环境。

首先，经济学中常把投资、消费、出口誉为拉动经济增长的"三驾马车"，因此，应当着重优化国内投资环境，正确引导外资进入实体经济和新兴产业，促进经济的发展；通过国家宏观调控和量化宽松的货币措施来刺激国内经济的增长，扩大内需，推动居民储蓄转化为投资和消费；建立健全社会保障体系，提高就业率，推动医疗制度改革，注重民生问题，推动社会经济文化方面的全面发展。就目前的宏观经济政策而言，自2014年以来，央行已经两次下调存款准备金率，并两次下调利率，这种"降准降息"的宏观调控政策的实施主要意在振兴实体经济。实体经济的实际产出构成一国国民财富，因此，实体经济的发展关乎国

[①]　东方财富网：《中国2014年实际失业率达到6.3%》（http://finance.eastmoney.com/news/1365，20150125471531955.html）。

民经济的发展，此次宏观调控中的"定向降准"也向中小微企业和三农产业进行了倾斜，体现出政府对于农业和实体经济的高度重视和发展战略的方向。

其次，积极推动经济发展方式转型，改造传统的"粗放式"经济增长模式，重点培育和发展新兴产业和节能环保产业，加快培育高新技术产业的自主创新能力，提高中小企业的核心竞争力。对于我国战略性新兴产业而言，税赋减免是国家财政支持战略性新兴产业的重要组成部分。目前，我国对于战略性新兴产业的税赋减免政策尚不成体系，较为笼统和分散，有很多战略性新兴企业的税收优惠都是遵照高新技术产业的优惠政策来执行的，因此，建立完善的针对战略性新兴产业的税收优惠政策势在必行。另外，政府贴息和政府采购也是政府扶持产业发展的重要手段，在我国政府支持战略性新兴产业发展的财政支持体系中，这两个方面也应予以充分考虑。目前，对于我国战略性新兴产业的政府采购已经开始进行，但是力度和规模尚有一定的提升空间。例如，2014年6月11日，国管局、财政部、科技部、工业和信息化部和发展改革委联合下发了《政府机关及公共机构购买新能源汽车实施方案》，提出政府采购新能源汽车的阶段性目标："2014年至2016年，中央国家机关以及纳入财政部、科技部、工业和信息化部、发展改革委备案范围的新能源汽车推广应用城市的政府机关及公共机构购买的新能源汽车占当年配备更新总量的比例不低于30%，以后逐年提高。除上述政府机关及公共机构外，各省（区、市）其他政府机关及公共机构，2014年购买的新能源汽车占当年配备更新总量的比例不低于10%（其中京津冀、长三角、珠三角细微颗粒物治理任务较重区域的政府机关及公共机构购买比例不低于15%）；2015年不低于20%；2016年不低于30%，以后逐年提高。"

此外，积极加快推动金融体制改革的步伐，构建完善的金融法律法规体系和运作规则，积极推进利率市场化进程，完善货币政策和财政政策的调控作用，进而促进我国宏观经济的健康平稳发展。

第二节　金融市场环境

金融市场环境是我国战略性新兴产业最直接的外部融资环境，对产业融资有着十分重要的影响。良好的金融市场环境，有利于保持融资体系的平稳运行和持续发展，有利于给企业提供方便、快捷、高效的融资环境。

通过第四篇的分析，我们知道，我国金融市场发展势头良好，规模增长较快，为我国战略性新兴产业的融资提供了较多的便利，但是，由于我国金融市场起步较晚，在很多方面仍然存在一定的不足之处。为我国战略性新兴产业打造良好的融资环境，应当从以下几方面着手，优化我国金融市场环境。

首先，优化我国金融市场结构，其包括六方面内容：一是市场总规模保持适度，从属、服务于实体经济；二是市场结构符合经济发展阶段要求，与实体经济良性互动；三是金融资源分布多样化、多元化、分散化；四是利率汇率等核心金融参数主要由市场决定；五是市场对外开放度不断提高，能够与国际市场对接；六是市场发育和监管相配套，金融发展、深化、创新，始终不超越监管能力提升和监管范围扩大。

其次，多种渠道扩大直接融资比例，推进多层次证券市场的发展。充分发挥资本市场在产业结构调整和经济发展转型方面的促进作用。扩大主板市场规模的同时，积极推动中小板和创业板融资；除国债融资外，大力发展公司债、企业债融资。对于银行间接融资而言，应当首先解决战略性新兴产业和银行之间的信息不对称问题，建立健全银企之间的信息交流平台，并且借鉴发达国家的经验，建立银行与战略性新兴产业之间的长期合作关系，并创新金融工具，加强风险管理。

再次，我国金融市场的创新不足，影响了资源的优化配置和市场效率。因此，应当加大金融创新的力度，发展适合我国金融市场实际需要的新型金融工具，在风险可控的情况下，大力发展多种类金融工具，拓展金融市场主体的选择。推动金融创新的同时，必须注重加强风险监管机制的配套建设，严格监控各类金融风险。

表7—1是2015年5月13日深圳证券交易所证券类别统计，可以看出，在深圳证券交易所目前的交易类别中主要还是以股票、债券和基金三大原生金融工具为主，对于创新型的金融工具，包括期权、期货等仍未涉及。而在上海证券交易所中，除了股票、债券和基金之外，在金融衍生工具领域目前已经开始有所涉及，股票期权和权证交易已经开始进行，只是在规模和交易数量方面尚与股票、债券、基金类交易有所差

距。例如，50ETF 期权在 2015 年 4 月的总成交量为 690136 张，并无其他种类的期权交易。这与美国、英国、德国等发达国家的金融市场交易情况大相径庭。因此，要加大金融工具创新力度，借鉴发达国家金融市场发展经验，拓宽我国实体经济融资工具类型。

表 7—1　　　　　　　　　　　　证券类别统计

证券类别	数量（只）	成交金额（万元）	成交量（万股）	总股本（万股）	总市值（万元）
股票	1712	73639463	3491686	105733258	2324166927
主板 A 股	468	25201099	1679564	53405285	824041531
主板 B 股	51	155850	17487	1263164	12358255
中小板	746	30944892	1328526	38105368	970175602
创业板	447	17337622	466109	12959441	517591539
基金	366	3384352	1922946	24943661	33717142
LOF	142	74784	79750	2250002	2622162
ETF	41	1157201	183084	2236647	6933093
分级基金	180	2141262	1651138	19757011	23288487
封闭式基金	3	11105	8974	700000	873400
债券	517	3056825	30206		
国债	262	24	0.24		
公司债	210	100442	991	19300898	19636954
企业债	29	3414	33	4364800	4413737
债券回购	9	2896147	28961		
可转换债券	7	56798	220	599922	1137090

资料来源：深圳证券交易所官网（http://www.szse.cn/main/marketdata/tjsj/jyjg/）。

最后，由于金融市场全球化的发展，一国金融市场的风险已经能够快速波及周边国家和地区，而且引发金融风险的因素也日渐复杂，因此，跨部门、跨区域的监管协调和监管合作显得日趋重要。当前，我们要以维护金融市场稳健为目的，加强金融市场基础性制度建设，完善市场监管，同时，努力营造金融创新的良好环境，使创新产品能够快速契合金融市场的发展；还要加强对信用评级机构等中介机构的监管，增强信用评级机构的透明度和评级水平，为提供金融衍生品的公允价格创造条件。

第三节　政策法规环境

在战略性新兴产业融资机制的建设中，政府部门扮演了十分重要的引导和宏观调控的角色，见图 7—1，政府不仅仅需要出台各种政策法规引导资金的投资思路和投资方向，建立广阔的信息服务平台、搭建融资双方交流的桥梁，更重要的是要建立健全一套针对我国战略性新兴产业融资机制的法律条文，规范融资市场的主体行为、操作流程，化解融资带来的纠纷，使得我国战略性新兴产业的融资过程有法可依。

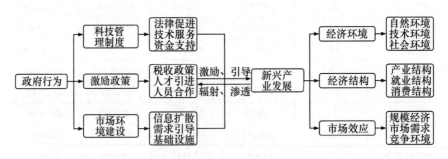

图 7—1　政府作用机制模型

资料来源：作者自行设计。

总的来说，政府建立健全一套针对性强、政策性强的政策法律体系，不仅能够为我国战略性新兴产业的融资构建良好的外部制度环境，而且在很大程度上还可以影响战略性新兴企业的融资结构、融资行为和融资效率。可以说，完善与健全的法律法规制度在优化战略性新兴企业融资结构、规范融资行为和提高融资效率等方面发挥着重要的作用，是解决战略性新兴产业融资问题的"前提和保证条件"中的重要方面。具体而言，该法律体系应主要包括以下几个方面：

一是健全关于知识产权和技术转移等方面的法律法规，如专利法、著作权法等，加强对知识技术的保护，打击抄袭、盗版等侵害知识产权的行为，维护知识技术市场的纯净度，鼓励知识进步、科技创新。二是针对融资需求方的资格方面的规定，优化资金的配置，保护融资主体的利益。三是针对战略性新兴产业的融资主体行为的规范细则，包括政府、金融机构、金融中介、企业和个人等各方面的权利和义务，建立完善的法律框架。四是建立保证战略性新兴企业融资渠道和融资市场发挥作用的法律法规，这些法律包括银行法、货币法（含外汇法）、信托法、证券法、票据法、担保法、保险法、期货法等。首当其冲是要尽快制定《风险投资法》，以规范风险投资行为，保护投资主体的利益。逐步放宽保险基金、养老基金等长期基金进行风险投资的限制，为战略性新兴产业提供期限更为匹配的资金来源。①

---

① 田力：《构建高科技产业的融资体系》，《环渤海经济瞭望》2006 年。

第二章　构建支持战略性新兴产业发展的融资平台

第一节　信息整合平台

在我国战略性新兴产业的融资过程中，信息不对称问题往往是阻塞融资渠道的重要因素，因此，政府除了建立严格的信息披露制度外，还应建立一个高效、便捷的信息服务体系，整合我国战略性新兴产业融资的相关信息，借助于网络信息技术，收集战略性新兴产业相关的国内外最新技术成果、市场行情等信息，详解国家经济政策，尤其是融资政策、融资程序以及投资预测等有关融资的各方面信息，发布资金需求企业的详细资讯，实现融资主体供求双方的信息透明和共享。

一般来说，战略性新兴产业的信息整合平台应当具有三个基本特征：一是集成性，即此信息服务平台应该是各类信息资源的集成整合，综合全面地提供战略性新兴产业融资所需的一切相关信息；二是便捷性，即通过该信息服务平台，各融资主体可以快捷地查询到所需信息，该平台应具有智能化的搜索引擎和友好的用户界面，大大减少用户搜寻信息的时间；三是共享性，即该信息整合平台应该是一个开放式的、免费的、公众性质的服务平台，信息整合平台的建设应具有统一性、标准化的特点，使各个部门、行业、组织和个人之间实现信息的交互共享，有利于增强信息传递的有效性。

战略性新兴产业的信息整合平台的三大基本特征决定了其拥有强大的功能：首先，是信息发布与咨询功能，信息发布包括政府的政策法规发布、行业新闻发布、融资信息发布和用户使用指南和范围等信息的发布，提供上传和下载等功能；咨询功能则包括政策法规、融资申请流程、融资主体情况、融资方案规划、审批进度等内容，提供在线咨询和邮件咨询等多种咨询模式，为战略性新兴企业提供咨询、专项申请、资产评估、会计和法律事务等专业的多种服务。其次，是数据分析功能，通过对战略性新兴产业的统计分析，总结用户的需求规律和趋势，并及时反映出产业的发展状况，为融资提供数据支持，提供文字、表格、图形等各种形式的输出。再次，是信息查询功能，这也是该平台的最基本的功能，此项功能应该提供用户最便捷的查询途径和最全面的查询结果，最大程度地弥补融资双方信息不对称的缺陷。最后，是实时监督功能，即对各融资方的融资供需状况、融资过程和融资结果进行实时跟踪监控，并监督各企业的信用状况，使得信用状况好的企业更容易得到资金的支持。

此外，战略性新兴产业的信息整合平台还能够链接高校、政府、企业等多个部门，集合多种资源，组建技术开发联合体或建立战略联盟，形成知识技术的汇聚，实现科技资源共享，集成多学科研发优势，在一定程度上，更有利于企业的技术创新和技术成果的转化。

第二节　融资渠道对接平台

融资渠道对接平台建立的意义主要在于促进融资供求双方的交流。整合现存的优秀的投资资源到这个平台上，并且与战略性新兴企业信息整合平台对接，提高平台运行效率。

平台为融资方提供专业服务，帮助战略性新兴企业综合考虑其所提交的资金需求信息，全面权衡各种因素为战略性新兴企业量体裁衣，制定最适合的融资方案。此外，本平台还希望通过为需要融资的企业提供以下专业化的服务，来降低企业信息搜寻成本。

其一，投资伙伴搜索。融资方可以按行业划分寻找投资者，还可以借助平台的搜索引擎，通过模糊的关键字匹配搜索。点击具体投资者的链接，可以一目了然地得到关于投资方的有价值的信息。例如，公司的简介、主营业务、所在行业、主营业务的具体内容等公司基本信息。通常情况下，融资方不仅仅缺的是资金，也需要投资者的管理、技术、市场销售等方面的经验。优秀的投资者会在给融资方带来资金的同时，注入先进的管理经验。一个合格的平台会员，在通过初步筛选后利用平台赋予他的权利可以进一步向平台索取有关企业更翔实具体的信息，以便在接触合作之前，对合作方有比较翔实的了解。

其二，数据挖掘。利用本融资平台，战略性新兴企业花费低廉的成本就可获得拟融资项目的行业投资月报、年报、投资趋势报告等关于行业的统计信息。这些研究报告都是通过平台对信息的日积月累，依靠平台汇聚的专家，依照国际标准精心编制的。有了这些信息，中小企业可以做到事先了解行业、项目竞争状况，决定是否融资上马项目，避免将宝贵的资金投入到激烈的微利竞争之中。

其三，项目发布与投递。在本融资平台发布项目信息，必须按照标准化格式填写表格，而后，系统会自动加以分类，并且把本地区环境、配套和交通等合作方关心的信息与项目关联，提高信息的针对性和有用性。同时，发布者还可通过平台搜索到目标合作方，然后通过平台直接投递。

其四，网络洽谈室。平台为资金的供求双方提供了网络洽谈室的功能，包括一对一的私密洽谈室，还有可以多方参与的多方对接洽谈室。洽谈室能够自动记录历次洽谈的会议记录。洽谈室给双方提供了预约洽谈功能，双方可以通过文本、语音、视频多种媒介进行洽谈。双方在网上磋商达成初步合作意向后，再通过平台联系实地磋商。由于平台的构建方是政府的相关机构，所以，无形地提高了通过平台交流的资金供求双方的可信度，更容易促成双方合作。

第三节　融资担保平台

由于我国战略性新兴产业的发展仍处于初期阶段，很多企业没有足够的资产可以进行抵押贷款，这对我国战略性新兴企业的融资产生了一定的制约，加之我国担保产业的不发达，更是加剧了这一情况。2011年，中国担保协会的数据显示，就北京市而言，全市共有106家担保公司，其中，位于AA级的担保公司仅有22家，评为A级的担保公司49家，没有AAA级的担保公司。① 而且，我国的担保公司规模较小，全国

---

① 中国担保协会：《2011年BBB担保机构信用评级（北京区域）情况公告》（http：//www. cncga. org/dtdetail. asp? id = 1056&types = 1）。

注册资金超过 1 亿元的担保公司仅有 130 家，这对于我国战略性新兴产业的总体需求来说是远远不够的，我国的担保行业仍需进一步的大规模扩展。就目前而言，应当由政府出面建立政策性信用担保公司，为资信状况良好、具有发展潜力的战略性新兴企业提供融资担保，促进战略性新兴产业的发展。

从西方主要发达国家的战略性新兴产业发展历程来看，政策性信用担保体系发挥了重要的作用。一方面，增加了战略性新兴产业的融资机会，从国家的层面出发减少企业融资的风险性，以便吸引更多的资金；另一方面，增加了融资主体的信心，由于发展初期企业的贷款形成"呆账""坏账"的概率远远高于其他发展阶段的企业，所以，缺乏有效的信用担保体系只会加剧银行等金融机构的"惜贷"行为。建立和完善战略性新兴产业的政策性信用担保体系从一个侧面强调了政府对于资金分配的引导，这个体系应该是由担保机构、担保公司、担保基金及相关的法律法规构成的一个网络系统。

结合战略性新兴产业融资需求的特点和我国信用担保体系中的缺陷，应从以下几方面来完善我国战略性新兴产业政策性信用担保制度：一是坚持政府主导原则，同时鼓励商业担保机构的发展，拓宽担保资金来源，既能发挥政府的主导作用和引导职能，又能较好地发挥市场的优化资源配置作用，使担保机构实现权、责、利的有机统一，较好地解决出资人和代理人问题，使担保规模越做越大，使更多战略性新兴企业受益；二是建立风险分散机制，由于政策性担保机构具有一定的资助性质，所以对于担保机构的风险分析和风险控制就成为担保机构日常运作的重要组成部分，战略性新兴产业所具有的潜在的巨大风险可能使一般的担保机构无力承担，因此，应采取一些行之有效的政策和措施减少风险或者对风险做出补偿，例如，可以采取按比例担保、核心知识技术反担保、建立担保基金和再担保基金制度等；三是建立战略性新兴产业的各企业的信用审核机制，在这方面，不仅是战略性新兴产业缺乏信用记录，我国的商业信用体系一直就处于空白阶段，为许多依托信用进行的商业活动带来了很大的不便。融资担保业务实际上是对信用的一种保障，缺乏信用信息，担保机构对战略性新兴产业提供担保的风险和成本就大幅度上升，所以要逐步建立起一个按信用等级来确定是否贷款和担保的评估制度。对于信用高的企业，可以给予优惠的担保条件，对于信用差的企业，则不予担保或提高担保条件，同时实施反担保。①

第四节　融资专业服务平台

融资专业服务平台是促进我国战略性新兴产业融资有效性的服务平台，该平台服务范围的深度和广度在某种程度上会直接影响融资的效率和结果，因此，该平台应由优秀的专业咨询机构作为会员，建立包括融资各方面的完整的服务体系，为我国战略性新兴企业提供专业化的服务，更好地帮助战略性新兴产业解决融资困难的问题。

在该平台的建立上，首先，要考虑的是融资专业服务平台的"专业性"。专业性服务的保障依赖于专家团队的打造和各领域精英人才的汇集，在融资专业服务平台的建设中借鉴发达国家的经验，把对于人才的选择、录用，专家团队的打造和人力资源管理作为重中之重，提高服务的质量和水平，体现较强的专业化水平。

其次，融资专业服务平台的服务应当具有相当的广度和深度，能够为我国战略性新兴企业提供包括创业辅导、政策咨询、融资指导、企业信息化、财务管理、人力资源管理和法律咨询在内的多元化、全方位的服务，并且能够对企业的发展进行追踪，为提供后续服务打下基础。本书认为，融资专业服务平台主要应该由融资咨询、融资方案策划与实施、法律服务与企业维权和企业财务管理四个模块构成。

融资咨询服务主要是帮助企业了解现有的金融市场环境、融资政策导向、融资方式、融资工具等与融资相关的信息，使企业明晰融资的外部环境和相关条件，并且针对企业所处产业的发展状况和企业自身的经营状况，为企业提供最佳的融资方式选择建议和融资策略。并且，可以把成功融资的企业归类整理成经典案例，供有需要的企业查阅。此外，专家团队还可以帮助我国战略性新兴企业筛选融资供给方，帮助融资供给方从多个意向企业中圈定合适的目标企业。

专业顾问团队还应当能够为企业提供融资方案策划与实施的服务。在基于对融资环境等相关信息和企业自身财务状况的分析的基础上，为企业量身策划最佳的融资方案，一般而言，融资方案策划应当考虑融资

---

① 朱荣：《高新技术产业化的融资机制研究》，硕士学位论文，合肥工业大学，2005 年。

条件、融资方式、合作期限及资金退出方式等。此外，还需要对企业融资进行包装，撰写标准的可行性报告，或者商业计划书，对于企业的发展目标、经营战略、项目发展前景、预期收益等进行完整而清晰的论述，突出项目的投资价值，深度剖析项目的优势。向投资者提供一份规范严谨的报告将大大提高融资成功的概率。

针对我国大多数战略性新兴企业内部没有专门法律部门的现实，设立法律服务与企业维权模块，为我国战略性新兴企业提供法律咨询与普及服务，及时解读国内外有关企业融资的法律法规，并与企业融资现状相联系，针对企业融资中出现的各种法律问题予以帮助。特别是在我国战略性新兴企业遭受融资侵权时提供维权帮助。尤其是涉及到跨国侵权，这时企业进行维权的成本较高、难度较大。本平台会派出法律专家提供维权咨询服务，或者直接代理被侵权方通过与国内外相关的组织机构进行交涉、协调，维护企业的正当权益。

此外，通过前文对我国战略性新兴产业中企业的分析可以看出，有相当一部分的战略性新兴企业并没有建立完善的财务制度，企业财务报表的编制不及时甚至缺失，部分企业的财务报表的编制还很不规范，这都给企业的资金运转和融资带来了诸多不便，因此，融资专业服务平台应当注重对于企业财务管理方面的帮助，规范企业的财务管理制度，提高企业的资金利用率，为其融资打造一个良好的企业内部环境。

最后，融资专业服务平台的建立应结合我国战略性新兴产业发展的实际情况，在运行的过程中不断加以完善。伴随着平台的运作，逐渐发现新问题，推出新的服务功能，使之更好地为我国战略性新兴企业的融资提供专业而有效的帮助。

第三章　构建支持战略性新兴产业发展的资本市场直接融资体系

　　由第五篇中样本企业融资率均值的统计可知，在我国战略性新兴产业的主要融资来源中，股权融资所占的比重最大，在 2008—2010 年三年间，样本企业的直接融资率均值分别为 38.02%、47.31% 和 37.98%，超过了总资产的 1/3。因此，建立健全促进我国战略性新兴产业发展的多层次资本市场体系是我国战略性新兴产业发展的内在要求，也是资本市场为国民经济提供融资支持的必然发展趋势。

　　目前，世界各发达国家均建立了制度完备层次分明的资本市场，经验显示，战略性新兴产业的发展需要一个成熟的资本市场的支持，而一个成熟的资本市场不仅包括场内市场，还应该涵盖场外市场、柜台市场、区域性资本市场等市场，各级资本市场服务于不同需求的经济体，各有特色又相互联系、有序衔接。科学完备的资本市场拥有高效的定价、筹资、交易机制，能够促进储蓄源源不断地转化为资本，优化资金配置，推动战略性新兴产业的发展。

第一节　资本市场直接融资体系构建的总体思路

　　战略性新兴产业的健康发展是我国国民经济腾飞的重要保证，构建为战略性新兴产业提供金融支持的多层次资本市场体系就成为了支持新兴产业发展的重中之重，借鉴西方发达国家建立资本市场的经验并结合我国的战略性新兴产业和资本市场的发展现状，本书认为，我国资本市场的构建应该注重以下几个方面：

　　首先，"多层次"的划分应该以我国企业的特点为依据。资本市场的基本功能是调节社会资金的余缺，化储蓄为资本，促进社会经济的发展，而企业是社会经济的重要主体之一，特别是战略性新兴企业又是社会经济中的资金需求方的主要构成者，企业融资的市场需求是资本市场体系发展的决定力量，因此，我国资本市场的发展应当以企业的特点为依据，充分考虑战略性新兴企业的规模、成长阶段、阶段特性等方面，建立符合我国企业现状、推动我国企业发展的资本市场体系。

其次，不仅要关注"多层次"的划分，更重要的是注重各层次之间的衔接。虽然多层次的资本市场满足了不同条件的战略性新兴企业的融资需求，但是如果割裂了资本市场各层次之间的联系，也就是相当于把战略性新兴企业的各发展阶段割裂开来，静态地看待融资问题，不符合实际的要求。例如，如何在三板市场"挂牌"，其实并不是大多数战略性新兴企业最关心的问题，毕竟挂牌对企业而言并不能解决最根本的资金问题，而实现挂牌后的"转板"，继而进行融资，对众多目前在三板市场上交易或者有意在三板挂牌的战略性新兴企业来说，才是最重要的。

再次，"多层次"不仅指的是多层次的市场，还意味着多层次的金融工具、多层次的审核制度和多层次的监管机制。由于不同层次的资本市场服务于不同特点的战略性新兴企业，各层级的资本市场具有独特的风格，因此，多层次的资本市场需要多层次的金融工具进行充实，更需要多层次的审核制度进行配套，多层次的监管机制进行维护。

最后，我国多层次的资本市场的完善要"以国情为主、以借鉴为辅"。由于各国国情的不同，各国建立资本市场的路径也大相径庭。例如，美国的资本市场的发展路径是"由小而大"的方式，由小型地方市场整合至大型市场，直到证券交易所的成立，一共用了超过两个世纪的时间，而大部分发展中国家建立资本市场的过程都是"由大至小"，先建立证交所，然后再建立创业板市场，总过程只用了半个世纪的时间。因此，对于发达国家建立多层次资本市场的成功经验应该选择性地借鉴，根据我国经济发展所处的环境，规范、科学地构建我国多层次资本市场体系。

第二节　资本市场直接融资体系构建的总体框架

对于构建我国多层次资本市场的框架，国内有很多学者都进行了研究，目前主要有两种类型的观点：其一是建立"塔式"多层次资本市场（周放生，2003；张宝林，2001；王铁军，2007），在该框架中，资本市场的最顶端是主板市场，往下依次为二板市场、柜台交易市场、区域性的股票（证券）交易市场等层级市场，不同的层级市场有不同的进入门槛。越往下，受众面越宽，门槛越低；越往上，受众面越小，门槛越高。其二是"组合式"多层次资本市场，包括"两大、一小和七个场外"架构模式（刘纪鹏，2007），即上海证交所和香港联交所的两个大盘蓝筹股、一个深圳证交所的中小企业融资平台和七个产权交易中心，和"9 + 1 + 1"模式（徐洪才，2004），即一个上海主板资本市场，一个深圳创业板市场，北京、上海、天津、西安、武汉、重庆、广州、济南、沈阳等九个区域性的柜台交易资本市场。

目前，我国的资本市场已经形成了包括主板市场、深圳中小板市场、创业板市场、三板市场和产权交易市场的体系，尽管我国的多层次资本市场发展的框架已具雏形，但由于起步较晚、市场激励不足，该框架还有许多地方不能尽如人意，结合我国产业发展不均衡、战略性新兴产业融资需求较大的现状，我国多层次资本市场体系的构建不应当简单的拘泥于"金字塔"形或者"梯形"的抽象图形上的争论，而应当注重多层次资本市场体系每个层次中"面、线、点"的构建与组合。

具体来说，我国资本市场体系的构建首先应当注重层次的划分，借鉴发达国家的经验并结合我国实际，本书认为，我国资本市场体系可以分为三个层次：主板市场、二板市场、场外交易市场，即三个层面，每个层面对应有不同发展状况和融资需求的企业。在每个层面上，还需注重各主体之间的联系，保持同一层面内各市场、板块、柜台之间同方向变化的线性关系，例如，主板市场中上交所和深交所的制度、标准的统一，二板市场中中小板市场和创业板市场之间的转化机制，等等。除了"面"和"线"之外，在多层次资本市场上，最重要的是各个"点"的建设和监管，所谓各"点"，不仅指资本市场中的各个交易所、柜台等能够独立促成资金融通交易的有形或无形的场所，还包括每个层级市场中细分的子市场和板块，在场外交易市场中，可以借鉴美国场外交易市场设立 OTCBB 和粉红单的经验，把未达上市标准但是又有上市意愿的企业分为两类：一类已经很接近上市标准，大多数条件已经具备只有少数标准尚未满足的企业，归入准上市市场；另一类距上市标准还有一段距离但是发展势头良好的企业，归入初级市场。

鉴于战略性新兴产业的"新兴性"和"战略性"的特征，建议在前两层资本市场中分别设立战略性新兴产业板块，根据战略性新兴产业的发展特质和规律，设定入市标准、交易规则、转板流程和退市方式，使得处于各种发展阶段的具有发展潜质的战略性新兴企业能够得到资本市场融资的便利。

第三节　多层次资本市场的完善

一　主板市场

现阶段我国沪、深两市对上市公司的要求十分严格，主要适合处于成熟期阶段的战略性新兴产业的融资，而成熟期阶段的战略性新兴产业的资金需求不仅仅是支持技术创新，更重要的是推动产业向规模化方向发展，因此，主板市场对于战略性新兴产业发展的支持主要体现在两个方面：一是对战略性新兴产业技术创新的支持，二是对战略性新兴产业实现规模化效应的支持。

目前，我国沪深证交所的A股主板上市条件除了主体资格为依法设立且合法存续的股份有限公司外，还有对盈利要求、资产要求和股本要求的硬性标准，其中，盈利要求为：（1）最近三个会计年度净利润均为正数且累计超过人民币3000万元，净利润以扣除非经常性损益前后较低者为计算依据；（2）最近三个会计年度经营活动产生的现金流量净额累计超过人民币5000万元；或者最近三个会计年度营业收入累计超过人民币3亿元；（3）最近一期不存在未弥补亏损。2014年深圳证券交易所发布《深圳证券交易所股票上市规则（2014年修订）》，对于首次公开发行股票的条件进行重新界定："股票已公开发行；公司股本总额不少于五千万元；公开发行的股份达到公司股份总数的25%以上；公司股本超过四亿元的，公开发行股份的比例为10%以上；公司最近三年无重大违法行为，财务会计报告无虚假记载等。"这些条件对于新兴的战略性产业来说颇为严格，所以，本书建议在现有的主板体制下为我国战略性新兴产业专门划分出一个板块——SEMARK板块（战略性新兴产业板块），考虑战略性新兴产业的发展特点，适当放宽盈利要求、资产要求和股本要求的硬性标准，加入对公司内在素质的考察。例如，对于具有一定规模优势和高增长潜力的战略性新兴企业，盈利要求较之其他企业降低20%，但是要求盈利一直处于增长状态；经专业部门鉴定之后，战略性新兴企业的技术创新和专利技术可以充抵资产要求的一部分价值等。

二　二板市场

在我国七大战略性新兴产业下，又可以分为许多的细分产业，这些产业中有许多企业仍处于发展的初期阶段，规模较小，对于这部分企业来说，二板市场就成为其融资的重要来源。自2004年6月我国开启中小板市场至2015年5月14日为止，我国的中小板市场已有746家企业上市，上市公司总市值97602亿元。截至2015年5月14日，已有450家企业在创业板上市，上市公司总市值51641亿元。[①] 我国的二板市场逐步向前发展，但是仍存在诸多问题和隐患亟须完善。基于战略性新兴企业资金需求大、风险性高的特点，二板市场的完善应着重考虑放宽入市条件、重整运行机制、加强监管标准三个方面。

首先，目前存在的深圳中小板市场的上市条件和运作规则与主板基本相同，这使得大批的战略性新兴企业被阻挡在外，因此，应当明晰主板市场、中小板和创业板市场的区别，凸显资本市场的层次性，满足不同条件的战略性新兴企业的融资需求，从世界主要二板市场的上市条件比较（见表7—2）可以看出，我国对中小板和创业板的上市条件还有放宽的空间。例如，对于高成长型的战略性新兴企业可以不设最低盈利要求；中小板和创业板的股本规模可以分别设定为3000万元和1000万元；股本结构可以借鉴美国纳斯达克小型资本市场和香港创业板市场，将中小板和创业板的上市公司股东人数定为不少于300人和不少于100人，同时社会公众持有的股份应不低于公司股份的25%。

其次，完善中小企业板的各项制度，建立适合战略性新兴中小企业特点的快捷融资机制，提高中小企业板公司再融资的灵活性，提高市场的流动性。在交易机制上，尽快引入做市商制度，选取实力雄厚的投资银行、证券公司和金融机构担任做市商，维持市场的流动性和稳定性。并且，二板市场的运行可以借鉴美国NASDAQ小型资本市场的经验，1997年NASDAQ引入ECN（Electronic Communication Net—works）加强

---

① 深圳证券交易所官网（http://www.szse.cn/main/chinext/scsj/jbzb/）。

市场竞争，促进做市商的自律，NASDAQ 的报告显示，引入 ECN 之后，NASDAQ 的市场平均价差下降了40%。① 另外，我国的创业板不再划分为公众股、国家股和法人股，以更好地满足风险资本的流动性需求。

最后，加强市场监管。一方面，对于上市公司的资格审核更加全面，对于上市公司的经营情况进行实时的监控，并且控制企业的融资额度，如"不超过净资产两倍，市盈率不超过20"的标准等；另一方面，对于做市商也应有严格的限制，例如，美国证监会对于做市商的资本和技术都有严格的要求，并且，对做市商的行为也进行了有效的监管，规定其报价的价差必须在5%以内，报价的最小变动单位1/16 美元，也不允许出现市场通过和闭锁状态（cross/lock），从而确保交易的有序连接。

表7—2　　　　　　　　　世界主要二板市场上市条件概况

市场 名称	吉隆坡证券 交易第二板市场 （KLSE）	马来西亚 （MESDAQ）	新加坡 （SESDAQ）	香港 （GEM）	美国纳斯达克证券市场 （NASDAQ）
实缴 股本	1000 万至 4000 万马币（港币 2000 万至 8000 万元）	上市时为 200 万 马币，须为每股 面值 1 马币的普 通股，而上市时 的有形资产净值 一般不得低于 面值	无注明	无	1. 有形资产净值（选择一） 600 万美元（港币 4700 万元） 或（选择二）4700 万美元 （港币 1 亿 4000 万元）或（选 择三）7500 万美元（港币 5.85 亿元） 2. 有形资产净值 400 万美元 （港币 3100 万元）
业务 记录	三年	对科技公司并无 规定：其他公司 则为一年	三年，少 于三年亦 能获考虑	无	1.（选择一）无或（选择二） 二年或（选择三）无 2. 一年或市值 500 万美元 （港币 3900 万元）
盈利 要求	吉隆坡证交所规 定公司在上市前 三年内之每年平 均除税前溢利不 少于 200 万马币 （港币 400 万 元），而每年的 除税前溢利最少 亦须有 100 万马 币（港币 200 万 元）	无	无	无	1.（选择一）最近一年或最 近三年之其中两年的全年除税 前收入达 100 万美元（港币 780 万元）以及（选择二及 三）无 2. 最近一年或最近三年之其 中两年的全年除税前收入达 75 万美元（港币 580 万元） （代替对有形资产净值 的要求）

---

① 温骊骊：《我国二板市场与做市商制度》，《武汉金融》2000 年第 10 期。

续表

市场名称	吉隆坡证券交易第二板市场（KLSE）	马来西亚（MESDAQ）	新加坡（SESDAQ）	香港（GEM）	美国纳斯达克证券市场（NASDAQ）
有关披露的持续规定	半年度报告，实时披露股份敏感资料（与主板市场相同）	半年度报告，实时披露重大消息	半年度报告，实时披露股份敏感资料（与主板市场相同）	半年度报告，实时披露股份敏感资料	季度报告，尽快披露重大消息以及遵从一系列有关维持上市地位的数值标准
公众人士持股	介乎25%—50%	介乎25%—49%	于股份开始买卖时为50万股或15%（以较高者为准），惟一般股不得高于已发行实缴股本的50%	至少100人；公众持股比例：市值10亿港币以内，至少25%；市值10亿港币以上，至少15%	1.（选择一）100万股价值800万美元（港币6200万元）以及（选择二）110万万股价值1800万美元（港币1亿4000万）2.100万股价值500万美元（港币3900万元）
股东出售股权限制	有，限制期为一年，之后每年最多可出售15%	有，限制期为一年，之后每年最多可出售20%	无（可对主要股东施以一年或其他期限的限制期）	六个月至两年	无注：1指NASDAQ全国市场；2指小型资本市场

资料来源：蒋建华、王书贞、陆桂：《完善中小企业板块建立我国二板市场》，《经济学研究》2005年第11期。

专栏7—1：

中国创业板与纳斯达克市场制度比较研究

一　中国创业板与纳斯达克市场制度现状

中国创业板市场有两套上市标准，采用竞价交易制度，2012年又对退市制度进行了具体落实。纳斯达克市场有3个层次11套标准，采用做市商交易制度，有完善的退市制度。下面比较中国创业板与纳斯达克市场上市、交易、退市三个方面的制度。

1. 股票上市制度对比

中国创业板首次公开招募要求上市公司具备一定的盈利基础，拥有一定的资产规模，且需存续一定期限，具有较高的成长性。针对以上要求，创业板上市条件在四个方面对计划上市公司进行了约束：一是发行人应当具备一定的盈利能力，为提高创业板上市条件的灵活性、鼓励创业公司于创业板上市，提出了两套盈利能力定量评价标准，发行人根据公司类型从两套定量业绩指标中选取一项；二是发行人应当具有一定规模和存续时间；三是发行人应当主营业务突出，上市公司只能将募集资金用于主营业务发展，业务范围过于分散将增加上市公司风险控制难度，不利于形成核心竞争力；四是创业板公司在公司治理方面参照主板上市公司从严要求（具体如表1所示）。

表1　　　　　　**中国创业板上市条件**

财务指标	盈利要求	（1）最近两年连续盈利，最近两年净利润累计不少于1000万元人民币，且持续增长；（2）最近一年盈利，且净利润不少于500万元人民币，最近一年营业收入不少于5000万元人民币，最近两年营业收入增长率均不低于30%
	其他财务要求	最近一期末不存在未弥补亏损，且最近一期末净资产不少于2000万元人民币
	股本要求	发行后股本不少于3000万元人民币
	经营时间	持续经营三年以上
非财务指标	成长性与创新性要求	发行人具有较高的成长性，具有一定的自主创新能力，在科技创新、制度创新、管理创新等方面具有较强的竞争优势，参考"三高五新"标准
	业务要求	应当主要经营一种业务
	保荐机制	创业板公开发行股票，应当由保荐机构保荐

表2　　　　　　**纳斯达克三层市场上市标准**

	标准	财务指标	非财务指标
纳斯达克全球精选市场	1	前三个财务年度累计税前净利润不低于1100万美元，近两个财务年度每年税前净利润不低于220万美元，且前三个财务年度每年均盈利	（1）买价4美元（2）3或4个做市商（3）须满足公司治理要求
	2	前三个财务年度累计现金流不低于2750万美元，并且三个财务年度每年为正，及近12个月平均市值不低于5.5亿美元，上一财务年度总收入不低于1.1亿美元	
	3	前12个月平均市值不低于8.5亿美元，且上一财务年度总收入不低于9000万美元	
	4	总市值不低于1.6亿美元，且总资本不低于8000万美元，加之股东权益不低于5500万美元	

续表

标准		财务指标	非财务指标
纳斯达克全球市场	1	税前持续营业收入 100 万美元，股东权益 1500 万美元，且公众持股市值 800 万美元，公众持股数 110 万	(1) 买价 4 美元 (2) 3 个做市商 (3) 须满足公司治理要求 (4) 百股以上持有人 400
	2	股东权益 3000 万美元，公众持股数 110 万，且公众持股市值 1800 万美元，运营年限两年	
	3	上市股票市场价值 7500 万美元；公众持股数 110 万，且公众持股市值 2000 万美元	(1) 买价 4 美元 (2) 4 个做市商 (3) 须满足公司治理要求 (4) 百股以上持有人 400
	4	公众持股数 110 万，公众持股市值 2000 万美元，且最近一个财务年度或者最近三个财务年度中的两年总资产 7500 万美元	
纳斯达克资本市场	1	股东权益 500 万美元，公众持股市值 1500 万美元，且运营年限两年	(1) 买价 4 美元 (2) 3 个做市商 (3) 须满足公司治理要求 (4) 百股以上持有人 300 (5) 公众持股 100 万
	2	股东权益 400 万美元，公众持股市值 1500 万美元，且挂牌股票市值 5000 万美元	
	3	股东权益 400 万美元，公众持股市值 1500 万美元，且最近一个财务年度或者最近三个财务年度中的两年持续净盈利 75 万美元	

2006 年 2 月，纳斯达克宣布将其股票市场分为三个层次，即纳斯达克全球精选市场、纳斯达克全球市场和纳斯达克资本市场。纳斯达克全球精选市场的标准在财务和流通性方面的要求高于世界上任何其他市场，列入纳斯达克全球精选市场是优质公司成就与身份的体现；纳斯达克全球市场主要向世界型大公司和经过小型资本市场发展起来的公司提供服务；纳斯达克资本市场则主要服务于掌握新技术的新建公司。在纳斯达克申请上市的公司可以根据自身特点和情况选择不同的市场和标准进行上市融资，如果公司经营业绩较好，可以申请进入更高层次的市场融资（上市标准如表 2 所示）。

2. 上市股票交易制度对比

中国创业板采用竞价交易制度。目前，中国主板市场采用电子自动撮合系统进行股票竞价交易，因此附属于深圳证券交易所的创业板与主板保持一致，采用竞价交易制度。

纳斯达克市场采用多元做市商交易制度，每只股票同时由多个做市商负责运行。

3. 股票退市制度对比

有关中国创业板公司退市条件和退市程序的具体内容如表 3 所示。

表3　　　　　　　中国创业板公司退市条件和退市程序

退市 条件	暂停 上市	终止 上市	退市 条件	暂停 上市	终止 上市
连续亏损；追溯调整导致连续亏损	三年	四年	法院宣告公司破产		公司被法院宣告破产
净资产为负	一年	两年	连续 120 个交易日累计股票成交量低于 100 万股		连续 120 个交易日
审计报告为否定或拒绝表示意见	两年	两年半	连续 20 个交易日股权分布或股东人数不符合上市条件	解决方案公布后六个月仍不符合上市条件	12 个月仍不符合上市条件
未改正财务会计报告中的重大差错或虚假记载	四个月	六个月	公司股本总额变化不再具备上市条件	一旦发生，即暂停上市	在本所规定的期限内仍不能达到上市条件
未在法定期限内披露年度报告或中期报告	两个月	三个月	36 个月内累计受交易所公开谴责三次		36 个月内
公司解散		公司因故解散	连续 20 个交易日每日收盘价均低于每股面值		连续 20 个交易日

纳斯达克市场的退市制度从投资者角度出发设计退市标准，强调市值、公众持股数等，弱化公司业绩，其拥有最著名的"一美元退市规则"：上市公司股票最低报价不足一美元，且持续 30 个交易日，纳斯达克市场将发出亏损警告，被警告的公司如果在警告发出的 90 天里，仍然不能采取相应的措施进行自救以改变其股价，将被宣布停止股票交易。1985—2008 年共计 11820 家公司上市，12965 家公司退市，此期间的退市企业数量大于上市企业数量。纳斯达克退市采用聆讯制度，某只股票在被判定已不满足持续上市标准后，上市资格部或上市调查部将通知该上市公司终止上市。如果上市公司对决定不服，可以逐级上诉，先是纳斯达克市场的上市资

格小组，接着是纳斯达克市场的上市与聆讯审查委员会，继而是全美证券商协会理事会，最后可上诉到美国证监会，由美国证监会进行最终裁决。

二　中国创业板与纳斯达克市场制度优劣势对比

1. 上市制度优劣势对比

中国创业板共有两套上市标准可供选择，两套标准都着重关注公司的历史经营财务指标。统一而严格的财务标准在一定程度上保证了上市公司的质量，但也阻碍了缺乏经营历史的高新技术公司上市，过分强调公司的财务指标，可能导致公司财务报表造假行为的发生。

此外，中国的创业板上市标准中部分条款描述模糊、执行弹性大，容易导致市场操作行为。尽管中国创业板上市标准强调公司业绩，但也无法准确预测公司未来盈利状况。美国纳斯达克市场的上市标准，强调做市商数量和公众持股数，弱化静态财务指标的作用，真正需要资金的中小公司能够上市融资。在纳斯达克上市的公司要接受投资者的检验，充分验证了优胜劣汰原则，经营不善的公司将很快退出。

2. 股票交易制度优劣势对比

中国证券市场投资者数量大、散户居多，竞价交易制度有效降低了交易成本，适合中国以散户为主体的投资者结构。然而，相当多散户进行的非专业投资属于短期行为，具有较高的投机性和盲目性，投机性过高不仅不能客观反映股票的市场价值，也会给上市公司融资和成长造成负面影响。做市商制度下，大部分股票由专业投资机构运作，交易更具专业性，可以有效规避散户投机行为，营造良好的投资环境。

3. 退市制度优劣势对比

中国创业板成立时间短，退市公司少，即使现有上市公司总数1600多家的沪深两市，二十多年来也只有59家上市公司被终止上市，其中还包括因其他原因退市的正常经营公司。退市公司数量偏低并不代表中国上市公司更好地满足了持续上市的标准，退市制度的不完善是导致应该退出的公司没有退出的重要原因。相比之下，纳斯达克市场退市公司数量非常可观，有些年份甚至出现退市公司数量多于上市公司数量的现象，这足以反映出纳斯达克市场退市制度的有效性。

比较分析发现，中国创业板的退市制度还有待检验其可执行性。落实退出程序的主体是交易所，中国证监会是唯一能够启动退市决定的权力机构，而实时接受市场信息的交易所未被赋予关于退市方面的权力，权力和责任不对等，可能导致退市制度无法执行。纳斯达克市场退市制度更加具体、层次明晰、可操作性强。在标准中可以看出，纳斯达克注重上市公司的市场影响，交易所拥有启动退市程序的权利。纳斯达克采用上诉聆讯制，交易所有权根据法律标准向上市公司发出退市警告，对上述决定不服的公司可以进行逐级上诉，美国证监会作为最后的裁决机关决定上市公司是否被摘牌。从管理角度出发，上诉聆讯制度提高了退市过程的透明度；从公司角度出发，相对漫长的程序能为公司摆脱当前困境争取宝贵时间，避免最终退市。

资料来源：摘自于旭、魏双莹《中国创业板与纳斯达克市场制度比较研究》，《学习与探索》2015 年 1 月。

三　场外交易市场

目前，我国三板挂牌公司中 90% 以上属于政策明确予以重点扶持的新能源、新材料、信息、生物与新医药、节能环保、航空航天、海洋、先进制造、高技术服务等九大行业，[1] 可以看出，我国战略性新兴产业的融资与我国场外交易市场发展完善的相关性非常高。

我国场外交易市场起步较晚，既没有形成合理的市场运作，也没有统一的规范监管，借鉴美国场外交易市场的运作模式并结合我国战略性新兴企业的发展现状，本书建议我国的场外交易市场可以分为两个层次：准上市市场和初级市场。准上市市场的融资对象为经营状况良好、具备发展潜力、与创业板上市条件差距不大的战略性新兴企业，准上市市场与二板市场接轨，在条件满足的情况下可以实现二者间的转板；初级市场承接准上市市场，为多层资本市场的最低层次，其融资对象为规模较小、具备发展前景但是与上市要求差距较大的战略性新兴企业。

---

① 郑万春：《完善多层次资本市场体系》，《中国金融》2010 年第 21 期。

　　准上市市场借鉴美国 OTCBB 的运作方式，没有上市标准，但需要在中国证监会登记，实行做市商制度，缩减审批程序和各项费用，加强监管，遵循宽进严管的原则，保护投资者利益。作为培养战略性新兴企业上市的"摇篮"，场外交易市场应该构建一个全国性的平台，形成一个运作规范、制度完善的集中性市场。以准上市市场建设为契机，在不同市场之间开通转板的"绿色通道"，当一个新兴产业发展成为支柱产业或者主导产业之后，相关企业逐渐成长、盈利能力增强、规模扩张，在三板挂牌交易的公司，只要满足了相关条件，就允许其直接转到创业板、中小板甚至主板进行交易。当然，对于转板的企业，除了上市标准之外，还应设立包括企业转板时不得新发股票、获得证券公司的保荐等条件。

　　鉴于目前产权市场参差不齐的现象，建议将全国各地的地方性产权交易所和技术交易所改造成区域性的柜台市场，在北京、天津、武汉、广州等中心城市建立区域性电子化的柜台交易市场作为多层次资本市场的最低层级——初级市场，允许区域内资信良好，但又没有达到上市要求的战略性新兴产业和高成长企业经地方政府有关部门和保荐机构推荐在该市场挂牌及定向融资，集中报价、分散成交、统一核算，挂牌公司股权可采用集中竞价、连续、拆细、标准化方式进行交易，建立监管集中化、融资产业化、企业本地化、市场规范化的初级市场。

第四章　构建促进战略性新兴产业发展的银行间接融资体系

　　银行间接融资是我国战略性新兴产业的重要融资来源之一。从第五篇中2008—2010年样本企业的数据来看，60家战略性新兴企业2008—2010年平均间接融资率分别为18.98%、18.23%和17.39%，可以看出，虽然随着企业的发展，企业采用的间接融资的比例有减缓趋势，但是幅度非常小，可以预见，在今后很长的一段时间内，银行业对于战略性新兴产业的贷款仍然是战略性新兴产业的主要融资渠道之一。

　　我国战略性新兴产业的发展和集约型经济的推广，需要我国商业银行有所作为。换句话说，战略性新兴产业的腾飞和科技成果的转化，需要商业银行加强政策指导，增加融资力度，进行结构性改革以促进战略性新兴产业更好更快地发展。

　　由于我国战略性新兴产业起步较晚，许多企业尚达不到上市的标准，不能进行有效的直接融资，因此，商业银行的间接融资就成为了众多企业的首要选择。目前，我国商业银行对于战略性新兴产业的融资需求并没有完全满足，最主要的原因就是对于战略性新兴产业的融资不能使得商业银行的收益性、流动性和风险性达到均衡。首先，战略性新兴产业的大多数企业属于产业生命周期中的前期阶段，需要占用资金的时间较长，使得商业银行的贷款不能在短期内收回，破坏了流动性原则；其次，战略性新兴产业的发展阶段又决定了其收益水平还没有达到理想状态，随之受影响的就是其还款能力和利息支付能力，加之国家政策对于战略性新兴产业的倾斜，商业银行对于战略性新兴产业的融资收益性较小；最后，战略性新兴产业的"新兴性"决定其运营风险较大，这个风险也会直接转嫁给商业银行。

　　此外，银企之间的信息不对称问题一直以来都是银行"惜贷"的主要原因之一。因此，加强商业银行对战略性新兴产业的支持，完善间接融资体系，首先要解决银企之间的信息不对称问题，搭建信息共享平台，建立评级授信制度，而且还要对传统的金融产品进行创新，拓宽融资渠道，完善信贷流程，最后对于风险的控制至关重要，需要不断地改进信贷管理方法，构建风险保障机制。

第一节　加强政策指导，搭建银企间融资信息平台

作为国家经济体系中重要的行为主体之一，商业银行的经营和决策受国家政策的影响不容忽视。因此，银行的监管部门应当尽快出台有关我国战略性新兴产业融资的详细法规和方案，作为对商业银行融资的指导意见，并定期修改完善，引导商业银行的资金科学有效地向战略性新兴产业投入。

针对我国战略性新兴产业的"新兴性"特点和成长初创期的现状，可以在传统的融资方式基础之上加以改进和变通。例如，对于战略性新兴企业的科研成果、自主知识产权、产品商标、商誉等无形资产进行科学、专业的评估，并依据评估结果将这些无形资产作为可抵押、质押的物品之一，借以缓解我国战略性新兴企业的担保资产缺乏的困境。在风险可控的前提下，也可以适当调高商业银行对战略性新兴企业贷款的呆账准备金率。[①]

此外，由第五篇分析可知，信息不对称是阻碍战略性新兴产业间接融资的重要因素，相关政府部门应当从全局的高度出发，建立我国战略性新兴产业的信息披露机制。就解决战略性新兴产业间接融资问题来说，我国战略性新兴产业的信息披露机制应当包括三个方面：一是银企之间的信息披露系统，该系统首先应包含全面的银行向战略性新兴产业融资的政策、规范、法规和细则，银行年度拟向战略性新兴产业贷放的资金总额和当前执行情况，各项违约的惩罚措施，还应当包括企业的注册资本，企业的运营情况（包括成立以来每年的资产负债表、损益表和现金流量表），企业所属产业的发展报告，七大产业的详细名录，企业

---

① 刘志彪：《科技银行功能构建：商业银行支持：战略性新兴产业发展的关键问题研究》，《南京社会科学》2011年第4期。

在产业中的排名等详细资料。二是银行之间的关于战略性新兴产业融资的信息共享系统,一直以来,我国的商业银行之间都是重竞争轻合作,缺乏业务上的交流,更没有建立起信息共享的平台,而我国战略性新兴产业的绝大多数都尚处于产业生命周期的幼稚阶段和成长阶段,历史样本数据少,单靠一家银行的数据量,无论在横向还是纵向上都难以获得有效的数据进行产业的风险性和违约率分析测评,因此,可以建立银行间的信息共享平台,汇聚各银行的数据形成全国性的数据库,使银行业更好地了解掌握战略性新兴产业的信息,更好地支持战略性新兴产业的发展。鼓励商业银行之间建立战略性新兴产业投融资优质项目数据库,共享对于战略性新兴产业投资的风险评估,融资模式,追踪调查等信息,在信息共享中,相互借鉴,扩大宣传面和影响力。三是企业之间的信息共享平台,战略性新兴产业是科技含量高,发展潜力大的一系列细分产业的总称,无论是学术界还是产业本身对于市场的供求状况的研究都仍处于初步阶段,缺乏信息的风险规避和盲目的投资都会导致资源的浪费,最终传导给商业银行,形成信贷风险,因此,要加强企业间和产业间的信息共享,特别是对于产业中企业数量、规模、产能周期、供给、需求的定期分析披露。

最后,应当鼓励外资银行支持战略性新兴产业的发展。一些发达国家的战略性新兴产业发展较为成熟,外资银行对于新兴产业的支持也相对形成了一整套完整的支持体系,如渣打银行在海外市场形成了一套针对新兴产业的风险控制系统,收集了海外市场大量样本数据,可针对企业在每一个阶段的发展情况进行风险评估。所以,应当鼓励外资银行支持我国战略性新兴产业的发展,并对其经验加以借鉴。

第二节 建立评级授信制度,建立长期合作关系

在关于战略性新兴产业的网络信息共享平台搭建完善以后,商业银行可以在此基础上建立评级授信体系,参考美国标准普尔等国际大型信用评级公司的标准对于战略性新兴企业的资信进行评级,再根据信用等级的状况实行差别化的融资政策。

在构建战略性新兴产业的评级授信体系时,应当针对不同的产业和不同企业的自身特点,综合考虑多方面的因素,设计针对性较强的多套

指标体系，而且，不仅要充分考虑到企业经营的历史状况，还要将企业的发展潜力和成长性纳入考察的范围，完整地将产业和企业的发展链条和经营周期纳入评估模型，建立客观而全面的战略性新兴产业评级授信制度。

一般而言，产品技术成熟、产业规模初具、产学研链条形成的企业往往处于较高的信用等级，商业银行可以对这样的企业大力支持。例如，对于新材料产业而言，商业银行可以主要关注以下细分产业中的骨干企业：（1）新信息材料，信息材料支撑着现代网络、通信和智能化系统，新信息材料的研发与推广直接影响国家科技地位和人们的生活，微电子材料产业和光电子材料产业将是未来发展最为迅速和最具前途的信息材料产业。（2）新能源材料，以清洁的、可再生的能源代替传统类型的能源是大势所趋，解决能源问题的关键是能源材料的突破，开发利用新能源材料是全球性的课题，以氢能、太阳能、风能、核聚变能等能源的开发和有效使用作为项目开发的企业应当得到商业银行的大力支持。（3）新生物材料，新生物材料的探索是对科技和生命体的进一步探究，是对医学、生物学、化学等众多学科的融合和升华，就目前而言，高分子生物材料是生物医用材料中最活跃的领域，金属生物材料是临床应用最广泛的承力植入材料，医用钛及其合金，以及 Ni—Ti 形状记忆合金的研究与开发也是一个热点。（4）纳米材料与技术，1990 年纳米技术正式诞生，至今短短十几年的历史已经让世人看到了纳米材料和技术的魅力，纳米材料以其更轻、更硬、耐磨和简易性让医学、航天、微电子等许多方面的难题迎刃而解，纳米技术的发展和对于传统技术的取代已是不以人的意志为转移的客观规律。（5）超导材料与技术，超导材料与技术现已广泛应用于医疗、运输、国防科技等重大领域，对国家的战略发展有着重要意义。目前，低温超导材料的研制已经初步取得成效，可以投入生产，高温超导材料产业化技术在近期也获得了跨越式进展，高温超导带材和移动通讯用高温超导滤波子系统将很快进入商业化阶段。

我国战略性新兴产业的成长与发展是一个长期而持续的过程，对于资金的需求也将体现出持续性的特点，所以，我国战略性新兴产业和商业银行之间的银企关系可以借鉴发达国家的"主银行制"。银行与企业保持长期密切的业务关系，并且使银行参与到企业的账户管理和日常经营监管中去，达成长期协议，提高银企之间的信任度和透明度，借以降低违约概率。而且，通过银行间信息共享体系，可以及时将违约企业的情况告知其他银行和企业，提高企业违约的成本，加之完备的信用评级机制，对借款企业进行细致的甄别，可以大大减少银行坏账、呆账的比率。对于企业而言，"主银行制"的采用，可以使得中小型企业有机会借用银行的人才、信息、技术等方面的优势，建立合理的财会制度、营销模式，并在增加生产运作的有效性和降低市场信息的搜寻成本方面得到积极的指导和支持。

第三节　创新金融工具，拓宽融资渠道

我国战略性新兴产业的发展特点要求商业银行的金融工具有所创新，融资渠道加以拓宽。首先，作为我国战略性新兴产业融资的主要来源之一，商业银行主要服务于高风险高成长的新兴企业，这类企业往往处于产业生命周期的初创期和成长期，收益性尚未显现，但风险性极高，需要商业银行研发创造高收益并防范高风险为特征的新产品。在七大战略性新兴产业之下，可以划分为众多细分产业，其中，环保产业、新能源和新材料产业已经相对发展得较为成熟，而新能源汽车、高端装备制造和生物产业仍处于初创期阶段，不同的产业、同一产业中的不同发展阶段以及不同的企业处于不同的风险等级，对资金的需求也有所不同，商业银行应当针对不同的特点，创新金融工具和服务方式。例如，针对处于初创期或成长初期的新能源汽车、高端装备制造和生物产业中的中小企业，开发集合票据、股东担保、信用保险融资等系列产品，由于这个阶段的企业资本不足，可以提供的实物担保有限，可以组织专家团队对企业所拥有的专利、版权、商标权等无形资产进行评估定价，研发知识产权质押融资担保模式，并且根据产业特点，在风险有效控制的前提下，完善动产质押融资条例，探索产业集群中企业的联保联贷等信贷模式，拓宽质押融资的范围。

其次，商业银行应当完善信贷流程。一是要完善信贷审批制度，依靠银行之间和银企之间的信息共享平台，建立产业贷款管理规范和企业名单制管理，加强产业的前瞻性研究，组建专家团队，细分产业特点，对战略性新兴产业的发展进行跟踪分析研究，定期出具产业发展报告，并依据报告中的分析结果制定细分产业的信贷审批制度，发挥客户分类对战略性新兴产业信贷准入的引导和约束作用。二是要适当地控制好放贷的数量和流向，根据各产业发展的情况和需要，制定专门的业务流程，让融资数量与之相匹配。

此外，要加强商业银行传统渠道的建设，积极拓宽融资渠道。战略性新兴产业对于资金的需求也是一个长期的持续的过程，在初创期，战略性新兴企业的研发调试需要巨额资金的支持，在成长期，战略性新兴企业的产品推广需要巨额资金的支持，在成熟期，战略性新兴企业的规模化生产仍然需要巨额资金的支持，由此可见，商业银行对于战略性新兴产业的支持是一个长期的任务，需要加强对于传统渠道的建设，以实现对于战略性新兴产业的更高层次的服务。在完善传统融资渠道的同时，还应当根据战略性新兴产业的现状和特点，积极拓宽外部渠道，加强与政府有关部门、担保公司、保险公司、小额贷款公司和各类股权投资机构的合作，探索建立多种形式的合作联盟，探索和建立新的盈利模式。

第四节　改进信贷管理方法,构建风险管理机制

战略性新兴产业属于高风险性的新兴产业，所以，商业银行尤其要注意对战略性新兴产业融资的风险管理。本书认为，商业银行对于战略性新兴产业融资风险的管理应当从风险预测、风险规避和风险保障三方面着手。

首先，商业银行要注重战略性新兴产业科研团队的组建，成立战略性新兴产业分析小组，对于战略性新兴产业的发展历史、现状、趋势进行全方位的持续追踪观测，广泛引入压力测试、专家评分等先进评估方法，对战略性新兴产业的融资风险进行动态管理和科学分类，在风险形成初期进行融资的风险预测，再根据预测结果及时调整融资模式和融资决策。

其次，是商业银行对战略性新兴产业融资风险的规避。这种风险规避可以从三个方面入手：其一是有效的风险预测，对于处于较高风险等级的企业和信用等级较低的企业，拒绝发放贷款，提升风险识别和控制能力；其二是采用银行财团共同贷款，或者银行与保险公司、中小型金

融机构联合贷款、要求政府担保等形式将风险尽可能多地分散到更多行为主体上，减少银行对于战略性新兴产业融资风险的承担比例；其三是通过银企之间的信息共享平台，充分了解产业的发展前景和市场的需求状况，了解企业整体运营路径和生产周期，研究和改进授信额度测算方式，合理预测企业的资金需求量，避免过度融资造成的资源浪费。此外，短期融资券、中期票据、超短期融资券、企业债等一些直接融资工具也是分散银行风险、降低企业融资成本的有效产品，而且还能扩大企业在资本市场中的知名度。①

最后，还应积极探索建立战略性新兴产业贷款风险基金，为商业银行对战略性新兴产业融资所形成的风险进行补偿。由政府出面为有实力有发展前景的战略性新兴企业进行担保，支持商业银行的融资行为，担保基金来源可以是税收、政府拨款和科研经费支持等。

---

① 肖彬、李海波：《商业银行支持战略性新兴产业发展的金融政策研究》，《农村金融研究》2011 年第 5 期。

第五章　推动战略性新兴产业
发展的融资机制创新

目前，在我国战略性新兴产业的融资过程中，虽然股权融资、银行信贷和财政支持占据了很大的比重，但是一些新型的融资渠道和融资方式也对我国战略性新兴产业的发展给予了很大的支持，包括风险投资和私募融资、资产证券化创新、租赁融资、商业信用等。在发达国家，风险投资和私募融资、资产证券化、租赁融资以及商业信用融资都已经发展得比较成熟，在战略性新兴产业融资中占据了重要的地位，而在目前我国的金融市场中，这些融资形式尚处于发展初期，在很多方面尚不成熟，需要加强发展。

第一节　风险投资及私募股权基金

基于我国战略性新兴产业既缺乏合格的抵押、质押物和融资担保，又没有长期的社会信誉记录的现状，可以适时推动建立风险投资基金，借鉴发达国家的经验，由国家制定相关政策，制定《风险投资促进法》和实行税收减免等措施，政策引导、市场化运作，鼓励风险投资基金与我国战略性新兴产业的结合与互动，使得战略性新兴产业能够有效地获得初始发展资金。

目前，风险投资和私募股权融资对于我国战略性新兴产业的支持已经初步显现。2009 年风险投资及私募股权投资机构在信息产业、新能源产业、新材料产业、医药产业、生物工程等战略性新兴产业的投资案例数量达 307 个，投资金额 18.8 亿美元。而从各季节的投资进度来看，风险投资及私募股权投资机构在战略性新兴产业领域的布局正在加速，2009 年第四季度一共发生了 105 起战略性新兴产业投资，涉及金额

6.99 亿美元，占全年总投资案例的 34.2% 和投资总额的 37.2%，投资案例较第三季度增加 21 起，投资额增长了 85.6%。[①]

虽然风险投资和私募股权融资对于我国战略性新兴产业的支持力度正在逐步加强，但是与发达国家相比还是有相当大的差距。例如，美国有 4200 多家风险投资公司为 102 家战略性新兴企业提供风险资本，资金总量高达 1000 多亿美元，这些资金支持了大约每年 1 万项以上高新技术成果转化项目。2009—2011 年第三季度，我国互联网产业共获得风险资本 40 亿美元，IT 产业和医药产业各获得风险资本 7 亿美元，新能源产业获得风险资本 4 亿美元，高端制造产业获得风险资本 7 亿多美元。同期，我国互联网产业共获得私募股权融资 52 亿美元，IT 产业和医药产业分别获得私募股权融资 7 亿美元和 13 亿美元，新能源产业获得私募股权融资 32 亿美元，高端制造产业获得私募股权融资 42 亿多美元。[②] 比起发达国家战略性新兴产业的融资数据，我国的战略性新兴产业对于风险资本和私募股权融资的利用还有较为广阔的空间。

鼓励风险投资的发展首先要在建立风险投资基金的制度上有所创新，例如，准入制度创新，鼓励社会闲置资金和大中型企业涉足风险投资，降低准入门槛，扩大风险资金来源；在组织制度上，实行有限合伙制，建立健全权责利制度安排，统筹激励机制、运行机制、监管机制和约束机制，最大化利益，最小化风险；划分风险投资的层次，不同的投资主体向处于不同产业、不同发展阶段的企业进行投资，提高资金运作的合理性和有效性。

随着我国资本市场的逐步成熟和金融政策的不断完善，我国风险资本市场也在稳步发展。目前，在我国公认的排名第一的风险投资公司是 IDG 资本，该公司成立于 1992 年，总部在北京。IDG 资本专注于与中国市场有关的 VC/PE 投资项目，在香港、北京、上海、广州、深圳等地设有办事处，重点关注消费品、连锁服务、互联网及无线应用、新媒体、教育、医疗健康、新能源、先进制造等领域的拥有一流品牌的领先企业，覆盖初创期、成长期、成熟期、Pre—IPO 各个阶段，投资规模从

---

① 赛迪顾问：《投融资研究——战略性新兴产业融资渠道与选择策略》，《中国电子信息产业发展研究院》2010 年第 6 期。

② 数据来源：CEIC 数据库。

上百万美元到上千万美元不等（见表7—3）。

表7—3　　　　　　　　　　IDG 资本部分投资项目

受资方	投资方	所属行业	投资金额	投资时间
蘑菇公寓	IDG 资本 / 平安鼎创	房地产中介服务	RMB 1000 万	2014/2/1
侠特科技	IDG 资本 / 源渡创投	电子商务	USD 100 万	2014/3
好巧网	IDG 资本	其他	RMB 100 万	2014/3/17
易结网	IDG 资本	电子商务	USD 100 万	2014/6
站酷	IDG 资本	资讯门户	USD 320 万	2014/7/30
同盾科技	IDG 资本 / 宽带资本 / 线性资本	金融 IT 服务	USD 1000 万	2014/8/13
群核信息	赫斯特资本 / 经纬中国 / 线性资本 / 云启创投 / IDG 资本 / 纪源资本	IT 服务	USD 1000 万	2014/8/29
木浪科技	极客梦工场创投（极客帮天使基金）/ IDG 资本	网络服务	RMB 1000 万	2014/11/10
贝斯特	祥峰集团 / IDG 资本	教育与培训	非公开	2015/1/7
找钢网	IDG 资本 / 经纬中国 / 雄牛资本 / 红杉 / 华晟资本	电子商务	USD 1 亿	2015/1/21
Car +	IDG 资本	硬件	RMB 750 万	2015/1/24
猿题库	华人文化投资 / 经纬中国 / 新天域资本 / IDG 资本	网络教育	USD 6000 万	2015/3/30

　　资料来源：清科私募通：《IDG 资本投资案例》，投资界网站（http://zdb. pedaily. cn/company/IDG 资本/vc/）。

　　深圳市创新投资集团有限公司也是国内 VC 界的领军者之一，注册资本 42 亿元人民币，可投资能力超过 100 亿元人民币，平均年投资回报率（IRR）为 36% 。主要股东包括深圳市国有资产监督管理委员会、深圳市远致投资有限公司、上海大众公用事业集团股份有限公司、深圳市星河房地产开发有限公司等。15 年间接洽项目数万个，已投资项目 544 个，领域涉及 IT、通信、新材料、生物医药、能源环保、化工、消费品、连锁、高端服务等，累计投资金额逾 158 亿元人民币。红杉资本中国基金作为风险投资公司重点关注科技与传媒、消费品及现代服务业、健康产业、能源与环保四个方向。深圳市达晨创业投资有限公司成立于 2000 年 4 月，注册资本为人民币 1 亿元，目前，达晨创投共管理

15 期基金，管理基金总规模超过 150 亿元；投资企业超过 200 家，成功退出 40 家，其中 28 家企业 IPO，12 家企业通过企业并购或回购退出。达晨创投的投资领域为广电行业、现代农业、消费品、新材料、节能环保；投资于技术或经营模式有创新并具有高成长潜力的创业型企业。① 此外，还有华平、中科招商、启明创投等众多风险资本公司都在近 20 年来设立并迅速发展，特别是在 2006 年以后风险投资公司的发展有明显加快的迹象。

目前对于风险投资领域而言，最需要的是政府的规范与指导，研究各风险投资公司的投资方向可以看出，这些公司几乎都与 IT、互联网、媒体等有交集，战略性新兴产业也有涉足，其他领域的实体经济则较少涉及，这样集中的投资方向，虽然体现了风险资本对于新兴产业的敏感度较高，但是很大程度上可能会造成过度投资，也体现出盲目性的一面，需要政府的宏观引导，同时，也亟须建立高质量的投融资对接信息平台。

对于私募融资形式而言，主要分为两种类型：私募股权融资方式和债务融资方式。其中，私募股权的融资方式主要针对的是企业的管理层、企业内部员工和有长期合作关系的友好客户，当然，员工的持股份额比较有限，管理层的股份一般占绝大多数，这种方式不仅能够激励企业的优秀管理者和员工，而且能够降低融资成本，稳定上下游的产业链关系。而私募债务融资方式是指直接向特定的机构和个人发行企业债券进行融资，这种方式程序简单、灵活，发行量小，能够满足我国战略性新兴企业发展初期的特殊融资需求。

第二节　资产证券化

资产证券化是现代金融市场最重要的金融创新之一。资产证券化是以资产所产生的现金流为支撑，在资本市场上发行证券工具，从而对资产的收益和风险进行分离与重组的一种技术或过程。

资产证券化的实质是将战略性新兴企业的一部分流动资产分割重组，而后通过证券发行的方式分散到更多的投资者手中（见图 7—2）。

---

① 投资界网站（http：//zdb. pedaily. cn/chinainvestcompany. shtml）。

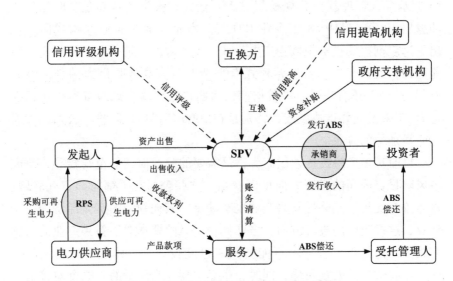

图7—2　可再生能源项目资产证券化结构

注：①SPV：Special Purpose Vehicle 特设载体；②RPS：Renewable Portfolio Standard 强制配额。

资料来源：黄为一：《可再生能源的开发利用及投融资》，中国石化出版社2010年版。

　　一次完整的证券化融资的基本流程是：资产证券化发起人确定融资方式，并将证券化资产出售给一家特殊目的机构（SPV），或者由 SPV 主动购买可证券化的资产，然后 SPV 将这些资产汇集成资产池（AssetsPool），再以该资产池所产生的现金流为支撑在金融市场上发行有价证券融资，最后用资产池产生的现金流来清偿所发行的有价证券。

　　资产证券化的核心在于通过设立 SPV，SPV 属于与发起人相独立的法人实体，将特定资产与原始权益人、管理人、投资者的财产隔离，实现"真实销售"和"破产隔离"。其基本要素包括真实出售、破产隔离、税收中性和信用提升等。

　　战略性新兴产业普遍存在发展不够成熟，风险较高等特点，从而使得其融资渠道较窄，但是资产证券化的"破产隔离"制度使得证券化的资产能够在法律上独立于融资主体，能够有效地隔离原资产持有者可能发生的破产风险，并通过信用增级等方式提高该产品的信用品质。因而，资产证券化能够有效地降低融资主体的风险进而降低其融资成本，为战略性新兴企业提供了一种全新的直接融资方式和资产管理方式，帮助企业优化资产负债结构，提高财务管理效率。

　　我国的资产证券化在 2005 年已经启动，之后受国际金融危机的影响发展比较缓慢，直到 2013 年才开始快速发展。据《中国资产证券化市场白皮书》显示，2014 年全年 ABS 发行量为 2833 亿元，让此前批复的额度几乎用完。2015 年，国务院新批复了 5000 亿元信贷资产证券化试点规模。不过，值得注意的是，2014 年 ABS 大发展后，2015 年却进入了滞胀期。中债资信的数据显示，今年一季度，ABS 产品发行规模约为 508 亿元，二季度至今，仅有宁波银行在 5 月 6 日发行了一单 38 亿元规模的信贷资产证券化产品。① 资产证券化是实体经济融资的重要创新方式，但是由于我国储蓄率高，商业银行的资金一直很充裕，所以资产证券化与银行体系的结合显得较为迟缓，应当加强银行业与证券业的融合，加快资产证券化创新，将融资风险分散，改善资产质量，激发投资者的积极性，提高对于战略性新兴产业融资的安全性。

　　对于我国资产证券化应当如何发展，可以借鉴美国和欧盟各国资产证券化的发展经验，并结合我国实际国情进行。

　　与资本市场最为发达的美国相比较而言，我国的资产证券化市场与之差异较大，主要体现在市场规模、市场主体、市场客体及证券化产品的市场评级四个方面。截至 2014 年 6 月末，美国存量债券资产总规模为 38.11 万亿美元，其中资产支持债券（Asset—Backed）规模为 1.38 万亿美元，占全部债券市场规模的 4%；抵押债券（Mortgage—Related）规模为 8.67 万亿美元，占全部债券市场规模的 23%。截至 2014 年 9 月末，我国共发行了 68 单信贷资产支持证券，发行总规模达到 2742.54 亿元。② 由这些数据可以看出我国资产证券化市场的规模仍然较小。就市场参与主体而言，我国资产证券化市场中参与主体较少，主要为政策性银行、国有银行、股份制银行和城市商业银行等金融机构，而美国的资产证券化市场中参与主体较多，几乎所有的金融机构都能够进行资产证券化操作。这个特点在市场客体中也较为明显，我国资产证券化市场产品类型较少，例如，从 2012 年重启资产证券化至 2014 年 9 月末，国

---

① 南方都市报：《国务院：新增 5000 亿信贷资产证券化试点规模》，中国资产证券化网（http：//www. chinasecuritization. cn/newsdetail. asp? id =24013）。

② 王涛：《中美两国资产证券化市场发展之比较》，《资本观察》2015 年第 2 期。

内总共发行 51 款共计 2074.74 亿元的信贷资产证券化产品，其中：公司信贷资产支持证券（CLO）发行 40 款，规模占比达到 88%；个人汽车抵押贷款支持证券（Auto—ABS）发行 8 款，规模占比达到 7%；而个人住房抵押贷款（RMBS）、租赁资产和个人消费贷款资产支持证券各发行 1 款，三类资产支持证券规模占比仅为 5%。[①] 而相比较而言，美国的资产证券化市场的产品较为丰富（见表 7—4）。此外，我国的证券评级机制尚不完善，也在一定程度上制约了资产证券化的发展。

表 7—4　　　　　　　　　美国各类 ABS 产品规模增长情况

年份	汽车	信用卡	设备	学生贷款	年份	汽车	信用卡	设备	学生贷款
2001	167.0	265.9	42.9	48.1	2008	140.4	315.6	42.6	237.9
2002	187.6	293.3	37.3	58.7	2009	127.6	300.3	38.1	239.5
2003	191.5	303.5	42.8	87.8	2010	115.9	216.8	34.5	240.6
2004	177.3	297.5	44.3	122.5	2011	117.2	163.9	35.1	234.2
2005	195.9	287.2	49.0	159.5	2012	142.4	127.9	40.4	233.5
2006	196.2	291.5	51.1	200.6	2013	161.5	124.5	45.7	228.4
2007	181.2	324.4	52.4	229.6	2014	178.2	135.0	48.3	216.4

资料来源：王涛：《中美两国资产证券化市场发展之比较》，《资本观察》2015 年第 2 期。

　　因此，我国资产证券化市场的发展应该遵循健全市场评级等机制、扩展市场主体、多样化市场产品，进而扩大市场规模的路径。此外，资产证券化市场的风险控制建设也要同时进行，这些需要政府和市场的共同努力。以欧洲中小企业贷款证券化为例，德国复兴开发银行（KfW）发起的促进中小企业贷款证券化平台（PromotionalMittelstand Loan Securitization，PROMISE）、西班牙政府发起的 FTPYME 计划，以及欧洲投资基金（EuropeInvestment Fund，EIF）提供的信用增级活动等都是各国政府为支持资产证券化而做出的努力，这些平台在实践操作中，扮演了风险分割、证券承销、票据担保、双边担保和信用违约互换等多种角色，极大地促进了资产证券化市场的向前发展和风险管控，这些经验值得我国借鉴。

---

　　① 王涛：《中美两国资产证券化市场发展之比较》，《资本观察》2015 年第 2 期。

第三节　融资租赁

融资租赁是一种特殊的金融业务，根据我国《合同法》和《融资租赁法》的定义，融资租赁是指出租人根据承租人对租赁物和供货人的选择或认可，将其从供货人处取得的租赁物按融资租赁合同的约定出租给承租人占有、使用，向承租人收取租金，最短租赁期限为一年的交易活动。适用于融资租赁交易的租赁物为机器设备等非消耗性资产。

融资租赁相对于传统的融资方式而言具有一些特有的优势，其一，融资租赁可以克服银行间接融资顺经济周期的弊端，融资租赁合同的期限和条款较为稳定，能够稳定地为企业提供支持；其二，融资租赁能够在一定程度上解决银行信贷的"道德风险"问题，由于融资租赁提供的是实物而不是资金，可以有效避免贷款方用银行资金从事高风险活动的可能；其三，融资租赁交易成本较低，手续简单且期限一般较长，能够使企业在较长时间段内分摊成本，缓解了企业一次性投入大量资金的财务压力；其四，提高企业经营效率，化解产能过剩的难题，对于出租方而言，出租方的设备和厂房等资产能够不断地循环出租给不同的承租方，从而获取利润，而对于承租方而言，既不用占用承租方的大量资金，又不用占用承租方的库存，不会造成承租方的过度投资，并有利于承租方及时更新换代设备和技术，进而在市场空间争夺中获得主动权。

目前，在国际上融资租赁是仅次于银行信贷的第二大融资方式，在欧美等发达国家的渗透率普遍在 20% 左右，而在我国渗透率只有约 5%。[①] 从融资租赁行业的数量和构成来看，截至 2014 年上半年，我国登记在册的融资租赁公司共 1525 家，较之 2013 年底的融资租赁公司数量增加了近 500 家，增幅近 50%。各类融资租赁公司构成中，外资融资租赁公司数量不断增加，在所有融资租赁公司中所占的比重最大，以 2012—2013 年为例，外资融资租赁公司所占比重分别为 82.1% 和 85.8%。从融资租赁业务总量来看，截至 2013 年 12 月底，我国融资租

---

① 姜宝泉、宫建华：《关于推进我国融资租赁业务发展的思考》，《征信》2013 年第 6 期。

赁合同余额约 21000 亿元，同 2012 年底相比增加了 5500 亿元，增幅约 36%。其中，金融融资租赁这一年的合同余额为 8600 亿元，同上年相比增加了 2000 亿元，增幅约 30%，业务总量占全行业的 41%；内资融资租赁这一年的合同余额为 6900 亿元，同上年相比增加了 1500 亿元，增幅约 28%，业务总量占全行业的 33%；外资融资租赁这一年的合同余额为 5500 亿元，同上年相比增加了 2000 亿元，增幅约 57%，业务总量占全行业的 26%。① 融资租赁近年来在我国迅猛发展主要是由于我国经济稳步发展的推动、政府出台了大量促进融资租赁发展的政策法规以及全球经济一体化的发展。

战略性新兴产业一般具备前期投入较大，投资回收期较长等特点，特别是新能源中的风电、水电、核电以及半导体、新材料等重资产行业，产业发展前期都需要巨额的资金支持。融资租赁模式能够使得这些产业投资初期的资本支出大量减少，将有效缓解战略性新兴企业成长初期所面临的资金困境。

租赁融资实质上是由传统租赁方式演化而来的一种特殊的金融工具。由于先进设备占用的资金量较大，而租赁融资又有分期付款、方式灵活等特点，战略性新兴企业在对某一特定项目融资时，可以采取这种融资租赁的方式，先与出租方签订协议，租用其租赁物件，以租赁物件的实际价格和出租期限为依据，计算租金，并以设备残值处理的收益和项目的股份期权作为收益保障实现风险共担、利益共享的融资组合。

目前在我国推行"一带一路"战略下，融资租赁将面临前所未有的发展机遇，但是也存在一些问题，主要包括四个方面：政策性支持较低；市场规模主体偏少；市场定位较高；市场宣传较弱。建议根据融资租赁的运作特点和发展趋势，尽快制定完善相关法律法规，规范市场行为，减少交易风险，放宽市场主体准入门槛并鼓励金融创新，加强金融人才体系建设，推进我国融资租赁的快速发展。

随着融资租赁模式的逐渐成熟，其在战略性新兴产业中的融资地位将逐渐上升，并能有效助推战略性新兴产业快速发展。

---

① 张志坚：《我国融资租赁发展的问题与对策》，《山东社会科学》2015 年第 3 期。

第四节　商业信用融资

商业信用的融资方式是指以商品的应收账款、预付账款等形式为企业的上下游企业提供短期资金融通的商业行为。商业信用是发达国家中小企业经常采用的重要融资方式之一，它将企业间相互融资和强化合作关系有机地联合在一起，McMillan 和 Woodruff（2002）研究指出，当企业发生资金短缺和经营困境时，商业信用提供的融资为企业的发展注入了新的活力。当企业由于种种原因受到银行信用约束或者存在信用配给时，商业信用将会成为银行信贷的重要替代方式，并且商业信用能够为企业在不同条件下的发展提供更多的流动性和弹性（Fisman，Love，2003）。

总体来说，商业信用融资具有操作简单、融资成本低等诸多优点，但是也存在一些不足，最主要的缺点有两方面：一方面，提供商业信用的企业的资金将被短期占用，如果企业在经营过程中出现流动性不足的问题，就只能通过举债来解决，这又会增加企业的运营成本和财务风险；另一方面，也是最主要的一点，即信用风险，债务的拖欠和违约将会给提供商业信用的企业带来巨大的损失。而这些缺点的最根本原因是制度的不健全和监管执行不力造成的。

我国目前的商业信用并没有融入战略性新兴产业的融资体系，加之受到融资成本、供求关系、财务风险等多方面因素的干扰，使得我国商业信用的融资方式还有较大的发展空间。一般而言，商业信用包括应付账款、应付票据、应付债券和预收账款等，其中应付账款、应付票据、应付债券可视为企业向其卖家的短期融资，而预收账款则可视为企业向其买方客户的短期融资，由第五篇样本企业的统计数据可知，在这四类商业信用中，以应付账款和预收账款为主要融资形式，应付债券这种形式目前还不为我国战略性新兴企业所采用，在 60 家样本企业中，2010年只有 8 家企业采用应付债券的形式融资。但是，就 2012—2014 年的企业数据来看，商业信用融资方式已经为越来越多的企业所采用，逐渐成为一种重要的融资方式，这得益于我国战略性新兴产业的快速成长，也有赖于国家金融市场的不断完善。

总体来说，发展商业信用，使其成为我国战略性新兴产业融资的重要来源之一，主要可以从以下几个方面入手：

一是加强我国战略性新兴企业的经营管理建设，提高其主营业务的盈利能力，加强其市场竞争力和信誉度，同时建立我国战略性新兴产业的产业链，使上下游企业能够保持长期稳定的合作关系。二是规范我国商业信用，建立健全商业信用体系，例如，对应收账款设定期限、对商业信用的融资利率设定合理的区间、对企业的商业信用的存量与流量比率设定上限，等等。三是引导我国战略性新兴企业建立商业信用风险管理机制，包括对于商业信用的规模控制，将商业信用的规模与企业自身的运营情况、盈利空间联系起来，将商业信用的规模控制在合理的区间；改变对于商业信用的监管方式，借鉴国外先进的管理模式，将目前的事后回收修正为事前预测、事中监测和事后处理的动态过程，建议我国战略性新兴企业建立信用管理部门，对于客户的产销实力、资信状况建档管理，以科学的信用评价和定期的动态跟踪为依据，对商业信用进行风险管理。四是建设商业信用保险体系，商业信用保险体系的建立能够有效帮助企业规避信用风险，降低承担道德风险的程度，转嫁坏账风险，帮助企业渡过流动性不足的难关。

把商业信用适时纳入我国战略性新兴产业的融资体系能够更好地满足企业融资需求的多样性，随着我国战略性新兴产业的发展和我国金融体制改革的向前推进，多种融资方式共存的金融体系将对我国的经济发展起到强有力的推动作用。

第五节　国际融资

随着全球经济一体化和金融自由化的推进，资本开始在全球范围内进行更大范围的优化配置，各国的融资主体也能够突破地域的限制，更有效地调节金融资产结构，规避金融管制，降低融资成本。

就我国的战略性新兴产业的融资而言，应当在立足于国内资本市场的同时，积极拓展国外市场，在全球的范围获取资金的融通。一般而言，国际融资的途径主要有以下几种：

一是采取直接融资的方式，也即以在境外的资本市场上市发行股票的方式融资。由于我国资本市场的创业板建设时间较短，制度尚不完善，创业板和主板在上市条件方面的差异性并不明显，我国战略性新兴产业在我国创业板融资的困难度较大，所以，可以转向国外发达国家、地区发展较为成熟的创业板市场和我国香港的创业板市场进行直接融资。其中，以我国香港的创业板和新加坡的交易所为首选，香港的创业板发展较为成熟，而且上市门槛较低，为我国战略性新兴产业的融资提供了较为广阔的融资空间；新加坡经济金融基础雄厚，融资环境良好，市场透明健全，而且具有高质量的上市后服务，是我国战略性新兴产业直接融资的较好选择。

二是采取间接融资方式，向国外银行贷款。国外大型的商业银行拥有精练的业务团队、完善的规章制度和健全的风险管理体系，对于新兴产业的融资也具有丰富的经验，我国战略性新兴产业可以利用国外大型商业银行限制性低、灵活性高的特点，通过向国外商业银行贷款来获得资金。

三是海外风险投资和海外天使投资基金。近年来，海外风险投资对我国战略性新兴产业的发展表现出了浓厚的兴趣，资金的投入也在逐渐增加，应当积极鼓励海外风险投资和天使投资基金对于我国战略性新兴产业的支持，海外风险投资者一方面能够为我国战略性新兴产业的发展提供长期大额的发展资金，另一方面还能够为企业的经营管理献计献策，是资金与创新、融资与管理相统一的专业性投资。海外天使投资则能够为中小型的战略性新兴企业提供一次性的前期投资，为企业的平稳起步奠定基础。

四是 IFC 国际投资。IFC 是国际金融公司的简称，是世界银行的集团成员之一。IFC 以帮助发展中国家的中小型企业发展为宗旨，为其提供长期的低息贷款，促进其平稳发展。IFC 的贷款条件比较优惠，并且往往采取长期投资和参与经营的方式，为企业提供长期的股本和贷款，同时提供商业运营、法律咨询、技术支持等全方位的服务。

小　结

基于前几篇的分析，本书认为，为了解决我国战略性新兴产业的融资难题，优化企业的融资结构，应该从以下几个方面对我国的战略性新兴产业的融资机制进行完善：

首先，构建推动战略性新兴产业发展的融资环境，主要包括宏观经济环境、金融市场环境和政策法规环境。其次，构建支持战略性新兴产业发展的融资平台，包括信息整合平台、融资渠道对接平台、融资担保平台和融资专业服务平台。再次，完善资本市场的融资体系，根据我国战略性新兴产业的发展特点，构建适合战略性新兴产业发展的多层次资本市场融资机制。最后，建立健全促进我国战略性新兴产业发展的银行间接融资体系，建立评级授信制度，搭建信息共享平台以解决信息不对称问题，并且建立银企间的长期合作关系，为战略性新兴产业的融资打造良好的环境。此外，要进一步推动战略性新兴产业融资机制创新，创新融资方式，增加融资主体，促进商业信用的发展，并积极拓展国外融资渠道，发展国际融资。

第八篇

研究结论和政策建议

第一章　研究结论

通过对国内外战略性新兴产业融资机制的分析研究，以及对我国战略性新兴产业融资结构的实证分析，可以得出以下初步结论：

第一节　国外战略性新兴产业融资机制分析

本书对美、日、德三国战略性新兴产业的融资环境、融资方式和融资特点进行比较分析，得出结论如下：

美、日、德三国分别根据各自的国情选择了不同的产业作为战略性新兴产业，并为这些产业的融资打造了良好的宏观经济环境、金融市场环境和政策法规环境。

在融资方式的选择上，美、日、德三国的战略性新兴企业都将内源融资方式作为企业融资的首选，因为内源融资具有以下优点：不需要定期的利息或者股息支出；不会占用企业日常经营所需的现金流量；不产生融资费用；无须考虑利率、汇率风险。

在银行信贷上，不仅加大对于战略性新兴产业的资金支持力度，而且对于战略性新兴产业给予特殊的待遇，从美、日、德三国的经验来看，给予战略性新兴产业特殊的贷款和利率方面的优惠会从很大程度上减轻这些产业发展的负担。

多层次资本市场的建立能够为战略性新兴产业的发展提供融资保障，建立健全多层次资本市场体系应当从以下几方面入手：完善创业板市场制度；推进场外证券交易市场的建设；发展债券市场；鼓励风险投资、私募股权的参与；并建立起相应的融资监管体系，规范融资主体的行为。

此外，美、日、德三国都从国家层面对战略性新兴产业进行支持，包括财政直接拨款、政府补贴和税收方面的优惠，并且，在战略性新兴产业的融资机制中，政府更多的是扮演引导的角色，在国家政策上给予肯定和支持，给社会各界的融资主体更多的信心和吸引社会资金的投入。

第二节　我国战略性新兴产业融资机制分析

我国战略性新兴产业的融资受到许多因素的制约，这些因素所构成的系统称为融资环境。影响我国战略性新兴产业融资的环境主要包括宏观经济环境、金融市场环境和政策法律环境。通过分析可知，我国经济将步入新常态阶段，各项宏观经济指标都显示出我国宏观经济发展状况尚属良好；随着金融市场规模的逐步扩大，无论直接融资还是间接融资的数额和范围都有所拓展，特别是对战略性新兴产业的融资方面，有了较大的发展；在政策方面，我国也出台了一系列扶持战略性新兴产业发展的政策法规和税收减免办法，促进战略性新兴产业向前推进。

目前，我国战略性新兴产业的绝大多数细分产业仍处于产业生命周期的初始阶段，资金的需求量较大，由于这些产业尚未形成规模经济，能够提供的抵押、质押品以及担保都较少，导致这些产业的融资需求不能得到很好的满足，资金缺口较大。虽然国家财政、资本市场、银行和风险投资都对我国战略性新兴产业的发展给予了资金方面的支持，但是仍没有完全满足我国战略性新兴产业发展的资金需求，究其原因，一方面，是由于我国的资本市场直接融资体系和银行间接融资体系中还存在着许多制度上的缺陷。另一方面，与战略性新兴产业自身发展中存在的高风险性和不确定性有密切的关系。此外，我国战略性新兴产业的融资平台尚未建立，包括信息整合平台、融资渠道对接平台、融资担保平台和融资专业服务平台都需要进一步的建立和完善。

通过对于我国战略性新兴产业融资现状的分析可以得出以下结论：我国战略性新兴产业的融资机制存在多方面的问题，其一，融资环境有待改善；其二，融资主体有待拓展；其三，融资平台有待健全；其四，融资方式有待创新。

第三节　我国战略性新兴产业融资结构研究

本研究选取了 60 家战略性新兴产业内样本企业的实际数据，对我国战略性新兴产业的融资结构进行实证分析，从定量的角度考察各融资方式对于我国战略性新兴产业发展的促进作用。首先，运用实际数据对我国战略性新兴产业的融资机制现状进行描述性统计分析，由于分析的变量较多，选择的样本企业的范围较广，并且考虑到多年变化的面板数据，因此本书选择多元线性回归模型对不同融资方式与我国战略性新兴产业发展的关系进行定量研究。目前，我国战略性新兴产业采取的融资方式主要有资本市场直接融资、银行间接融资、内源融资和财政融资这四种，考虑到商业信用发展速度较快，本书把商业信用融资也作为解释变量之一加入实证研究之中，目的在于拓宽我国战略性新兴产业融资方式选择的范围。研究主要就直接融资、间接融资、内源融资、财政融资和商业信用融资这五种主要融资方式对战略性新兴产业经营绩效的影响进行实证检验。

研究结果显示，与我国战略性新兴企业经营效率和成长性相关的变量有企业自身的内源融资和银行间接融资方式，其中，内源融资与企业的经营效率呈正相关关系，而银行的间接融资与企业的经营效率呈负相关关系。直接融资、商业信用融资和财政融资与我国战略性新兴企业经营效率和发展不相关。

这个结果从很大程度上反映了现阶段战略性新兴产业中大多数企业融资的现状，由于战略性新兴产业中的大多数企业目前仍处于成长阶段，甚至是起步阶段，公司经营状况的很多指标达不到上市标准，而在上市的很多企业的股份中，也是国有股占据了很大的比重，商业银行对于战略性新兴企业的融资需求也是选择性地满足，因此，对于战略性新兴企业，特别是规模较小的企业来说，其融资的渠道还是很狭窄，融资的主要来源仍然是企业内部盈利的存积。

而只有内源融资的规模足够大，占比足够重，才能有更多的机会获得外部的资本。企业负债经营，首先，是企业自有资本实力的体现，自有资本为企业负债融资提供了信誉保证，为企业的进一步发展提供有力的支持；其次，内源融资数额的增长本身也就意味着企业的成长，只有运营稳妥、健康成长的企业才能汇集越来越多的留存收益和未分配利润，而这些资金在转化为资本之后又会促进企业的发展，形成良性的循环。

银行间接融资与企业发展的相关性最强，且呈现负相关关系。这一结果与国内外许多学者的研究结果相似，这个结果从一定程度上反映出在我国银行间接融资体系中仍存在许多需要完善之处。

从样本数据中可知，股权融资所占的比重均值在这五类融资来源中最高，2008—2010 年分别为 38.02%、47.31% 和 37.98%。然而，就单个企业中股权融资的比例来看，在大部分企业的融资结构中，股权融资并不是占绝对多数比例的，例如，2010 年，60 家样本企业中股权融资比重低于 40% 的有 33 家，超过 60% 的只有 5 家。并且，值得指出的是，由于战略性新兴产业是我国的支柱型产业，已经在主板上市的企业中，有相当一部分企业的股份中有国有法人的持股，所以，当前我国战略性新兴企业的股权融资数据并不能很好地反映资本市场对战略性新兴企业的认可度和预期，股权融资与企业的经营效率和成长性的相关性不高。值得指出的是，随着我国战略性新兴产业的发展，在创业板上市的战略性新兴企业中，绝大多数企业发行的股票并不具有国有性质，相反，社会公众股所占比例较大，这也体现出创业板的显著特征。

同样，财政支持是我国政府扶持战略性新兴产业的政策之一，财政支持较之股权融资和银行贷款而言更具行政特点和政策的导向性，属于政府基于产业发展的整体情况而进行的宏观层面上的调控。因此，与战略性新兴企业个体的实际经营状况关联性不强。而商业信用融资涉及与企业相关的上下游企业的规模、运作特点、经营状况以及合作关系的稳定性等诸多因素，并不仅仅与企业自身的经营状况和成长性相关。因此，在实证的结果中，股权融资、财政融资和商业信用融资都呈现出与样本企业的相关性不强的特点。

第二章　政策建议

第一节　构建支持战略性新兴产业发展的融资平台

在我国战略性新兴产业的融资过程中，信息不对称问题往往是阻塞融资渠道的重要因素，因此，政府除了建立严格的信息披露制度外，还应建立一个高效、便捷的信息服务体系，整合我国战略性新兴产业融资的相关信息，借助于网络信息技术，收集战略性新兴产业相关的国内外最新技术成果、市场行情等信息，详解国家经济政策，尤其是融资政策、融资程序以及投资预测等有关融资的各方面信息，发布资金需求企业的详细资讯，实现融资主体供求双方的信息透明和共享。一般来说，战略性新兴产业的信息整合平台应当具有三个基本特征：集成性、便捷性、共享性。并且具有信息发布与咨询功能、数据分析功能、信息查询功能、实时监督功能四个主要功能。此外，战略性新兴产业的信息整合平台还要能够链接高校、政府、企业等多个部门，集合多种资源，组建技术开发联合体或建立战略联盟，形成知识技术的汇聚，实现科技资源共享，集成多学科研发优势，在一定程度上，更有利于企业的技术创新和技术成果的转化。

融资渠道对接平台建立的意义主要在于促进融资供求双方的交流。整合现存的优秀的投资资源到这个平台上，并且与战略性新兴企业信息整合平台对接，提高平台运行效率。融资渠道对接平台的建立要引入国际行业标准，统一业务规范和数据标准，对各省、市、地区子站信息进行标准化处理，即可实现全国范围内融资信息的共享与实时更新。该平台为融资方提供专业服务，帮助战略性新兴企业综合考虑其所提交的资金需求信息，全面权衡各种因素为战略性新兴企业量体裁衣，制订最适合的融资方案。此外，该平台还能够为需要融资的企业提供以下专业化的服务，来降低企业信息搜寻成本：投资伙伴搜索、数据挖掘、项目发布与投递和网络洽谈式服务。

从西方主要发达国家的战略性新兴产业发展历程来看，政策性信用担保体系发挥了重要的作用。一方面，增加了战略性新兴产业的融资机会，从国家的层面出发减少企业融资的风险性；另一方面，增加了融资主体的信心。建立和完善战略性新兴产业的政策性信用担保体系从一个侧面强调了政府对于资金分配的引导，这个体系应该是由担保机构、担保公司、担保基金及相关的法律法规构成的一个网络系统。结合战略性新兴产业融资需求的特点和我国信用担保体系中的缺陷，应从以下几方面来完善我国战略性新兴产业政策性信用担保制度：一是坚持政府主导原则；二是建立风险分散机制；三是建立战略性新兴产业的各企业的信用审核机制。

融资专业服务平台是促进我国战略性新兴产业融资有效性的服务平台，成员由各领域专家组成，覆盖融资过程和企业经营的各个环节。为我国战略性新兴企业提供创业辅导、管理咨询、融资指导、技术支持、企业信息化、人员培训、人才引进和法律咨询等服务。融资专业服务平台主要由专业融资服务、企业培训、法律服务与企业维权和绿色通道四个模块构成。

第二节　构建支持战略性新兴产业发展的资本市场直接融资体系

目前，世界各发达国家均建立了制度完备层次分明的资本市场，经验显示，战略性新兴产业的发展需要一个成熟的资本市场的支持，而一个成熟的资本市场不仅包括场内市场，还应该涵盖场外市场、柜台市场、区域性资本市场等市场，各级资本市场服务于不同需求的经济体，各有特色又相互联系、有序衔接。科学完备的资本市场拥有高效的定价、筹资、交易机制，能够促进储蓄源源不断地转化为资本，优化资金配置，推动战略性新兴产业的发展。

具体来说，我国资本市场体系的构建首先应当注重层次的划分，借鉴发达国家的经验并结合我国实际，本书认为，我国资本市场体系可以分为三个层次：主板市场、二板市场、场外交易市场。鉴于战略性新兴产业的"新兴性"和"战略性"的特征，建议在前两层资本市场中分别设立战略性新兴产业板块，根据战略性新兴产业的发展特质和规律，设定入市标准、交易规则、转板流程和退市方式，使得处于各种发展阶段的具有发展潜质的战略性新兴企业能够得到资本市场直接融资的便利。

在场外交易市场中，可以借鉴美国场外交易市场设立 OTCBB 和粉红单的经验，把未达上市标准但是又有上市意愿的企业分为两类：一类已经很接近上市标准，大多条件已经具备只有少数标准尚未满足的企业，归入准上市市场；另一类距上市标准还有一段距离但是发展势头良好的企业，归入初级市场。

第三节 构建促进战略性新兴产业发展的银行间接融资体系

可以预见，在今后很长的一段时间内，银行业对于战略性新兴产业的贷款仍然是战略性新兴产业的主要融资渠道之一。作为国家经济体系中重要的行为主体之一，商业银行的经营和决策受国家政策的影响不容忽视。因此，银行的监管部门应当尽快出台有关我国战略性新兴产业融资的详细法规和方案，作为对商业银行融资的指导意见，并定期修改完善，引导商业银行的资金科学有效地向战略性新兴产业投入。

信息不对称是阻碍战略性新兴产业间接融资的重要因素，相关政府部门应当从全局的高度出发，建立我国战略性新兴产业的信息披露机制。该机制应当包括三个方面：一是银企之间的信息披露系统；二是银行之间的关于战略性新兴产业融资的信息共享系统；三是企业之间的信息共享平台。

在关于银企之间的信息共享平台搭建完善以后，商业银行可以在此基础上建立评级授信体系，参考美国标准普尔等国际大型信用评级公司的标准对于战略性新兴企业的资信进行评级，再根据信用等级的状况实行差别化的融资政策。

在构建战略性新兴产业的评级授信体系时，应当针对不同的产业和不同企业的自身特点，综合考虑多方面的因素，设计针对性较强的多套指标体系，并将企业的发展潜力和成长性纳入考察的范围，完整地将产业和企业的发展链条和经营周期纳入评估模型，建立客观而全面的战略性新兴产业评级授信制度。并且，商业银行应当针对战略性新兴产业中各细分产业的不同特点创新金融工具和服务方式，完善信贷流程，鼓励外资银行支持战略性新兴产业的发展。在风险管理方面，应当从风险预测、风险规避和风险保障三方面同时着手。

第四节　推动战略性新兴产业发展的融资机制创新

在发达国家，战略性新兴企业融资除了内源融资、财政支持、银行信贷和股权融资之外，还包括民间的天使投资，天使投资是处在种子期和成长期的科技型企业主要融资方式之一；二板市场进行融资；租赁融资；资产证券化等方式。这些融资方式在我国已经开始发展，对于我国战略性新兴产业的支持也初步显现，但是由于种种原因，这些融资方式发展速度缓慢，并不能对我国战略性新兴产业的发展形成实质性的支持，亟须大力发展。

此外，我国目前的商业信用并没有融入战略性新兴产业的融资体系，加之受到融资成本、供求关系、财务风险等多方面因素的干扰，使得我国商业信用的融资方式还有较大的发展空间。发展商业信用，使其成为我国战略性新兴产业融资的重要来源之一，主要可以从以下几个方面入手：一是加强我国战略性新兴企业的经营管理建设，提高其主营业务的盈利能力，加强其市场竞争力和信誉度，同时建立我国战略性新兴产业的产业链，使上下游企业能够保持长期稳定的合作关系。二是规范我国商业信用，建立健全商业信用体系。三是引导我国战略性新兴企业建立商业信用风险管理机制。

最后，就我国的战略性新兴产业的融资而言，应当在立足于国内资本市场的同时，积极拓展国外市场，在全球范围内获取资金的融通。

参考文献

[1] A. D. Romig Jr. , Arnold B. Baker, "An introduction to nanotechnology policy: Opportunities andconstraints for emerging and establishedeconomies" *Technological Forecasting & Social Change*, Vol. 74, 2007.

[2] Alfred D. Chandler, "Jr. Patterns of American Railroad Finance, 1830—50. " *The Business History Review*, Vol. 28, No. 3, 1954.

[3] Allen N. Berger, Gregory F. Udell, "The economics of small business finance: The roles of private equity and debt markets in the financial growth cycle. " *Journal of Banking & Finance*, Vol. 22, 1998.

[4] Ananth Rao, "Cost frontier efficiency and risk – return analysisin an emerging market. " *International Review of Financial Analysis*, Vol. 14, 2005.

[5] Antonio Davila, George Foster, Mahendra Gupta, "Venture capital financing and the growth of startupfirms . " *Journal of Business Venturing*, Vol. 18, 2003.

[6] Bae – Gyoon Park, "Politics of Scale and the Globalization of the South Korean Automobile Industry. " *Economic Geography*, Vol. 79, No. 2, 2003.

[7] Beck, T. , Levine, R. , Loayza, N. , "Finance andthe Sources of Growth", *Journal of Financial Economics*, Vol. 58, 2000.

[8] Branson & Lovell, "AgrowthmaximizingtaxstructureforNewZealand. " *International Tax and Public Finance*, Vol. 8, 2001.

[9] Cassar, Gavin, "The Financing of Business Start – ups. " *Journal of Business Venturing*. Vol. 19, 2004.

[10] Daniel P. Forbes, David A. Kirsch, "The study of emerging industries: Recognizingand responding to somecentralproblems. " *Journal of BusinessVenturing*, Vol. 1, 2010.

[11] David Yafeh Y, "On the Cost of a Bank – Centered Financial System: Evidence from the Changing Main Bank Relations in Japan. " *Journal of Finance*, Vol. 53, 1998.

[12] Donald L. Kemmerer, "Financing Illinois Industry, 1830 – 1890. " *Bulletin of the Business Historical Society*, Vol. 27, No. 2, 1953.

[13] Douglas E. Thomas, Robert Grosse, "Country – of – origin determinants of foreign direct investmentin an emerging market: the case ofMexico. " *Journal of International Management*, Vol. 7, 2001.

[14] Douglas Cumming, Grant Fleming, Jo – Ann Suchard, "Venture capitalist value – added activities, fundraising and drawdowns. " *Journal of Banking & Finance*, Vol. 29, 2005.

[15] Dirk Bergemann, Ulrich Hege, "Venture capital financing, moral hazard, andlearning. " *Journal of Banking & Finance*, Vol. 22, 1998.

[16] Emre O" zcelik , Erol Taymaz, "R&D support programs in developing countries: The Turkishexperience. " *Research Policy*, Vol. 37, 2008.

[17] Fisman, Raymond and Love, Inessa. "Trade Credit, Financial Intermediary Development, and Industry Growth. " *Journal of Finance*, Vol. 1, No. 58, 2003.

[18] FIRAT DEM_ IR, "Capital Market Imperfections and Financialization of Real Sectors in Emerging Markets: Private Investment and Cash Flow RelationshipRevisited. " *World Development*, Vol. 37, 2009.

[19] Gabriela Rocha Teixeira and Mario Coutinho dos Santos, "Do Firms have FinancingPreferences along their LifeCycle. " *Working Paper*, 2005.

[20] Garry D. Bruton, David Ahlstrom, "An institutional view of China' sventurecapital industryExplaining the differences between China and the West. " *Journalof Business Venturing*, Vol. 18, 2003.

[21] Greenwood. J. , Jovanovic, B. "Financial DevelopmentGrowthand the Distribution of Income. " *Journal of Political Economy*, Vol. 5, No. 98, 1990.

[22] Harry K. H. Chow, K. L. Choy, W. B. Lee, "A strategic knowledge-based planningsystem for freightforwardingindustry. " *Expert Systems withApplications*, Vol. 33, 2007.

[23] H. L. (Hans) van Kranenburg, John Hagedoorn, "Strategic focus of

incumbents in the Europeantelecommunications industry: The cases of BT, DeutscheTelekom and KPN. " *Telecommunications Policy*, Vol. 32, 2008.

[24] Jason G. Cummins, "Investment – Specific Technical Change in the U-nited States (1947—2000): Measurementand Macroeconomic Conse-quences. " *Review of Economic Dynamics*, Vol. 5, 2002.

[25] Jean – Etienne de Bettignies, James A. Brander, "Financing entrepre-neurship: Bank finance versusventurecapital. " *Journal of Business Ventu-ring*, Vol. 22, 2007.

[26] Jeppe Ladekarl, Sara Zervos, "Housekeeping and plumbing: the invest ability of emerging markets. " *Emerging Markets Review*, Vol. 5, 2004.

[27] Joseph K. Winsen, "An overview of project finance binomial loan val-uation. " *Review of Financial Economics*, Vol. 19, 2010.

[28] John B. Rae, "Financial Problems of the American Aircraft Industry, 1906—1940. " *The Business History Review*, Vol. 39, No. 1, 1965.

[29] Joshua Aizenman, "Volatility, employment and the patterns of FDI ine-merging markets. " *Journal of Development Economics*, Vol. 72, 2003.

[30] Joshua Lerner, "Angel" financing and public policy: Anoverview. " *Journal of Banking & Finance*, Vol. 22, 1998.

[31] Kenneth A. Kim, Piman Limpaphayom, "Taxes and Firm Size in Pa-cific – Basin EmergingEconomies. " *Journal of International Accounting*, Vol. 1, No. 7, 1998.

[32] KeithBradsher, "China' s Green Energy Gap. " *New York Times*, 2007—11—24.

[33] King, R. G. , Levine, R. "FinanceEntrepreneurshipand Growth: The-ory and Evidence" . *Journal of Monetary Economics*, Vol. 32, 1993.

[34] Krugman. P, "Space: the final frontier. " *Journal of Economic Per-spectives*, Vol. 12, 1998a.

[35] Kristi A. Tange, MS, "Finance and Investment Industry. " *Finance and Investment Industry*, Vol. 11, 2008.

[36] Kwasi Amoako – Gyampah, "The relationships among selected busines-senvironmentfactors andmanufacturing strategy: insights from anemerginge-conomy. " *Omega*, Vol. 31, 2003.

［37］Lucas R. E. ，"Expectations and Neutrality of Money. " *Journal of Economic Theory*, Vol. 4, 1972.

［38］McMillan, John and Woodruff, Christopher. "The Central Role of Entrepreneursin Transitional Economies. " *Journal of Economic Perspectives*, Vol. 3, No. 16, 2002.

［39］Michael R. Pakko, "Investment – SpecificTechnology Growth: Concepts and RecentEstimates. " *Federal Reserve Bankof ST. LOUIS*, Vol. 11, 2002.

［40］Narjess Boubakri, Jean – Claude Cosset, Omrane Guedhami, "From state to private ownership: Issues from strategicindustries. " *Journal of Banking & Finance*, Vol. 33, 2009.

［41］Nicole Pohl, "Industrial Revitalization in Japan: The Role of the Government inthe Market. " *Asian Business&Management*, Vol. 4, 2005.

［42］P. Arestis, P. Demetriades, "Financial Development and Economic Growth: Assessing the Evidence", *The Economics Journal*, Vol. 5, No. 107, 1997.

［43］PER KRUSELL, "Investment – Specific R&D and the Decline in theRelative Price of Capital. " *Journal of Economic Growth*, Vol. 6, 1998.

［44］P. T. Andy Ng, Dawei Lu, C. K. Li, H. Y. Harry Chan, "Strategic lessons of value migration in IT industry. " *Technovation*, Vol. 25, 2005.

［45］Rajan. R. G, "Insiders and Outsiders: The Choice between Informed and Arm' s – length Debt. " *Journal of Finance*, Vol. 47, 1992.

［46］Rajan, R. a. L. Z, "What Do You Know about Capital Structure? Some EvidenceFromInternationalData. " *The Journal of Finance*. Vol. 5, No. 50, 1995.

［47］Rajshree Agarwal, "Abandoning Innovation in Emerging Industries. " *Voice*, Vol. 217, 2006.

［48］Richard Florida and Donald F. Smith, Jr, "Venture Capital Formation, Investment, and Regional Industrialization. " *Annals of the Association of American Geographers*, Vol. 83, No. 3, 1993.

［49］R. Morck, M. Nakamura, " Banks and Corporate Control in Japan. " *Journal of Finance*, Vol. 54, 1999.

［50］Robb，Alicia，"Small Business Financing：Differences between Young and OldFirms ．" *Journal ofEntrepreneurial Finance and Business Venture*，2002.

［51］Sandberg M. R，"New Venture Performance. The role of strategy and industry structure." *P. C. Health and Company*，1986.

［52］Schumpeter，J. A. ，"The Theory of Economic Development. " Cambridge，Mass：HarvardUniversity Press，1934（original German edition published in 1912）．

［53］Takehiko Isobe，Shige Makino，David B. Montgomery，"Investments in-Emerging Economies：The Case of Japanese International Joint Ventures inChina." *The Academy of Management Journal*，Vol. 43，No. 3，2000.

［54］Toby Harfield，"Competition and Cooperation in an Emerging Industry." *StrategicChange*，1999.

［55］T Sturgeon，J Van Biesebroeck，G Gereffi，"Value chains，networks and clusters：Reframing the global automotive industry." *Journal of Economic*，Vol. 11，No. 2，2008.

［56］William F. Averyt，K. Ramagopal，"Strategic disruption and transaction costeconomics：The case of the American auto industry andJapanesec-ompetition." *International Business Review*，Vol. 8，1999.

［57］Yadong Luo，Binjie Han，"Graft and business in emerging economies：An ecological perspective." *Journal of World Business*，Vol. 44，2009.

［58］Yingyi Tsai，Justin Yifu Lin，Lucia Kurekova，"Innovative R&D and optimal investment under uncertainty in high－techindustries：An implication for emergingeconomies." *Research Policy*，Vol. 38，2009.

［59］曹玲：《日本新能源产业政策分析》，硕士学位论文，吉林大学，2010年。

［60］陈刚：《新兴产业形成与发展的机理探析》，《理论导刊》2004年第2期。

［61］陈开全、蓝飞燕：《高科技产业与资本市场》，北京大学出版社1999年版。

［62］陈立欣：《日本节能政策与实施》，硕士学位论文，东北师范大学，2008。

[63] 丛林：《技术进步与区域经济发展》，西南财经大学出版社 2002 年版。

[64] 段一群、李东、李廉水：《中国装备制造业的金融支持效应分析》，《科学学研究》2009 年第 3 期。

[65] 发改委：《瑞典、丹麦、德国和意大利生物质能开发和利用考察报告》（http://www.sdpc.gov.cn/nyjt/dcyyj/t20050928_44092.htm）。

[66] 范小雷：《发达国家发展战略产业的金融支持路径研究》，博士学位论文，武汉理工大学，2007 年。

[67] 顾海峰：《金融支持产业结构优化调整的机理性建构研究》，《上海金融》2010 年第 5 期。

[68] 顾海峰：《金融支持产业结构调整的传导机理与路径研究》，《证券市场导报》2010 年第 9 期。

[69] 侯云先、王锡岩：《战略产业博弈分析》，机械工业出版社 2004 年版。

[70] 黄为一：《可再生能源的开发利用及投融资》，中国石化出版社 2010 年版。

[71] 黄晓莉：《我国上市公司资本结构影响因素实证分析》，《数理统计与管理》2002 年第 2 期。

[72] J. P. Morgan 银行官网（http://www.jpmorganchase.com/corporate/Corporate—Responsibility/）。

[73] 贾若祥：《日本节能经验及对我国的启示》，《宏观经济管理》2008 年第 5 期。

[74] 金三林：《2012 年我国经济运行环境及发展趋势》，《农村金融研究》2010 年第 1 期。

[75] 雷鸣：《日本节能与新能源发展战略研究》，博士学位论文，吉林大学，2009 年。

[76] 李茜：《日本节能及新能源汽车产业发展动向》，《综合运输》2009 年第 11 期。

[77] 李青原、陈晓、王永海：《产品市场竞争、资产专用性与资本结构——来自中国制造业上市公司的经验数据》，《金融研究》2007 年第 4 期。

[78] 李伟成、金华：《基于信息不对称的中小企业融资的可行性分

析》，《世界经济》2005 年第 11 期。

［79］李自成：《德国可再生能源产业的现状与模式》，《太阳能》2009 年第 10 期。

［80］李晓华、吕铁：《战略性新兴产业的特征与政策导向》，《宏观经济研究》2010 年第 9 期。

［81］刘小年、郑仁满：《公司业绩、资本结构与对外信用担保》，《金融研究》2005 年第 4 期。

［82］刘志彪：《科技银行功能构建：商业银行支持：战略性新兴产业发展的关键问题研究》，《南京社会科学》2011 年第 4 期。

［83］罗美娟：《证券市场与产业成长》，商务印书馆 2001 年版。

［84］迈克尔·波特：《竞争战略》，华夏出版社 2005 年版。

［85］钱伯章：《新能源——后石油时代的必然选择》，化学工业出版社 2007 年版。

［86］屈波：《海内外多层次资本市场发展模式比较》，《中国证券期货》2011 年第 2 期。

［87］日本三井住友银行官网（http：//www. smbcgroup. com/emea/sfde/energy/renewables）。

［88］日本新能源产业发展状况，中华人民共和国驻日本国大使馆经济商务参赞处官网（http：//jp. mofcom. gov. cn/aarticle/ztdy/2011 02/20110207390458. html）。

［89］沈洊、潘奇青：《可再生能源的激励措施》，《江西社会科学》2009 年第 2 期。

［90］时璟丽：《国际支持太阳能发电的财税政策及借鉴意义》，《建设科技》2008 年第 13 期。

［91］史忠良：《新编产业经济学》，中国社会科学出版社 2007 年版。

［92］SunTrust 银行官网（https：//www. suntrust. com/portal/server. pt? Community）。

［93］唐国正、刘力：《公司融资结构理论——回顾与展望》，《管理世界》2006 年第 5 期。

［94］田力：《构建高科技产业的融资体系》，《环渤海经济瞭望》2006 年第 1 期。

［95］王爱俭、牛凯龙：《次贷危机与日本金融监管改革：实践与启

示》，《国际金融研究》2010 年第 1 期。

[96] 王莉：《技术创新、金融结构与新经济发展》，经济科学出版社 2007 年版。

[97] 王勇：《战略性新兴产业简述》，世界图书出版社 2010 年版。

[98] 王忠宏、石光：《发展战略性新兴产业推进产业结构调整》，《中国发展观察》2010 年第 1 期。

[99] 王宗军、邓晓岚、李红侠、骆杰伟：《基于面板数据的中国医药制造行业资本结构影响因素实证分析》，《数理统计与管理》2006 年第 2 期。

[100] 温美旺、杨春鹏：《国外环保产业融资机制对我国的启示》，《当代经济》2009 年第 1 期。

[101] 温骊骊：《我国二板市场与做市商制度》，《武汉金融》2000 年第 10 期。

[102] 向冠春、李胜坤：《高科技上市公司资本结构影响因素分析》，《证券市场导报》2005 年第 9 期。

[103] 肖彬、李海波：《商业银行支持战略性新兴产业发展的金融政策研究》，《农村金融研究》2011 年第 5 期。

[104] 肖作平：《资本结构影响因素和双向效应动态模型——来自中国上市公司面板数据的证据》，《会计研究》2004 年。

[105] 徐高龄：《世界环保产业发展透视：兼谈对中国的政策思考》，《管理世界》2006 年第 4 期。

[106] 薛震：《新能源汽车产业化风险研究》，硕士学位论文，复旦大学，2009 年。

[107] 阎大颖：《公司金融学》，厦门大学出版社 2009 年版。

[108] 杨治：《产业经济学导论》，人民出版社 1985 年版。

[109] 张岸元：《"十二五"期间优化我国金融市场结构的若干思考》，《宏观经济管理》2010 年第 3 期。

[110] 张金瑞：《技术进步与经济发展》，中国人民大学出版社 1990 年版。

[111] 张亮：《我国节能与新能源行业的金融支持问题》，《开放导报》2009 年第 4 期。

[112] 张湧：《以全能银行为基础的德国企业融资模式评述》，《经济评

论》2004 年第 1 期。

[113] 赵英民：《我国环保产业面临的挑战与对策》，《宏观经济研究》2003 年第 4 期。

[114] 郑长德、杨胜利：《中国金融市场概论》，中国经济出版社 2010 年版。

[115] 郑万春：《完善多层次资本市场体系》，《中国金融》2010 年第 21 期。

[116] 周荣芳：《我国金融市场回顾和展望》，《中国金融》2011 年第 1 期。

[117] 周新生：《产业兴衰论》，西北大学出版社 2000 年版。

[118] 周宗安、张秀锋：《中小企业融资困境的经济学描述与对策选择》，《金融研究》2006 年第 2 期。

[119] 朱荣：《高新技术产业化的融资机制研究》，硕士学位论文，合肥工业大学，2005 年第 4 期。

[120] 朱晓波：《促进我国新能源产业发展的税收政策思考》，《税务研究》2010 年第 7 期。

[121] 朱叶：《公司金融》，北京大学出版社 2009 年版。

[122] 庄卫民：《产业发展与技术进步》，立信会计出版社 2003 年版。

[123] 中国担保协会：《2011 年 BBB 担保机构信用评级（北京区域）情况公告》（http：//www.cncga.org/dtdetail.asp？id=1056&types=1）。

[124] 中国人民银行：《2011 年上半年社会融资规模统计数据报告》，2011—07—15（http：//www.pbc.gov.cn/publish/diaochatongjisi/3172/2011/20110715151013827814054/20110715151013827814054_.html）。

[125] 中华人民共和国财政部：《财政支持环境保护和生态建设情况》（http：//www.mof.gov.cn/zhuantihuigu/czjbqk/czzc2/201011/t20101101_345440.html）。

[126] 中华人民共和国财政部：《财政支持节能减排和可再生能源发展情况》（http：//www.mof.gov.cn/zhuantihuigu/czjbqk/czzc2/201011/t20101101_345436.html）。

[127] 中华人民共和国工业和信息化部：《新能源汽车生产准入管理规则》（http：//www.sdpc.gov.cn/zcfb/zcfbgg/2007gonggao/W020071024415850220372.pdf）。

［128］中华人民共和国工业和信息化部:《装备工业司重大技术装备进口税收政策实施初见成效》(http: //zbs. miit. gov. cn/n11293472/n11295142/n11299299/n12017754/13674093. html)。

［129］中华人民共和国中央人民政府:《国务院关于加快培育和发展战略性新兴产业的决定》(http: //www. gov. cn/zwgk/2010—10/18/content_ 1724848. htm)。

后　记

　　本书是在我的博士论文基础上修改而成的，在本书即将出版之际，首先要感谢我的博士生导师胡海峰教授，本书是在导师胡海峰教授悉心指导下完成的，在论文的整个写作过程中，从选题到写作完成，无不倾注着导师的心血。在三年的学习生活中，胡老师从各个方面给予我极大关怀和悉心指导，使我非常感激。在学习方面，导师严格要求，谆谆教导，使我在论文写作等方面有了很大进步；在日常生活中，导师开拓创新的学术思维、严谨务实的治学态度、正直诚实的人品、豁达开阔的胸怀给我以巨大影响，使我在各方面都受益匪浅。可以说，这三年中我的每一次进步和成长，都离不开胡老师的教导和帮助，谨在此表示我诚挚的感谢和深深的敬意！

　　在此我也要感谢我的硕士生导师刘克教授，感谢刘老师对我一路走来的关心和支持，我将永远铭刻在心；感谢北京师范大学资源学院的刘学敏教授，感谢刘老师在我进入北师大以来学习上的教导和帮助；感谢北京师范大学经济与工商管理学院的诸位老师，感谢李翀教授、仲鑫教授、李宝元教授、贺力平教授、钟伟教授、袁强教授、李由教授、张永林教授等所有给我授课的老师们，感谢你们三年来对我课程学习、论文选题以及课题研究的悉心指导；感谢赵敏老师、赵锐老师、葛玉良老师等各位老师的辛勤工作。

　　感谢陪我一路走来的各位同学与同门，杜雯翠、杨盼盼、曲艺、傅辉煌、蒯鹏州、申萌、代松、江铨等众多同窗好友，与他们的学习交流，对于本书的最终成稿提供了很多有益的建议和意见，让我受益匪浅；感谢胡阳、赵熠、马铭、郁明仪、李泽铭等同学在本书数据收集和整理方面的辛勤工作。

　　衷心感谢中国社会科学出版社的编校人员和我校学术委员会的各位

评委老师，正是由于他们的帮助和支持，本书才得以尽早和读者见面。

最后，我要特别感谢我的家人，感谢父母的养育之恩以及对我漫漫求学之路无条件的理解与支持，没有他们的鼓励与关爱，没有他们的辛劳和奉献，就不会有我的今天。对于这种天底下最普通也是最伟大的情感，千言万语也难以表达我的感激之情，作为女儿，我唯有怀着一颗孝敬之心，祝他们身体健康、幸福快乐。感谢我慈祥的奶奶，从小至今，我一直让奶奶牵挂，祝奶奶健康长寿！感谢我的爱人王亮亮对我工作和生活上的诸多支持和理解。家人的理解和支持是我学习的动力，在此，向他们表示我最深深的感激和敬意！

感谢所有关心和支持我的人们！谢谢你们！

由于作者水平所限，书中可能存在诸多不足和错误，敬请不吝赐教。

胡吉亚

2015 年 5 月于中青院